GEDENK UW EERSTE LIEFDE
(cf. Openb.2:4-5)

Archimandriet ZACHARIAS (Zacharou)

Gedenk uw eerste liefde

(cf. Openb.2:4-5)

De drie stadia van het geestelijk leven in de theologie van oudvader Sophrony

MARANATHA HOUSE
A.D. 2014

GEDENK UW EERSTE LIEFDE (cf. Openb.2:4-5)
De drie stadia van het geestelijk leven in de theologie
van oudvader Sophrony

+ + +

Original edition:

REMEMBER THY FIRST LOVE (cf. Rev.2:4-5)
THE THREE STAGES OF THE SPIRITUAL LIFE
IN THE THEOLOGY OF ELDER SOPHRONY

auteur: Archimandriet Zacharias (Zacharou)

Dutch translation:

Nederlandse vertaling,

Published by:

Maranatha House
www.maranathahouse.info

ISBN: 978-0-9931058-1-4

Voorwoord

Deze drie verbinden en bevestigen de eenheid van alles: geloof, hoop en liefde – doch de grootste van deze is de liefde, want God Zelf wordt zo genoemd.[1]

In zijn klassieke verhandeling "De Ladder van de Goddelijke Opgang" schildert de heilige Johannes Klimakos (± 579-649) op kleurige en bekwame wijze een icoon van de vooruitgang van de mens tot de volmaakheid – of volledigheid – in het geestelijk leven, dat, in zijn volheid, niets minder is dan de eenheid met en deelname aan de goddelijke natuur van de éne waarachtige God, de Heilige Drieëenheid. Maar de heilige Johannes waarschuwt ons dat er slechts één passende beweegreden is om dit pad te betreden, en dat is de liefde voor God. In de eerste trap van zijn allegorische ladder zegt hij: "De mens die de wereld verzaakt uit vrees, is als brandende wierook, die begint met geurigheid maar eindigt in rook. Hij die de wereld verlaat in hoop op beloning is als een molensteen, die altijd op dezelfde wijze voortgaat. Maar hij die zich terugtrekt uit de wereld uit liefde voor God, heeft vanaf het allereerste begin een vuur verworven; en als vuur gevoegd bij brandstof, ontsteekt het spoedig een groter vuur".[2] Noch de vreze Gods, noch de hoop op beloning, zijn dus geheel passende redenen om de ladder te betreden. Het is veel beter dit te doen uit liefde, en God moet onze Eerste Liefde zijn!

In het boek dat u nu in handen hebt spoort archimandriet Zacharias ons aan te leven in gedachtenis van onze Eerste Liefde, of met andere woorden, steeds dichter te naderen tot God. Hij verfraait de icoon van de heilige Johannes met motieven uit zijn eigen ervaring – wij herkennen bijvoorbeeld duidelijk het beeld van zijn geestelijke grootvader, de heilige Silouan de Athoniet, staande op de dertigste en laatste trap van de ladder, in de omarming van Christus, de Beloner van de wedloop. Op zijn beurt grijpt de heilige Silouan de hand van zijn geestelijke zoon, de zalige oudvader Sophrony van Essex, wiens eigen arm is uitgestrekt naar zijn geestelijke zoon,

---

[1] "The Ladder", step 30:1, p.225
[2] Ibid., Step 1:13, p.7.

vader Zacharias, en via hem naar ons allen, in onze pogingen zelf de ladder te beklimmen.

Door vader Zacharias wordt ons hier de essentie aangeboden van deze weg. Hij schetst voor ons de drie stadia van het geestelijk leven, waarbij hij ons doet delen in het onderricht van oudvader Sophrony, die het pad volgde dat door de heilige Silouan betreden werd. Hij beschrijft het eerste stadium als een bezoek van de Goddelijke Geest, hetgeen de mens ertoe aanzet een verbond aan te gaan met God. Het tweede stadium bestaat uit een lange en moeizame strijd doordat de genade zich terugtrekt, naar Gods voorzienigheid. Het is in dit stadium dat wij de pijnlijke waarheid leren over onszelf, terwijl wij door de Heilige Geest onderricht worden in de wegen des Heren. Het laatste stadium betreft ons opnieuw verwerven – ditmaal voor alle eeuwigheid – van de onvervreemdbare genade van het heil. Dus lees voort, diep geliefde lezer, en geef zorgvuldig acht op elk detail, want in uw handen houdt gij een heilbrengende landkaart als leidraad voor uw tocht, getekend door ervaren gidsen: de heilige Silouan, oudvader Sophrony, en archimandriet Zacharias. Zij zullen u terzijde staan op uw weg tot geestelijke heelheid.

Nogmaals roep ik de zegen van de Alheilige en Levenschenkende Drieëenheid aan over dit boek, over het Patriarchaal Stavropegisch Klooster van Saint John the Baptist, de "geestelijke weide" waarin het werd gecultiveerd en tot rijping werd gebracht, en over zijn hegoumen archimandriet Kyrill en zijn gemeenschap in Christus. Onder hen is één van de peetouders van mijn monnikswijding, en ik ben gezegend hem te hebben als hooggewaardeerde en zeer geliefde broeder in Christus: Archimandriet Zacharias.

+ BASIL

Bishop of Wichita and the Diocese of Mid-America,
Antiochian Orthodox Christian Diocese of North America.

9 februari A.D.2009
Wedergave van de Ontmoeting des Heren in de Tempel

Enkele notities
over de tekst en vertaling

Een noot van de redactie

Dit boek over het onderricht van archimandriet Sophrony werd geschreven door één van zijn meest nabije leerlingen, archimandriet Zacharias, die het geluk had veel van de uitspraken van de Oudvader uit de eerste hand te horen, die hij hier naar voren brengt in aanvulling op diens geschriften. Er waren vele thema's waarover vader Sophrony onderrichtte, maar waar hij geen boek, hoofdstuk of artikel aan heeft gewijd. Eén van deze thema's, de drie stadia van het geestelijk leven, wordt hier nu aangeboden, met bijgaande uitleg en illustraties. Vader Zacharias put hierbij uit zijn ervaring om in voordrachten en artikelen de verschillende thema's aangaande vader Sophrony en de heilige Silouan bijeen te brengen, en deze uit te leggen aan de gelovigen. Enerzijds zijn er uiteraard verwijzingen naar de geschriften van vader Sophrony, voor diegenen die na dit boek verder zouden willen gaan met de studie van diens geschriften, maar anderzijds zal de lezer rijkelijk voorbeelden vinden van mondeling onderricht.

Over het gebruik van de Engelse "King James vertaling"

In de Engelse uitgave van dit boek worden Bijbelcitaten grotendeels gegeven volgens de zgn. "King James Version" (de "Authorized Version", daterend van 1611). Ook voor Nederlandse lezers is het misschien belangwekkend te weten, waarom vader Zacharias de voorkeur geeft aan deze vertaling in 16^e-17^e eeuws Engels, terwijl er inmiddels vele hedendaagse Engelse vertalingen beschikbaar zijn. De redactionele noot (Engelse uitgave) zegt hierover het volgende:

Boven alles waardeert de auteur duidelijk de poëtische en rhetorische kwaliteit van de "Authorized Version", zowel als de overwegend letterlijke trouw aan het Griekse origineel. Doch daarnaast zijn er nog verdere, zwaarwegende redenen voor deze keuze. Samen met enkele andere fundamentele Christelijke teksten in de Engelse taal (het Anglicaanse "Book of Prayer", en de middeleeuwse "lay-primers") heeft deze vertaling namelijk model gestaan voor de Liturgie en de gebeden in het Klooster van Saint John the Baptist,

Tolleshunt Knights, gesticht door archimandriet Sophrony, waarvan vader Zacharias een priestermonnik en geestelijke vader is. In het begin van de '60-er jaren werd onder toezicht van vader Sophrony de Orthodoxe Liturgie vanuit het Kerkslavisch in het Engels vertaald door de eminente vertaalster Rosemary Edmunds; de oudvader zelf vergeleek haar vertaling met het Griekse origineel, en voorzag deze van voetnoten. Wat de stijl van die vertaling betreft, streefden zij er met nadruk naar, gebruik te maken van het bestaande "liturgisch Engels op z'n edelst", zoals het voorwoord verklaart.[1] Vader Sophrony gaf zijn zegen aan deze Engelse vertaling voor gebruik in het Klooster te Essex. In dezelfde geest zijn ook de Diensten van de Uren, Metten en Vespers, de troparia en kondakia, en vele andere gebeden in eenzelfde stijl verwoord. Hoewel dit sommigen misschien enkel archaïserend taalgebruik toeschijnt, wordt dit in wezen hooggewaardeerd als authentiek liturgisch Engels. Derhalve was het voor vader Zacharias niet meer dan natuurlijk om bij zijn theologische uiteenzettingen in het Engels gebruik te maken van de "Authorized Version".

Op sommige specifieke punten schiet deze vertaling echter tekort; in dergelijke gevallen gaf vader Zacharias in de desbetreffende voordrachten zijn eigen vertaling of uitleg. Wat het Oude Testament betreft, moet nog een andere belangrijke vertaling worden genoemd, namelijk de Griekse Septuagint (afgekort LXX). Deze vertaling werd door Joodse geleerden gemaakt om hun volksgenoten in de diaspora van dienst te zijn, die het Hebreeuws niet meer verstonden. Dit was de versie die de Kerkvaders gebruikten. Doorgaans werd aan de Septuagint de voorkeur gegeven boven genoemde "Authorized Version".[2]

Wat de Nederlandse uitgave betreft

De tekst van dit boek is een zorgvuldig bewerkte verzameling van voordrachten die oorspronkelijk in het Engels werden gegeven. Deze vertaling volgt daarom in principe de Engelse uitgave.[3] Voor Bijbelse

---

[1] "The Orthodox Liturgy", vert. Stavropegic Monastery of St. John the Baptist (Oxford University Press, 1982), p.6.

[2] Het Oude Testament in de 'Authorized Version' was vertaald naar het Hebreeuws.

[3] Een enkele maal is, bij uitzondering, gerefereerd aan de Griekse uitgave; dit is

en patristieke begrippen, zowel als voor Schriftverwijzingen[4] en andere citaten, is echter teruggegrepen op het Grieks – als zijnde één van de voornaamste grondtalen van de Orthodoxe Traditie, als ook de eigen taal van de auteur. Wat het Nederlands betreft, is in dat verband met name gerefereerd aan de Statenvertaling (ed. Jongbloed) en de NBG'51, zowel als aan de liturgische vertalingen van archimandriet Adriaan (eeuwige gedachtenis!) van het Orthodox Klooster te Den Haag. Daarnaast zijn soms ook andere gangbare Nederlandse vertalingen geraadpleegd. In het geval van expliciete Bijbelcitaten is gekozen voor een vertaling die zo nauw mogelijk aansluit bij het Grieks.[5]

In sommige voordrachten wordt expliciet verwezen naar de onderliggende Griekse begrippen. Omwille van de toegankelijkheid zijn dergelijke woorden eerst vermeld in transcriptie en daarna (of evt. in de noten) voor zover zinvol, in de oorspronkelijke taal. Nadere uitleg van de voornaamste basisbegrippen is desgewenst te vinden in de eerder verschenen vertaling van de eerste reeks voordrachten, onder de titel: "Weest ook gij uitgebreid". Bibliografische details van dat boek en andere geciteerde werken zijn te vinden in de Bibliografie achterin. Tenslotte is ook een index van Bijbelcitaten opgenomen. Een bijzonder appendix bevat een aantal vragen en antwoorden,[6] in aansluiting op de hier geboden voordrachten.

---

dan aangegeven tussen rechte haken: [..].

[4] Om praktische redenen zijn oudtestamentische verwijzingen gegeven volgens de Masoretische (Hebreeuwse) tekst, volgens het meest gangbare gebruik in Nederlandse Bijbeluitgaven. Verwijzingen naar de Septuagint zijn aangegeven met LXX. Alleen voor de Psalmen wordt eerst de Septuagint-verwijzing gegeven, gevolgd door de in Nederlandse Bijbeluitgaven meer gebruikelijke nummering tussen haakjes. (NB: Er bestaan kleine variaties in de vers-telling, m.n. in de Psalmen, wat afhankelijk van de gebruikte Bijbeluitgave soms één of twee verzen kan verschillen.)

[5] Hetzij rechtstreeks overgenomen uit de bestaande vertalingen, hetzij enigszins 'bijgeschaafd', ook gezien de soms specifiek Orthodoxe inzichten aangaande de zin van bepaalde begrippen, en met inachtneming van een zo consequent mogelijk taalgebruik.

[6] Om technische redenen zijn de noten bij dit appendix genummerd per pagina.

Over de structuur van dit boek

In dit boek wordt beschreven hoe, volgens het onderricht van oudvader Sophrony, het geestelijk leven drie stadia kent. De tekst begint met een schets van enkele fundamentele waarheden aangaande deze weg ten leven. Dit wordt gevolgd door een aantal uiteenzettingen over het eerste stadium, dat resulteert in een verbond met God. De geestelijke strijder wijdt zichzelf geheel aan Hem toe en gedurende enige tijd ervaart hij grote zegeningen en zaligheid. Het tweede stadium omvat Gods schijnbaar terugtrekken van Zijn genadevolle aanwezigheid. Dit is een periode van geestelijke dorheid in het leven van degene die zichzelf aan de Heer geofferd heeft, en het voornaamste doel van dit deel van het boek is te tonen, hoe het lijden dat met dit stadium gepaard gaat, kan worden omgevormd tot een waarachtige zegen. Het volgende onderdeel brengt de lezer niet rechtstreeks naar het laatste stadium, maar gaat voort op het tweede stadium. Het beschrijft een aantal onmisbare middelen ter vertroosting en geestelijke steun (met bijzondere nadruk op de Liturgie), zonder welke de gelovige ten prooi zou kunnen vallen aan de wanhoop. Deze steunpunten zijn in wezen de middelen die ons door onze Kerk ter beschikking worden gesteld, waardoor wij de genade in onszelf kunnen doen herleven tijdens de strijd die het tweede stadium bepaalt. En tenslotte besluit het boek met het derde stadium, wanneer de mens stevig bevestigd is in het leven der genade, daar hij vrijelijk gekozen heeft voor dat deel "dat niet van hem zal worden weggenomen".[1] Want hij heeft alles verkocht om de kostbare parel te verwerven. Hij heeft het met heel zijn wezen omhelsd, en het leven van de toekomende wereld is zijn leven geworden op deze aarde.

---

[1] Cf. Lk.10:42.

FUNDAMENTEN

De rechtvaardige
zal leven uit het geloof

+ Hebr.10:38 +

1

Van geloof tot geloof

Om waarlijk deelgenoot te zijn van Christus' Kerk, de nieuwe schepping, hebben wij de gave des geloofs nodig. Deze genadegave is de voornaamste van de vele gaven die de Heilige Geest schenkt aan de ledematen van het Lichaam van Christus. De genadegave van het geloof verbindt ons met dit heerlijk Lichaam, de Kerk, waarvan Christus Zelf het Hoofd is, en stelt ons in staat deelgenoot te worden aan de overvloed van het Goddelijk leven, dat voortstroomt van het Hoofd van dit Lichaam tot al Zijn ledematen. Op deze wijze, door de deelname aan het Lichaam van de Heer Jezus, worden wij, hoewel wij kleine en zwakke ledematen zijn, deelgenoot aan de genadegaven van de sterke leden van dit Lichaam – de Heiligen, in de hemel en op de aarde.

Zo wordt het ons mogelijk te groeien in kracht en de zonde te overwinnen, en rijk te worden ondanks onze armoede; wij worden herboren en op onze beurt worden wij kostbaar voor het aanschijn van God. Als wij daarentegen in de Kerk van Christus op nalatige wijze leven, dan lukt het ons niet in harmonie te leven met dit Lichaam; zo kunnen wij de genadegave die daarin vervat ligt – de Heilige Geest – niet eren, en wij worden een last voor alle andere ledematen, onze broeders in Christus. Het is daarom van oneindig belang dat wij de genadegave van ons geloof ontdekken en onderzoeken, zodat deze te zijner tijd zodanige vrucht zal dragen, dat dit zowel ons eigen leven zal schragen, als dat van onze broeders.

In eerste instantie is ons geloof onvermijdelijk onrijp, en het dient in ons te groeien en zich te ontwikkelen. Dit aanvankelijke geloof maakt dat wij ons met geheel ons wezen tot God wenden; het oriënteert onze geest op de Ene Beginloze God. Dan gaat ons geloof gaandeweg over tot een tussenstadium, dat erin bestaat te hopen en te vertrouwen op God, vooral in situaties waarin menselijkerwijs gesproken geen enkele hoop lijkt te bestaan. En uiteindelijk groeien wij tot een meer volmaakt geloof: de gesteldheid van onze ziel is nu stabiel, en zij begint te leven naar de woorden van de Apostel:

"Want gij zijt ermee begenadigd omwille van Christus, niet alleen in Hem te geloven, maar ook te lijden omwille van Hem.[1]

Wij moeten hier echter aan toevoegen, dat ons geloof niet enkel een innerlijke kwestie is; het weerspiegelt ook altijd de tijd waarin wij leven als Christenen. De Vaders van de vierde eeuw – een tijd van grote geestelijke bloei in de Kerk – zeiden herhaaldelijk dat de Christenen van de laatste tijden noch de kracht zouden hebben om ascetische ontberingen te verduren, noch in staat zouden zijn om de godvruchtige werken te verrichten van de Vaders van weleer. Maar zij voegden daaraan toe, dat diegenen die erin zouden slagen simpelweg het geloof te *bewaren*, in de hemel meer verheerlijkt zouden worden dan die Vaders, die wonderen hadden verricht en zelfs de doden tot leven hadden gewekt. Met andere woorden, het is het voorrecht van onze tijd de volheid van ons geloof te bewaren, en dit vraagt een grotere mate van genade dan die waardoor onze Vaderen de doden opwekten. De Heer Zelf vroeg: "Doch, als de Zoon des mensen komt, zal Hij dan het geloof vinden op de aarde?"[2] Zijn woorden weerspiegelen dezelfde realiteit: als bij Zijn Wederkomst geloof zal worden gevonden onder de mensen, dan zal dit waarlijk iets zeer groots zijn. Wij zien daarbij dat God ons oordeelt in vergelijking met de generatie waarin wij leven. Vader Sophrony zei, dat wij allen bladeren zijn van de éne aloude boom van de mensheid, en het is niet mogelijk ons eigen leven te scheiden van het leven van deze boom. Als dus onze tijd gekarakteriseerd wordt door een algemene afvalligheid van het geloof van onze Vaderen, dan zal ons welslagen om dit te bewaren des te uitnemender zijn, vanwege het grote contrast met de geloofsafval die ons omringt.

Maar wij moeten vastberaden zijn, want ofwel wij leven volgens ons geloof, of wij hebben niets. Zoals het Boek der Openbaring zegt: Wij kunnen onszelf niet toestaan te talmen, lauw te blijven in de schijnzekerheid van een soort tussengebied.[3] In onze dagen zijn wij getuige van een dynamische vermeerdering van het kwaad, en wij bevinden onszelf temidden van een golf van wetteloosheid die meer en meer in kracht toeneemt. Als Christenen moeten wij onszelf

---

[1] Fil.1:29.
[2] Lk.18:8.
[3] Cf. Openb.3:16.

plaatsen in een andere, tegengestelde dynamische vermeerdering, die zich niet van God af beweegt maar *naar Hem toe groeit*, zodat het kwaad zelf een aansporing wordt om het goede te doen. Vader Sophrony had de gave om Gods doeleinden te onderscheiden, wanneer mensen hem om hulp vroegen in soms uiterst moeilijke en smartelijke situaties; hij wist dat wij zelfs aan de meest tragische omstandigheden groot geestelijk nut kunnen ontlenen. Maar wijzelf zijn volledig verantwoordelijk voor de richting die wij kiezen: wij kunnen ofwel onaangeroerd en levenloos blijven, ofwel ons verbinden met de dynamische vermeerdering van het leven in God.

De geestelijke consequenties van deze keuze worden beschreven in het Boek der Openbaring: "Hij die onrechtvaardig is, zij verder onrechtvaardig; en hij die vuil is, zij verder vuil; en de rechtvaardige doe verder rechtvaardigheid; en de heilige zij verder geheiligd."[4] Ditzelfde zien wij wanneer de Heer spreekt over het Mysterie van Zijn Hemels Koninkrijk, in de gelijkenis van de Talenten. Tot diegenen die erin slaagden de talenten te vermeerderen die hun waren toevertrouwd, richtte Hij het volgende woord: "Wèl gedaan, gij goede en trouwe dienstknecht; over weinig zijt gij getrouw geweest, over veel zal Ik u stellen."[5] Anders gezegd: Iedere Christen is niet alleen een leerling van het Kruis, maar ook een leerling van de zaligheid, van het Koninkrijk Gods – omdat wij de weg van het Kruis volgen, worden wij tevens leerlingen van het zalige leven dat ontspringt aan het Kruis en de Opstanding des Heren. En daarbij is duidelijk, dat als ook wij, op die Laatste Dag, de Heer willen horen zeggen: "Wèl gedaan, gij goede en trouwe dienstknecht...", dat wij dan een dergelijk soort geloof nodig hebben, dat Hem zo aangenaam is omdat het niet geschokt wordt door de heersende tendens tot het kwaad.

Doch er bestaan ook vele soorten misplaatst geloof, en de kwestie van het geloof is dus niet zo eenvoudig als wij misschien gedacht hadden. Velen zijn er bijvoorbeeld tevreden mee een geloof te belijden dat in feite vaag is en onredelijk. Zij beweren dat het genoeg is te geloven dat God bestaat, en dat het niet nodig is om naar de kerk

---

[4] Openb.22:11.
[5] Mt.25:21. [In deze context is het betekenisvol dat het Griekse woord dat hier vertaald wordt met 'trouw' (*pistós*/πιστός), tevens 'gelovig' betekent. Het begrip 'geloof' omvat dus deze beide betekenissen. *Noot vert.*]

te gaan. Maar de apostel Jakobus zegt, dat een dergelijke houding zelfs gevonden wordt onder de demonen: "Gij gelooft, dat er één God is? gij doet wèl; ook de demonen geloven het, en zij sidderen."[6] Er bestaat dus zelfs demonisch geloof, maar niemand heeft ooit gezegd dat dit soort geloof ons behoudt, want het is zonder liefde. Het is enkel een 'geloven aan' – koud, verstandelijk en dood. Maar wij verlangen naar een geloof dat behoudt, en dit geloof, zoals de apostel Paulus zegt, is "werkzaam door de liefde",[7] en het plaatst ons in een levende en levenschenkende relatie met God.

Sommige psychologen suggereren daarbij, dat ons verlangen naar geloof niets anders is dan een symptoom. Volgens hen is geloof het gevolg van vrees; de vrees zou de primaire psychologische gesteldheid zijn, en onze pogingen die vrees te bestrijden en te overwinnen zijn enkel de illusie van een wensdroom, die wij geloof noemen. Wij zeggen het tegenovergestelde: vrees is het gevolg van geloof. Geloof is de primaire gesteldheid en dit verwekt vrees, een gezonde en heilzame vrees: de vreze Gods. Wanneer wij tot bewustzijn zijn gekomen van het feit dat God werkelijkheid is, dan streven wij ernaar in God te geloven, zoals Hij zou willen dat wij in Hem geloven – in het besef dat "indien gij niet gelooft dat IK BEN [DIE IK BEN, dan] zult gij in uw zonden sterven."[8]

Wij aanvaarden dus niet de idee, dat geloof een leeg concept is, of een vorm van zelfbedrog. Wij erkennen, mét de apostel Jakobus, dat geloof inderdaad leeg kan zijn, en dat wij onszelf daarin kunnen bedriegen. Maar ons doel is het tegenovergestelde: het verwerven van een waarachtig geloof. Dat betekent dat wij ernaar streven te naderen tot de Heer, en daarvoor is een verdieping nodig van ons leven in God, om te worden ingewijd in Zijn mysteriën. Daartoe moeten wij geloven dat God de Absolute Waarheid is van het onvergankelijke 'Zijn' – dat God IS, dat Hij '*de* Zijnde' is. En hieraan zijn twee aspecten te onderscheiden: dat Hij 'is', en dat Hij 'bestaat': God *is* de Zijnde, Die onkenbaar is en boven alle deelname verheven. Maar tevens *bestaat* Hij, dat wil zeggen, door middel van Zijn energie treedt Hij in een levende en persoonlijke relatie met Zijn redelijke

---

[6] Jak.2:19.
[7] Gal.5:6.
[8] Joh.8:24.

schepselen. (Het is dus waar dat God bestaat, maar dit is slechts een gedeelte van de waarheid, en genoemde uitdrukking daarvoor is uiterst rijk aan betekenis.)[9] Wanneer wij geloven dat God *de Zijnde* is – in het Grieks *"ho ôn"* (ὁ Ὢν) – dan geloven wij in Hem als Degene DIE IS; want zo heeft Hij Zich aan Mozes geopenbaard: "IK BEN, DIE IK BEN".[10] Doch de Griekse uitdrukking hiervoor omvat beide aspecten: *"de Zijnde"* wil zeggen, dat het goddelijk 'Zijn' een actieve staat is – d.w.z. Hij is een persoonlijke God, en Zijn bestaan is de Energie Die vanuit Zijn Wezen tot ons stroomt. (Wanneer mensen zeggen dat zij hun geloof verloren hebben, dan is het niet het geloof dat zij hebben verloren, maar Gods Energie, Die hen met Hem verenigt: zij hebben de genade verloren.) Kort gezegd, de volle waarheid over God is, dat Hij is en dat Hij bestaat, als een persoonlijke God, Die werkzaam is. Zoals de heilige Paulus het uitdrukt: "Degene die tot God komt, moet geloven dat Hij IS, en dat Hij een Beloner is voor degenen die Hem naarstig zoeken."[11] Hij is de Rechter over de levenden en de doden.[12]

Deze bewustwording markeert de aanvang van ons geloof: wanneer wij Hem naarstig zoeken, plaatsen wij onszelf voor het aanschijn van de levende God. Alhoewel dit slechts een begin is, hebben wij hiermee een eschatologisch perspectief verworven: Hij Die gekomen is, zal wederkomen, en Hij zal ons oordelen naar onze werken. Onze intrede in een dynamisch geloof van deze aard ontsteekt en voedt in ons de zorg voor onze heiliging, in het verlangen dat ook wij, in de avondloze Dag van Zijn Koninkrijk, in staat zullen zijn Gods Aangezicht te zien, hetgeen de eeuwige zaligheid is van al de heiligen. Met andere woorden, het aanvankelijke geloof richt het aangezicht van de mens tot de waarachtige God. Het is zijn ontwaken tot een waarachtig leven, want nu kan hij erkennen dat God de enige waarachtige werkelijkheid is. Hij aanvaardt de waarheid van al de mysteriën van het geloof, en zijn schreden worden van

---

[9] Voor deze zinsnede tussen haakjes, zie de ongeredigeerde voordracht.
[10] Ex.3:14.
[11] Hebr.11:6.
[12] Zie 2Tim.4:1.

nu af aan bepaald door de geboden van het Evangelie. Dit is een nieuw begin, en de grondslag daarvan is het woord van God.

Als Christenen geloven wij dus in een persoonlijke en levende God, en niet in een soort afstandelijke en zelfzuchtige god die verzonken is in het beschouwen van zichzelf, en die niet in gemeenschap kan treden met geschapen wezens. Voor ons is het bewijs van Gods bestaan Zijn Energie, Zijn genade, waardoor wij deel hebben aan Zijn leven. De mens zit vol twijfels, maar zodra zijn hart wordt aangeraakt door Gods genade zijn alle wolken verdwenen. Het Goddelijk leven, dat in hem werkzaam is geworden, is niet van deze wereld en geen enkele gedachte van twijfel of ongeloof kan de aanraking met deze werkelijkheid weerstaan. Dus dit aanvankelijke geloof van de mens wendt zijn wezen tot God, verwekt in hem de vreze Gods, en neemt zijn hart in bezit.

En het is juist deze vreze Gods, die eraan meewerkt dat ons hart te voorschijn komt. De Schrift spreekt over het "diepe hart" van de mens,[13] waar Gods bezoek op gericht is van de vroege morgen tot de avond, en van de avond tot de vroege morgen.[14] Wanneer Job de vraag stelt: "Wat is de mens, dat Gij hem hebt grootgemaakt?",[15] dan geeft de Heilige Schrift – zoals vaak het geval is – onmiddellijk het antwoord: de mens is het *doelwit* van God (*katenteuktês Theou*).[16] De mens wiens hart het doelwit is geworden van God, zal voor God komen te staan en met Hem spreken als 'gelijke', wanneer hij voorspraak doet voor de gehele wereld, want dit is de eer die God hem gegeven heeft. God verlangt deze gelijkheid in het gesprek met de mens; Hij ziet hem niet als een ding dat Hij enkel "tot het zijn heeft gebracht", maar als Zijn "beeld", Zijn gelijke, met wie Hij in gesprek kan zijn.

Door de Schriften heen vinden wij ontelbare voorvallen waarbij God Zich tot de mens richt als tot een gelijke: "Een ieder dan, die *in Mij* zal belijden in tegenwoordigheid der mensen, ook Ik zal *in hem* belijden in tegenwoordigheid van Mijn Vader, Die in de hemelen

---

[13] LXX Ps.63:7 (64:6/7).
[14] Cf. Job 7:18.
[15] LXX Job 7:17.
[16] LXX Job 7:20 – κατεντευκτὴς Θεοῦ. Dit woord kan hier ook vertaald worden met 'aanklager' (cf. Brenton: 'accuser').

is."[17] Wanneer wij door Zijn Geest in een persoonlijke relatie treden met Hem, dan belijden wij 'in Hem', niet zozeer door onze woorden, maar door een levende gewaarwording van God in ons. Want dan is Hij binnengekomen in ons hart en daar, 'in ons', belijdt Hij ons heil door Zijn genade. De heilige Silouan bevestigt deze buitengewone waarheid wanneer hij zegt, dat de Geest in ons hart getuigt van het heil.[18]

Een andere wijze waarop de Heer op gelijke voet tot ons spreekt, is wanneer Hij zegt: "Indien gij de mensen hun overtredingen vergeeft, zal uw hemelse Vader ook u vergeven."[19] Deze gelijkheid wordt tevens geopenbaard in het Gebed des Heren: "Vergeef ons onze schulden, zoals ook wij onze schuldenaren vergeven."[20] Op het eerste gezicht lijkt dit weerhouden van Zijn vergeving misschien streng. Maar als wij overwegen Wie Hij is, en wie wij zijn – immers, Hij is de eeuwige God en de Schepper van alle dingen, en wij zijn eenvoudig Zijn schepselen – dan zien wij dat de situatie in feite uiterst ongelijk is: Zo wonderlijk barmhartig is Zijn oordeel!

God wil werkelijk dat de mens Zijn gelijke zou zijn, Zijn gelijkenis. God richt Zijn blik op de mens en zoekt diens diepe hart. Zijn verlangen is dat het hart van de mens "een noëtische en goddelijke gewaarwording" zou kennen (*noerá kaí theía aisthêsis*).[21] Het is *dit*

---

[17] Mt.10:32-33. De schuingedrukte woorden willen de aandacht richten op de letterlijke Griekse tekst, die zelden zo vertaald wordt. De gebruikelijke vertalingen spreken over 'Mij belijden' en 'hem belijden', waarbij het bijzondere element 'in Mij' en 'in hem' verdwijnt – een betekenisvol detail in deze tekst.

[18] "Saint Silouan", GK p.373, 379, 390,407, 485, 530, 565, 617; EN p.289, 294, 304, 319, 386, 423, 454-455, 500; NL p.311, 316, 325, 339, 407, 447, 478, 522.

[19] Mt.6:14.

[20] Mt.6:12.

[21] Cf. LXX Spr.15:14 – νοερὰ καὶ θεία αἴσθησις. [Archim. Zacharias wees erop, dat het Oude Testament met deze uitdrukking (evenals met het eerder genoemde "diepe hart") een "definitie van de mens" geeft, d.w.z. dit is wat de waarachtige mens karakteriseert: Deze leeft in en vanuit het diepe hart, dat vervuld is met een noëtische en goddelijke gewaarwording. Het woord 'noëtisch' is verbonden met het Griekse woord *'nous'*, d.w.z. het 'intellect' in de zin van het schouwend vermogen van de ziel, het 'innerlijk oog', dat oorspronkelijk geschonken werd om God te schouwen – de enige weg tot een waarachtig begrip. In de gevallen wereld wordt dit vermogen vaak geïdentificeerd met het verstand (*diánoia*) en de rede (*logikón*), in het streven de dingen te verstaan d.m.v. de verstandelijke redenering. De oorspronkelijke functie van het intellect ligt echter in de dialoog met

soort innerlijk leven, en niet zozeer de activiteit van het rationele denken, dat het bestaan van de mens verheft boven dat van de dieren. Als ons denken enkel gericht is op ons lichamelijk welzijn, dan bevinden wij ons nauwelijks boven het niveau van een dier, dat zichzelf verzadigt met voedsel. Immers, als wij ons innerlijk leven verspillen aan de dingen van deze wereld, dan zal het voorzeker – mét het aardse lichaam – eindigen in het graf. Maar, zoals wij reeds gezegd hebben, onze goddelijke roeping is zoveel hoger: God wil dat het diepe hart van de mens de levende, noëtische en goddelijke gewaarwording zou kennen van Gods aanwezigheid in de mens. Wanneer nu de mens deze schat in zijn hart gewaar wordt, dan komt de goddelijke vrese over hem.

Zodra deze goddelijke vrese ons hart bevangt, en wij Gods levenschenkende Energie gewaar worden, dan treden wij in een persoonlijke relatie met de persoonlijke God – met de God Die Zichzelf geopenbaard heeft: God de Vader, God de Zoon, en God de Heilige Geest. Deze relatie is een gebeurtenis die alle menselijk begrip te boven gaat. Sommigen zeggen: "Wij kunnen jullie Christenen niet begrijpen. Jullie zeggen dat God tegelijkertijd drie is en één. Hoe is dit mogelijk? Onze religie is zo veel logischer: God is één, Hij is almachtig, Hij is zus-en-zo, enzovoort." Maar door te zeggen dat het Christendom onlogisch is, bevestigen zij slechts dat ons geloof door God geopenbaard is, en aldus waarachtig: de geopenbaarde waarheid is niet beperkt tot de menselijke logica, maar gaat daar ver bovenuit. Hoe kunnen zij hun vertrouwen stellen in een definitie van het geloof, die niet meer is dan het resultaat van menselijke redenering? Door te stellen dat hun geloof logisch is, bevestigen zij enkel de ontoereikendheid daarvan, aangezien dit slechts aantoont dat dit niet het karakter heeft van de waarachtige openbaring, die alle menselijk verstand ver te boven gaat.

Doch wanneer wij binnentreden in een relatie met de persoonlijke God, en vertrouwen op Hem Wiens Wezen en Natuur onbereikbaar, onvatbaar en onaanraakbaar zijn, dan maakt juist dit geloof dat God Zelf Zich tot ons uitstrekt in de vorm van Zijn onvergankelijke genade, in de vorm van Zijn ongeschapen Energie die uitvloeit

---

God, via het gebed waarin hart en intellect verenigd zijn. *Noot vert.*]

van Zijn Wezen. Zo overbrugt Hijzelf de kloof tussen Zijn vóór-eeuwige, ongeschapen Wezen en Zijn beperkt, doch redelijk schepsel.

God zoekt dus het hart van de mens, onophoudelijk. Maar wanneer de mens zijn vrijheid verkeerd gebruikt, en hij dienstbaar wordt aan de vele aardse gehechtheden, dan verhindert dit Gods genade om zijn hart binnen te komen en daarin te wonen. En toch zijn onze zonden als niets in vergelijking met Gods goedheid. In Zijn ogen zijn ze niet meer dan stof aan de oppervlakte, dat in één enkel gebaar kan worden weggeveegd. Anderzijds, zodra de vreze Gods ons hart bevangt, beginnen wijzelf te zien hoe ontoereikend wij zijn om een relatie met God te zoeken. Alleen Zijn genade stelt ons in staat dit te doen.

Zo begint ons avontuur met God. Dit avontuur is ongelofelijk creatief. Nu verstaat de mens, dat dit het enige doel is waartoe hij geschapen is, dat dit reeds vóór alle eeuwigheid Gods plan was voor alle mensen, en dat de waarachtige en uiteindelijke bestemming van de mens ligt in zijn eenheid met God. Maar deze relatie met God vereist dat hij riskeert al het andere op te geven. De mens ziet dat zijn huidige staat, met de vele gehechtheden, enkel een hindernis is voor zijn overgang naar de andere kant van de rivier. Hij weet dat het hem nog niet mogelijk is met God verenigd te zijn, want "in [het Koninkrijk] zal niets binnenkomen dat profaan is".[22] Hij verstaat dat hij, om behouden te worden, het werk zal moeten ondernemen van zijn eigen heiliging "zonder welke [geen mens] de Heer zal zien".[23] En daartoe investeert de mens nu heel het talent van dit aardse leven dat God hem heeft toevertrouwt, zonder iets terug te houden, opdat hij dit dertig-, zestig- of honderdvoudig moge vermenigvuldigen.[24]

Juist dan komt hij tot de kennis van een tweede soort geloof, dat wij kunnen karakteriseren als "hoop tegen hoop". Wanneer er,

---

[22] Openb.21:27. [Het begrip 'profaan' staat hier tegenover de heiliging van het volk Gods, samen met het begrip 'onrein' dat de intrede in de Tempel verhinderde; zie bv. Hand.10:14, "Heer, ik heb nimmer iets gegeten dat profaan of onrein is" (κοινὸν ἢ ἀκάθαρτον). Dit betreft dus niet alleen expliciet 'onreine' zaken (zoals beschreven in het Oude Testament), maar alles wat niet geheiligd is door de band met God. *Noot vert.*]

[23] Hebr.12:14.

[24] Zie Mk.4:8,20.

menselijkerwijs gesproken, in hemzelf geen hoop op heil bestaat, dan hangt de mens alles aan Gods barmhartigheid, en stelt zijn vertrouwen op Hem – de Enige Die in staat is zelfs de doden weer levend te maken.[25] De apostel Paulus bijvoorbeeld, zegt dat God toeliet dat hij tot de drempel des doods geraakte, opdat hij niet op zichzelf zou vertrouwen, "maar op God, Die de doden opwekt".[26]

Wanneer de mens deze graad van geloof bezit, dan kan hij grote vooruitgang maken, omdat zulk geloof God welgevallig is. God antwoordt hem, en zijn relatie met God wordt intensiever. In onze psalmen en gebeden – bv. in het Middernachtsgebed – lezen wij de smeekbede: "Ik ben de Uwe, behoud mij!"[27] Maar wie zijn wij, om tot God te zeggen: "Ik ben de Uwe, behoud mij". Wij moeten God eerst bewijzen dat wij de Zijne zijn, door te handelen naar dit charismatische geloof.

Een dergelijk geloof is verbonden met de charismatische wanhoop.[28] Alleen de charismatische wanhoop kan ons werkelijk ertoe brengen alles te riskeren om God welgevallig te zijn. Een dergelijke wanhoop is het enige authentieke pad tot de hoop "tegen hoop", op Hem alleen.

In de Schriften vinden wij vele voorbeelden van dit soort geloof. Een opvallend voorbeeld is Abraham. Er staat geschreven dat Abraham geloofde in "God, Die de doden levend maakt, en het niet-zijnde roept tot het zijn."[29] Abraham's geloof was dus zodanig, dat hij in staat was "tegen hoop, te geloven in hoop".[30] Het is belangrijk voor ons te begrijpen op welke wijze Abraham geloofde, aangezien hij de vader is van allen die na hem geloofd hebben. Allereerst geloofde Abraham in God als de God des Levens, Die door een enkel woord alles uit het niet-zijn tot het zijn brengt, en de doden levend maakt. Tevens geloofde hij ondanks het feit dat er op grond van de menselijke rede geen enkele hoop leek te zijn. Abrahams hoop was echt en kwam voort uit geloof, en dat was niet enkel een verstan-

---

[25] Cf. Rom.4:17.
[26] 2Kor.1:9.
[27] Ps.118(119):94.
[28] Ook wel "gezegende wanhoop" genoemd, zie "We Shall See Him", GK p.106, EN p.69. Zie ook "On Prayer", GK p.114, EN p.75.
[29] Rom.4:17.
[30] Rom.4:18.

delijke aanvaarding van het mysterie van Gods macht. Het was een geloof uit heel zijn hart, dat leidde tot zulk een overtuiging, dat dit hem in staat stelde zich met zijn gehele wezen te onderwerpen aan het woord van God, en heel zijn leven over te leveren aan Gods wil.

Dit uitzonderlijke geloof rechtvaardigde Abraham voor Gods aanschijn, en maakte hem tot de vader van alle gelovigen. Toen God tot hem zeide: "Ga uit uw familie en uit uw land, en volg Mij", vroeg Abraham niet waar hij heen zou gaan. God zeide: "Ga naar een land dat Ik u zal tonen",[31] zonder hem te vertellen welk land. Abraham had God lief met geheel zijn hart. Zonder vragen te stellen, in volkomen gehoorzaamheid en volmaakt geloof, volgde hij God, in vertrouwen op elk van Diens woorden. Toen beloofde God hem, dat hij nageslacht zou hebben, hoewel hij reeds verstorven was door de ouderdom. Wederom, zonder acht te slaan op zijn gevorderde leeftijd, geloofde hij vast dat zijn God, Die de doden levend maakt, de Oorzaak des levens kon zijn ongeacht de omstandigheden. Deze mens was God zo welgevallig, dat hij waardig gemaakt werd vreeswekkende beloften van Hem te ontvangen, zoals de zegening van al de natiën der aarde door zijn zaad.[32] Het begin van de vervulling van deze belofte was de ontvangenis van zijn zoon, Isaac. De Schriften vertellen ons, hoe Abraham Isaac liefhad,[33] en bereiden ons zo voor op de vreemde tussenkomst van God, enkele regels verderop. God zegt tot Abraham: "Neem Isaac, ga de berg op, en breng hem ten offer." Met andere woorden: "Breng ten offer de zoon van Mijn wonderbare belofte aan u, de zoon van het wonder waardoor de banden van Sarah's onvruchtbaarheid werden ontbonden!" Hier ligt een groot mysterie. Abraham was een man die volkomen aan God was toegewijd, en daarom heel Gods welbehagen genoot. Maar toen hij de zoon ontving, die hem beloofd was, raakte zijn hart aan Isaac gehecht en daardoor werd het verdeeld. Om zijn hart vrij te maken deed God hem door een verschrikkelijke beproeving gaan: Hij vroeg Abraham om zijn geliefde zoon Isaac ten offer te brengen. Abraham gehoorzaamde, en toen God zag dat zijn hart hersteld was tot zijn eerste liefde, door zijn gehoorzaamheid en bereidwilligheid om zijn

---

[31] Cf. Gen.12:1.
[32] Cf. Gen.17:4-8.
[33] Cf. Gen.22:2.

zoon ten offer te brengen, toen gaf Hij Isaac terug aan hem, die al zijn vertrouwen op God had gesteld.

Deze tweede graad van geloof is verbonden met het hart van de mens, dat tot bewustzijn is gekomen. In het eerste stadium werd het hart tot leven gewekt, en nu heeft de mens zichzelf overgeleverd in de handen van de levende God. Hierbij wordt hij niet langer geleid in enige specifieke richting: net als Abraham cirkelt hij nu rond de Zon der rechtvaardigheid, en hij stelt al zijn vertrouwen op God, Die de doden levend maakt. Zulk geloof stelt de mens in staat te verblijven in Gods aanwezigheid, doordat hij al zijn hoop stelt op Gods almachtige kracht en Zijn woord.

Doch niemand die zichzelf heeft overgeleverd aan God, in een geest van geloof, blijft onbeproefd. Elke persoon zal op een verschillende manier beproefd worden, soms zelfs zeer streng. Sommigen zullen misschien zelfs bedreigd worden door de dood. Maar als wij op het moment van de beproeving vast staan in ons geloof in Christus, en Hem eer en dankzegging opdragen, dan is ons geloof – evenals dat van Abraham – sterker dan de dood; want dat geloof overwint niet slechts de wereld, maar de dood zelve. Het is daarom, dat het begrip van het geloof als "hoop tegen hoop" zo belangrijk is. Als ons een dergelijke gelegenheid geboden wordt, dan zal een juiste houding ons in staat stellen Christus te winnen, en heel de eeuwigheid. Degene die zichzelf met heel zijn ziel overlevert aan de Geest Gods, zal voorzeker door God geleid worden langs het smalle pad. God zal hem ontdoen van zijn 'oude huid', opdat hij rein moge binnenkomen in het Koninkrijk: "Zalig de reinen van hart, want zij zullen God zien".[34]

"God is licht",[35] is er gezegd. En wanneer wij Hem zien, zullen ook wij lichten worden, evenals Hij.[36] Maar wij moeten gereinigd worden, om dit zalige schouwen van de waarachtige God te kunnen bezitten. God ziet op ieder mens, maar Hij richt Zijn aandacht in het bijzonder op diegenen, die de wil en de bereidheid tonen om zichzelf over te leveren in Zijn handen. Want God verlangt ten zeerste om met elk van ons te handelen, zoals Hij dat gedaan heeft met

---

[34] Mt.5:8.
[35] 1Joh.1:5.
[36] Cf. 1Joh.3:2.

Abraham en met al Zijn uitverkorenen. Werkelijk, heel de Schrift – die de geschiedenis is van Gods handelen met de mens – dient in elke persoon te worden herbeleefd. Wanneer God ziet dat de mens ernst maakt met zijn heil, dan plaatst Hij een obstakel vóór hem, om hem te beproeven, en daarbij de mate van zijn bereidwilligheid en zijn vastberadenheid te vermeerderen. Hij zal hem onderzoeken en hem kastijden, zoals een vader zijn geliefde zoon.[37] Door een dergelijke beproeving van zijn geloof leert de mens hoe hij over deze eerste hindernis heen kan springen. Dan plaatst God grotere obstakels vóór hem, om hem erin te trainen zelfs nog hoger tot Hem op te springen in geloof. Aldus wordt de mens door God geëerd, Die hem het voorrecht verleent om evenals Job het soort geloof te tonen, dat de mens tot erfgenaam maakt van alle rijkdommen van God. "Al het mijne is het uwe," zegt de vader tot de oudere broeder van de verloren zoon.[38] Daarom, zalig is hij die volhardt in tijden van beproeving, en onwankelbaar blijft in de verzoeking, zelfs onder de dreiging van de dood.

"Hoop tegen hoop" is dus precies de definitie van dat geloof waarmee onoverkomelijke obstakels worden overwonnen. Het verzamelt al onze gedachten en al de krachten van ons hart in één enkel punt, in één streven. (Dit is ook van toepassing op de volmaaktheid van het geestelijk leven, waarbij wij ernaar streven het intellect te verenigen met het hart, en ons gehele wezen in ons hart te concentreren om in staat te zijn te leven en te bidden met één enkele gedachte, zoals de hesychasten van de veertiende eeuw ons leren.) Aldus komen wij tot het besluit te strijden om, met Gods hulp, alle moeilijkheden te overwinnen, zelfs tot de dood toe. En wij moeten overwinnen, want ons heil hangt ervan af. Op dit punt wordt het hart van de mens als een strak aangetrokken knoop waarin zijn gehele wezen geconcentreerd is, en hij hangt alles aan Gods barmhartigheid. Dit is de wijze waarop wij beginnen te geloven zoals de heilige Paulus dat zeide van Abraham, in hoop tegen hoop. Wij geloven dat God ons "[als] kinderen kan doen verrijzen voor Abraham",[39] en dat

---

[37] Zie Hebr.12:6-11.
[38] Lk.15:31.
[39] Cf. Mt.3:9 – "want Ik zeg u, dat God uit deze stenen kinderen kan doen verrijzen voor Abraham".

"alles mogelijk [is] bij God".[40] Gaandeweg worden wij gereed gemaakt om zelfs die vreeswekkende stap des geloofs te maken die de dood overwint.

Charismatisch geloof, zoals dat van Abraham, brengt ons van de oever van de geschapen dingen tot de oever van hetgeen ongeschapen is, en overbrugt de kloof tussen God en de mens. En wanneer de mens zulk geloof betoont, dan zal hij voorzeker aankomen in de haven der liefde, want God is liefde. Zijn tijdelijke leven zal verenigd worden met het onsterfelijke en eeuwige leven van God, en dit is het grootste wonder in het bestaan van de mens. God acht het menselijk leven waardig één te worden met Zijn eigen goddelijk Leven, met Zijn eigen 'Zijn' – door de genade.

De vervulling van deze tweede graad van geloof vraagt een grote inspanning, die in wezen een kwestie is van het gedenken van onze "eerste liefde", van een standvastig en getrouw vasthouden aan God en een vertrouwen op Zijn liefde. In het Boek der Openbaring lezen wij: "Ik weet [.. dat] gij geduld bezit, en gij hebt veel gedragen omwille van Mijn naam, en gij zijt niet moede geworden. Maar Ik heb tegen u, dat gij *uw eerste liefde* hebt verlaten. *Gedenk* dan [die eerste liefde] vanwaar gij gevallen zijt, en bekeer u, en doe de eerste werken."[41] Op de Dag des Oordeels, wanneer de Heer ons voor Zijn aanschijn zal stellen, zullen sommigen het wagen om tot Hem te zeggen: "Heer, Heer, hebben wij niet in Uw naam geprofeteerd? en in Uw naam demonen uitgedreven? en in Uw naam vele krachten gedaan?"[42] en: "Wij hebben gegeten en gedronken voor Uw aanschijn, en Gij hebt in onze straten onderricht." En de Heer zal antwoorden: "Ik zeg u, Ik ken u niet, vanwaar gij zijt; gaat weg van Mij, alle gij werkers der onrechtvaardigheid."[43] Hoe kan het, dat mensen in Zijn naam wonderen doen, en toch herkent de Heer hen niet? Zeker, elk van ons is in staat – zij het gedurende een aantal jaren, of voor een dag, of al is het maar voor een enkel moment – genoeg kracht te verzamelen om met geheel ons hart in God te geloven. Dan treden wij binnen in deze geest des geloofs, en kennen wij de kracht Gods,

---

[40] Mt.19:26.
[41] Openb.2:2-5.
[42] Mt.7:22.
[43] Lk.13:26-27.

waarin zelfs wij een wonder kunnen doen. Doch God hecht daar niet zoveel belang aan, want Hij verlangt grotere dingen van ons. Als wij rechtvaardig willen zijn en de Heer welgevallig (immers, zoals de Apostel zegt, "de rechtvaardige zal leven door het geloof"[44]) dan dient ons geloof zich in een voortdurende dynamische vermeerdering te bevinden – opdat wij, door te geloven, zouden mogen opgaan "van geloof tot geloof".[45]

Met andere woorden, de rechtvaardigen zullen *staande blijven* in deze tweede graad van geloof – dat is, in het charismatische geloof dat, zoals wij gezegd hebben, vergezeld gaat van charismatische wanhoop. Zij zullen alles hangen aan Gods barmhartigheid, en alles riskeren omwille van Hem, om aldus alles te winnen. De rechtvaardigen zullen onversaagd leven door dit geloof, hun hele leven lang. Maar de Apostel voegt daar een vreeswekkende waarschuwing aan toe: "Zo iemand zich onttrekt, Mijn ziel heeft in hem geen welbehagen."[46] Zich 'onttrekken' betekent zich over te geven aan de ledigheid en de hoogmoed, te gaan leven op nalatige wijze, te verslappen in de geestelijke manmoedigheid. Het pad des geloofs daarentegen, is het pad van de dynamische vermeerdering van ons leven in God,[47] dat leidt van geloof tot geloof.

Het diepste verlangen van elk van ons is om een levende relatie te hebben met God en ons te verheugen in Zijn heilige gaven. Zelfs de minste aanraking van Gods genade in ons hart is "beter dan het leven",[48] zoals de Psalmdichter zegt – ja, zelfs beter dan vele levens. Doch het is een ernstige zaak binnen te treden in deze relatie met God, in het besef dat wij de standvastigheid van de rechtvaardigen zullen moeten betonen, namelijk, dat wij dienen te *leven* door het geloof. Aldus zou ons geloof voortdurend moeten toenemen in kracht, totdat dit de derde graad van geloof bereikt, het geloof der rechtvaardigen – dat is, die trouw die ons in staat stelt staande te blijven zonder te versagen, gedurende heel het stadium van Gods tuchtiging, zelfs tijdens de Godverlatenheid. Deze hoogste graad

---

[44] Rom.1:17; Gal.3:11; Hebr.10:38 & Hab.2:4.
[45] Rom.1:17.
[46] Hebr.10:38.
[47] 1Kor.3:7. Zie ook Kol.2:19.
[48] LXX Ps.62:4 (63:3).

van geloof is zo volmaakt standvastig, dat geen enkele ruimte overblijft voor het minste spoor van twijfel; een dergelijk geloof kan niet meer verminderen noch zich onttrekken aan de Bron des levens. De mens leeft elke dag als een nieuwe gebeurtenis, een nieuwe gelegenheid, die hem geschonken wordt door Gods genade. In dit stadium betoont de Heilige Geest Zich zowel uiterst teder en gevoelig, als ook zeer streng.

In het begin echter, kan God zeer toegevend zijn. Dan ervaart de mens de geestelijke vertroosting en de vreugde die gepaard gaan met de eerste genade. En hoewel hij nog ongereinigd is, zwak en onwetend, laat de genade niet af zijn hart te verheugen en hem aan te sporen – juist vanwege zijn onwetendheid. God is barmhartig, en Hij wil ons eerst de grote les leren van de wijze waarop Zijn genade werkt in de ziel. Als wij echter niet gelijkvormig worden aan Zijn Geest, dan trekt de laatste Zich terug. De Brief aan de Hebreeën heeft veel te zeggen over diegenen, die grote gaven hebben ontvangen, die de kracht van Gods woord hebben gekend zowel als de vernieuwing van heel hun wezen, om dan toch onderweg af te vallen. Bovendien lezen we, dat het moeilijk is hen "wederom te vernieuwen tot bekering",[49] dat is, om nogmaals door God te worden hersteld. Met andere woorden, hoe dichter wij tot God naderen, des te veeleisender wordt de Geest Gods, opdat wij Hem in ons leven des te dichter mogen naderen, en voor eeuwig met Hem verenigd mogen worden. Zoals wij eerder hebben gezegd, God verlangt de mens te behandelen als Zijn gelijke, Zijn beeld, omdat Hij hem heeft begenadigd met grote gaven en mogelijkheden, zodanig dat hij voor God kan staan en heel de rijkdom aan goddelijk leven kan omvatten. "Al het Mijne is het uwe".[50]

Als wij door de eerste twee gradaties van het geloof zijn gegaan (het aanvankelijk geloof, en het charismatische geloof in samenhang met de charismatische wanhoop), en wij hebben het geloof verworven waarin onze innerlijke standvastigheid de trouw der rechtvaardigen weerspiegelt, dan zullen wij God ervan hebben overtuigd dat wij de Zijne zijn, en Hij zal ons antwoorden en Zijn antwoord blijft

---

[49] Hebr.6:4-6.
[50] Lk.15:31.

voor eeuwig. God zal tot de mens Zijn woord spreken, en met hem een definitief verbond van liefde aangaan, en – zoals wij weten uit de Schrift – Zijn verbond is een eeuwig verbond. God zal ons antwoorden met precies dezelfde woorden die Hij richtte tot Zijn Eniggeboren Zoon. Wij zullen hem niet alleen horen zeggen: "Gij zijt de Mijne",[51] maar ook: "Mijn zoon, heden heb Ik u verwekt".[52] Dit is onze éne en enige waarachtige roeping: te worden naar de gelijkenis van Jezus Christus, de Zoon van God.

---

[51] Cf. Jes.43:1.
[52] Cf. LXX Ps.2:7.

2

De drie stadia
van het geestelijk leven

Oudvader Sophrony vergeleek het geestelijk leven soms met een bol: waar wij deze ook aanraken, elk punt ervan brengt ons in contact met het geheel.[1] Precies zoals een verbinding met het elektriciteitsnet de volledige stroomkracht van de elektriciteit doet vrijkomen, zo brengt een juiste beoefening van de deugden (de punten aan de oppervlakte van de bol) ons in contact met de volheid van Gods levenschenkende genade. Evenzo schenkt een enkel deeltje van Zijn heilig Lichaam en Bloed ons de gemeenschap aan de gehele Persoon van Christus. Of wederom, een enkel woord van God kan ons hart verlichten, doordat het ons in contact brengt met heel de volheid van Zijn levenschenkende genade.

Telkens wanneer God het hart aanraakt, vanaf het eerste begin van ons leven in Hem, ontvangen wij reiniging, verlichting en vergoddelijking. Waarlijk, wij zien in het leven van mensen dat de aanvankelijke genade die zij ontvangen vaak reikt tot de maat der volmaakten. Dus nog voordat zij zelfs maar begonnen zijn zich te bekommeren om hun gevallen natuur en haar hartstochten, vervult God hen met Zijn Geest, en hun intellect hecht zich aan de liefde van Christus. De mens die opnieuw geboren is uit de Geest, zoals de Heer Zelf zegt, is zoals de wind die blaast waar hij wil:[2] men kan niet zeggen vanwaar hij komt en waar hij heengaat. En dit kan zelfs zo zijn vanaf het begin, vanaf het eerste moment van zijn contact met God.

De weg tot God en onze relatie tot Hem is uniek voor elke persoon, en het is daarom moeilijk over het geestelijk leven te spreken volgens een algemeen schema of patroon. Aan de andere kant zijn er bepaalde stadia en kenmerkende elementen die wij allen gemeenschappelijk hebben, omdat wij allemaal delen in dezelfde menselijke natuur. Dus onze ervaringen zijn uniek, maar bepaalde kenmerken

---

[1] Uit een voordracht over het monnikschap.
[2] Zie Joh.3:8.

daarvan zijn gemeenschappelijk. Om te kunnen spreken over het geestelijk leven zullen wij daarom toch op dit laatste moeten afgaan in het zoeken naar een gemeenschappelijke rode draad of patroon, om de geestelijke realiteiten duidelijker te kunnen uitdrukken. Sommige Vaders spreken bijvoorbeeld in termen van reiniging, verlichting en vergoddelijking. Anderen, waaronder oudvader Sophrony, spraken in termen van drie stadia zoals voorafgebeeld in de geschiedenis van Gods volk, Israël. De Oudvader was over het algemeen zeer terughoudend aangaande het formuleren van schema's of het creëren van systemen, omdat hij zeer goed wist dat men de geestelijke ervaring niet kan vatten binnen de nauwe grenzen van de menselijke logica. Van tijd tot tijd gebruikte hij echter een beeld of een patroon om zijn gedachten over bepaalde zaken te illustreren. Aldus, op grond van zijn waarneming dat bepaalde verschijnselen zich herhaalden in het leven van verschillende mensen door de eeuwen heen, kwam vader Sophrony ertoe het geestelijk leven te zien in termen van drie onderscheiden stadia of perioden.[3] Hij sprak over het eerste stadium als een bezoek van de Goddelijke Geest, wanneer de mens een verbond aangaat met God; over het tweede als een lange en moeizame strijd, die de mens aangaat wanneer God zijn genade terugtrekt; en over het laatste stadium als het herwinnen van de bestendige genade des heils. Ondanks dergelijke onderscheiden formuleringen was vader Sophrony zich helder bewust van het feit dat ieders relatie met God uniek is, en dat elk zijn eigen specifieke pad gaat, overeenkomstig zijn verlangen naar volmaaktheid.

Onze Oudvader wees vaak op de voorafbeelding van deze drievoudige hoofdlijn in het leven van Gods volk tijdens het Oude Testament. Het eerste bezoek van God aan de Hebreeën was de genade van het doortrekken van de Rode Zee na hun uittocht uit Egypte. Vervolgens werden zij onderworpen aan veertig jaren van beproeving in de woestijn, toen God zijn genade van hen terugtrok; en Zijn genade keerde uiteindelijk tot hen terug toen zij het Beloofde Land beërfden.

Vader Sophrony onderscheidde deze drie stadia vooral om de tweede daarvan te benadrukken. Hij zag een grote nood aan een

---

[3] Zie "We Shall See Him", GK p.133-134, EN p.85; zie ook "Saint Silouan", EN p.127, en "On Prayer", GK p.105-106, EN p.68.

juist begrip hiervan, en aan een juiste instelling wanneer wij hier doorheen gaan. En hij wilde ons ertoe inspireren wegen te vinden waardoor dit tweede stadium een waarachtige geestelijke gebeurtenis wordt, waarbij wij dit ervaren als een geschenk van God – om ons zo te verlossen van de verzoeking van de moedeloosheid. Want het terugtrekken van de genade is waarlijk een ervaring van een soort dood, een ontologisch vacuüm. Wanneer vader Sophrony uitweidde over dit onderwerp, wat hij vaak deed, dan ging het hem om de vraag hoe deze 'dood', deze staat van geestelijke verdorring, omgezet kan worden in het onvergankelijke leven van God.[4] Wij zijn hem veel verschuldigd voor zijn kostbare woorden, die onze grote vertroosting en onze vaste steun zijn in het kloosterleven.

Zoals wij gezegd hebben, had vader Sophrony drie stadia waargenomen, die zich in min of meer dezelfde volgorde herhalen in het geestelijk leven van elke persoon, en hij benadrukte dat de waarlijk geestelijke mens – de 'volkomen' of volmaakte mens (*ártios/* ἄρτιος)[5] – door de beproeving van alle drie is heengegaan.[6] Nu hij de genade des heils herwonnen heeft, in het derde stadium, is hij in staat anderen te helpen in hun worstelingen op ditzelfde pad. Hij heeft het geestelijk inzicht verworven, en zoals de heilige Paulus zegt, niemand kan hem oordelen, want hij wordt geleid door de Geest van God.[7] Hijzelf is echter in staat de verschijnselen van de geestelijke wereld op juiste wijze te beoordelen. Zoals vader Sophrony het uitdrukt, degene die zijn 'hypostatische beginsel' verwerkelijkt heeft – die werkelijk een persoon is geworden – onderscheidt "het mysterie van de wegen des heils" voor elke mens afzonderlijk.[8]

---

[4] Zie "We Shall See Him", GK p.77-79, 103, EN p.50-51, 67; "On Prayer", GK p.21-22, 28-29, 114-115, 227, EN p.13-14, 19, 75, 101.
[5] 2Tim.3:17.
[6] "On Prayer", GK p.211, EN p.89.
[7] Cf. 1Kor.2:15.
[8] "On Prayer", GK p.265, EN p.197. [Het Engels spreekt vaak over 'person' en 'persoonhood', waar het in feite gaat om het begrip 'hypostase', dat wijst op de uiteindelijke bestemming van de menselijke persoon. Deze ligt in de verwerkelijking van zijn 'hypostatische beginsel' – de van God geschonken gave, die de mens in staat stelt in zichzelf de volheid van het Goddelijk leven te ontvangen, waardoor hij dan tevens heel de mensheid in zijn hart omvat, en voor haar bidt "als voor zichzelf". (Zie referentie in volgende noot & woordverklaring in "Weest ook gij uitgebreid" of "Christus, onze Weg en ons Leven"). *Noot vert.*]

De Oudvader sprak met groot gezag waar het de waarachtige persoon, de hypostase betrof,[9] omdat hijzelf een levend voorbeeld was van de vervulling van de menselijke persoon in Christus. Hij had alle gesteldheden en stadia van het geestelijk leven doorleefd, en was daardoor in staat elk verschijnsel daarvan te herkennen, en een helpende hand uit te strekken tot degenen die tot hem kwamen. Als mensen ons kwamen bezoeken met het verlangen om vader Sophrony te spreken, dan was ik vaak getuige van de spoedige hulp die hen geschonken werd in vaak complexe situaties. In veel gevallen was ik hun voorspraak bij hem, en vroeg hem om enige tijd aan hen te besteden, hoewel hijzelf lijdende was door ziekte en ouderdom.

Soms kwamen bijvoorbeeld monniken van de Heilige Berg om vader Sophrony te zien vanwege betekenisvolle geestelijke gebeurtenissen die zij beleefden, en waarin zij geen hulp hadden gevonden. Eén monnik bevond zich in het soort beproeving – geen innerlijke verzoeking, maar een verzoeking van buitenaf – waarover de heilige Jakobus zegt dat wij ons zouden moeten verheugen.[10] Zijn geestelijke vader had het opgegeven, en wist niet hoe hij hem zou raden. Maar in twintig minuten had vader Sophrony het probleem opgelost, door de situatie van de monnik op te helderen, en hem te wijzen welk pad te volgen. Aldus verdubbelde en verdrievoudigde de monnik zijn geestelijke vooruitgang, en later werd hij tot vertroosting voor vele anderen, tot aan het eind van zijn dagen.

Omwille van een andere bezoeker zei ik ooit tot vader Sophrony: "Vader, misschien heeft deze persoon niemand kunnen vinden die kan uitleggen waar hij doorheen gaat." En vader Sophrony, die mij vertrouwde, daar wij zevenentwintig jaar lang in elkaars nabijheid hadden geleefd, zei in alle nederigheid: "Niets, geen enkel verschijnsel in het geestelijk leven, kan mij verbazen." Op dat moment verstond ik iets nieuws over mijn oudvader, en het was toen dat de uitspraak van de heilige Paulus mij voor de geest kwam: De geestelijke mens "beoordeelt alle dingen, hijzelf echter wordt door niemand beoordeeld".[11] Met andere woorden, wanneer iemand een 'geestelijk mens'

---

[9] Zie het hoofdstuk "The Hypostatic Principle in the Godhead and in the Human Being", in "We Shall See Him", GK p.293-347, EN p.190-229.
[10] Cf. Jak.1:2.
[11] 1Kor.2:15. [Deze 'geestelijke mens' wordt hier gesteld tegenover de 'psycholo-

is, staat hij ver boven de 'psychologische mens'. Nadat hij veel verduurd heeft in de strijd zich te ontdoen van de 'oude Adam', tijdens het tweede stadium (wanneer de genade zich terugtrekt), rijst de geestelijke mens uit boven het natuurlijke, aardse leven tot een bovennatuurlijke staat, doordat de zintuigen van zijn ziel hernieuwd zijn.

Twee weken voor het heengaan van vader Sophrony bezocht ik hem, en wederom werd mij dit duidelijk uit zijn woorden. Hij vergezelde mij tot aan de deur van zijn huisje, en naar buiten kijkend in de richting van de half-voltooide grafkelder daar vlakbij, vroeg hij: "Hoe lang nog voordat het af is?" Ik antwoordde: "Het zal in twee weken klaar zijn, Vader." Toen voegde hij eraan toe: "Voor mij is het moeilijk zelfs maar één uur te wachten. Ik heb God alles gezegd. Nu moet ik gaan." Hoezeer werd ik geraakt door deze woorden! Ikzelf zou nimmer in staat zijn te stellen dat ik God alles gezegd heb, voordat ik Hem ontmoet in de eeuwigheid. Ik heb veeleer het gevoel dat ik nog niet tot Hem gesproken heb. Maar vader Sophrony kon werkelijk zeggen "Ik heb God alles gezegd," omdat hij voelde dat hij het pad tot het einde toe doorlopen had, in vreugde en in pijn. Hij stierf precies twee weken later, hoewel de grafkelder nog niet helemaal gereed was. Wij moesten nog vier dagen wachten tot de bouwlieden het werk voltooid hadden, en gedurende die tijd konden de gelovigen hem vereren in het midden van de kerk, hetgeen een grote vertroosting was. Anderen hadden zo genoeg tijd om hun reis te regelen en op zijn begrafenis te komen.

Zoals wij zeiden, om een "geestelijk" of "volkomen mens" te worden, is het noodzakelijk door elk van de drie stadia heen te gaan. Wij hebben allemaal het eerste stadium ervaren, bewust of onbewust, bij de Heilige Doop in onze kindertijd, of later bij onze monnikswijding of priesterwijding, of door de berouwvolle bekering als gevolg van onze terugkeer tot de Kerk. Bij de Heilige Doop eert God ons, door ons tot ledematen te maken van het Lichaam van Christus, Zijn Kerk, waarbij wij bekleed worden met Christus: "Gij allen, die in Christus zijt gedoopt, gij hebt u met Christus bekleed."[12] Bij de Doop doen

---

gische mens' uit het voorgaande vers – in het Grieks: *'psychikós ánthropos'* (ψυχικὸς ἄνθρωπος) – d.w.z. de mens die leeft op het psychologische niveau van de ziel. Soms vertaald als de 'natuurlijke' of 'ongeestelijke' mens. *Noot vert.*]

[12] Gal.3:27.

wij de menselijke natuur van Christus aan, waarin de volheid woont van Zijn goddelijkheid. Hetzij op deze, hetzij op gene wijze, hebben wij allen deze eerste genadegave gesmaakt, om deze echter enige tijd later weer te verliezen.

Doch God, in Zijn onuitsprekelijke goedheid, heeft Zijn ogen voortdurend op de mens gevestigd. Hij maakt hem tot doelwit, hem bezoekend "van de vroege morgen tot de avond, en van de avond tot de vroege morgen",[13] volgens de woorden van de rechtvaardige Job. Gods oog en 'toezicht' (of 'bezoek', *episkopê*/ ἐπισκοπή) zijn voortdurend op de mens gericht, want Hij streeft ernaar zelfs maar het kleinste blijk van een positieve gesteldheid te vinden in Zijn schepsel, en Hij betreedt het hart van de mens precies op dat punt, wanneer deze zich tot zijn Schepper richt met een klein beetje begrip en nederigheid. Onvermoeibaar wacht God op de mens, en klopt aan de deur van diens hart. "Zie, Ik sta aan de deur, en Ik klop; indien iemand zal horen naar Mijn stem, en de deur zal opendoen, Ik zal inkomen tot hem, en Ik zal avondmaal houden met hem, en hij met Mij."[14] Zodra de mens dus ook maar de minste gezindheid tot nederigheid en dankbaarheid toont, dan komt God binnen in zijn ziel, en bezoekt hem met Zijn genade, waarmee Hij het leven van de mens hernieuwt en herschept, en hem een nieuwe, geestelijke geboorte schenkt.

Volgens vader Sophrony is één van de manieren om de ziel de verzachten, en haar te bewegen tot dankbaarheid en een nederige gezindheid voor het aanschijn des Heren, het overwegen van Gods plan voor de mens.[15] Wij lezen in de Schriften dat God de mens vóór alle eeuwen in de zin had, en hem heeft voorbestemd voor het eeuwige leven – dat het bestaan van de mens begint in de vóóreeuwige Raad van God, in het Intellect van God. Zelfs de wijze waarop de mens in de wereld komt wijst op zijn grootheid: God schiep hem naar Zijn eigen beeld en gelijkenis, op directe en persoonlijke wijze – niet zoals de rest van de schepping, die tot het zijn kwam door Zijn woord alleen, maar door het directe en persoonlijke handelen van God. Hij nam van het stof der aarde en schiep de mens met Zijn eigen handen, en ademde in zijn neusgaten de geest des levens.

---

[13] Cf. Job 7:17-18; zie ook LXX Ps.31(32):8.
[14] Openb.3:20.
[15] "We Shall See Him", GK p.120, EN p.78.

Vader Sophrony placht te zeggen, dat God bij het scheppen van de mens in zekere zin Zichzelf herhaalde, en daarbij in de eigen natuur van de mens de mogelijkheid plantte om de volheid van het goddelijk leven te omvatten: *Hij heeft niets minder geschapen dan Zichzelf.*[16] Te oordelen naar heel de goddelijke heilseconomie aangaande de mens kunnen wij waarlijk zeggen dat, in Gods gedachten en in de genade van Zijn heil, de mens groot is en zijn roeping uiterst verheven.

Toen de mens wegviel van deze eer, heeft God hem niet opgegeven, maar Hij volgde hem "vele malen en op velerlei wijze"[17] – al de dagen van zijn leven. Waarlijk, God jaagt de mens na om hem wel te doen en te behouden. Het doelwit van Gods jacht is het "diepe hart" van de mens,[18] en Zijn roeping van de mens is een genadegave van Zijn welbehagen, waar de Schriften over spreken als de "eerste liefde".[19] In feite richt God onophoudelijk Zijn roep tot ons allen: "Heden, indien gij Zijn stem zult horen, verhardt dan niet uw harten,"[20] maar gaat uit om Hem te ontmoeten. En de bijzondere genade van de eerste roeping bewerkt dan vele veranderingen in het hart van de mens, en openbaart hem het patroon van het goddelijk leven.

Toen God Zijn verbond met het oude Israël bezegelde, waren de mensen "als degenen die dromen".[21] Zij waren als dronken van vertroosting omdat Hij hen, samen met het verbond, een grootmoedig voorschot van de genade had toevertrouwd, waar zij hun leven op konden bouwen als op een rots, om in de geschiedenis van Israël de lijn der rechtvaardigen te vestigen.[22] Tijdens hun verblijf in de woestijn droeg God de uiterste zorg voor hen. Hij zond hen manna uit de hemel om te eten, en hoewel allen hetzelfde voedsel aten, was dit voor elk van hen alles wat hij nodig had om zich te verzadigen en in leven te blijven. Hij beschermde hen tegen giftige

---

[16] Cf. ibid., GK p.159, 166, 297-298, EN p.101, 160, 193.

[17] Hebr.1:1.

[18] Cf. LXX Ps.63:7 (64:6/7).

[19] Openb.2:4.

[20] Cf. Hebr.3:7-8.

[21] LXX Ps.125(126):1. [De uitdrukking "als degenen die dromen" sluit aan bij het Hebreeuws. De Septuagint spreekt hier meer letterlijk over Gods troost – in de vertaling van archimandriet Adriaan: "Toen de Heer de gevangenen naar Sion deed wederkeren, *waren wij werkelijk getroost*". *Noot vert.*]

[22] Zie Ex.6:1-8 & 34:10,28.

slangen, en tegen de gesel van de hitte van de dag. Hij verlichtte hun weg in de duisternis van de nacht, en verrichtte nog meer van zulke wondere daden, waarmee Hij hen grote eer schonk. Ook zond Hij hen profeten om hen te sterken, terwijl andere volkeren rondom hen in de diepe duisternis leefden van de afgodendienst. Evenals nu de mensen van Israël hun verbond met God sloten, toen zij door de Rode Zee de woestijn in trokken,[23] zo sluiten ook wij een verbond met God, wanneer wij Zijn eerste bezoek ervaren. Zo zien wij hoe de relatie van God met Zijn volk Israël herhaald wordt in elke mens. Feitelijk wordt de geschiedenis van heel de wereld geresumeerd in het leven van Israël. En daarenboven weerspiegelt het leven van elke persoon heel de geschiedenis van het heil.[24]

De Joden zijn dit eerste bezoek van Gods genade nimmer vergeten, en zij bewaarden de herinnering daaraan als een gedenkteken aan hun deurposten, en droegen deze over van geslacht tot geslacht. Het werd een groot feest: Pesach, "het Pascha der Joden", was hun voornaamste nationale feestdag. Bovendien berustte al hun trouw aan God op deze betekenisvolle gebeurtenis, toen God hen een weg opende door de zee heen, en hun tegenstanders deed verdrinken. Deze luisterrijke triomf werd het fundament van hun leven, en het was de gewijde plicht van elke Jood dit over te dragen aan zijn nakomelingen, en hen de wonderen te verhalen die God voor hen verricht had.

Ons eerste verbond, het persoonlijke 'testament' dat wij met God aangaan bij het aanlichten van de eerste genade, is vol vreugde, vol van goddelijke vertroosting, vol van het schouwen van God. Vader Sophrony beschrijft het als een Paasvreugde en zegt, dat de mens tijdens deze periode maar een enkel gebed hoeft te ademen om te ontdekken dat God het reeds beantwoord heeft.[25] In dit stadium kunnen wij niet ophouden met bidden, en het hart is zelfs in de slaap nog actief. Het is gemakkelijk om lief te hebben, gemakkelijk om te geloven, en gemakkelijk om nachtwaken te houden. Zoals de heilige Silouan zegt, alwie ooit God heeft liefgehad kan Hem niet

---

[23] Zie Ex.14:13-31.
[24] "On Prayer", GK p.205, EN p.84.
[25] Cf. "Saint Silouan", GK p.266, EN p.200, NL p.220.

meer vergeten,[26] maar gedenkt Hem voortdurend en bidt tot Hem. Want God Zelf is met de mens een verbond aangegaan, en de mens met God.

Dit eerste stadium is werkelijk wonderbaarlijk en inspirerend, want de genade ervan is zuiver een geschenk, dat op 'onredelijke' wijze geschonken wordt aan alwie maar de minste nederige gezindheid toont. Doch Gods gave behoort de mens nog niet toe, en kan vergeleken worden met een "onrechtvaardig verworven" bezit. Een vers in het Evangelie bij monde van Lukas zegt: "Indien gij niet getrouw zijt geweest in andermans goed, wie zal u het uwe geven?"[27] Vader Sophrony, op zijn originele manier om de Schriften te interpreteren, zegt dat de eerste genade puur geschenk is, als een investering van een geestelijk kapitaal waarvoor wij niet gearbeid hebben en dat wij daarom niet verdienen.[28] Niettemin, als wij onszelf trouw betonen aan dit geestelijk kapitaal – dit talent – en getrouw zijn in datgene wat God toebehoort, dan zal God het ons toevertrouwen *alsof het ons eigen bezit was*. Als wij deze genadegave eren en waarderen, dan zal God deze uiteindelijk maken tot ons onvervreemdbare bezit voor alle eeuwigheid: dan zal God ons het onze geven.[29]

Hoe zoet zijn die dagen van onze eerste liefde voor God, wanneer wij met zulk een gemak gehoorzamen in alle dingen die Hem welgevallig zijn! Het is alsof wij binnenin onszelf God zien, en omdat wij Hem zien, zijn wij in staat in Hem te geloven en Hem te volgen. Dit is een voorsmaak van het woord van de heilige Johannes de Theoloog: "Wij weten dat, als Hij zal verschijnen, wij aan Hem gelijk zullen zijn; want wij zullen Hem zien, zoals Hij is."[30] Tot de Joden echter, zei dezelfde Apostel: "Hoe kunt gij beweren dat gij God kent? Gij hebt noch Zijn stem ooit gehoord, noch Zijn gedaante gezien."[31] Christenen kunnen terecht zeggen dat zij God hebben gezien en Hem ten dele kennen. Wanneer wij voor de eerste maal Zijn genade ont-

---

[26] Cf. ibid., GK p.356, 376, 482, 571, EN p.276, 292, 383, 459-460, NL p.298, 313, 404, 484.
[27] Lk.16:12.
[28] "We Shall See Him", GK p.79-80, 190, 316, 343-344, EN p.52, 119-120, 206, 218.
[29] Cf. ibid.,GK p.133, EN p.85.
[30] 1Joh.3:2.
[31] Cf. Joh.5:37.

vangen, begint Hij in ons hart de eerste trekken van Zijn beeld te schetsen. Ook horen wij Zijn stem, wanneer Zijn woord voor het eerst ons hart raakt en wij geestelijk hernieuwd worden. Maar wij zien en kennen Hem slechts ten dele: de sluier van het vlees zal pas worden opgelicht wanneer wij binnentreden in het eeuwige leven, en dan zal ons schouwen van God kristalhelder zijn, de vervulling van het gedeeltelijke schouwen dat wij nu bezitten. Als wij, in de loop van dit tijdelijke leven, onszelf erin trainen onze blik gericht te houden op het beeld van Christus in ons hart, dan zullen wij, wanneer het venster van het eeuwige leven opengaat, Hem aanschouwen in al Zijn volheid. Maar als wij in dit leven ondoordringbaar blijven voor Zijn genade, dan zal op het tijdstip van onze dood een ander venster zich vóór ons openen, waarbij wij liever niet blijven stilstaan.

Vader Sophrony zegt, dat in sommige mensen deze aanvankelijke genade gelijk is aan de maat der volmaaktheid van de heiligen.[32] Zo grootmoedig is onze God! Volgens onze Oudvader wordt ons in die eerste Paasgenade een bijzonder patroon voor het leven geopenbaard, waarin wij een smaak ontvangen van al de goddelijke deugden. Wij verwerven een gevoel van de nederigheid van God, van Zijn goedheid en grootmoedigheid, en wij beginnen onze zelfzucht te bejammeren, zeggende: "Ik ben zulk een God onwaardig, die Zichzelf aan mij geeft zonder enige terughoudendheid, alhoewel ik zo vol ben van mijzelf!" Door het smaken van de nederigheid, en door de deelname aan de liefde en al de goddelijke deugden, zien wij dat Christus precies om deze reden in de wereld is gekomen en onze natuur heeft aangenomen: opdat Hij Zijn goddelijke deugden op ons moge overdragen, en ons deelgenoot moge maken van Zijn goddelijk leven.[33] Door deze daad van liefde schenkt Hij ons de mogelijkheid van een nieuwe geboorte, en stelt ons in staat om in onszelf het zaad van God te dragen, dat is, om tempels te worden van Zijn goddelijkheid.

Doch dit stadium duurt niet lang, en er zijn vele redenen waarom dit onvermijdelijk tot een einde komt. Hoewel vader Sophrony niet graag tijdslimieten vaststelde voor geestelijke gebeurtenissen, merkte hij dat de eerste genade van enkele uren of dagen, tot maximaal

---

[32] "On Prayer", GK p.105, EN p.68.
[33] Cf. 2Petr.1:3-4.

zeven jaar duurt. Dan is het tijd voor het begin van de strijd, die het tweede stadium vormt. Nu wordt toegestaan dat ons beproevingen en verzoekingen overkomen, en dit geeft ons de gelegenheid om ook in tegenspoed onze waardering uit te drukken jegens God voor de wondere gave van Zijn genade. In Zijn welwillendheid staat Hij ons toe onze betrouwbaarheid te tonen, opdat wij de volheid van het goddelijk leven, ons volledige erfdeel, waardig mogen worden. Vader Sophrony vertelt ons dat de mens vergoddelijkt wordt naar de mate van de diepte en de grondigheid waarmee hij het door God verzaakt worden – dat wil zeggen, het terugtrekken van Diens genade – heeft doorleefd. Volgens de Oudvader dient de volheid van de volmaaktheid te worden voorafgegaan door de volheid van de zelfontlediging.[34]

Jaren van ontbering en leed zijn het middel waardoor de ziel komt tot kennis van het mysterie van de wegen des heils,[35] en dit leert haar om voortdurend nederig te blijven. Dan voelt de genade zich thuis in haar en verlaat haar niet langer. De heilige Silouan schreef uit eigen ervaring:[36]

> Aldus leert de ziel haar leven lang de Christus-gelijkende nederigheid, [en zolang de nederigheid haar ontbreekt zullen de verkeerde gedachten en neigingen haar steeds martelen.] Alleen de nederige ziel vindt de rust en die heilige vrede, waar de Heer over spreekt.

En vader Sophrony bevestigt: Als de mens zichzelf ertoe aanzet te bidden en "zijn goede wil toont, zal de genade hem liefhebben en hem niet meer verlaten".[37] Aldus wordt het bestendig herwinnen van de genade – de kampprijs voor de strijd die de mens voert tijdens de tweede periode – hem toegekend, wanneer hij door de trouw van zijn hart God ervan heeft overtuigd, dat hij verlangt Hem alleen toe te behoren. Dit derde stadium is over het algemeen kort, daar de mens dit betreedt tegen het eind van zijn leven. Maar vergeleken met het eerste stadium is het rijker aan diepte in de zegeningen daarvan. Het

---

[34] "We Shall See Him", GK p.81, EN p.53.
[35] "On Prayer", GKp.265, EN p.197.
[36] "Saint Silouan", GK p.595, EN p.481, NL p.505; cf. Joh.14:27. [De zinsnede tussen haakjes staat niet in de Griekse editie.]
[37] Ibid., GK p.312, EN p.236, NL p.256.

wordt gekarakteriseerd door liefde en stabiliteit, en door de diepe vrede die het resultaat is van de hartstochtloosheid. De geboden des Heren zijn nu geworden tot de enige weg van het bestaan van de mens:[38] hij is geestelijk wedergeboren voor het leven in het eeuwig en onwankelbaar Koninkrijk.

---

[38] Zie ibid., GK p.236, EN p.178, NL p.197, en "Principles of Orthodox Asceticism", EN p.259.

3

Na de aardbeving,
de Geest der Waarheid

De Heilige Geest bezoekt de mens als een enkelvoudige tong van vuur, die langzaamaan meer en meer wordt aangewakkerd tot een heerlijke en volmaakte dag.[1] De Heilige Geest is dat Levende Water, dat ontspringt tot eeuwig leven, en diegenen die ernaar dorsten zullen drinken in vreugde.[2] Tenzij wij daar echter naar dorsten, betekent dit Levende Water niets voor ons. En dat is waarom ons de tijd wordt geschonken, voorafgaand aan ons eigen Pinksteren, als een bijzondere gelegenheid voor ons om in onszelf die gezegende dorst op te wekken naar de gave van de Heilige Geest.

Voorafgaand aan Zijn Lijden en Zijn Kruisiging zeide de Heer dat Hij heenging tot de Vader, maar dat Hij Zijn leerlingen niet zonder vertroosting zou achterlaten, "niet als wezen" (zoals de Griekse tekst het zegt). Hij zeide, dat Hij de Vader zou bidden, opdat Deze hen de Geest zou zenden, Die in eeuwigheid mét hen zou zijn.[3] Toch bleven zelfs deze grote en heilige apostelen zo'n tien dagen als wezen achter, van de dag van de Hemelvaart van hun Meester tot Pinksteren. In de drie jaren dat de Heer bij hen was geweest, zowel als na de Opstanding, hadden zij Zijn edele, tedere en van genade vervulde zorg gekend. Zij hadden vele genadegaven ontvangen: de opwekking der doden, het uitwerpen van demonen, de genezing van zieken en zwakken.[4] Niettemin werden ook zij voor een korte tijd wezen, opdat zijzelf de woorden van de Heer zouden mogen ervaren: "Zonder mij kunt gij niets doen".[5] Zij werden alleen gelaten, en dus baden zij tezamen, terwijl zij geduldig de "andere Trooster" ver-

---

[1] Cf. Spr.4:18 – LXX: "Doch de wegen der rechtvaardigen stralen gelijk een licht, zij gaan vóórop en lichten aan, tot aan de volle dag."
[2] Cf. Joh.4:14 & Jes.12:3.
[3] Cf. Joh.14:16-18.
[4] Zie Mt.10:8.
[5] Joh.15:5.

wachtten, Die de Heer beloofd had.[6] De eerste Trooster was de Heer Zelf geweest; door Zijn woord had Hij hen voortdurend vertroosting geschonken. Maar de ervaring van een zekere mate van verlatenheid, verarming en eenzaamheid was noodzakelijk, zodat in hun harten een dorst zou worden opgewekt naar het Levende Water van Pinksteren.

Tijdens het Oude Testament was de dag van Pinksteren de tijd waarop de Joden de Gave der Wet vierden, die Mozes uit Gods handen had ontvangen, gegrift in de stenen tafelen. Maar deze wet zou hen nimmer leiden tot de vrijheid in de Geest,[7] want niemand kon daardoor vervolmaakt worden.[8] Het doel ervan was het volk voor te bereiden op de volheid der tijden, wanneer de wet des Geestes in hun harten zou worden gegrift. Toen dus de dag van Pinksteren kwam, tien dagen na de Hemelvaart des Heren, voltrok zich een waarlijk historische gebeurtenis. Terwijl de leerlingen tezamen bijeen waren, dorstend naar de Heer terwijl zij op Hem wachtten, in gebed en breking van het brood, zoals Hij hen geboden had, daalde de Heilige Geest, de andere Trooster, op hen neder. Het is van belang op te merken dat de Heilige Geest nederdaalde tijdens het breken van het brood, d.w.z. terwijl de apostelen de Eucharistie voltrokken, want dit is één van de vele tekenen dat op dat moment de Apostolische Kerk geboren werd.

Zowel in het Oude als in het Nieuwe Testament gaat de komst van de Heilige Geest gepaard met een zichtbare en herkenbare openbaring, en op deze dag, zoals het Boek der Handelingen zegt, kwam de Heilige Geest als "een geweldige gedreven wind". Na deze geweldige gedreven wind, daalden er "verdeelde tongen als van vuur" neer op elk van de leerlingen, als een openbaring van de aanwezigheid van de Heilige Geest in hen.[9] Deze tekenen werden voorafgebeeld in het Oude Testament. Toen de profeet Elia in diepe droefheid verkeerde over de ontrouw van Israël, trok hij zich terug in een grot, en hij treurde bitter voor Gods aanschijn. Maar de Heer zeide hem naar de top van de berg te gaan, waar Hij hem Zijn aanwezigheid openbaarde. Eerst kwam er een grote en sterke wind, die de rotsen

---

[6] Hand.1:4
[7] Zie 2Kor.3:3-7,17.
[8] Cf. Hebr.7:19.
[9] Hand.2:2-3.

scheurde, toen was er een aardbeving, toen was er een vuur; maar in geen daarvan was God. Toen kwam de zachte bries, de kleine stille stem van God.[10] De aanwezigheid van God Zelf wordt dus voorafgegaan door een teken dat vóór Hem uit gaat: een sterke wind, een aardbeving en een vuur. Met andere woorden, de weg des Heren moet worden voorbereid en vrijgemaakt, opdat wij, die vlees zijn, de nederige en lichtende aanwezigheid van de Heilige Geest mogen waarnemen en herkennen, en door Zijn komst mogen worden omgevormd tot geestelijke wezens.

In het Evangelie wordt de weg des Heren vaak voorbereid door "harde woorden". De heilige Johannes de Doper bijvoorbeeld, noemde de zonen der Hebreeën "adderengebroed".[11] Vader Sophrony legde dit als volgt uit: De heilige Johannes "vermaande" de mensen "troostend", door middel van de verbrokenheid die hij in hen opwekte.[12] De verbrokenheid doet het hart van de mens nederig worden, en de nederigheid opent het hart om de Heilige Geest te ontvangen, de genade van de Trooster, de enige waarachtige vertroosting van de mens.

Alle harde woorden kunnen derhalve worden verstaan in het licht van het woord van de heilige Paulus: "Wie anders is het die mij verblijdt, dan degene die door mij werd bedroefd?"[13] Op dezelfde wijze als de heilige Johannes de Doper, brengt de Apostel zijn geestelijke kinderen tot verbrokenheid, door in hen het besef te wekken dat hun leven niet is zoals het zou moeten zijn. Hij brengt hen tot nederigheid, en daardoor tot genade. Want "God weerstaat de hoogmoedigen, doch de nederigen geeft Hij genade".[14] En dan, zoals gezegd wordt in het eerste gebed bij de Priesterwijding, komt "de goddelijke Genade, Die altoos het zwakke geneest, en volkomen maakt waar het aan ontbreekt."[15]

---

[10] Cf. 1Kon.19:11-12.

[11] Lk.3:7.

[12] Lk.3:18. Het Grieks gebruikt hier een werkwoord dat zowel 'troosten' als 'vermanen' betekent (*parakaléô*/ παρακαλέω). In het Nederlands (zowel als in het Engels) is meer gebruikelijk te vertalen met enkel 'vermanen', waardoor helaas het element van de troost of vertroosting verloren gaat – gezien het bovenstaande een onmisbaar aspect van de betekenis van deze tekst.

[13] 2Kor.2:2.

[14] Jak.4:6; 1Petr.5:5.

[15] Zie de Orthodoxe Dienst van de Priesterwijding. Engelse tekst, "Service Book..."

Dus in het leven van de Christen is een hard woord vergelijkbaar met de "geweldige gedreven wind". Het spreekt van Gods wonderwerken en verwekt verbrokenheid in het hart van de mens. En deze verbrokenheid is de voorloper van de gave van de Heilige Geest. Het versmelt de bergen van onreinheid die het hart bedekken, het verbreekt de rotsen van de hardheid van het innerlijk wezen van de mens, en het helpt hem zijn "diepe hart" te vinden. De mens ondergaat dus een fundamentele "aardbeving", wanneer hij zulke beproevingen ondergaat als nodig zijn om hem te leren dat slechts één ding nodig is: *de ontdekking van zijn hart.*

Vader Sophrony had zelf ook enkele harde woorden. Bijvoorbeeld: "Als iemand niet de maat heeft bereikt van het hypostatische gebed – dat wil zeggen, in zichzelf de gehele Adam te dragen, en de gehele mensheid op te dragen aan God in zijn gebed voor de gehele wereld – laat hij zichzelf dan geen Christen noemen zonder schaamte en vreze".[16]

Dergelijke woorden kunnen ons behouden. Zij zijn bedoeld om ons wakker te schudden. De Christelijke cultuur van 'wakker schudden' helpt ons om het "diepe hart" te vinden, zonder welke wij niet werkelijk in staat zijn de gave van Pinksteren te ontvangen, de uitstorting van de Geest over alle vlees.[17] Om de gave van de Heilige Geest te kunnen ontvangen hebben wij dat gevoelige hart nodig, dat zo kostbaar is in Gods ogen. Hiernaar verwijst de derde oudtestamentische lezing van Pinksteren.[18] En de aanroeping van de Naam des Heren, in dat gevoelige hart, is in staat om ons heil te bewerken, en nieuw leven te verwekken. Waar wij naar streven is het 'ei' uit te broeden van dat nieuwe leven, dat wij in onze borst dragen – de schaal te verbreken die ons hart bedekt, zodat het nieuwe leven te voorschijn kan komen.

Als wij de oudtestamentische lezingen voor het Feest van Pinksteren zorgvuldig lezen,[19] zien wij daarin drie hoofdthema's: de uitstorting van de Heilige Geest over alle vlees; de heiligende aanroep van de

---

vert. I.F. Hapgood, p.316; Nederlands, "Sacramentarion", vert. Archim.Adriaan, p.97.

[16] Cf. "We Shall See Him", GK p.228, EN p.146.

[17] Joël 2:28 (LXX 3:1).

[18] Ezech.36:26, "En Ik zal u een nieuw hart geven... Ik zal het stenen hart uit uw vlees wegnemen, en Ik zal u een vlezen hart geven."

[19] Num.11:16-17,24-29; Ezech.36:24-28; Joël 2:23-32.

Naam waardoor wij worden behouden; en de gave van een nieuw hart – een gevoelig hart van vlees, in plaats van een hart van steen, dat niet in staat is ook maar iets geestelijks waar te nemen.

In de eerste lezing, die vader Sophrony bijzonder inspireerde, zien wij hoe Mozes een lijst maakte van zeventig mensen op wie God de Geest der profetie wilde uitstorten. De profeet Ezechiël zegt tot de Geest: "Kom uit de vier windstreken, en adem in deze gedoden, opdat zij leven."[20] Dit is precies datgene wat de Heer deed, nadat Hij uit de doden was opgestaan: Hij ademde op Zijn heilige leerlingen, en zeide: "Ontvangt de Heilige Geest".[21] Dit was in feite een voorspel op Pinksteren, een voorbereiding voor de volheid van de komst van de Heilige Geest op aarde – op die grote en doorluchtige dag van de geboorte van de Kerk van Christus. Ook de profeet Joël beschrijft de dag van Pinksteren als een uitstorten van de Heilige Geest over de gehele mensheid: "En na deze dingen zal het zijn, dat Ik Mijn Geest zal uitstorten over alle vlees,"[22] en "alwie zal aanroepen de Naam des Heren zal worden behouden".[23]

En toch zullen niet állen die de Naam des Heren aanroepen behouden worden. Overeenkomstig een ander hard woord van de Heer: "Niet een ieder die tot Mij zegt: Heer, Heer! zal binnenkomen in het Koninkrijk der hemelen, maar wie doet de wil van Mijn Vader, Die in de hemelen is"[24] – dat is, degene die de geboden bewaart. Wanneer de Heilige Geest in het hart komt als een geweldige gedreven wind, en de hardheid ervan verbreekt, dan zal Hij daar – in het diepe hart – de gestalte van onze Heer Jezus Christus afbeelden. Hij zal ons hart veranderen en het reinigen, en dan zullen wij de Naam des Heren aanroepen vanuit de binnenste diepten van het hart. De heilige Paulus zegt, dat een dergelijke aanroeping tot heil strekt wanneer het komt uit een rein hart,[25] en dat is waarom de Heilige Geest het hart van de mens voorbereid door middel van verbrokenheid en nederigheid. Het grote verlangen van de Heer is dat wij Zijn

---

[20] Ezech.37:9 (LXX)
[21] Joh.20:22.
[22] Joël 2:28 (LXX 3:1).
[23] Joël 2:32 (LXX 3:5), zie ook Rom.10:13.
[24] Mt.7:21 (zie ook Rom.10:16).
[25] 2Tim.2:22.

Heilige Naam aanroepen op zodanige wijze, dat het Hem welgevallig is, en tegelijkertijd strekt tot ons eigen heil.

Laten wij de eerste verschijning van de Heilige Geest op aarde beschouwen. Bij het begin van de schepping bewoog de Geest Gods zich over de wateren,[26] zoals een hen die haar vleugels uitspreid en haar eieren bedekt om ze uit te broeden, om nieuw leven voort te brengen. De Geest Gods bebroedde heel de schepping, en zo kwam het gehele universum tot stand. Een vergelijkbaar proces vindt plaats in het hart, wanneer wij onversaagd volharden in het aanroepen van de Naam des Heren. Door dit te doen bewapenen wij ons met de genadegave van Pinksteren, en dan komt de Geest des Heren en overschaduwt het hart, wat nieuw leven doet ontspringen. Dit is waarlijk de nieuwe geboorte, zonder welke – zoals de Heer zegt – wij niet kunnen binnenkomen in Zijn Koninkrijk.[27] Dus wanneer wij voortdurend zeggen: "Heer Jezus Christus, Zoon van God, ontferm U over mij", dan doen wij niets anders dan volharden in de opperzaal van het hart, zoals de apostelen, toen zij de komst van de Trooster verwachtten die de Heer hen had beloofd. Terwijl wij geduldig blijven verwachten in de opperkamer van ons hart, overschaduwt de Geest Gods herhaaldelijk onze borst. De roest van onze opgestapelde zonde wordt afgevijld, en de genade bebroedt ons hart, totdat het nieuwe leven kan uitkomen.

De profeet Jesaja zegt, dat aan de komst van de Geest des heils pijn voorafgaat; dat de Geest allereerst ontvangen wordt in vrees en in de smartelijke "barensweeën" van het hart.[28] Het feit is dat wij de verbrokenheid nodig hebben, wij hebben nood aan de vreze, wij hebben nood aan de pijn. Al deze dingen bereiden ons voor op het nieuwe leven – tot er een explosie plaatsvindt, een diepgaand openbreken van het hart. Dan geschiedt de nieuwe geboorte, en de mens, in geestvervoering, valt in de handen van de Levende God. Vader Sophrony bevestigt, dat als wij volharden in pijn en verbrokenheid, ons hart op zekere dag geheel zal worden getransformeerd tot een lichtende kern van geestelijke gevoeligheid.[29] En de heilige Paulus

---

[26] Gen.1:2.
[27] Joh.3:5.
[28] Cf. Jes.13:8.
[29] Zie "We Shall See Him", GK, p.79-80, EN p.51-52.

verzekert ons, dat de verbrokenheid van een hart dat leeft in waarachtige bekering, zal leiden tot de onuitsprekelijke verzuchtingen van de Geest in het hart, wanneer Hij roept: "Abba, Vader".[30] Bovendien zal onze aanname als vrije kinderen Gods worden bezegeld onder de genade van de wet van de Geest. Het is dus noodzakelijk dat wij deze pijn geduldig verdragen, deze "besnijdenis des harten"[31] – dit is wat het betekent "de merktekenen van de Heer Jezus" te dragen, zoals de heilige Paulus het elders uitdrukt.[32] Laten wij dit alles geduldig verdragen, totdat de Geest des heils in ons geboren wordt, totdat onze pijn wordt omgevormd tot de lichtende genade van de aanname van de kinderen Gods.

Deze besnijdenis des harten is een grote zegen. Het begint met de diepe verandering die in de mens gezaaid wordt door de Doop, wanneer de merktekenen van Christus de onze worden doordat wij ons bekleden met Christus. En wij moeten voortgaan te veranderen, totdat er niets meer in ons is dat Zijn aanwezigheid verhindert. Dan zullen wij het zegel van Zijn volk dragen, want wij behoren tot het Nieuwe Israël, tot de nieuwe schepping – dat is, het Lichaam van Christus. Door in ons Zijn levenschenkende dood te dragen, hebben wij deel aan de overvloed van eeuwig leven die voortvloeit uit Zijn Opstanding. En zoals ons hart besneden wordt, zo worden wij ook besneden in ons denken, in ons spreken, en in al onze ledematen. Wij denken of spreken geen kwaad meer van wie dan ook, maar al wat wij doen of zeggen is gekruid met een mate van liefde, totdat wij komen tot de volheid van de grote liefde van Christus.

Zoals het voortdurend aanroepen van de heilige Naam van Jezus het nieuwe leven van het hart 'uitbroedt', en de besnijdenis daarvan bewaart, zo geldt dat ook voor de dagelijkse lezing van de Schriften.

---

[30] Gal.4:6. Zie ook Rom.8:21-26.

[31] Rom.2:29.

[32] Gal.6:17. [Deze uitleg betreft het Griekse woord *'stigmata'*. Dit wordt soms vertaald in de zin van 'littekens' of 'wonde-tekenen', maar het Grieks gebruikt dit woord veeleer voor kenmerkende tekentjes, zoals graveringen in goud (LXX Hoogl.1:11), of het teken van het Kruis op kleding of voorwerpen (H.Vaders). De oud-Griekse betekenis betrof het merkteken van een lijfeigene, een soldaat, of iemand die was toegewijd aan de (heidense) tempeldienst, in de vorm van een brandmerk of tatoeage – een teken dus van iemands verbondenheid en toewijding aan degene die hij dient. *Noot vert.*]

Een enkel vers kan plotseling 'vlam vatten' in het hart van de mens, om dit voor te bereiden op het bezoek van Gods Geest. En als wij ons beijveren in onze lezing, dan geeft de Heer ons mogelijk een bepaald 'woord', dat deze vonk aanwakkert tot een vuurvlam, telkens wanneer wij bidden. Hoe trouw is onze Heer in Zijn verbond met ons; wij zijn het, die ontrouw zijn. Maar "indien wij ontrouw zijn, Hij blijft getrouw; Hij kan Zichzelf niet verloochenen".[33] Het is van levensbelang Zijn woord te overwegen. Net zoals wij ons driemaal per dag naar de tafel haasten om onze portie voedsel tot ons te nemen, zo moeten wij ons haasten om te antwoorden op de onophoudelijke uitnodiging van de Heer tot Zijn tafel. Zijn tafel is beladen met het voedsel van Zijn woorden. Willen wij echter van deze geestelijke tafel genieten, en het woord des Heren verstaan zodat het in ons een levenschenkende kracht wordt, dan is het nodig Hem te vragen om de genadegave die Hij aan Lukas en Cleophas gaf op hun weg naar Emmaüs. En deze gave wordt ons nu juist geschonken wanneer wij de Schriften lezen, want zij leren ons Zijn woord in ons hart te overwegen met welbehagen, van dag tot dag. Dan, volgens het getuigenis van vader Sophrony, wordt het woord Gods mettertijd onze eigen taal: van tijd tot tijd zal één van de verzen waartoe ons intellect en ons hart werden aangetrokken, onze geest doen opleven. Dit wordt een opening tot dat overvloedige leven, dat de Heer zozeer voor ons verlangt,[34] en wij zullen leren te bidden met de woorden van de Schrift zelf, geïnspireerd door de Heilige Geest.

Wij hebben de voorbereidende beproevingen geschetst die wij met geduld verduren, het Pinksteren van de Naam van Christus, en het Pinksteren van het woord Gods. De laatste twee bestaan erin, voortdurend Zijn Naam en Zijn Woord te overwegen in ons hart. Maar wij ervaren het Pinksteren ook, wanneer wij deelnemen aan het Lichaam en Bloed van Christus, die ons bewaard doen blijven in het verbond dat wij hebben gesloten, niet meer voor onszelf te leven, maar alleen voor onze Verlosser, zoals wij zeggen in één van de gebeden na de Heilige Communie. De Heer Zelf zeide: "Hij die Mijn vlees eet en Mijn bloed drinkt, blijft in Mij en Ik in hem. Zoals de levende Vader Mij gezonden heeft en Ik leef door de Vader, zo zal

---

[33] 2Tim.2:13.
[34] Joh.10:10.

ook hij die Mij eet, leven door Mij".[35] Gaandeweg worden wij gewaar, dat wij door onze deelname aan het Lichaam en Bloed van Christus, deelnemen aan het levenschenkende Leven van God Zelf. "De Geest is het, Die levend maakt, het vlees is van geen nut", zegt de Heer,[36] – en met deze levenschenkende Geest vervult de Heer alle dingen die wij Hem aanbieden, en geeft ze dan aan ons terug. In de Liturgie vindt een uitwisseling plaats van ons tijdelijke leven met Zijn eeuwig leven, en ook deze uitwisseling van levens is ons Pinksteren, waarin wij de Heilige Geest ontvangen.

De openbaringen van de Heilige Geest leren ons ook de houding van het hart die in overeenstemming is met de gave der genade. Wanneer de Heer de mens begenadigt met de delicate gave van Zijn nederige Heilige Geest, dan is het passende antwoord van de mens deze gave te verbergen en te overwegen in zijn hart. Als hij besluit zijn gave ten toon te spreiden, uit hoogmoed, dan zal hij deze niet alleen verliezen, maar hij zal ook zijn broeder prikkelen. Het ten toon spreiden van onze gaven is een overtreden van het tweede gebod van God, want door dit te doen nemen wij de ruimte van onze broeder in. Wij zouden te allen tijde alle ruimte moeten geven aan degenen die om ons heen zijn, en slechts een minimale plaats moeten bewaren voor onszelf. Oudvader Sophrony was zich ervan bewust dat dit geestelijk principe zelfs werkzaam is in de boezem van de Heilige Drieëenheid. Toen Christus kwam, zeide Hij niets over Zichzelf, maar sprak slechts die dingen die de Vader Hem gegeven had te spreken.[37] Op vergelijkbare wijze uit de andere Trooster, de Geest der Waarheid, niets van Zichzelf, maar Hij draagt voor eeuwig getuigenis van Christus, want Hij schept er behagen in ons te herinneren aan al wat Christus gesproken heeft.[38] Hier herkennen wij de volkomen onderlinge verbondenheid van de Personen van de Heilige Drieëenheid, hun zelfontlediging (*kenosis*) op het eeuwige vlak, zoals vader Sophrony het uitdrukte. Elk van de Personen – Vader, Zoon en Heilige Geest – getuigt van de andere twee Personen, en schuift nimmer Zichzelf naar voren, maar geeft maximale ruimte aan de

---

[35] Joh.6:56-57.
[36] Joh.6:63.
[37] Joh.12:49.
[38] Joh.14:26.

twee anderen.[39] In het boek "De Heilige Silouan de Athoniet" geeft vader Sophrony een noot over deze grote cultuur, die tot op heden bewaard is gebleven op de Heilige Berg. De monniken, in plaats van hun innerlijke staat te openbaren, pogen elke eventuele genadegave verborgen te houden in zichzelf. En dit niet alleen om zichzelf te beschermen tegen de ijdele trots of tegen zelfbehagen, maar ook als een heilige plicht van respect voor de geestelijke ruimte van de anderen. Het is een beknopte noot, maar het drukt de essentie uit van de traditie en wijst op de houding van het hart die de meeste plaats inruimt voor de Heilige Geest.[40]

Laten wij voor een ogenblik de monastieke weg beschouwen. Het is misschien de snelste route tot het diepe hart, omdat de "aardbeving", die de mens voorbereid op Gods genade, in het monnikschap op meer acute wijze wordt beleefd dan in enige andere context. Vader Sophrony geeft heel de traditie weer wanneer hij zegt dat deze aardbeving vóór alles teweeggebracht wordt door de gehoorzaamheid. Menselijk gesproken lijkt het misschien onredelijk om afhankelijk te zijn van de wil en de leiding van iemand anders. Maar als een monnik zijn geestelijke vader gehoorzaamt vanuit heel zijn hart, uit liefde en met een volkomen vertrouwen – en niet slechts uit een soort mechanische discipline – dan leeft hij volgens de essentie van de monastieke weg, zoals vader Sophrony deze zag. Gehoorzaamheid is de volmaaktheid van de weg der nederigheid naar het beeld van het leven van de Heilige Drieëenheid: wij verzaken aan onze onafhankelijkheid door onze ziel over te leveren in de handen van degene die verantwoordelijk is voor ons heil. Zulk een nederigheid kan niet falen het diepe hart te voorschijn te brengen. Maar als de gehoorzaamheid wordt teruggehouden, en de monnik onafhankelijk gaat leven – en het is gemakkelijk in deze strik te vallen, vooral wanneer hij geen enkel schandaal verwekt, want dan blijft hij onopgemerkt – dan zal zijn diepe hart nimmer ontdekt worden. Maar wanneer wij niet berusten op onze eigen wil, maar op de wil van God die wordt uitgedrukt door hem aan wie wij zijn toevertrouwd, die "de leiding heeft over ons",[41] dan worden wij als lammeren die ter slachting worden geleid. Wij

---

[39] Zie "We Shall See Him", GK p.219-220, 405-406, EN p.139, 230.
[40] Zie "Saint Silouan", GK p.324-325, EN p.248-249, NL p.535-536.
[41] Cf. Hebr.13:17.

leveren ons leven, onze wil, over in navolging van Hem, Die zonder zijn mond te openen tot de scheerder ging, als een lam ter slachting.[42] Als wij daarentegen vasthouden aan onze autonomie, dan blijft er een zekere ijdelheid, een zekere verborgen hoogmoed in ons, en daardoor blijven wij verstoken van de waarachtige kennis van ons hart. Niemand kan zijn diepe hart ontdekken, wanneer hij tevreden is met de gedachte aan zijn eigen eer. Wanneer wij spreken over de ontdekking van het diepe hart, dan doelen wij op dat grote mysterie, dat behoort tot het gebied van de Geest, wanneer heel het wezen van de mens één hart wordt. Een mens kan jarenlang dagelijks wenen, zonder ooit zijn diepe hart te kennen; het vinden van het diepe hart is een gave van de Heilige Geest. En wanneer deze gave geschonken wordt, dan wordt alles getransformeerd – de mens wordt wedergeboren en gaat over van de dood tot het leven.[43]

Er staat een belangrijke perikoop in het Evangelie die verband houdt met deze aardbeving, dit 'wakker schudden' dat de komst van de Heilige Geest aankondigt. De Heer zegt: "Maar Ik zeg u de waarheid: Het is u tot nut dat Ik wegga, want indien Ik niet wegga, zo zal de Trooster niet tot u komen, doch indien Ik ga, zo zal Ik Hem tot u zenden. En wanneer Hij komt, zal Hij de wereld berispen over zonde, en over rechtvaardigheid, en over oordeel: over zonde dit, dat zij in Mij niet geloven; doch over rechtvaardigheid, dat Ik heenga tot de Vader, en gij Mij niet meer schouwt; en over oordeel, dat de vorst dezer wereld geoordeeld is."[44] Dat wil zeggen, wanneer de Heilige Geest komt, zal Hij de wereld onderzoeken aangaande haar zondigheid, haar rechtvaardigheid, en haar oordeel over zichzelf.

De Heer zeide: "Indien gij niet gelooft dat IK BEN, zo zult gij in uw zonden sterven."[45] De zondigheid van de wereld verhindert het geloof in Christus als God, hetgeen alleen mogelijk is als de

---

[42] Cf. Jes.53:7.
[43] Joh.5:24.
[44] Joh.16:7-11. [Het hier gebruikte Griekse woord voor 'berispen' (*elegcho*, ἐλέγχω) betekent tevens 'bewijs leveren van', in de context van een rechtzaak. Van daaruit wordt het ook wel gebruikt voor het ondervragende onderzoek dat hiertoe leidt. Aldus bestrijkt dit werkwoord in feite het gehele proces, vanaf de ondervraging en het bewijs tot de feitelijke berisping. *Noot vert.*]
[45] Joh.8:24.

mens verlicht wordt door de Heilige Geest. De Geest werd gegeven in de vorm van vurige tongen, en de heilige Philaret van Moskou wijst erop dat een vurige tong twee eigenschappen heeft: hij verlicht en hij verwarmt. Hij verlicht het intellect met de ware kennis van God en geloof in Hem; en hij verwarmt het hart met waarachtige liefde tot God. Hij verbrandt de doornen van de zonde en doet het hart herleven.[46] Ongeloof dan, betekent de dood door de zonde. Als de Trooster geen plaats in ons vindt om werkzaam te kunnen zijn, dan zullen wij de rechte verlichting van het geloof niet ontvangen, omdat Hij niet met geweld de zonden zal verbranden die een obstakel zijn voor Zijn Waarheid. Wanneer wij niet in geloof verenigd zijn met de Heilige Geest, dan ontzeggen wij Hem het 'recht' om de wolk van duisternis en illusie te verwijderen waarin wij leven. Dus wanneer de Trooster komt, berispt Hij de wereld van zonde, dat is, Hij bewijst dat de zonde van het ongeloof onvergeeflijk is. Wat de gelovige betreft, hem worden door de Heilige Geest zulke genade-gaven geschonken, dat hij zelfs de werken doet van Christus zelf. Zoals de Heer zegt, wie lastert tegen de werken van de Heilige Geest lastert tegen Hem, en heeft daarom geen deel aan Gods vergeving.[47] Hoe kunnen mensen die de werken van Christus toeschrijven aan Beëlzebub enig deel hebben in God? Zelfs hoewel sommigen van hen ooggetuigen daarvan waren, toch gingen zij niet slechts verloren in ongeloof, maar in rechtstreekse Godslastering.[48]

Bij de rechtvaardigheid is de situatie vergelijkbaar. De vol-maakte, door God geïnspireerde rechtvaardigheid vernietigt de zonde en stelt de mens in staat de Heilige Geest te ontvangen. Aldus was de rechtvaardigheid van de Heer, tijdens Zijn Lijden aan het Kruis: "Vader, vergeef het hun; want zij weten niet wat zij doen".[49] De waarachtige rechtvaardigheid Gods is de volmaakte liefde, zelfs liefde voor zijn vijanden. En Christus' houding jegens elk van ons is waarlijk een volmaakte liefde, want wij zijn allemaal Zijn vijanden. Zelfs wanneer wij vergaderd zijn als Zijn volk, zijn wij niets anders dan een vergadering van Zijn vijanden, aangezien wij Hem niet

---

[46] Zie "Choix de Sermons et Discours", vol.I, p.49.
[47] Cf. Mt.12:31.
[48] Mt.12:24-27.
[49] Lk.23:34.

liefhebben zoals wij behoren te doen, noch weerspiegelen wij Zijn heerlijkheid, zoals Hij dat van ons zou willen. En toch geeft Hij Zichzelf tot spijs en drank aan Zijn geliefde vergadering, en begenadigt ons daarbij met de Heilige Geest.

De heilige Johannes Chrysostomos zegt, dat als de Heer deze woorden aan het Kruis niet geuit had – "Vader, vergeef het hun, want zij weten niet wat zij doen" – niet één van ons zou kunnen worden vergeven. Zijn woorden blijven tot in eeuwigheid, want zij zijn verzegeld door Zijn dood en Opstanding. Zij blijven werkzaam tot het einde van deze wereld, en daarna. Wij kunnen daarop heel ons leven bouwen, en zeggen: "Stel de afgrond van uw barmhartigheden tegenover de menigte van onze fouten," zoals wij lezen in het eerste knielgebed van Pinksteren. Waarlijk, onze zonden zijn als niets vergeleken met de oceaan van Zijn barmhartigheid en Zijn mededogen. Zijn berisping van de wereld zal dus zijn in termen van Zijn rechtvaardigheid, in termen van Zijn liefde voor de vijanden, in termen van de liefde die de zonde vernietigt. Een heidense filosoof vroeg aan één van de Woestijnvaders: "Gelooft gij in de Gekruisigde?" En hij antwoordde: "Ja, Ik geloof in Diegene, Die aan het Kruis de zonde heeft tenietgedaan." Want werkelijk, de rechtvaardigheid die aan het Kruis werd uitgesproken neemt de zonden der wereld weg, en overwint de vorst dezer wereld. De Heilige Geest zal de gehele mensheid berispen: de kinderen van deze wereld, die de menselijke rechtvaardigheid beoefenen, zullen zonder excuus zijn; maar degenen die de Heilige Geest hebben ontvangen, zullen Christus' overwinning openbaren in hun eigen leven, en bewijzen dat Hij de Overwinnaar en Veroveraar is van deze wereld. "Nog een kleine tijd, en gij zult mij niet meer schouwen," zeide de Heer.[50] Met andere woorden, niet Hijzelf, maar de Heilige Geest, de Trooster, zal onze eeuwige overwinning bezegelen door de nieuwe realiteit van Zijn goddelijke rechtvaardigheid.

Tenslotte zal de Heiland de wereld berispen in termen van haar oordeel over haarzelf. Vader Sophrony stelt in zijn geschriften, dat allen die door de Heilige Geest geleid worden nimmer ophouden zichzelf in de geest te berispen en te vernederen.[51] Wanneer hij het woord citeert van zijn vroegere

---

[50] Joh.16:16.
[51] Cf. "On Prayer", GK p.195, EN p.174.

hegoumen, archimandriet Misaël, "God oordeelt niet tweemaal",[52] bevestigt Oudvader Sophrony dat ons oordeel tegen onszelf, onze zelfbeschuldiging, vooruitloopt op het toekomstige oordeel over onszelf en dit uitwist.[53] Na Christus, is onze beste leermeester in dit principe de Goede Rover, die vrijwillig zichzelf oordeelde door zijn eigen lijden als rechtvaardig te beschouwen. Onmiddellijk werd hem het komende oordeel bespaard, want hij trad nog diezelfde dag binnen in het Paradijs. God zou hem geen tweede maal oordelen. Waarachtig oordeel is onze erkenning van de waarheid over onszelf. Wanneer wij onszelf in de geest vernederen voor Gods aanschijn, en onze zonden belijden, dan wordt het toekomstige oordeel overbodig gemaakt. En dan geeft God ons een bijzondere gave. In het Evangelie bij monde van Lukas lezen wij: "[Zij zullen] de handen aan u slaan, en zij zullen u vervolgen, en u overleveren in de synagogen en gevangenissen, en u wegleiden tot koningen en stadhouders, omwille van Mijn Naam. Doch voor u zal dit uitlopen op een getuigenis. Neemt dan in uw harten voor, niet vooraf te overwegen hoe gij u zult verantwoorden. *Want Ikzelf zal u een mond en wijsheid geven, welke al uw tegenstanders niet zullen kunnen weerstaan of weerspreken.*"[54] De betekenis is duidelijk, wanneer wij dit vers toepassen op de vervolging door de machten van deze wereld. Maar hetzelfde geldt wanneer wij onszelf vrijwillig vervolgen, door alle schuld op ons te nemen; dan wordt ons de wijsheid van de Heilige Geest gegeven, daar ons gebed van bekering ons zal rechtvaardigen voor het aanschijn van de Heer, nog vóór het toekomstige oordeel.

Evenals de andere vormen van de "aardbeving" van de Heer, bereiden deze berispingen van de Heilige Geest ons voor om Zijn gaven te ontvangen. Wanneer wij onze zonde erkennen, wanneer wij de Heer navolgen in Zijn liefde voor Zijn vijanden, en wanneer wij vrijwillig een oordeel uitspreken tegen onze gevallen staat, dan doet de innerlijke aardbeving het diepe hart in ons bovenkomen, en maakt ons geschikt om de gave van de Heilige Geest te ontvangen, de gave van het eeuwig Koninkrijk, waardoor het hart zodanig wordt uitgebreid, dat het zowel de hemel als de aarde omvat.

---

[52] Ibid., p.52.
[53] "We Shall See Him", GK p.58, 61-62, 80-82, EN p.38,40,52-53.
[54] Lk.21:12-15.

HET EERSTE STADIUM

Hij heeft ons eerst liefgehad

+ 1Joh.4:19 +

4

Verlangen de Heer te zien

Mijn ziel dorst naar de Heer en onder tranen zoek ik Hem.
Hoe zou ik U niet zoeken? Gij hebt mij het eerst gezocht,
en mij gegeven de zoetheid te smaken van de Heilige Geest,
en mijn ziel kreeg U lief tot aan het einde.[1]

eel onze strijd in dit leven is erop gericht ons 'diepe hart' te ontdekken,[2] want dat is de plaats waar God Zich openbaart. Vóór alles streven wij ernaar de hartstocht van de hoogmoed in ons te ontwortelen, want dit is de hartstocht die het hart begraaft, en ons achterlaat met het gevoel alsof wij niet langer een hart bezitten. "De hoogmoed weerhoudt ons ervan lief te hebben," zegt de heilige Silouan.[3] En waarlijk, de waarachtige liefde komt voort uit de nederigheid, want de nederige mens heeft plaats in zijn hart voor God en voor zijn medemensen. Zolang wij hoogmoedig zijn, zullen wij van ons hart gescheiden blijven; wij zullen slechts leven volgens ons beperkte brein, en terwijl wij volstrekt het uiteindelijke doel missen waartoe wij in dit leven gekomen zijn, zullen wij eindigen als droge bladeren, doelloos heen-en-weer geblazen door de wind. Als wij er echter in slagen ons diepe hart te vinden, dan zal ons intellect niet slechts een ankerplaats vinden in het hart, maar ook in de diepten van de hemel, waar ons leven "met Christus verborgen [is] in God"[4] En God zal komen, en in ons Zijn woning maken.

Hoezeer wij onze harten ook hebben verdorven door de zonde, er komt een tijd waarop wij, zoals Zachéüs, branden van verlangen de Heer te kennen, te weten wie Hij eigenlijk is.[5] Het doet er niet toe, hoe diep de duisternis is van de afgrond der zonde waarin wij verzonken zijn, vroeg of laat komt het ogenblik waarop de vraag naar de eeuwigheid zich niet meer laat negeren. Wij beginnen ons

---

[1] "Saint Silouan", GK p.349, EN p.269, NL p.392.
[2] Cf. LXX Ps.63:7 (64:6/7).
[3] "Saint Silouan", GK p.303, EN p.229, NL p.247.
[4] Kol.3:3.
[5] Cf. Lk.19:3, "En hij zocht Jezus te zien, wie Hij was".

verleden te zien als één enorm verraad jegens God, als een totaal on-rechtvaardige misdaad jegens Hem. Onze geest verlangt nu naar eeuwige dingen, want wij zijn begonnen de ijdelheid te zien van alles wat niet het zegel van de eeuwigheid draagt. Dit is een cruciaal moment, want onze eeuwige toekomst hangt geheel af van de richting die wij kiezen. Als wij ons richten tot de levende God en Zijn woord aanvaarden, in een vurig verlangen het Aangezicht des Heren te zien, dan zal Hij ons verlichten en een begin maken met Zijn heilswerk in onze ziel. Dan beginnen wij aan een avontuur met God. Al wat wij nodig hebben is het verlangen Hem te kennen, naast een beetje nede-righeid. Dit verlangen is het minieme deeltje dat wij in liefde offeren aan God, doch zonder deze bijdrage zal God niet handelen. Aan ons minieme deeltje voegt Hij dan Zijn genade toe – het oneindig veel grotere deel, dat onze harten viervoudig uitbreidt en ons behoudt.

Volgens de heilige Cyrillus van Alexandrië werd Zachéüs verteerd door het verlangen God de Heiland persoonlijk te kennen, en de aard van Zijn gestalte te zien (*to eídos*/ τὸ εἶδος). Dit is het zaad van het heil, en wanneer dit zaad in het hart van de mens valt, dan heeft hij een groot verlangen te zien Wie de Heer is. Zodra hij bezeten raakt van dit verlangen, zal hij bepaalde dingen doen die krankzinnig lijken in de ogen van deze wereld, maar die in wezen de weg bereiden voor zijn eerste ontmoeting met de Heer. Dit was het geval met Zachéüs, toen hij de Heer begon te zoeken. En dit was ook het verlangen van de Heer, want de Zoon van God is gekomen om zondaars te behou-den. Het is nauwelijks verbazingwekkend dat Hij een overste van tollenaars zou willen behouden: in elke tijd en op elke plaats zoekt de Heer naar de Zijnen.

Het verlangen van Zachéüs deed hem vooruit snellen en een wilde vijgeboom beklimmen, zodat hij de Heer kon zien. Maar wat er in zijn hart gebeurde, was alleen zichtbaar voor Hem Die zowel God als Mens is. De menigte kon de verandering in het hart van Zachéüs niet zien, noch konden zij de aard van zijn verlangen ver-staan. Maar nog voordat Zachéüs Hem zag, had de Heer de beweging van zijn hart gezien – op bovennatuurlijke wijze, met de ogen van Zijn goddelijkheid. Hij zag dat het verwilderde en hebzuchtige hart van de overste der tollenaars verzacht begon te raken en, smeltend van verlangen, getransfigureerd was, zodat hij bereid was in zichzelf het beeld van Christus te dragen.

Zachéüs had zijn reputatie en achtenswaardige positie, die de mens verhinderen tot God te naderen, genegeerd – en nu wordt hij het voorwerp van publieke spot. In zijn schande wordt hij verwant aan de Heer Jezus, Die op dit punt in het Evangelie op weg is om gekruisigd te worden aan het Kruis der schande, om de wereld te verlossen van de schande der zonde. In ons verlangen de Heer te zien zullen ook wij onszelf gedragen als dwazen, door zoveel mogelijk schande te dragen om ons doel te bereiken: onze Heer en Heiland te vinden. Wij staan onverschillig ten aanzien van de mening der mensen, en elke vrees om voor gek te staan valt weg. Want wij weten dat de Heer ons de eer zal schenken Zijn Aangezicht te zien – Dat veel schoner is dan wij ons ooit kunnen voorstellen – en onze zielen zullen werkelijk verzadigd worden met Zijn heerlijkheid.[6] Dus vanwege zijn vurige verlangen verachtte Zachéüs al zijn wereldse eer, en hij schepte er behagen in belachelijk te zijn in de ogen der mensen, als hij maar een ander soort eer zou winnen: genade te vinden bij de Heer en door Hem te worden bezocht.

Zodra de Heer bij de wilde vijgeboom kwam, keek Hij omhoog en Hij zag de tollenaar en sprak het volgende woord: "Zachéüs, haast u en kom naar beneden!"[7] In het geestelijk leven is het gevaarlijk te vertragen. Wanneer God ons roept en een woord tot ons richt, dienen wij te zijn als Abraham: wij moeten gehoor geven aan Zijn uitnodiging, en prompt op weg gaan, waarheen Hij ons ook zal leiden. Het eerste woord van de Heer tot Zachéüs is dus: "Haast u!" En het volgende is: "Kom naar beneden!", of: "Verneder uzelf! Daal neder vanaf de hoogte van uw positie in de wereld, van uw hovaardigheid, evenals van de wilde vijgeboom. God roept u! Wees bekleed met nederigheid en ontvang de vreugde des heils." Zoals altijd spreekt de Heer rechtstreeks, in korte en krachtige woorden: "Haast u! Kom naar beneden!" Met andere woorden: "Hebt gij het vuur ontvangen? Snel dan voort!" Dat Zachéüs in staat was deze woorden ter harte te nemen, kwam doordat hij was voorbereid door zijn verlangen, en nog meer door zijn nederigheid. Deze woorden van goddelijk vuur gaan rechtstreeks af op de kern van de zaak; Zachéüs begreep, dat als

---

[6] LXX Ps.16(17):15 «χορτασθήσομαι ἐν τῷ ὀφθῆναί μοι τὴν δόξαν σου» (...ik zal verzadigd worden wanneer Uw heerlijkheid zich aan mij doet zien).
[7] Voor de hiervolgende alinea's, zie Lk.19:5-8.

hij werkelijk de Heer Zelf wilde ontmoeten, hij dan aan zijn verlangen ook nederigheid zou moeten toevoegen. En als hij wilde antwoorden op de grote eer, de Heer in zijn huis te mogen ontvangen, dan zou hij zich moeten haasten te antwoorden. En dit deed hij: "Hij haastte zich en kwam naar beneden; en hij ontving Hem en verheugde zich". Zijn vreugde was de vreugde des heils, de vreugde de Heiland Jezus te ontmoeten, en hij was zich niet bewust van de omringende wereld. "En toen zij het zagen, morden zij allen, zeggende: Hij is binnengegaan om zijn intrek te nemen bij een zondig man". Maar de Heer had het heil van Zachéüs op het oog, en van diens gehele huis, en negeerde het onbeduidende schandaal van de menigte – zoals Hij zo vaak deed – omwille van het behoud van een ziel.

Toen, "staande, zeide Zachéüs tot de Heer..." Dit is een belangrijk moment: Zachéüs *staat*, rechtop, van aangezicht tot Aangezicht met de Heer der heerscharen, en is met Hem in gesprek. Aldus voor de Heer te staan met een heilige vrijmoedigheid wordt slechts mogelijk gemaakt door de bekering, die de genade tot de mens aantrekt, en zijn wezen zodanig versterkt dat hij als een leeuw wordt in zijn bekering: zijn moed is van dien aard, dat hij alles kan verdragen. In nederigheid staat hij nu, en hij is in gesprek met God, terwijl hij verlangt alles te offeren ter vervulling van zijn bekering. Aldus vulde de levenschenkende energie van het Woord van God het hart van Zachéüs met een vloed van genade. Terwijl hij voor zijn Schepper stond, uitte hij deze woorden van berouwvolle bekering: "Zie, de helft van mijn bezittingen, Heer, geef ik aan de armen; en indien ik iemand iets ontvreemd heb door laster, zo geef ik het viervoudig weder." Zich bewust van het nieuwe leven dat in zijn hart gekomen is, belooft Zachéüs manmoedig aan de Heer dat hij al zijn overtredingen zal goedmaken.

God verlost het gehele leven van de mens, zijn verleden en zelfs zijn toekomst, door middel van de bekering. Ons leven is vol zonden, woorden en daden van verraad, overtredingen en onrechtvaardigheden, maar de berouwvolle bekering maakt deze dingen krachteloos en wist ze uit, zodat ze in Gods ogen – op de Dag des Oordeels – niet meer zullen bestaan. Elke soort van aanraking met de Heer verbrandt de onreinheden van de mens, reinigt en behoudt hem. Wij zien dit in het geval van Jesaja: God raakte zijn lippen aan met een vurige kool, zeggende: "Zie, dit heeft uw lippen aangeraakt, en uw wetteloosheden vergeven, en u van uw zonden gereinigd."[8] Het minste contact met God was dus genoeg om al de wetteloosheden van Zachéüs uit te wissen, maar toch was het nodig dat hij deze ook in woorden beleed voor het aanschijn des Heren.

Volgens de wet van die tijd werden misdaden bestraft naar de mate van nalatigheid. De strengste straf hield in, dat men de schade die men veroorzaakt had viervoudig moest vergoeden. En nu Zachéüs de dwaasheid der bekering op zich nam, onderwierp hij zichzelf aan het strengst mogelijke oordeel, en hij ondernam om elk onrecht dat hij begaan had viervoudig te vergoeden.

Het bezoek van de Heer veroorzaakt een buitengewone manmoedigheid in de mens, waarbij hij bereid is de gehele verantwoordelijkheid op zich te nemen voor zijn overtredingen. Hij beschuldigt niemand anders dan zichzelf, en dit verzoent hem met God en met zijn broeders. De Woestijnvaders plachtten te zeggen, dat als een mens niet in staat is de schuld op zich te nemen voor zijn daden, hij nimmer vrede zal vinden op aarde. De overste der tollenaars beleed niet slechts zijn zonden, waarbij hij zichzelf beschuldigde; hij koos bovendien voor de strengste veroordeling. Dit hield in alles uit te delen wat hij bezat. Zodanig was de kracht die hij had verworven in zijn bekering, die teweeggebracht werd door zijn ontmoeting met de Heer.

In deze ontmoeting van de mens met God ligt nog een ander mysterie verborgen: In de geest werd Zachéüs verwant aan de Heer. In zijn verlangen de Heer te zien, had hij de schande aanvaard voor spot te staan, en in dit alles werd hem de genade geschonken de schande van het Kruis te dragen. Overeenkomstig het woord van de apostel Paulus leidt een dergelijke genade tot de opening van het hart van de mens. Het strekt hem op, en het breidt hem uit op viervoudige wijze – in de breedte, de lengte, de diepte, en de hoogte.[9] Ook Zachéüs, in zijn aanvaarding van de schande van het Kruis, werd uitgebreid in de vier richtingen van het Kruis: hij verlangde er ten zeerste naar elk slachtoffer van de onrechtvaardigheden, die hij begaan had, viervoudig te vergoeden. Aldus, op profetische en voorafbeeldende wijze, ontving zijn hart de genade die voortvloeit

---

[8] Jes.6:7.
[9] Cf. Ef.3:18.

uit het Kruis en de Opstanding van Christus. Dat wil zeggen, nog vóór Golgotha werd het mysterie van het Pascha (dat is, de overgang) van de dood tot het leven in hem werkzaam, net zoals dat geschied was in de Profeten en de Rechtvaardigen van het Oude Testament, en zoals dat ook geschiedt in allen die het gebod van God ontvangen, en dit gehoorzamen. Het hart van Zachéüs werd zodanig uitgebreid, dat hij alle mensen omvatte, in het bijzonder degenen jegens wie hij onrechtvaardig was geweest. Door schande te dragen om de Heer te mogen zien, plaatste Zachéüs zichzelf op het pad dat de Heer Zelf bewandelde; en zo vond hij in Hem een Metgezel, en ging hij over van schande tot heerlijkheid.

Zo groot was de verandering in Zachéüs, en zo radicaal de verandering van zijn hart, dat de Heer Zelf uitriep: "Heden is heil geschied aan dit huis."[10] Impliciet zei de Heer, dat Hij God is, en dat heil geschonken wordt aan alwie gereed is voor het bezoek van God. De Heer hoefde slechts zijn blik te vestigen op Zachéüs om hem te doen opleven met het nieuwe leven des heils. Hetzelfde geschiedt, wanneer de Heer op ons neerziet: Wij hoeven slechts Zijn Aangezicht te aanschouwen, en onmiddellijk heeft de dood geen macht meer over ons. Het Aangezicht des Heren te zien is dus het "éne ding", dat nodig is.

Maar eerst dienen wij de 'legerplaats' van deze wereld te verlaten. Zoals de Apostel zegt: "Zo laat ons dan uitgaan met Hem buiten de legerplaats, en zijn smaadheid dragen,"[11] en bereid zijn een beetje schande te dragen omwille van Zijn Naam. Deze wereld heeft zijn eigen wetten en waarden, maar wij moeten leven zoals God welgevallig is, zelfs als dat betekent dat wij voor spot komen te staan. En wat een minieme prijs is dit, als wij maar de Bruidegom der Kerk mogen ontmoeten, Die onder ons gekomen is, en zal wederkomen om de wereld te oordelen in Zijn Goddelijke rechtvaardigheid.

De Heer noemt Zachéüs een zoon van Abraham, omdat Zachéüs een geloof toont dat vergelijkbaar is met dat van zijn voorvader Abraham. Hij beantwoordt Gods roep, evenals Abraham, en daarom ontvangt hij de genade van het zoonschap. De Heer zet

---

[10] Lk.19:9.
[11] Hebr.13:13.

hier Zijn zegel op, zeggende, dat "de Zoon des mensen is gekomen om het verlorene te zoeken en te behouden."[12] Waarlijk, de Heer des Hemels is op aarde nedergedaald om te zoeken naar de mens die verloren gaat in zijn zonden. Zachéüs verzaakte vrijwillig aan alle dingen, net als Abraham, en hij was bereid dwaas te lijken omwille van de Heer, en dit is waarom het de Heer welgevallig was hem te rechtvaardigen en te verheerlijken.

Echt geloof wordt verwekt door de bekering. Het weigert een compromis aan te gaan met de wereld, want het is niet langer onder de indruk van de dingen van deze wereld, van haar voorbijgaande afgoden en onechte liefde. Maar waarachtig geloof, geïnspireerd door de goddelijke liefde, is absoluut. En omdat het absoluut is, maakt de mens zich in zekere zin tot dwaas in zijn streven het heil dat hem geschonken is niet te verliezen. Hij is blij tot dwaas te worden, net als Zachéüs tot dwaas werd, want hij weet dat uit een dergelijke dwaasheid de waarachtige wijsheid geboren wordt. Aldus heeft God er een welgevallen in te wonen in dergelijke zielen die hem zoeken met geheel hun hart, die het goeddunken van deze wereld verachten en dezelfde smaad omarmen als onze Heer Zelf omarmd heeft omwille van ons.

---

[12] Lk.19:9-10.

5

Grotere dingen zien

*O Heilige Geest, hoezeer heeft de ziel U lief! Het is on-
mogelijk u te beschrijven, maar heel de ziel kent Uw komst,
en Gij geeft vrede in de geest, en zoetheid in het hart.*[1]

Er bestaat geen grotere tragedie voor ons mensen dan onszelf
afgesneden te zien van de Geest van Christus. Zonder de
band van liefde met God onze Heiland, is alles ijdel en zinloos.

In het Evangelie bij monde van Johannes vinden wij een
geschiedenis, die spreekt over het mysterie hoe wij de waarheid van
Christus leren kennen: het is het verhaal van de roeping van de
leerlingen Filippus en Nathanaël.[2] Het vertelt ons hoe wij onze
Schepper, de Almachtige Heer, leren kennen, Die omwille van ons
binnentrad in de zwakheid van de mens, en Zichzelf ontledigde[3] om
ons door deze zwakheid te behouden, want wij zouden niet in staat
zijn geweest de grootheid van Zijn luister te dragen. En wij weten:
"de zwakheid van God is sterker dan de mensen".[4]

Aldus vindt de Heer Filippus en zegt: "Volg Mij." Filippus is
eenvoudig en rechtstreeks: het gebod van de Heer te horen is voor
hem genoeg om Diens roep te aanvaarden. De spontane aard van zijn
antwoord wordt ook geïnspireerd door het Aangezicht van de Heer,
dat vervuld is van Zijn goddelijkheid, evenals de levenschenkende
energie van Zijn woord. Ook dienen wij in gedachten te houden,
dat er in die tijd een sterke geest van verwachting heerste aangaande
de komst van de Verlosser, en dit werd uitgedrukt in het geloof
van degenen die Hem verwachtten, want zij hadden de vroomheid
van hun voorvaders geërfd. De combinatie van deze elementen
droeg vrucht in het onvoorwaardelijk leerlingschap van Filippus;
onmiddellijk volgde hij de Heer.

---

[1] "Saint Silouan", GK p.409, EN p.320, NL p.341.
[2] Zie Joh.1:43-51.
[3] Cf. Fil.2:7. Dit werkwoord wordt op uiteenlopende wijzen vertaald; de letterlijke
betekenis van het Grieks is 'zich ontledigen'.
[4] 1Kor.1:25.

De lamp van de ziel van Filippus werd ontstoken door het vuur dat hij ontving van de Heer, en niemand zou in staat zijn geweest hem ervan te weerhouden om op zijn beurt weer andere lampen te ontsteken. Het vuur van God verspreidt zich van plaats tot plaats, en de lamp van Nathanaël was de volgende om ontstoken te worden. Doch Nathanaël kon zijn twijfel niet inhouden. Hoe zou de Messias ooit uit het slecht bekend staande Nazareth kunnen komen? Filippus, met de wijsheid die hij had verworven in zijn ontmoeting met de Heer, antwoordde eenvoudig: "Kom en zie". En er is inderdaad geen beter antwoord dan dit: "Kom en ervaar de waarheid voor uzelf, en als Hij de waarachtige Waarheid is, dan zult gij niet in staat zijn tot ongeloof."

Als wij oprecht en objectief de waarheid zoeken, dan kunnen wij een experiment uitvoeren dat ons, zoals in elke wetenschap, in staat zal stellen deze te ontdekken. Hierin is de theologie gelijk aan de empirische wetenschappen: Als men eenmaal een theorie heeft bedacht en een hypothese heeft gevormd, dan is het mogelijk een experiment uit te voeren en te verifiëren, om de wet aan te tonen waardoor een bepaald verschijnsel bepaald wordt. In ons geestelijk leven geldt hetzelfde: wij leren omtrent God en Zijn wegen door te experimenteren, en in onze relatie met Hem stellen wij Zijn waarheid 'op de proef', en dan wordt deze waarheid tot de wet die ons leven bepaalt. Onze hypothese komt dan in de vorm van Christus' geboden. In het geval van "Zalig de treurenden, want zij zullen worden vertroost," bijvoorbeeld, is de hypothese dat degenen die treuren vertroost zullen worden. Christus Zelf openbaart Zich aan Zijn schepselen die, als beeld van God, begenadigd zijn met redelijk vermogen en vrijheid. In Zijn goedheid staat God ons toe Hem te testen, door middel van onze vrije wil, terwijl Hij ons hart beproeft van de vroege morgen tot de avond, en van de avond tot de vroege morgen.[5] Waarlijk, Hij wil dat wij tot Hem komen met een argeloos hart, vrij en zonder vooroordeel, en Hem in alle onschuld beproeven, zoals Nathanaël. Als wij werkelijk "komen en zien", dan zal God niet in gebreke blijven ons een bewijs te geven van Zichzelf. Maar Hij laat het aan de mens over om het initiatief te nemen, om ernst te maken met zijn

---

[5] Cf. Job 7:18.

verlangen om waarachtige kennis van God te verwerven, en Hem vrijelijk te volgen met geheel zijn hart. God is algoed en al-nederig, en de woorden die uitgaan uit Zijn mond zijn erop gericht de mens aan te moedigen 'God op de proef te stellen', en – hierdoor – Hem te kennen zoals Hij is. In de Brief aan de Romeinen lezen wij: "En zoals zij God niet hebben beproefd om Hem te leren kennen, heeft God hen overgeleverd aan een onbeproefd intellect, om dingen te doen die niet betamen".[6]

Het grootste ongeluk voor de mens is, verstoken te blijven van deze proeve van ervaring in geest en hart, dat is, nimmer God te hebben gesmaakt of kennis van Hem te hebben ontvangen. En de grootste ramp in dit leven is misleid te worden omtrent God, en daardoor niet in staat te zijn enige smaak of gevoel te verwerven van Zijn Waarheid. Het Griekse woord *dókimos* (δόκιμος), afgeleid van het werkwoord *dokimázô* (δοκιμάζω), dat de heilige Paulus gebruikt in Romeinen 1:28, betekent: "iemand die beproefd en geproefd heeft, en kennis heeft verworven". Deze directe kennis, uit ervaring, van de waarachtige God is synoniem met de mystieke theologie van onze Kerk. Het is mystieke kennis, niet omdat deze op één of andere manier 'mysterieus' is, maar omdat deze kennis niet buiten de mens ligt: deze wordt geleefd door de 'innerlijke mens' van het hart (de "verborgen mens des harten"), als een gave van de Heilige Geest. Een dergelijke Godskennis kan niet verworven worden via de zintuigen: God wordt niet gezien met onze lichamelijke ogen, noch verstaan via ons natuurlijk verstand. Doch de mens behoeft slechts bereid te zijn het experiment uit te voeren: Vooropgesteld dat hij het woord van Christus aanvaardt en het toepast in zijn leven, kan hij dan innerlijk de waarheid verifiëren van dit woord en het omhelzen, om het tot wet te maken van zijn wezen. Zijn innerlijke ogen openen zich, en zijn hart ontwaakt tot het geloof, dat wordt tot "de vaste grond der dingen die men hoopt, het bewijs der dingen die men niet ziet".[7]

De ziel van de mens – zijn hart – heeft werkelijk zintuigen, net zoals het lichaam zijn zintuigen heeft van gevoel, gehoor of gezichtsvermogen. Wanneer de mens zich bekeert en Christus' woord toepast

---

[6] Rom.1:28 (vertaling met referentie aan de weergave van de auteur).
[7] Hebr.11:1.

op zichzelf, dan komen zijn geestelijke zintuigen tot leven en hij begint God te zien, God te kennen, God te horen en Zijn aanwezigheid te voelen op een manier die niet te beschrijven is. Wij kunnen God niet omvatten met ons verstand, maar wij kunnen Hem gewaar worden en beleven in ons hart. God verlangt ernaar te wonen in het hart van de mens, en wanneer Hij dit doet dan voelt de mens dat hij geheel in Gods Geest is. Hij begint de taal van God te verstaan, hij leert tot Hem te spreken en naar Hem te luisteren. De wijzen waarop wij in gesprek zijn met God zijn werkelijk specifiek voor God alleen.

De uitnodiging van Filippus aan Nathanaël is: "Kom en zie"; of, zoals het Oude Testament het zegt: "Smaakt en ziet".[8] Wij zouden ook kunnen zeggen "Smaakt en kent". Wat zullen wij dan kennen? Wij zullen weten dat Christus de Heer is, dat de Heer zoet is en goed, en dat er geen ander is zoals Hij.

De Heer nadert elke mens op een bijzondere wijze, om het verlangen in hem op te wekken zichzelf met geheel zijn hart aan God te geven.[9] Wij zien dit in het woord waarmee Hij Nathanaël antwoordt, wanneer deze Hem voor het eerst benadert. In de meeste gevallen begint de Heer ermee Zichzelf te vernederen voor de mens, om het eeuwige leven op hem over te dragen.[10] Doch in het geval van Nathanaël, in plaats van Zichzelf te vernederen, geeft Christus er de voorkeur aan Nathanaël de wegen van zijn hart te openbaren. Hij toont Nathanaël de hovaardigheid waarmee hij Christus heeft

---

[8] LXX Ps.33:9 (34:8/9).

[9] Het antwoord dat de Heer zoekt, wordt het best omschreven door het Griekse woord *'philótimo'* (φιλότιμο) – [in het Nederlands te vertalen met 'eergevoel' of 'eerzucht', in positieve zin verstaan. *Noot vert.*]. Dit begrip is van een grote diepte; het omvat het besef dat ons enige streven zou moeten zijn de Heer welgevallig te zijn, in leven en dood, in vreugde en verdrukking. In meer algemene zin betreft deze *'philotimo'* eenvoudig een nederig soort eergevoel. Als iemand bijvoorbeeld een weldaad heeft ontvangen, dan kan hij dit – uit eergevoel – beantwoorden met een onwankelbare trouw aan zijn weldoener, vanwege een diep gevoel van verplichting en onwaardigheid.

[10] Een goed voorbeeld hiervan is Zijn ontmoeting met de Samaritaanse vrouw: Om Zichzelf aan haar te openbaren als de Christus, om haar op te heffen uit haar gevallen staat en haar tot Zijn apostel te maken, vernederde Hij Zichzelf en zeide, alsof Hij haar bijstand van node had: "Geef Mij te drinken". En slechts toen voegde Hij daaraan toe: "Indien gij wist Wie het is Die tot u spreekt, dan zoudt gij van Hem levend water hebben gevraagd" (cf. Joh.4:7-14).

benaderd ("Kan er iets goeds komen uit Nazareth?"), en Hij vermorzelt zijn hart niet door berisping, maar met zachtmoedige eerlijkheid:
"Zie, waarlijk een Israëliet, in wie geen bedrog is." Telkens wanneer
God onze illusies over onszelf vermorzelt, schenkt Hij ons tevens
de kracht daarvan te worden genezen. Anderzijds, als wij onze
wonden zouden openleggen voor een psycholoog, dan zou hij een
indrukwekkende analyse maken van onze staat, maar wij zouden
ongenezen blijven. Want alleen God kan ons onze geestelijke armoede
tonen, en omdat Hij ons wil behouden, begeestert Hij ons en geeft
ons de kracht ons heil te bewerken zonder ten prooi te vallen aan
de wanhoop. Zo groot is het verlangen van Christus om Zijn leven
en waarheid over te dragen op Nathanaël, dat Hij, nadat Hij hem
zijn hoogmoed heeft getoond, hem daar vervolgens van ontledigt.
Door hem een eerlijk man te noemen, vermorzelt de Heer niet alleen
Nathanaëls hart, maar hij erkent ook de oprechtheid van diens hart:
Het was duidelijk dat Nathanaël besloten had Christus te benaderen
ondanks zijn twijfels, om te zien voor zichzelf. Uiteraard is het
niet enkel de inhoud van Christus' woord, maar ook de energie die
daarmee gepaard gaat, die de waarheid openbaart en het hart van
de mens verzekert van de genade die uitgaat van het goddelijk hart
van de Heer Jezus. Het leven in Christus is als een ijsberg: alleen
de top is zichtbaar, maar daaronder ligt een oneindige hoeveelheid
genade en kracht verborgen in Gods macht, en Hij deelt dit mede
aan het hart van de mens door middel van diens geloof.

Aldus wordt Nathanaëls geest opgewekt en ontvangt leven door
het woord van de Heer. Maar hij is nog steeds bevangen door vrijmoedigheid, en zegt: "Vanwaar kent Gij mij?" Dus gaat de Heer
voort Zich te openbaren, en Hij antwoordt: "Voordat Filippus u riep,
toen gij onder de vijgeboom waart, zag Ik u." Welnu, deze omschrij-
ving van iemand onder de vijgeboom, is een verwijzing naar de
oudtestamentische profetie van Zacharia,[11] waarin een beschrijving
voorkomt van de man die voortdurend de Wet en Gods woord
bestudeert. Want de Heer wist dat Nathanaël een onderzoeker van
de Schriften was, een man die in het geschreven woord van God
zocht naar ieder spoor van Gods aanwezigheid. Het gesproken woord
van het vleesgeworden Woord van God zal daarom diep weerklonken

---

[11] Cf. Zach.3:10.

hebben in zijn hart, want het werd persoonlijk tot hem gericht en beschreef hem daarom op volmaakte wijze. Op dit punt kon Nathanaël zich slechts overleveren, daar zijn hart verzekerd werd van de waarheid van de Zoon en het Woord van God. Dus bezegelt hij dit met zijn eigen "Amen", zeggende: "Rabbi, Gij zijt de Zoon van God, Gij zijt de Koning van Israël." Dat wil zeggen, "Waarlijk, Gij zijt Degene Die ik zocht in de Schriften, onder de vijgeboom. Gij zijt de Zoon van God, de Koning van Israël, de Verlosser der wereld."

Zodra Nathanaël zijn geloof in de goddelijkheid van de Nazarener beleden heeft, bevestigt de Heer de waarheid die in Nathanaëls hart is opgewekt, zeggende: "Omdat Ik tot u zeide, Ik zag u onder de vijgeboom, gelooft gij? Gij zult grotere dingen zien dan deze." Dit is een uiterst krachtig woord, want Degene Die het uitspreekt is de Almachtige God. "Gij zult grotere dingen zien dan deze" is een openbaring van de natuur van het leven van de mens in God, een leven waarin hij zonder einde "grotere dingen" ziet, een *dynamisch* leven. Het leven in God kent geen neergang, noch is het onveranderlijk: het is een leven van eeuwige dynamische toename. Volgens onze Vaders zullen in de toekomende wereld zelfs de engelen voortdurend toenemen van de ene volheid van liefde, tot een nog grotere volheid van liefde, en hieraan zal geen einde zijn.[12] Aldus kan ook de mens van dag tot dag groeien in kennis en genade, zelfs in dit leven.

In het Paradijs openbaarde God Zichzelf op zodanige wijze aan de mens, dat enkel het zien van zijn Schepper hem ertoe inspireerde Gods deugden en Zijn wijze van 'zijn' na te volgen. Maar omdat Adam viel, maakte God – Die hem wilde herstellen – het hart van de mens tot Zijn doelwit: "Zie, Ik sta aan de deur, en Ik klop; indien iemand zal horen naar Mijn stem, en de deur zal opendoen, Ik zal inkomen tot hem, en Ik zal avondmaal houden met hem, en hij met Mij."[13] En omdat God zou willen dat wij Hem tot ons Doelwit maken, moeten wijzelf aan de deur van Zijn barmhartigheid staan en kloppen vanuit ons hart. En om dit te kunnen doen, moeten wij

---

[12] "Er wordt gezegd dat in het toekomende leven de engelen en de heiligen aldoor toenemen in genadegaven, en nimmer aflaten in hun verlangen naar verdere zegeningen. In dat leven vindt geen verval plaats, noch afwijken van deugd tot ondeugd." H.Gregorius van de Sinaï, in "The Philokalia", vol.IV, p.222.
[13] Openb.3:20.

in Gods aanwezigheid verblijven, om een geestelijke en goddelijke gewaarwording in ons hart te ontwikkelen. Op deze wijze, wanneer er een kloppen is aan beide zijden, zal het hart van de mens zich tenslotte openen, en dan begint Gods feest met de mens. Degene die in Gods aanwezigheid verblijft, zal elke dag nieuwe geestelijke opgangen ervaren in zijn hart door Gods rechterhand, dat is, door de Heilige Geest. Dit is de vervulling van Gods gebod om voor Hem een nieuw lied te zingen.[14] Dit leven van dynamische toename kan nimmer saai of statisch zijn, want wij leven in de aanwezigheid van God Zelf. Degenen die hebben gesmaakt en gezien dat de Heer goed is, weten dat Zijn energie altijd nieuwe kennis ingeeft en nieuwe wegen schept voor het hart om te worden uitgebreid in zijn opgang tot Hem. Zij weten, dat de barmhartigheden des Heren "elke morgen nieuw" zijn.[15]

De mens is begiftigd met een innerlijke nood om te leren en nieuwe manieren te vinden om kennis te verwerven. Doch in zijn gevallen staat heeft hij de neiging deze nood aan iets nieuws te verwarren met het verzadigen van de hartstochten; het is daarom dat wij, wanneer wij God verlaten en ons wenden tot de materiële wereld, daar dienstbaar aan worden, en zo wordt het ons onmogelijk binnen te treden in de aanwezigheid des Heren en Hem te volgen. In de gelijkenis van het Grote Avondmaal[16] zien wij dat de man die vijf span ossen heeft gekocht, de uitnodiging van de Meester afwijst om geen andere reden dan zijn schijnbaar dringende nood zich bezig te houden met zijn nieuw verworven beesten. Hoe typerend is deze houding voor onze generatie, met haar onlesbare lust naar de laatste informatie en technologie. De vorst dezer wereld belast het hart en verduistert het intellect zodanig, dat het de mens uiteindelijk onmogelijk wordt voor God te staan van aangezicht tot Aangezicht. Zoals wij gezegd hebben, is het normaal dat een mens zou willen groeien en zich ontwikkelen. Maar hij zou dit vóór alles moeten doen in het gebied van de Geest, want het is daar dat God ons de nieuwheid des levens schenkt, de enige 'nieuwigheid' die eeuwige waarde heeft. De verleiding van de materiële nieuwigheden

---

[14] Zie LXX Ps.32(33):3; 95(96):1; 97(98):1; 143(144):9.
[15] Klaagl.3:22-23.
[16] Lk.14:16-24.

dient overwonnen te worden, en de manier om dit te doen is door herhaaldelijk een nieuw begin te maken met God. Het is God welbehagelijk wanneer wij Hem vragen ons nieuwe wegen te tonen om Hem te benaderen. Hij komt ons spoedig te hulp, omdat Hij reeds wenst ons een nieuw begin te schenken, een nieuwe genade, een nieuwe verandering in het hart, die ons in staat stelt op te gaan tot Hem door nieuwe kennis van Hem. Elke dag, aan het eind van de Metten – in de Lofpsalmen – zeggen wij: "Zingt de Heer een nieuw lied." Wanneer wij onszelf zonder terughoudendheid overgeven aan de machtige Geest Gods, dan ervaren wij elke dag de veranderingen die bewerkt worden door de rechterhand van de Allerhoogste, en door Zijn genade worden ons hart en onze geest voortdurend tot Hem opgeheven. Terwijl wij Hem steeds opnieuw ervaren hernieuwt Hij ons geestelijk schouwen en geneest ons hart, en zo vervult Hij onze hoop, herstelt ons tot heelheid, en schenkt ons een immer diepere kennis van Hemzelf door het gebed.

Aldus is ons nieuwe lied een lied van dankbaarheid en liefde voor onze geliefde God. Wij zijn niet langer bezeten door het vernietigende verlangen naar de schijn-geneugten van de nimmer aflatende stroom van wereldse nieuwigheden, die de ziel veroordelen tot honger. Uiteraard mogen wij een wettig gebruik maken van deze gereedschappen, maar te allen tijde moet ons eerste doel zijn elke dag onze God te 'beproeven', om aldus nieuwe kennis van Hem te verwerven. De apostel Paulus zegt, dat de mens die God niet ontmoet heeft, en Hem daarom niet heeft 'gesmaakt', de meest berooide is onder de mensen, daar hij uit eigen wil onderworpen is aan de duisternis. Maar als hij God zoekt en Diens genade smaakt, dan is hij getuige van grote dingen in zijn leven, en hij zal bevinden dat hij de nieuwheid van het leven in God meer nodig heeft dan enige aardse nieuwigheid. Aldus groeit onze relatie met God voortdurend. (De heilige Zosimas kwam ooit in de verzoeking te geloven dat niets in de geestelijke wereld nieuw voor hem kon zijn. Maar God leidde hem naar de woestijn aan de andere kant van de Jordaan, waar Hij hem een grote les leerde door middel van de heilige Maria van Egypte.) Dit toenemen van de ziel wordt na de dood voortgezet, wanneer wij immermeer grotere en wondere waarheden zullen leren over de Heer. De geest van de mens wordt alleen maar werkelijk verzadigd door datgene wat onwankelbaar is, absoluut, onveranderlijk – kort gezegd, door hetgeen eeuwig is.

God verlangt er vurig naar de mens te zien opgaan van kracht tot kracht, van heerlijkheid tot heerlijkheid, en Hij kan het niet verdragen in hem iets te zien dat minderwaardig is aan Hemzelf. Hij begenadigt ons met al het Zijne: "Al het Mijne is het uwe". Zodanig is Zijn wil voor ons – en als wij daaraan gehoorzamen, dan zullen wij nimmer tevreden zijn over onszelf, maar altijd verlangen Hem nog dichter te naderen in honger en dorst naar Gods rechtvaardigheid. Alwie zijn hart bereidt voor deze dynamische toename in Christus zal voortdurend "grotere dingen" zien, overeenkomstig de belofte van de Heer.

Wanneer wij Gods woord hebben aanvaard, Hem hebben gekend en Zijn waarheid hebben gesmaakt, die nu de enige wet van ons wezen is geworden, dan worden wij de woonplaats van Christus, en de Heilige Geest graveert Diens beeld in ons hart. Elke keer dat wij ons intellect in ons hart doen verzinken, dan vinden wij een schat, de parel van grote waarde, en onmiddellijk worden wij Zijn rechterhand gewaar die werkzaam is door de Heilige Geest. Dan antwoorden wij met een nieuw lied van dankbaarheid, en wij houden vast aan de zoom van het gewaad des Heren opdat de Heilige Geest moge handelen in ons hart, dat nu geopend is voor Zijn genade. Hoezeer verlangt de Heer naar nieuwe liederen van ons! Hoezeer smacht Hij ernaar dat wij onszelf zouden vernederen, zodat Hij ons een immer toenemende maat van Zijn genade kan schenken. En bij ieder van zulk een toename zal ons lied een doxologie van dankbaarheid zijn.

Onze Vaders zeggen, dat de dankzegging aan God een bron van eindeloze inspiratie is, omdat het intellect en het hart de zegeningen gewaar worden, die God uitstort over ons, over onze broeders, en over de gehele wereld. En er is geen eind aan de dankzegging die wij aan Hem kunnen opdragen; en hoe meer wij Hem danken en lofprijzen, hoe wijder de hemelen zich openen. Mozes heeft hierover gesproken,[17] en de rechtvaardigen van elke tijd hebben deze wondere werkzaamheid van de Geest van God gekend. De apostel Paulus zegt: "Wij nu hebben niet ontvangen de geest der wereld, maar de Geest Die uit

---

[17] Cf. Ex.20:18.

God is, opdat wij zouden weten de dingen waarmee wij door God zijn begenadigd."[18] De geest van deze wereld is een geest van hoogmoed, waarin niets is van God, terwijl de Geest van God het hart en het intellect opent tot de kennis van de wondere dingen die Hij ons geschonken heeft. Dan zegt de mens onophoudelijk dank, tot aan het punt dat hij God dankt voor iedere ademtocht. Zoals het gebed in de Dienst van de Doop het zegt: "Gij hebt voor ons de lucht uitgegoten om te ademen." Deze adem steunt ons lichamelijke leven, maar er waait ook een ander soort geurige lucht, die de adem zelve is van de Heilige Geest, die God in de neusgaten van Adam geblazen heeft in het Paradijs, en waarmee Hij Zijn Kerk voortdurend begeestert – de vergadering van diegenen die Zijn Naam en Zijn nederige verschijning liefhebben.[19]

Naast de eeuwige toename van de ziel in God, zijn de "grotere dingen" die dingen die wij vinden in de Persoon van Christus, Wiens Koninkrijk zonder einde is. De Heer heeft Nathanaël erkend als een Israëliet, dat is, als een man wiens innerlijk oog geopend is (want 'Israël' betekent: 'het intellect dat God schouwt'), en dan verklaart de Heer hem de aard van deze grotere dingen: "Amen, amen, Ik zeg tot ulieden: Van nu aan zult gij de hemel geopend zien, en de engelen Gods zien opgaan en nederdalen op de Zoon des mensen."[20] Met andere woorden, deze grotere dingen behoren tot de toekomende wereld. Van nu aan zal Nathanaël's schouwen van God erin bestaan Christus Zelf te schouwen, in Wie hemel en aarde verenigd zijn, zoals door een ladder, met engelen die daarop opgaan en nederdalen ten dienste van de mens. Nu weet Nathanaël dat het in de Persoon van Jezus Christus is, dat de schaduw van de Wet en de beelden van het Oude Testament hun vervulling hebben gevonden,[21] en dat deze niets waren dan een voorbereiding op de volheid van de goddelijke openbaring. De eenheid van God en mens in Jezus Christus is waarlijk het grootste van alle wonderen.

---

[18] 1Kor.2:12.
[19] 2Tim.4:8.
[20] Joh.1:51.
[21] In Gen.28:12 lezen wij bijvoorbeeld over een goddelijke ladder, die geschouwd werd door Jakob-Israël, en die tevens verwijst naar Christus Die de 'brug' is tussen hemel en aarde.

Wanneer wij met Christus zijn bekleed in de Heilige Doop en onze geestelijke zintuigen tot leven zijn gewekt, dan dienen wij deze werkzaam te houden door de gehoorzaamheid aan de geboden van Christus en door de deelname aan Zijn Heilige Mysteriën. Want het is via onze geestelijke zintuigen, dat wij inzicht verwerven in elke stap die wij zetten, en leren Gods hand te herkennen, dat is, Zijn energie en voorzienigheid, in iedere situatie. Als onze geestelijke zintuigen eenmaal herleefd zijn, dan houden wij ons voortdurend dit wonder voor ogen – dit hernieuwt en bewaart in ons een geest van dankbaarheid, geïnspireerd door de Heilige Geest, en het doet ons de uiterste grootheid beseffen van Zijn liefde waarmee Hij ons eerst heeft liefgehad, "toen wij nog Zijn vijanden waren".[22]

Aldus, met Gods hulp, worden wij sterker en raken beter in staat "de bezoedelingen der wereld"[23] te weerstaan. Gaandeweg worden wij bevestigd in de wet van Christus, die de wet der zonde overwint die in onze ledematen werkzaam is.[24] Het grote leven-schenkende en reinigende vuur van God dooft in ons het 'duistere vuur' van deze wereld, het verdrijft haar bezoedelingen en besmettingen, en bewaart ons in Zijn heiligende aanwezigheid. De Kerk, bij monde van de heilige Paulus, vermaant ons alles te doen wat wij kunnen om de Geest van Christus in ons levend te houden, "opdat gij moogt worden vervuld met de kennis van Zijn wil, in alle wijsheid en geestelijk begrip, om te wandelen zoals de Heer waardig is tot alle welgevallen, in elk goed werk vrucht dragend, en opwassend in de kennis van God."[25] Zodanig zijn de grotere dingen die de Heer heeft beloofd. Oudvader Sophrony zegt:[26]

> Het geestelijk leven van de Christen is bijzonder dynamisch van aard. Het is nimmer statisch. Het is oneindig rijk in zijn uitingen. Enerzijds vormt dit de rijkdom ervan, doch anderzijds is dit een aanwijzing van de volmaaktheid die wij nog niet hebben bereikt. In het leven van de Drieëne Godheid Zelve komen het dynamische en het statische aspect bijeen in een eenheid die ons begrip te boven

---

[22] Cf. Rom.5:8-10.
[23] 2Petr.2:20.
[24] Cf. Rom.7:23-25.
[25] Kol.1:9-10.
[26] "We Shall See Him", GK p., EN p.62.

gaat. En in deze 'eenheid' ligt de waarachtige stabiliteit besloten, die beloofd is aan al diegenen die een echte bekering opdragen.

Er bestaan dus in God twee 'momenten', het ene is dynamisch en het andere statisch. Het dynamische moment is het hierboven beschreven leven van toename in God. Het statische moment is de volmaakte vrede en rust in God, wanneer de mens rust in Hem door de genade. In God vallen deze beide aspecten op ondoorgrondelijke wijze samen, en de mens neemt aan beide deel door de genade. Dit is de gesteldheid van de heiligen in het toekomende leven.

God houdt de mens in uitzonderlijk hoge eer, zoals ons blijkt uit Zijn beloften. Maar wij zouden hier één of twee waarschuwingen aan moeten toevoegen. Als wij, na de verlichting van de genade te hebben gesmaakt en het mysterie van de toekomende wereld, ons vervolgens daaraan onttrekken en ons leven laten vervallen, dan zullen wij niet de kracht hebben dit wederom te vernieuwen.[27] Het is werkelijk "vreeswekkend... te vallen in de handen van de levende God",[28] want het oordeel is vreeswekkend als wij de beslistheid missen vast te houden aan dat luisterrijke leven, waar wij aanvankelijk zo naar hongerden.

Doch, zoals geldt voor alle waarschuwingen in de Schriften, dit zou ons moeten helpen standvastig voor God te staan met vreze en nederigheid, zodat onze inspiratie voortdurend mag worden aangewakkerd. Wij kunnen God nimmer genoeg vrezen. En wanneer wij Hem vrezen zoals wij dat zouden moeten doen – in geloof en liefde – dan beërven wij Zijn leven. "Gij hebt een erfdeel geschonken aan hen die Uw Naam vrezen", zoals wij zingen in het Groot Prokimenon. Wij hebben de vreze Gods nodig, net zoals wij het nodig hebben acht te slaan op Zijn waarschuwingen, om onze geest brandende te houden met liefde tot Hem, zodat Zijn leven het onze moge worden, zowel hier en nu, als in de toekomende wereld.

De rechtvaardigen leven door het geloof en, zoals wij gezegd hebben, wij worden rechtvaardig geacht wanneer het wonder van onze eenheid met Christus tot het einde toe bewaard blijft. Daarbij mogen wij rechtvaardig worden genoemd, wanneer onze trouw – die

---

[27] Cf. Hebr.6:4-6; 10:38-39.
[28] Hebr.10:31.

nu "werkzaam is door de volmaakte liefde"[29] – onze kennis van en liefde voor God van dag tot dag verdiept. Dan verbindt het hart van God zich met het hart van de mens, voor alle eeuwigheid, en de mens zingt een eeuwig nieuw lied voor zijn Heer en Verlosser. Zo "volbrengen wij heiligheid in de vreze Gods".[30] Zo vervult God het doel waartoe Hij de mens voortbracht uit de duisternis van het niet-zijn en tot het leven en de kennis van Hem.

---

[29] Cf. Gal.5:6.
[30] Cf. 2Kor.7:1.

6

De gave Gods kennen

De Zoon van God is naar de aarde gekomen om alle dingen nieuw te maken,[1] en elke Christen heeft zijn eigen unieke verhaal te vertellen van zijn ontmoeting met God de Heiland. Immers, Christus openbaart Zichzelf op specifieke en persoonlijke manieren aan individuele mensen, aan groepen mensen, en zelfs aan hele natiën. Wij zien dit duidelijk in Zijn ontmoeting met de Samaritaanse vrouw.[2]

"Jezus dan, vermoeid van de reis, bleef aldus bij de bron zitten; het was ongeveer het zesde uur. Er komt een vrouw uit Samaria om water te putten. Jezus zegt tot haar: Geef Mij te drinken." De Heer Die de Samaritaanse vrouw wilde genezen van haar wonden, vernedert Zichzelf door haar om water te vragen. Hij herstelt haar in haar waardigheid, om haar voor te bereiden om de kennis van Zijn waarheid te ontvangen. Op vergelijkbare wijze doet een echt geestelijk persoon soms alsof hij iets van node heeft, en daardoor plaatst hij zichzelf beneden de ander, om hem wel te doen. Hij breekt "de tussenmuur der afscheiding"[3] af, door de ander te eren als zijn weldoener.

Vader Sophrony zei ooit tegen mij dat hij zichzelf plaatste beneden degenen die tot hem kwamen, om hen te helpen. Niet alleen was zijn stoel de laagste, maar zijn gehele houding was zo nederig en oprecht, dat mensen erdoor bewogen werden en dat hun harten ertoe gestemd werden profetische kennis aangaande zichzelf te aanvaarden. Dit is de wijze waarop de Heer Zelf Zijn heiligen onderricht.

De Samaritaanse vrouw zal zeker verrast geweest zijn door Zijn verzoek. (Al zou natuurlijk alleen al de stem van de Heiland genoeg geweest zijn om haar te genezen.) Zij was verbaasd te worden aangesproken door een Jood, herkenbaar aan zijn kleding en zijn spraak. Elke ontmoeting met God is waarlijk een verrassing. (Doch de grootste verrassing van alle staat ons te wachten op de Dag des

---

[1] Cf. 2Kor.5:17; Openb.21:5.
[2] Zie Joh.4:1-42.
[3] Ef.2:14.

Oordeels, die één soort verrassing zal zijn voor de rechtvaardigen, en een heel ander soort verrassing voor de onrechtvaardigen.) En haar verrassing, God in het vlees te ontmoeten, was werkelijk onzegbaar: "Hoe vraagt Gij, Die een Jood zijt, te drinken van mij, die een Samaritaanse vrouw ben? Want de Joden gaan niet om met de Samaritanen." (De Samaritanen waren veracht, zelfs gehaat – in zulke mate, dat de Joden niets zouden aanraken dat door hen was aangeraakt. Zij werden beschouwd als onrein, een ketters volk, dat verzaakt had aan de authentieke religieuze traditie. De Samaritanen, van hun kant, waren verbitterd door de Joodse vijandigheid.)

De Heer, Die haar verbijstering aanvoelt, antwoordt haar met grote tact: "Indien gij de gave Gods kende, en Wie het is Die tot u zegt: Geef Mij te drinken, zo zoudt gij het Hem hebben gevraagd, en Hij zou u levend water hebben gegeven." (Wanneer de profeet Jesaja spreekt over "levend water", bedoelt hij de Heilige Geest Die de Messias zou nederbrengen tot de aarde door Zijn komst in de wereld.[4]) De Heiland vraagt de mens om aards water, in ruil waarvoor Hij het onvergankelijke hemelse water geeft van het eeuwige leven. Hij vraagt alleen om dingen die mogelijk zijn op het menselijk vlak: een eenvoudige gunst, een goede intentie, enige geestelijke ijver en een weinig bekering. Zoals de Liturgie van de heilige Basilius het uitdrukt: "In plaats van de aardse dingen [schenkt Hij ons] de hemelse, in plaats van de tijdelijke dingen, de eeuwige; in plaats van de vergankelijke dingen, de onvergankelijke."[5] Hoe teder behandelt de Heer de Samaritaanse door naar Zichzelf te verwijzen in de derde persoon! Het doel van dit Zichzelf wegcijferen, is Zijn openbaring van Zichzelf te beperken tot het begrip van de Samaritaanse vrouw, want zij weet nog niet Wie Hij is. Zoals wij gezegd hebben, degenen die weten hoe zij mensen geestelijk kunnen helpen beginnen met zichzelf weg te cijferen, zoals de heilige Johannes de Doper, die alle plaats en alle eer gaf aan Christus, de Bruidegom. Zulke mensen zijn vrienden van de Bruidegom, want zij weerspiegelen Zijn grote verlangen dat de mensen steeds diepgaander zouden binnentreden in een persoonlijke relatie met God, en dit in volkomen vrijheid.

Dan zegt de vrouw van Samaria tot Hem: "Heer, Gij hebt niet

---

[4] Zie Jes.12:3; 41:18; 44:3.
[5] Liturgie van de H.Basilius de Grote (anaphora).

eens iets om mee te putten, en de put is diep; vanwaar hebt Gij dan het levende water? Zijt Gij soms meer dan onze vader Jakob, die ons de put gegeven heeft, en hijzelf heeft daaruit gedronken, en zijn zonen en zijn kudden?" Door te verwijzen naar de aartsvader Jakob, hun gemeenschappelijke voorvader, beroept zij zich op de bijzondere grondslag van haar natie. Dit markeert het begin van de opgang van haar geest tot meer geestelijke dingen, hoewel zij nog gehecht blijft aan aardse zaken. Zij ziet de Heer nog steeds als een gewone Jood, maar zij staat nu open voor de mogelijkheid dat Hij misschien groter is dan haar grootste voorvader, Jakob-Israël.

Langzaamaan gaat Jezus voort haar begrip te openen: "Eenieder die drinkt van dit water, die zal wederom dorsten; doch zo wie ge-dronken zal hebben van het water dat Ik hem zal geven, zal niet dorsten in eeuwigheid; maar het water dat Ik hem zal geven, zal in hem worden tot een bron van water, springend tot in het eeuwige leven." Hier buigt de Heer Zich neder tot haar naïviteit, tot haar na-tuurlijke begrip, om in haar een dorst op te wekken naar het levende water van de Geest. Als wij dit water met verlangen drinken, dan zal onze dorst voor eeuwig worden gelest door het eeuwigdurende leven van God. Waarlijk, degene die zulk een genadegave heeft ontvangen zal immer opspringen tot de dingen in den hoge, want nu bezit hij de vleugels van de Geest die bij machte zijn hem op te heffen boven deze wereld, en hem binnenin de andere wereld te plaatsen.[6]

Het doel van de Heer is om in de Samaritaanse vrouw het soort geloof te verwekken dat haar in staat zal stellen zich te verheffen tot het niveau waarop zij de eeuwige waarheid kan ontvangen, die Hij zozeer verlangt aan haar mee te delen. De vrouw wordt de waarheid gewaar van Zijn woorden. Zij voelt de geestelijke kracht daarvan, maar zij is nog niet in staat de gewijde gave te ontvangen die aan haar wordt meegedeeld door het levenschenkende woord en de levendmakende aanwezigheid van de Heer Jezus. Wanneer wij het Evangelie lezen, dan voelen wij vaak de goddelijke kracht van Zijn woord, en wij worden de onmetelijke diepte gewaar van de waarheid die daarin verborgen ligt. Maar omdat wij nog aards zijn, blijken wij niet in staat binnen te treden in de mysteriën van de diepere bete-kenis daarvan. Aldus blijft ons begrip van Zijn woord beperkt tot een

---

[6] Zie de 'anabathmi' (toon 6), in de Metten.

intellectueel en psychologisch begrip, terwijl de diepe waarheid van Zijn woord het onuitsprekelijke mysterie bevat van het eeuwige leven in Christus.

De Samaritaanse, denkend dat de Heer haar van water kan voorzien als uit een soort magische bron, zodat zij nooit meer water hoeft te putten, roept uit: "Heer, geef mij dit water, opdat ik geen dorst meer heb, noch hierheen hoef te komen om te putten." Maar de Heer, aan Wie alles bekend is, dient haar nu eerst te berispen over haar wijze van leven. Zij dient te veranderen om de onvergankelijke gave van de Geest te kunnen ontvangen. (Het is belangrijk dit werkwoord 'berispen' juist te verstaan. Het Griekse woord is *elegchô* (ἐλέγχω). Bijvoorbeeld in het Johannes-evangelie: "En wanneer Hij komt, zal Hij de wereld berispen over zonde, en over rechtvaardigheid, en over oordeel."[7] Dit betreft niet het soort beschuldiging of berisping op een manier die wanhoop zou verwekken; het is veeleer de wijze van een profetische uiting, die in zichzelf zulk een onderscheiding bevat dat dit het hart verlicht om dat woord *vrijelijk* te omhelzen, en het op geïnspireerde wijze te gaan vervullen. Waarachtige profeten zijn uiterst verfijnd in hun onderscheiding: Wanneer zij het woord van God brengen, doen zij dit met grote zorg, waarbij zij de andere persoon ten volle erkennen. Hun doel is een zeker eergevoel op te wekken (*philótimo*[8]) dat de mens in staat stelt zijn zondigheid te zien. Op natuurlijke wijze zal hij dan zijn zondige zelf gaan haten en dit 'zelf' verzaken in zijn verlangen het woord der genade, dat hem gegeven is, te eren.)

Laten wij de manier beschouwen waarop de Heer Zijn doel voor de Samaritaanse vrouw tot vervulling brengt. Zijn grote verlangen is haar het heil te schenken, maar in elk stadium van Zijn uitwisseling met haar is Hij nimmer dwingend, noch legt Hij haar Zijn heilige wil op. Hij behandelt haar met grote tederheid, waarbij Hij haar te allen tijde vrij laat Zijn gave te aanvaarden of niet. Hij eert haar zelfs wanneer Hij haar onbetamelijke leven berispt. Om haar op te heffen uit de erbarmelijke staat waartoe zij gezonken is, tot de geestelijke maat van een apostel en martelaar, moet Hij eerst een operatie uitvoeren om het kwaadaardige gezwel in haar ziel te verwijderen, en Hij doet

---

[7] Joh. 16:8.
[8] Zie hfst. 5, noot 9.

dit met uiterste gevoeligheid. Als om te zeggen: "Als gij waarlijk Mijn gave van levend water wilt, dan moet gij eerst enige bereidheid tonen om te worden genezen." Hij zegt: "Ga heen, roep uw man, en kom hierheen." De vrouw antwoordt eenvoudig: "Ik heb geen man." Zij is te beschaamd om meer te zeggen. De Heer is alwetend, dus vraagt Hij haar niet naar de volle waarheid. Hij spaart haar in Zijn tederheid, en aanvaardt zelfs de bedekte waarheid van haar woorden. Hij vult haar antwoord aan zonder haar te beledigen, waarbij Hij bouwt op het beetje waarheid dat zij Hem biedt: "Gij hebt het goed gezegd: Ik heb geen man. Want gij hebt vijf mannen gehad, en die gij nu hebt, is uw man niet. Dit hebt gij naar waarheid gezegd." Zo teder zijn de woorden van de Heer tot een mens die verdrinkt in de zonde. Hij wint haar vertrouwen. Zij hoeft niet langer weerstand te bieden, en geeft zichzelf ten volle aan Hem over.

Wanneer het nodig is met iemand te spreken over de waarheid, moeten ook wij het graantje van waarheid bevestigen dat hij reeds in zich draagt. De heilige Silouan raadt dezelfde benadering aan tegenover niet-Orthodoxe gelovigen: Als wij de mensen ervan beschuldigen dat zij een verkeerd geloof belijden, dan zullen zij nimmer openstaan voor hetgeen wij met hen willen delen. Als wij hen echter vertellen, dat zij er goed aan doen in de Heer te geloven en de heiligen te eren (hoewel wij weten dat hun geloof incompleet is), dan zullen zij ons gehoor geven, omdat dit de houding is van de Heer en ontspringt aan Zijn woord.[9] De Heer is niet zoals wij. Hij is nimmer afkeurend, maar Hij wacht geduldig, en op tedere wijze openbaart Hij Zich aan ons, en vraagt ons of wij Hem liefhebben. Een tedere en respectvolle benadering als deze kan iemand behouden, terwijl een afkeuring kan verwonden en kan leiden tot wanhoop. Zoals de heilige Silouan zegt:[10]

> De Heer heeft ons lief en Hij ontvangt ons met zachtmoedigheid, zonder enige bestraffing, zoals de vader in het Evangelie de verloren zoon niet bestrafte [maar hem grote eer betoonde; en in niets veroordeelde hij zijn zoon.] O, met hoe grote zachtmoedigheid en lankmoedigheid zouden ook wij onze broeder terecht moeten wijzen, zodat er feest is in de ziel over zijn terugkeer. Op

---

[9] Cf. "Saint Silouan", GK p.78-80, EN p.64-65, NL p.76-77.
[10] Ibid., GK p.460, EN p.363-364, NL p.385-386.

onuitsprekelijke wijze leert de Heilige Geest aan de ziel de mensen lief te hebben.

Elders schrijft de Heilige:[11]

> Waar vindt gij zulk een vader, die aan het kruis zou sterven omwille van de misdaden van zijn kinderen? Gewoonlijk is een vader dan diep bedroefd en het spijt hem voor zijn zoon, die veroordeeld moet worden vanwege zijn eigen misdaden; maar toch, ondanks al zijn medelijden, zou hij zeggen: "Gij hebt niet goed gehandeld; terecht wordt gij gestraft vanwege uw slechte daden." Doch de Heer zou nimmer zoiets tot ons zeggen. Hij zal tot ons zeggen, zoals ook tot de apostel Petrus: "Hebt gij Mij lief?" Aldus zal Hij ook in het paradijs tot allen zeggen: "Hebt gij Mij lief?" En zij zullen antwoorden: "Ja Heer, wij hebben U lief. Gij hebt ons behouden door Uw lijden aan het Kruis, en nu hebt Gij ons begenadigd met het Koninkrijk der hemelen.

Onze God is algoed en *menslievend*. Hij is blij ons graantje waarheid te nemen en water te geven, om ons op te heffen uit onze gevallen staat, ongeacht waar wij zijn. Hij kweekte het graantje waarheid van de Samaritaanse op met grote tederheid, tot het rijp was en zich ontwikkelde tot kennis van Zijn Waarheid.

Deze kennis is een wondere gave van God. De wijze waarop de Heer de Samaritaanse vrouw bejegende is profetisch, omdat in Hem heel de goddelijke waarheid omvat ligt. En op haar beurt antwoordt zij op profetische wijze, door Zijn waarheid te erkennen en de waarheid over haarzelf, ondanks haar staat. Zij slaat acht op Christus' woord en, hoewel Hij een Jood is, aanvaardt zij door Hem te worden gecorrigeerd.[12] De verandering van haar hart werd mogelijk gemaakt door de tactvolle benadering van de Heer, die haar waardigheid en haar vrijheid bevestigden.

---

[11] Ibid., GK p.478, EN p.379, NL p.400.

[12] In het Nieuwe Testament is profetie de verkondiging van de eeuwige Waarheid van Christus – Degene Die gekomen is en zal wederkomen. Door zichzelf te vernederen en 'omlaag te gaan', wordt de mens waarachtig en trekt hij de Geest der Waarheid aan. Daardoor is hij in staat de wil van God aan de mensen te openbaren, want wanneer hij waarachtig geworden is, wordt de mens profetisch. Tijdens het Oude Testament daarentegen, was de profetie gericht op de voorbereiding van de mensen op Degene Die toen nog moest komen.

"De vrouw zeide tot Hem: Heer, ik zie dat Gij een profeet zijt." Zij zegt niet: "Ja, wat U zegt is juist," maar: "Gij zijt een profeet." Met andere woorden: "Gij weet de waarheid over alle dingen. Hoewel Gij mij ziet zoals ik ben, is Uw enige doel mij te behouden." Wanneer Gods genade het hart raakt en onze wijze van leven berispt; wanneer deze ons verlicht, zodat wij onze tekortkomingen en onze zonden gewaar worden, dan geeft dit ons ook de kracht onze wegen te beteren, en het inspireert ons de strijd aan te gaan tegen het kwaad in onszelf. In Zijn verlangen ons te behouden, zal God ons vinden waar wij ook mogen zijn. Maar als wij mét Hem willen blijven, nadat wij ons tot Hem hebben gericht en Hem ontmoet hebben, dan zullen wij aandacht moeten besteden aan onze wijze van leven. En het is juist dan, wanneer de eerste genade nog mét ons is, dat wij ons leven in orde zouden moeten brengen, want de genade werkt dan in ons en helpt ons goede gewoonten te verwerven. Maar als wij nalaten dit te doen tijdens die vreugdevolle periode, dan zullen wij machteloos zijn als de genade zich mocht terugtrekken.

Nu zij de Heer beleden heeft als een Profeet, staat de Samaritaanse vrouw voor de vraag hoe haar leven te beteren, hoe oprecht te staan en onberispelijk te wandelen voor Gods aanschijn. En in diepste wezen betreft deze vraag de eeuwigheid, en derhalve de aanbidding van de waarachtige God. De vrouw wil nu vasthouden aan de gave Gods, dus is de vraag naar de waarachtige aanbidding voor haar van levensbelang geworden: "Onze Vaderen hebben op deze berg aanbeden; en gijlieden zegt: Te Jeruzalem is de plaats, waar men moet aanbidden." In feite raakt zij aan een leerstellige kwestie: "Welke is de godsdienst waarin de mensen God op waarachtige wijze kunnen aanbidden?" Hoe belangrijk is het zich te houden aan de juiste leer! Dit lijkt misschien onbelangrijk wanneer wij ver van God leven, enkel op het intellectuele vlak. Maar op het moment dat wij besluiten God te naderen en onszelf met Hem te verenigen, dan wordt het van alomvattend belang voor ons om zeker te stellen, dat ons begrip van Wie Hij is juist is, want het is ten dele hierdoor dat Hij ons leidt tot de volheid van het Leven in Zichzelf.

Dan heft Jezus haar nog hoger, en toont haar dat de waarachtige aanbidding niet langer afhangt van een specifieke Tempel op een bepaalde plaats: "Vrouw, geloof Mij, het uur komt wanneer gijlieden noch op deze berg, noch te Jeruzalem, de Vader zult aanbidden."

Christus spreekt niet enkel over een weinig bekende God, maar over Zijn hemelse Vader Wiens kinderen wij zijn. "Gijlieden aanbidt wat gij niet weet; wij aanbidden wat wij weten, want het heil is uit de Joden." (Merk op, dat de Heer nimmer spreekt op het psychologische of enkel logische niveau. Hij spreekt niet op redenerende of dialectische wijze, zoals de mensen. Als God uit Hij slechts eeuwige waarheden. Op vergelijkbare wijze nemen ook de heiligen niet hun toevlucht tot overreding of bewijsvoering, wanneer zij over God spreken. Hun intieme kennis van Hem is het bewijs van Zijn waarheid. De toehoorders van een heilige spreken de woorden die hij uit niet tegen, omdat hij de genade Gods meedeelt, die de harten van de mensen verzekert van de eeuwige waarheid, en dan is een debat niet langer op z'n plaats.) Christus probeert niet te bewijzen dat de Joden gelijk hebben en de Samaritanen ongelijk. Hij maakt eenvoudig duidelijk dat de Joden trouw geweest zijn aan Gods verbond met Israël, hoewel hun aanbidding nog vervolmaakt dient te worden. Doch op dit specifieke punt in de geschiedenis, tijdens zijn gesprek met de Samaritaanse vrouw, openbaart de Heer de absolute waarheid over Wie God is, en hoe men Hem moet aanbidden, want *Hijzelf is deze Absolute Waarheid.* De goden der heidenen zijn voorzeker onecht, en de Samaritanen zelf zijn in een dwaalleer vervallen. Tegelijkertijd leven de Joden in verwachting van de volheid van de goddelijke openbaring.

Christus Zelf is deze volheid van de openbaring, en de mogelijkheid tot de rechte aanbidding is nu nabij: "Het uur komt, en het is nu..." Dit uur begint met de aanwezigheid van de Heer op aarde, want het Koninkrijk Gods is nabij – mét ons en in ons. Van nu aan, vanaf dit ogenblik, zullen "de waarachtige aanbidders... de Vader aanbidden in geest en in waarheid." Met andere woorden, de kennis en het begrip dat de mens van God heeft zijn nu vervuld, daar de waarachtige aanbidding van de waarachtige God geopenbaard wordt in en door Christus Zelf. De gelovigen zullen niet langer een relatief onbekende God aanbidden, maar God de Vader, en dit kan alleen "in geest en in waarheid". Zij zullen Hem aanbidden in de genade van de Heilige Geest en in Christus, de Zoon en het Woord van God, want Hij is de Waarheid.[13] God zal worden aanbeden in de waarheid

---

[13] Joh.14:6.

van Zijn woord, dat op aarde aan de mens is geopenbaard in de Persoon van Jezus Christus.

Daarenboven "[zoekt] de Vader dezulken die Hem alzo aanbidden". Dat is, de Vader zoekt degenen die beseffen dat Hij niet aanbeden kan worden via de menselijke rede zoals de Grieken geloofden, of volgens het begrip van de Joden, die de Heer hadden beperkt tot hun natie en het land van hun vaderen. Immers, de éne waarachtige God is aan geen enkel menselijk concept onderworpen en kan niet worden ingeperkt. De ene waarachtige God is Geest, en Zijn waarachtige aanbidders aanbidden Hem *in* Zijn Geest, in het hart, op een absolute wijze, in alle tijden en op alle plaatsen van Zijn heerschappij. De waarachtige aanbidding kan nimmer worden vermengd met patriottisme, of met wat dan ook dat tot deze wereld behoort.

"God is Geest, en degenen die Hem aanbidden, moeten Hem aanbidden in geest en in waarheid." God is zowel Vader als Geest, en zij die Hem aanbidden zullen dit doen in de waarheid van de bekering. Deze waarheid wordt geïnspireerd door de Geest der Waarheid in de mens die zich bekeert met zijn gehele hart en met heel zijn ziel, die naar God verlangt met heel zijn wezen. Onze God die Geest is, is ook een Vader. En de absolute, volmaakte manier om Hem in waarheid te aanbidden begint door Hem te kennen zoals een zoon zijn vader kent. Dit is de waarachtige godsdienst, de godsdienst van het hart, die nu uiteindelijk geopenbaard werd door de Heer Jezus, door de Zoon van God. Door geloof in Hem ontdekken wij Zijn Vaderschap en worden wij Zijn waarachtige kinderen, kinderen van de dag, kinderen van het Licht van Zijn waarheid.

"De vrouw zegt tot Hem: Ik weet dat de Messias komt (Die genaamd wordt Christus); wanneer Die komt, zal Hij ons alles bekend maken. Jezus zegt tot haar: Ik ben het, Die met u spreekt." Na de Heer eerst gezien te hebben als een gewone Jood, dan als een man die de aartsvader Jakob in grootheid overtreft, dan als een Profeet, is de Samaritaanse nu gereed om Hem te belijden als de Christus, als de Messias. De Heer heeft haar tot zulk een volheid van kennis gebracht, dat zij ertoe geleid wordt haar volksgenoten het Evangelie te verkondigen, die zullen zeggen: "Wij geloven niet meer om wat gij gesproken hebt, want wijzelf hebben deze dingen gehoord, en wij weten dat Deze in waarheid de Christus is, de Heiland der wereld."

Deze wonderbare geschiedenis toont duidelijk hoe de geest van de mens, als deze eenmaal het woord van Christus heeft aanvaard, gaandeweg opgaat tot de waarachtige kennis van God. Eerst ontdekt hij de goddelijke kracht van Diens woord, en zijn geloof wordt gesterkt. Dan aanvaardt hij de waarheid van Christus-God, waarbij hij geleid wordt door de rechte leer. Zijn innerlijk oog wordt gereinigd, en hij begint helder te zien met Wie hij in contact is. Door zijn gehele ziel verspreidt zich een Licht totdat zijn hart overvloeit van het goddelijk Licht van de Zon der Rechtvaardigheid. Hij wordt een kind van de dag, want de morgenster is opgegaan in zijn hart. Dan wordt hij verenigd met God en aanbidt Hem in geest en in waarheid. Met heel zijn hart aanbidt hij deze God, Die hem geëerd heeft met Zijn genade, wetend dat Hij alleen de ene waarachtige God is, en de Heiland der wereld.

7

Een verbond aangaan met God

Aan de voorbeelden van Zachéüs, Nathanaël en de Samaritaanse vrouw, zien wij dat het overal mogelijk is God te ontmoeten en op elk punt in ons leven. Wij kunnen Hem verheerlijken in onze vreugden en in ons leed, in leven en in dood, en zelfs wanneer wij ons in de diepste hel bevinden.

Vader Sophrony zei soms tegen mij: "Als ik nooit de levens van de heiligen had gekend, dan zou ik vele malen tot wanhoop zijn vervallen; maar omdat ik daarmee bekend was, was ik in staat meer te dragen." Het is belangrijk de levens van de heiligen te kennen, want deze bevatten beschrijvingen van de verschillende verschijnselen en stadia van het geestelijk leven. Wanneer wij deze uit eigen ervaring leren kennen, dan brengen wij in herinnering wat wij gelezen hebben om bevestigd en bemoedigd te worden op de weg des heils. Tijdens perioden van beproeving kan men zelfs aan indirecte kennis van het geestelijk leven grote troost ontlenen. Dit geeft ons de moed te zeggen: "Heer, laat mij dit zelf ervaren," en dat is precies wat God wil. Hij legt ons nooit iets op, want Hij is edel en vriendelijk, en Hij wil dat wij onze vrijheid kennen. (Doch daarin ligt ook onze tragedie.) Hij biedt ons Zijn woorden en heilbrengende geboden aan, en laat het aan ons over ons experiment uit te voeren met Hem om Zijn waarheid te kunnen verifiëren, opdat Zijn waarheid de wet van ons wezen moge worden.

Eén manier om ons experiment met God uit te voeren, is Gods wegen met de mens te overwegen. Dit leidt tot begrip van de grote eer die God de mens bewijst. Wij beginnen te beseffen dat de mens in Gods intellect bestond vóór de grondlegging der wereld,[1] en dat God de uiterste zorg aan hem besteed heeft vanaf de tijd dat hij geschapen werd, en door heel de tragedie van zijn val. Hij heeft ons Zijn eniggeboren Zoon gegeven, Die op aarde is nedergedaald en de mens, die verkocht was door de zonde, heeft vrijgekocht tegen de enorme prijs van Zijn kostbaar Bloed. Gods onuitsprekelijke heilseconomie omwille van de mens is de zekerste aanwijzing hoe

---

[1] Ef.1:3-5.

verheven en wonderbaar de roeping van de mens is. Met Gods genade is de mens groot; zonder de genade is hij niets dan zondige stof. Zoals oudvader Sophrony ons leert, wanneer de mens beseft dat hij in Gods intellect bestond vóór alle eeuwen, en hij Gods zorgzame heilseconomie gewaar wordt, dan wordt hij geïnspireerd tot diepe dankbaarheid en nederigheid, en deze gesteldheid van het hart trekt Gods genade aan.[2]

Begin zeventiger jaren bezocht ik een klooster op de Heilige Berg waar de monniken het Jezusgebed beoefenden. Zij bezaten de vurigheid van de eerste dagen van hun gemeenschap, en hun gebed was vol vuur. Eén van de oefeningen die hun oudvader hen gegeven had, was om voorafgaand aan hun gebed neer te zitten om Gods schepping van de mens te overwegen en Zijn voorzienigheid jegens hem. De oudvader wilde in hen een zekere bewondering wekken, zowel als een gevoel van verbrokenheid: bewondering voor de diepte van Gods zorg voor de mens, en verbrokenheid vanwege onze ondankbaarheid voor alles wat God ons gegeven heeft. Vervolgens begonnen zij dan aan hun dagelijkse gebedsregel. Vader Sophrony onderrichtte dit niet als een geestelijke oefening, maar hij bevestigde, zoals wij gezegd hebben, dat een besef van de 'protologie'[3] een mens inspireert tot nederigheid en dankbaarheid.

Deze twee deugden – de nederigheid en de dankbaarheid – zijn belangrijk, omdat zij het hart van de mens ertoe brengen zich wijd te openen voor God. Door bijvoorbeeld het eerste hoofdstuk van Genesis te overwegen, of Gods werken in de geschiedenis van de mens, maken wij in ons hart ruimte voor God. Stil te staan bij de Wederkomst helpt ons ook, maar op een andere manier: Dit te doen verwekt een zekere vreze voor God, wat ons helpt Zijn genade te bewaren, en ons ertoe aanspoort onophoudelijk in bekering te leven. Dit is het eschatologisch perspectief, dat evenzeer belangrijk is, want het is noodzakelijk dat wij onze inspiratie vasthouden, daar de Heer altijd nabij is.

Volgens het Boek der Openbaring klopt God voortdurend aan de

---

[2] Zie "We Shall See Him", GK p.120-121, EN p.78.
[3] Het begrip 'eschatologie' betreft de kennis aangaande het einde van alle dingen. Analoog hieraan kunnen wij spreken over 'protologie', in verwijzing naar alles wat verband houdt met het begin.

deur van het hart van de mens. Hij wacht tot de mens in alle vrijheid de deur voor Hem opent.[4] Dan komt Hij binnen, beladen met Zijn genadegaven en al Zijn onvergelijkelijke rijkdommen, en Hij richt een feest aan met de mens, en tenslotte sluit Hij een verbond met hem. Want vanaf alle eeuwigheid heeft God Zijn intellect op de mens gevestigd. In het Oude Testament vraagt de rechtvaardige Job aan God: "Wat is de mens dat Gij hem hebt grootgemaakt?" – Wat is de mens dat Gij zoiets wonderbaarlijks van hem maakt? En zoals altijd in de Schriften, laat Gods antwoord niet lang op zich wachten: de mens is het "doelwit" van de Heer. De Septuagint drukt dit prachtig uit in de woorden *'katenteuktês Kyríou'* (κατεντευτκὴς Κυρίου),[5] wat de mens beschrijft die tegenover God staat en op gelijke voet met Hem spreekt, van aangezicht tot Aangezicht, en die Hem zelfs kan 'beschuldigen' of met Hem kan 'twisten', niet uit zelfzucht, maar om de diepe oordelen van Gods wijsheid te verstaan; of, in het geval van Mozes en veel van de heiligen, omwille van het heil voor allen.

God heeft dus de mens als doelwit, en bezoekt hem van de vroege morgen tot de avond, en van de avond tot de vroege morgen. Voortdurend en sinds alle eeuwigheid wacht God geduldig aan de deur van het hart van de mens, en wanneer Hij een kleine opening vindt – namelijk, een weinig nederigheid en dankbaarheid – dan treedt Hij binnen, en wanneer Hij dit doet maakt Hij natuurlijk een feest met de mens. Het Boek der Openbaring noemt dit eerste bezoek van God onze "eerste liefde". Dit is het begin van onze wandel met God, en wij moeten er altijd zorg voor dragen waardig te wandelen. De Heer zegt tot de engel van de Kerk te Efeze:[6]

> Maar Ik heb tegen u, dat gij uw eerste liefde hebt verlaten. Gedenk dan vanwaar gij gevallen zijt, en bekeer u, en doe de eerste werken. En zo niet, Ik kom spoedig, en Ik zal uw luchter van zijn plaats nemen, indien gij u niet bekeert.

Waarlijk, de eerste Kerk had deze grote liefde gekend, dit eerste bezoek van de genade in al z'n diepte. Maar blijkbaar, vanwege de vervolging en andere moeilijkheden, was de aanvankelijke vurig-

---

[4] Cf. Openb.3:20.
[5] LXX Job 7:17-21; zie hfst.1, noot 15.
[6] Openb.2:4-5.

heid verzwakt. Eén van de manieren om onze relatie met de Heer aan te wakkeren is de herinnering aan Zijn eerste bezoek. Vader Sophrony hield van deze verzen en zei vaak: "Gedenk uw eerste liefde!"

De geschiedenis van de gehele wereld wordt geresumeerd in de geschiedenis van Israël. En Gods handelen met het volk Israël, en met alle heiligen, wordt in feite geresumeerd in het leven van elke individuele persoon, in zijn of haar relatie met God. Het bezoek van de genade, de "eerste liefde", is het begin van iemands verbond met God. Op vergelijkbare wijze sloot God een verbond met Israël, in de woestijn, nadat zij – in een geest van enthousiasme en geestvervoering – door de Rode Zee waren getrokken. Maar zelfs daarvoor nog, had de Heer Zichzelf verbonden met de aartsvaders Abraham, Isaak en Jakob, en het verbond in de woestijn was een hernieuwing van het oorspronkelijke verbond met Zijn volk.

Ons persoonlijk verbond met God wordt bezegeld bij de Doop, of wanneer iemand monnik wordt. Ook de Priesterwijding is een verbond met God. In de Dienst van de Wijding, die plaatsvindt tijdens de Liturgie, wordt het Lichaam van Christus door de Bisschop in de handen van de nieuwgewijde priester gelegd, en hij zegt tot hem: "Neem dit gewijde pand [dit verbond], en bewaar het tot aan de Komst van de Heer." Dan gaat de nieuwgewijde priester achter de heilige altaartafel staan, en blijft daar tot aan de Communie. Het Lam wordt dus niet op de diskos gelegd, zoals gewoonlijk, maar in de handen van de nieuwe priester. Op de tijd van de Communie nadert de priester de Bisschop, die dan het Lam uit diens handen neemt, en het opheft, zeggende: "Het Heilige voor de heiligen."

Het verbond dat wij met God sluiten bij de wijding is krachtig, maar even krachtig is dat van de monniksgelofte, die in feite een voortzetting is van het verbond dat wij zijn aangegaan in de Doop. De fundamentele intentie achter ieder verbond dat de Christen aangaat met God, is voor God alleen te leven, en niet langer voor zichzelf; "dood [te zijn] voor de zonde, doch levend voor God",[7] dwaas te zijn in termen van de wijsheid van deze wereld, om wijs te worden in God door de berouwvolle bekering, zoals de heilige Paulus ons leert.[8]

---

[7] Rom.6:11.
[8] Cf. 1Kor.1:20-21.

God bezoekt de mens op een persoonlijke manier, en daardoor is elk leven weer anders. Ik heb ongelofelijke verhalen gehoord hoe mensen hun eerste liefde hebben ervaren. Vaak is de kleinste opening genoeg voor God om het hart van de mens te betreden, en Zichzelf bekend te maken. Vader Sophrony verhaalde van een Russische landman, die in een herberg wodka aan het drinken was, toen hem een goede gedachte inviel. Hij stond daarbij stil, en samen met die goede gedachte ontving hij de eerste genade. Doch die eerste genade kon niet beperkt blijven tot de herberg, en later leidde deze hem tot de Heilige Berg, waar deze landman monnik werd in het Klooster van de heilige Panteleimon. Gods wegen met de mens, en de dingen die Hij doet om ons tot Zich te trekken, houden nimmer op ons te verbazen. Iemand die tienmaal per dag steelt zal misschien op een dag slechts negenmaal stelen, en dat kan genoeg zijn voor God om binnen te komen en hem weg te halen uit zijn zondige leefwijze. Gods liefde is werkelijk gekheid, maar de gekte van God is oneindig veel wijzer dan de wijsheid der mensen.[9]

Soms wordt ons hart tot tederheid bewogen wanneer wij Gods grote wijsheid beschouwen jegens elk van ons. Op andere momenten kunnen wij slechts worden verzacht door te lijden. Wij kunnen ons dan tot het uiterste vernietigd voelen, tot op het punt dat wij wanhopen aan het leven zelf. Maar als wij, met hulp vanuit den hoge, de kracht verzamelen ons op dat punt tot God te wenden, dan zal Hij een opening vinden om ons hart te betreden met Zijn genade. Tegenwoordig zijn alle mensen vertrouwd met intens lijden van een of andere aard. Pijn en lijden zijn de gemeenschappelijke taal geworden van de mensheid. Mogelijk gebruikt God dit om met Zijn genade door te breken in onze verharde en liefdeloze wereld, en het resultaat zou een geestelijke wedergeboorte kunnen zijn. Hij heeft reeds het leven van zovele mensen veranderd, en Hij kan er gemakkelijk nog veel meer veranderen, en dit zelfs uitstrekken tot de gehele wereld.[10]

Wij zouden ook bewogen kunnen worden door de gedachte dat ons leven niets anders is geweest dan een keten van fouten, een keten van verraad, een lange reeks mislukkingen. Wij zien dat niets in ons leven God waardig is, en niets in ons is toereikend om op te zien tot

---

[9] Cf. 1Kor.1:25.
[10] Zie "His Life is Mine", EN p.105.

Gods Aangezicht; noch kan Hij ons aanzien, noch zouden wij kunnen staan in Zijn aanwezigheid. Als wij ons met zulk een besef tot God wenden, dan zal Hij zeker een opening vinden voor Zijn genade. Op deze wijze kunnen wij op elk moment van ons leven een nieuw begin maken, want wij weten dat God zal antwoorden. Maar om de mens te bezoeken met Zijn genade, vraagt Hij eerst onze medewerking. Hij vereist de aanwezigheid van onze menselijke factor, klein en zwak als het is. Hij heeft ons uit niets geschapen, maar Hij herschept ons niet tenzij wij erin toestemmen met Hem mee te werken. Onze minieme menselijke factor is absoluut noodzakelijk voor Hem, en dus dienen wij deze in lijn te brengen met Zijn oneindig grote en goddelijke factor, en dan zal het wonder plaatsvinden van de eenheid van ons hart met Zijn genade. Wij zijn echter niet alleen in ons streven. Deze menselijke factor kan de vrucht zijn van ons eigen offer, maar veel vaker zijn het de biddende offers van anderen – hetzij onze vrienden, onze ouders, of Gods heiligen – die onze gebeden vleugels geven. Hun gebeden compenseren onze tekortkomingen. Dus wij moeten ervoor zorgen dat wij hun gebeden niet weerstaan. Laten wij veeleer met geloof naderen tot Gods heiligen, en dit zal onze geest verheffen. Door de liefdevolle voorbeden van een heilige, kunnen wij onmiddellijk het effect voelen van de genade, en dan opent zich ons hart, en dan kan God in ons werken.

Onze "eerste liefde", het eerste onderpand van goddelijke goedheid en goedertierenheid, het talent waar het Evangelie over spreekt, is belangrijk, omdat dit het zegel is dat ons verzekert van de waarheid van Christus' Nieuwe Verbond, het fundament van ons geloof waarin wij bevestigd zijn. (Het Evangelie bij monde van de heilige Lukas, in feite een brief geaddresseerd aan de heilige Theofilus, begint met een prachtig vers: "[Ik schrijf u,] hoogst voortreffelijke Theofilus... opdat gij de zekerheid moogt kennen van de dingen, waarin gij onder- wezen zijt." De eerste genade wordt de mens gegeven, opdat hij een nieuw leven zou beginnen in overeenkomst met het Evangelie. In wezen dient een dergelijk leven om het Evangelie van Christus te sieren, door het toe te passen in ons eigen leven. Dan worden wij tot sieraad van dit Evangelie, tot getuigen van het leven dat de Heer tot ons op aarde heeft nedergebracht. Welk een eer is het, om "het onderricht van God onze Heiland in alles tot sieraad te zijn"![11]) Dit zegel heeft een wonderbaarlijk effect op de mens. Vóór de komst van de genade neemt de mens enkel zijn 'mechanische' hart waar, een pomp in zijn borst. Maar deze pomp kan plotseling getransformeerd worden tot een lichtende kern, een orgaan van goddelijk licht. De genade doet het hart vele nieuwe gewaarwordingen en innerlijke geestelijke veranderingen ervaren, en deze brengen de mens tot een zekere wijsheid en kennis. De heilige Theodoor de Studiet zegt, dat wanneer Gods genade tot de mens komt, dit hem het patroon leert van het goddelijk leven, "van het Godgelijke leven" (*ton typon tês Theoeidous zôês*).[12] Alle deugden, tezamen met het patroon van het leven dat God welbehagelijk is, liggen als zaden vervat in de gave van die eerste schat van Gods goedheid. Werkelijk, wanneer deze eerste genade aanlicht, dan geeft God Zichzelf aan de mens zonder enige maat, opdat de mens, op zijn beurt, Hem moge liefhebben met geheel zijn hart.

"Wij weten, dat als Hij zal verschijnen, wij aan Hem gelijk zullen zijn, want wij zullen Hem zien zoals Hij is,"[13] zegt de heilige Johannes de Theoloog. Bij het bezoek van Gods eerste genade zien wij Hem ten dele, want Zijn beeld wordt in ons hart afgetekend, en dit geeft ons een voorsmaak van de gelijkenis met Hem. Paradoxaal genoeg, wordt deze gelijkenis vervolmaakt en met toenemende helderheid afgebeeld gedurende perioden van beproeving, wanneer de genade zich terugtrekt. Maar wij zien Hem ten dele wanneer Hij ons bezoekt, en Hij doet grote hoop in ons opvlammen, en tegelijkertijd plant Hij in onze harten het verlangen onszelf te reinigen: "Eenieder die deze hoop heeft, zuivert zichzelf, evenals ook Hij zuiver is."[14] Er bestaat geen grotere schat in deze wereld dan dat men hoop draagt in het hart, zulk een hoop als komt door de kennis van God, want dit is de hoogste vorm van hoop. Het Oude Testament leert ons dat een mens zonder hart ongeschikt is voor de wijsheid.[15] Dat wil zeggen, het hart dat Christus nooit gekend heeft, kan niet op zodanige wijze hopen, dat dit hem wijs zal maken. Alleen

---

[11] Tit.2:10.

[12] τὸν τύπον τῆς θεοειδοῦς ζωῆς.

[13] 1Joh.3:2.

[14] 1Joh.3:3.

[15] Cf. Spr.17:16.

de hoop die verworven wordt door de kennis van God, die Hijzelf
ons schenkt in ons eerste contact met Hem – meer specifiek, de hoop
op Zijn Wederkomst – maakt de mens wijs genoeg om de voorkeur te
geven aan die dingen, die hem zullen vergezellen tot in het eeuwige
leven, boven de dingen die mét hem in het graf zullen vergaan. Iedere
mens die in zichzelf deze heerlijke hoop draagt God te zien van aangezicht tot Aangezicht, *zoals Hij is*, zal zichzelf zuiveren. Deze
zelfde zalige hoop werd gekoesterd in de reine harten van Simeon,
die God mocht ontvangen, en de rechtvaardige Anna, en dit stelde
hen in staat hun Heer en God te erkennen in de zuigeling Jezus.
Waarlijk zalig zijn de reinen van hart, want zij zullen God zien.[16]

Wanneer mensen zichzelf in deze eerste genade bevinden, dan
zouden zij in het bijzonder moeten bidden om verlost te worden
van datgene, waarvan zij weten dat het hun grootste zwakheid is,
want de hemel staat wijd open gedurende deze zalige tijd. Ik heb
een meisje gekend dat, voordat zij door God werd aangeraakt,
uiterst kwetsbaar was in vleselijke zin, en bovendien hadden de
omstandigheden van haar leven haar op geen enkele manier geholpen. Haar geestelijke vader gaf haar de raad God te bidden om
verlost te worden van de demon van de wellust, want hij kende de
kracht van de genade die haar geschonken was. Zij bad vurig
gedurende enkele maanden, en dit was voldoende om ervoor te
zorgen dat, gedurende vele jaren daarna, zelfs niet één enkele
gedachte van dien aard haar zelfs maar nabij kwam. God had haar
gebed aanvaard, en ondanks haar moeilijke verleden leefde zij
voortaan een leven van grote soberheid en waakzaamheid, met
voorzichtigheid in gedachte en woord en daad. Toen begreep ik de
waarheid die in deze raad verborgen ligt.

In dezelfde geest is het op de Heilige Berg algemeen aanvaard,
dat God bijzondere aandacht schenkt aan het gebed van een nieuwe
monnik, gedurende de eerste week na zijn monnikswijding. (Hetzelfde
geldt bij de Priesterwijding.) Tijdens die gezegende periode vinden
alle andere monniken een manier om hun nieuwgewijde broeder te
vragen voor hen te bidden, en daarbij geven zij hem misschien een

---

[16] Mt.5:8.

klein geschenk, wetend dat hen door zijn gebeden een bijzondere zegen zal worden geschonken.

Het is zeer nuttig, ons bewust te zijn van Gods hand en hoe Hij ons bejegent in deze tijd van onze eerste liefde. Wij moeten zo goed mogelijk gebruik maken van deze ervaring, wanneer het tweede stadium van het geestelijk leven aantreedt. Hoe belangrijk is het daarom, met grote zorg te werk te gaan, opdat wij kennis en begrip verwerven. Mensen die deze eerste genade beleven hebben hulp nodig, als vaten die een grote schat bevatten. Wij moeten deze vaten met zorg behandelen om hun kostbare inhoud op geen enkele manier te bederven. En misschien boven alles, zouden wij erop moeten letten hen te beschermen tegen onze eigen ondeugden, om de supra-kosmische genade die in hen woont niet te ergeren: de Heer maakt wijs degenen die blind zijn voor de tekortkomingen van anderen.[17] Wij zouden hen moeten steunen zoveel wij kunnen, met onze eigen ervaring en gaven, opdat zij bewaard mogen blijven voor de zonde, en in het bijzonder voor die gewoontefouten waardoor de genade zich van hen zou kunnen afkeren, zoals het oordelen van anderen. Het is onze verantwoordelijkheid hen te beschermen en met eerbied te bejegenen, want zij zijn als jonge, tedere takken, die gemakkelijk beschadigd worden. Over het algemeen beseffen zijzelf niet hoe kost-baar deze tijd voor hen is, en zij zijn daardoor niet in staat hun voor-deel te doen met dit onderpand van de goedheid des Heren. Wij moeten in herinnering houden, dat wij allen ledematen zijn van het Lichaam van Christus, en wij zouden hen de geestelijke ruimte moeten geven zich te ontwikkelen, opdat hun harten erop gevestigd mogen worden de Heer te volgen, waarheen Hij hen ook zal leiden. In de Wijsheid van Jezus Sirach lezen wij, dat iemand die de Heer wil dienen, zijn hart moet voorbereiden op de verzoekingen die hem te wachten staan.[18] Wij zouden hen moeten helpen hun tijd niet te besteden aan ijdele en oppervlakkige dingen, maar zichzelf voor te bereiden, door hen te wijzen hoe zij hun geest zouden moeten richten, hoe zij de koers van hun hart moeten bepalen, zodat zij sterk blijven. Goed gebruikt, kan deze genade de grondslag worden van iedere deugd, want het is een gelegenheid de vruchten te smaken van elk daarvan.

---

[17] Cf. LXX Ps.145(146):8.
[18] Cf. Sirach 2:1 (ditzelfde boek is ook bekend onder de naam 'Ecclesiasticus').

Onze Vaders hebben ons geleerd, dat het eerste bezoek van de genade de volmaakte tijd is om een patroon van stabiliteit te vestigen om ons te steunen wanneer de genade zich terugtrekt. Het is dan dat wij zouden moeten leren goede gewoonten te verwerven: te leven in berouwvolle bekering, onophoudelijk te bidden, te waken over de bewegingen van onze gedachten, de Schriften te lezen, goed te zijn, onszelf te vernederen voor onze broeders – niet enkel voor onze oudvaders maar ook voor onze jongere broeders. Dit stadium is gewoonlijk kort – voor sommigen zal het misschien enkele dagen of weken duren, of misschien enkele maanden, al naar gelang Gods voorkennis van ons antwoord.[19] Zoals vader Sophrony bemerkte, kan dit in sommige gevallen veel langer duren, tot een maximum van zeven jaar. Ongeacht de duur ervan, moeten wij deze periode gebruiken om stevige fundamenten te leggen voor ons geestelijk leven.

Eén van de wonderbare gaven in de tijd van onze eerste liefde is die van het gebed dat werkzaam is *van binnenuit*. God komt en trekt het intellect aan tot in het hart, en omdat het hart nu brandt met de liefde Gods wordt het intellect gedoopt in het vuur daarvan. Verfijnd en verlicht beweegt het vlug, als een bliksemstraal, evenals de Geest des Heren. Vader Sophrony vergeleek het intellect (Grieks: '*nous*') van de geestelijke mens met de bliksem, die in één enkele flits de gehele lucht kan doorkruisen van het Oosten tot het Westen.[20] Dit drukt iets uit van de snelheid van een intellect dat tot leven gewekt is door de genade. Het innerlijk gebed van het intellect in het hart is in feite de wedergeboorte van de mens, de geboorte van de persoon (de 'hypostase'), die begint in zijn hart. Deze transformatie van zijn wezen heeft vele gevolgen: gevoelens die niet kunnen worden uitgedrukt, veranderingen die bewerkt worden door Gods rechterhand.[21] Maar het ene, meest belangrijke resultaat is een onweerstaanbare aantrekking tot de Persoon van Christus, tot Hem Die het "uiterste" verlangen van ons hart is, zoals wij zingen in de Troostcanon (*Paraklesis*) tot de Moeder Gods.[22] En hoewel wij misschien

---

[19] Zie wat dit punt betreft "Saint Silouan", GK p.33, EN p.29, NL p.38, en "We Shall See Him", GK p.277, EN p.180.
[20] "We Shall See Him", GK p.157, EN p.100.
[21] LXX Ps.76:11 (77:10/11).
[22] Troostcanon tot de Moeder Gods, Irmos 3e Ode: «τῶν ἐφετῶν ἡ ἀκρότης».

voortgaan te zondigen en ons geestelijk leven minder dan ideaal moge zijn, God verlaat ons niet.

Deze aantrekking van de Heer verwekt grote begeestering. Vader Sophrony benadrukt, dat elk aspect van ons leven dat tot Hem wordt aangetrokken een supra-kosmische dimensie verwerft en vergoddelijkt en geheiligd wordt.[23] Tot onze verbazing bemerken wij dat wij in zekere mate gegroeid zijn in onze vertrouwdheid met de Geest van Christus en met Zijn woord. Onze lezing van de Schriften wordt intens persoonlijk: wij voelen dat zij voor ons geschreven werden. Elke zin in de Schrift kan een woord worden dat op ons toegesneden is, en tot ons is gericht. Ons enthousiasme gaat vergezeld van grote vertroosting, en wij hebben het nodig dat dit vuur van de onvergankelijke goddelijke vertroosting de onreine 'hitte' van de gevallen wereld uitdrijft, namelijk de hitte der hartstochten. Wij ervaren nu de overwinning van de goddelijke liefde op de vijand in onszelf, en dit verwekt in ons een zekere vrijmoedigheid. Vader Sophrony beschrijft deze staat als "buiten zichzelf" zijn, in de zin van een soort krankzinnigheid.[24] En deze inspiratie heeft inderdaad een onverwacht karakter daar dit een verlangen bevat om te lijden omwille van Christus. De heilige Silouan beschrijft dit als een 'zoet verlangen',[25] een verlangen dat de mens maakt tot een vriend van het Kruis. Hij smacht ernaar de zotheid van het Kruis te omarmen, zichzelf over te leveren aan God, en vaak vindt dit zijn uitdrukking in de monastieke levensstaat. De Geest Gods is gekomen om de mens door de nauwe poort te leiden, en hij kan zich slechts verheugen in het lijden omwille van de Heer. In Christus te geloven is een grote gave, maar de volmaakte gave is te lijden omwille van Zijn Naam. "Want gij zijt ermee begenadigd, omwille van Christus, niet alleen in Hem te geloven, maar ook om te lijden omwille van Hem."[26]

De mens onderneemt de ongelofelijke heldendaad van het kruis, want nu is hij 'bezeten' van de 'zotheid' van het geloof, zoals de heilige Paulus dit zou noemen. In zijn zotheid is hij onbevreesd, wetend dat hij tot alles in staat is door Christus, Die hem

---

[23] "We Shall See Him", GK p.158, EN p.101.
[24] Ibid., GK p.76-77, 184, EN p.50, 115. "On Prayer", GK p.49-50, EN p.33-34.
[25] Zie "Saint Silouan", GK p.409, EN p.320, NL p.341.
[26] Fil.1:29.

sterkt.[27] Zoals wij hebben opgemerkt, is het monastieke leven een uitdrukking van deze zotheid. Vader Sophrony bevestigt, dat er een zekere noodzaak van de geest bestaat in iemand die de goddelijke vertroosting heeft gesmaakt, die hem aantrekt tot de monastieke weg. Maar de omstandigheden van zijn leven moeten dit toelaten.[28] Overeenkomstig de heilige Paulus zouden diegenen die reeds gebonden zijn, standvastig moeten blijven waar God hen geplaatst heeft.[29] (Bij een zekere gelegenheid, toen vader Sophrony over het monnikschap sprak, vergat hij dat de dame die naast hem zat, en die zich in die eerste staat van genade bevond, gehuwd was. Zij begon te wenen omdat zij niet vrij was de monastieke weg te volgen, voort te snellen op de weg der geboden. God had haar hart uitgebreid, maar omdat zij gebonden was door een gewijde band die zij niet kon verbreken, was het onmogelijk voor haar om moniale te worden. Tot haar eer overigens, bewaarde zij haar ijver, zodat dit overvloedig vrucht droeg in haar gehuwde leven.) Deze eerste periode, die de grondslagen schokt van het gehele wezen van de mens, is niet zonder bepaalde gevaren, omdat de mens een staat van grote spanning moet verduren om te kunnen bewaren wat hem gegeven is. De gave der genade brengt hem onvermijdelijk in scherp conflict met zijn oude leven. Om deze reden is een geestelijke mentor of leidsman van onschatbare waarde – iemand die zelf deze weg gegaan is en het terrein kent, een drager van de juiste visie. Bij afwezigheid van goede leiding zijn zulk een spanning en conflict potentieel schadelijk. Vader Sophrony bevestigde dit, toen hij ooit tegen mij zei: "Gij zijt in zulk een spanning dat, als gij niet oppast, gij gemakkelijk een of andere schade zult opdoen." De psychologisch zwakken zouden hun verstand kunnen verliezen; een zwak hart zou beschadigd kunnen worden, enzovoort. De nieuwe mens komt in conflict met de oude mens: de kracht van de genade in een herboren persoon is een oorlogsverklaring tegen zijn vroegere zelf. Als hij rijst tot deze staat van uiterste spanning en alertheid, dan zal hij spoedig leren elke beweging van zijn wezen te beheersen, zijn intellect en zijn hart, en zelfs zijn lichaam. Hij zal

---

[27] Cf. Fil.4:13.
[28] Uit een voordracht over het monnikschap.
[29] Cf. 1Kor.7:20,24,27.

bijvoorbeeld niet slungelig in zijn stoel hangen, of tegen iets aanleunen wanneer hij rechtop staat, want hij wil niets van die spanning verliezen. In het Verre Oosten is het doel van de meditatie zich te ontspannen, maar wanneer wij bidden, dan zijn wij in een uiterste spanning. Het gehele lichaam neemt deel aan deze spanning: wij bidden rechtop, met onze armen langs ons lichaam, want wij komen voor het aanschijn van onze Schepper, de Bron van ons wezen.

Een ander gevaar dat verbonden is met deze periode is dat wij te gemakkelijk spreken, omdat het hart de lichtheid voelt van de vreugde. Zeer vaak echter, sluipt daar een zekere ijdele trots in, samen met de neiging anderen te onderrichten, en dan zou de genade kunnen vertrekken. Vader Sophrony placht te zeggen, dat het naïef is over het geestelijk leven te spreken, tenzij iemand zichzelf daarin tenminste gedurende veertien jaar geoefend heeft. Op de Heilige Berg glimlachen de Vaders over zo iemand, die noch de ervaring heeft van de moeilijkheden van de tweede periode, noch de kennis van de waarachtige aard daarvan als de wetenschap der bekering. (De Oudvader sprak over veertien jaar, omdat de heilige Paulus veertien jaar na zijn bekering tot Christus zijn eerste Brief schreef, aan de Thessalonicensen.)

Doch elk gevaar wordt meer dan gecompenseerd door het voor-recht van de aanwezigheid van de Heer. Wij hebben gezien dat het werk van God in deze periode gemakkelijk wordt gemaakt: Het is gemakkelijk nachtwake te houden; het is gemakkelijk de geboden te bewaren; het is gemakkelijk niemand te oordelen. Als gij ertoe neigt te oordelen, dan worden de woorden afgesneden nog voordat zij de kans hebben uit uw keel te ontsnappen. Vooropgesteld dat wij ons overleveren aan deze machtige golf van de Geest, kan ons nieuwe leven bijna zondeloos zijn. De hemel is geopend, en onze smeek-beden en onze gebeden worden verhoord. Wij kennen de vrede verzoend te zijn met God; wij bezitten de vreugde des heils in ons hart, waarvan de Geest Zelf getuigt, zoals de heilige Silouan graag zeide. Volgens vader Sophrony kan de genade die men in het begin ontvangt gelijk zijn aan de maat der volmaakten.[30] Ooit, toen wij dit onderwerp bespraken, zeide hij: "God geeft Zijn genade niet

---

[30] "On Prayer", GK p.105, EN p.68.

zonder onderscheid." Dat is, Hij voorziet het antwoord van elke persoon, en weet of deze geneigd zal zijn ernaar te streven de genade te herwinnen, of niet. Als hij veeleer geneigd is zijn leven in zonde te eindigen, dan zal God geen grote mate van genade schenken: Hij wil het leven niet onmogelijk of ondraaglijk maken voor de mens. Zozeer hangt de eerste genade af van de vastberadenheid en de trouw van de mens!

In deze gezegende tijd is de mens zich scherp bewust van de dood, en dit leert hem de voorkeur te geven aan de onzichtbare dingen boven de dingen die zichtbaar zijn.[31] Zelfs eeuwen van gelukzalig leven op aarde zijn niet aantrekkelijk voor een mens die deze gezegende gedachtenis aan de dood bezit.[32] In zijn intellect en zijn hart heeft maar één enkel doel de overhand: met Christus te zijn, nu en voor alle eeuwigheid. Deze eenheid met Christus is inderdaad de grootste gave van alle, en het doel van alle andere gaven. Wanneer de heilige Paulus spreekt over de Opstanding uit de doden, beschrijft hij het Paradijs niet in aardse termen. Hij zegt dat wij zullen worden "weggevoerd in de wolken, de Heer tegemoet, in de lucht; en alzo zullen wij altijd met de Heer zijn."[33] Dit is het eeuwige leven: voor altijd mét de Heer zijn. En hier valt niets aan toe te voegen. Mét de Heer te zijn gaat elke beschrijving te boven. Wat waarlijk belangrijk is, is de Heer toe te behoren, of wij nu leven of sterven.[34] Hetzij wij in het lichaam zijn, hetzij wij het lichaam verlaten, ons enige streven is de Heer welgevallig te zijn, opdat wij mét Hem mogen zijn.[35]

Heel de zin van het eerste stadium van het geestelijk leven ligt hierin: In ons wezen een onuitwisbare doelbewustheid in te planten; de onwankelbare kennis dat wij geschapen zijn om voor eeuwig te verblijven *met de Heer*. Dat is het ene grote doel van ons verbond met Hem.

---

[31] Cf. 2Kor.4:18.
[32] "We Shall See Him", GK p.24, EN p.16.
[33] 1Thess.4:17.
[34] Cf. Fil.1:20 & Rom.14:8.
[35] Cf. 2Kor.5:8-10. In deze verzen gebruikt de heilige Paulus het Griekse werkwoord *philotimoúmetha* (φιλοτιμούμεθα), dat vertaald zou kunnen worden als "eervol streven (naar)". Het houdt verband met het begrip *philótimo*; zie hfst.5 noot 9.

HET TWEEDE STADIUM (deel I)

*De God der heerlijkheid
doet het donderen*

+ cf. LXX Ps.28(29):3 +

8

De mens komt tot zichzelf

Allemaal raken wij verdwaald, wanneer wij de genade Gods verzaken. Terwijl wij ronddwalen in verre landen, zoekend naar de weg terug naar huis, dan beginnen wij langzaamaan te beseffen dat wij moeten kiezen tussen leven en dood. Ofwel wij wenden ons in onze nood tot de levende God, ofwel wij geven toe aan de wanhoop, met al de rampzalige gevolgen daarvan.

De gelijkenis van de Verloren Zoon,[1] zo kort als zij is, vormt één van de schoonste vertellingen die de wereld kent. Eigenlijk zou ik wensen dat deze bekend was geworden als de gelijkenis van de Liefde van de Hemelse Vader. De gelijkenis staat minder stil bij de zonden van de heilloze zoon, dan bij het medelijden van de Vader. Doch de naam die eraan gegeven is, sluit beter aan bij onze psychologie.

Terwijl wij strijd voeren om ons diepe hart te heroveren, zien wij dat onze tragedie bestaat in het feit dat wij ervoor gekozen hebben grotendeels buiten het huis van onze Vader te leven, buiten ons hart, ver van juist die plaats waar de Geest van God zou willen wonen. Wanneer de apostel Paulus zegt, dat wij de tempels zijn van de levende God, dan bedoelt hij dat ons hart het natuurlijke thuis is van de Heilige Geest. Dit wordt bevestigd door de andere grote apostel, Petrus, wanneer hij zegt dat de Geest van Gods heerlijkheid zou moeten rusten in ons hart.[2]

Onze strijd is niet gemakkelijk. Wij zijn in zonde ontvangen, en wij gaan voort in onszelf een grote mate van verderf op te hopen. De wet der zonde heerst in onze ledematen, en wij dienen de zonde te ontwortelen om in onszelf de wet te vestigen van de twee grote geboden van het Nieuwe Verbond: God lief te hebben met ons gehele wezen, en onze naaste te maken tot inhoud van ons hart.[3] Maar onze strijd is tevens luisterrijk, want deze houdt in: over te gaan van de duisternis naar het licht, van de dood tot het leven, van de voorbij-

---

[1] Lk.15:11-32.
[2] Cf. 1Petr.4:14.
[3] Cf. Mt.22:37-39.

gaande dingen tot de eeuwige, van de aarde tot de hemel, van onze gevallen menselijke natuur tot deelname aan de goddelijke natuur.

Om ons te bemoedigen in dit proces van onze wedergeboorte, geeft de Kerk ons vlak voor de Grote Vasten de gelegenheid de gelijkenis van de Verloren Zoon te overdenken. Haar bedoeling is ons te tonen dat hoe zwaar onze strijd ook moge zijn, er in ons leven in Christus geen plaats is voor de wanhoop. Wij hebben een volkomen vertrouwen in onze Hemelse Vader, Die ons zoekt en Die met open armen op ons wacht. Niet alleen ziet Hij ons van verre, Hij komt ons zelfs tegemoet, in het verlangen ons binnen te leiden in Zijn Koninkrijk.

Zodanig is dus de liefde van de Hemelse Vader. Het troparion dat gezongen wordt aan het begin van de Dienst van de Monnikswijding staat bekend als "De Vaderlijke omarming": "Open haastig Uw Vaderlijke armen voor mij, die mijn leven heb verkwist als de verloren zoon. Zie op de onuitputtelijke rijkdom van Uw mededogen, o Heiland. Veracht niet mijn hart, dat tot armoede vervallen is. Want tot U, o Heer, roep ik in rouwmoedigheid: Vader, ik heb gezondigd tegen de hemel en voor Uw aanschijn." Het monnikschap is een vreeswekkende sprong van geloof in de inspannende arbeid der bekering, en toch zingen wij juist aan het begin daarvan deze tedere hymne, die ons eraan herinnert dat niets onmogelijk is, want wij hebben Gods liefde gesmaakt.

Laten wij ons op de gelijkenis zelf richten. De jongste zoon zegt tot zijn vader: "Geef mij het deel van het eigendom dat mij toekomt." God heeft tot het uiterste respect voor de vrijheid van Zijn kinderen en Hij geeft ons wat wij claimen als ons eigen bezit, zonder enig verzet. Hij dwingt ons niet Hem lief te hebben, want al wat wij ondernemen onder dwang heeft geen eeuwige waarde. Liefde heeft waarde wanneer zij vrijelijk gegeven wordt uit een trouw hart, anders is zij waardeloos.

"En niet vele dagen daarna, vergaderde de jongste zoon alles bijeen, en ging op reis naar een ver land; en aldaar verkwistte hij zijn eigendom in een heilloos leven." Hier zien wij duidelijk de dynamiek van het kwaad. Zodra wij zelfs maar de kleinste slechte gedachte hebben aanvaard, maken wij een kleine opening voor de vijand om binnen te komen. Dan trekt hij ons steeds verder naar beneden, en wij zijn steeds minder in staat hem te weerstaan. Zoals onze Vaders ons leren, moeten wij zulke gedachten afsnijden bij het allereerste begin, anders is het onmogelijk ons los te rukken, tenzij wij de heiligen van de Kerk aanroepen om hulp. Aldus zuigt de kracht van het kwaad de ziel omlaag, in een versnellende beweging van ontaarding, tot in de bodemloze afgrond van zonde en vernietiging. Hoe verschrikkelijk is dit verre land, die plaats waar God afwezig is, die in de Schriften wordt aangeduid als de hel. Wij vervreemden onszelf van de liefde van de Vader telkens wanneer wij Zijn huis verlaten. Wij verwerpen Zijn bescherming, die wij vanzelfsprekend zijn gaan vinden, en wij reizen ver weg van huis, ver van de omarming van de liefde van de Vader.

"Hij verkwistte zijn eigendom in een heilloos leven." Dit betekent dat hij zijn eigen 'zijn' vergooide – zijn wezen en zijn hypostase. Hij vergooide de waardigheid van het zoonschap. Hij verzaakte de eer een zoon te zijn van zijn ene waarachtige vader, en werd als een wild beest. Wanneer een mens lichtvaardig omgaat met de genade die hem geschonken is door de Hemelse Vader, dan verliest hij alles. En waarlijk, het zou beter zijn voor de mens nimmer ter wereld te zijn gekomen, dan afgesneden te worden van het welbehagen van Gods barmhartigheid. Zoals de Psalmist zegt, Zijn goedertierenheid is beter dan het leven.[4]

Er "geschiedde een zware hongersnood in dat land, en hij begon gebrek te lijden." Niets is verschrikkelijker dan de dorheid die volgt, wanneer God Zich terugtrekt. Niets is te vergelijken met de pijn gescheiden te zijn van Gods genade. En wanneer dit gebeurt ten gevolge van 's mensen eigen overtreding en ongehoorzaamheid, dan is de zielepijn nog groter, en hij begint "gebrek te lijden". Hij hongert en dorst, en in plaats van de Vaderlijke armen die hem voorheen omvatten, wordt hij nu vastgehouden in de drukkende omarming van de dood.

Dit verre land van de hongersnood is de wereld die wij om ons heen zien, de wereld die God en Zijn genade verworpen heeft, en wier inwoners leven als in een woestenij. Hun schuren en zakken mogen dan vol zijn, maar hun harten zijn leeg. Deze hongersnood van het hart is iets verschrikkelijks. Een hart dat vervuld is van Gods genade heeft aan niets gebrek, want de Heer is zijn rijkdom. Dan verdraagt de mens ook armoede met vreugde, want hij ervaart alle

---

[4] LXX Ps.62(63):3/4.

leed als gelegenheden om zich te verheugen in de Heer. Armoede kan de aandacht van de mens zodanig concentreren op de Geest van God, dat er in hem een grote energie wordt vrijgemaakt, die hem in staat stelt allerhande tegenspoed te verdragen. Wat het lege hart betreft, er lijkt geen einde te zijn aan zijn ellende.

De zware hongersnood in dat verre land is niet enkel de hongersnood van een verdord hart, of van een hart van steen dat verstoken is van de genade. De ongelukkige zoon, die grote vertroosting had genoten in het huis van zijn vader, heeft zich zozeer verwijderd van God en van Diens Koninkrijk van Liefde, dat hij zich heeft aangesloten bij het hem vreemde koninkrijk der demonen, want hij heeft zich onderworpen aan hun boosaardige plannen. Wanneer de mens zich niet bezighoudt met het werk van God, in samenwerking met God in het bewerken van zijn eigen heil, dan is het gemakkelijk voor de demonen hem bij de hand te nemen en hem voor henzelf te doen werken. Zij stellen hem aan om zwijnen te hoeden, dat is, zij leiden hem ertoe het dodelijke vuur van de hartstochten op te stoken. En van zulk een arbeid valt niets te oogsten, dan alleen de vloek des doods. In het Oude Testament is een vloek het gevolg van de zonde, maar kan daarnaast ook het resultaat zijn van nalatigheid in het volbrengen van het werk van God, zoals de profeet Jeremia getuigt: "Vervloekt is hij die nalatig is in het doen van het werk des Heren."[5] Een halfhartige poging om het werk van God te doen trekt een vloek aan over de persoon, zelfs als hij leeft in het huis van God. Onze God is inderdaad een naijverig God, en Hij kan het niet verdragen als het hart van de mens verdeeld is. Hij neemt geen genoegen met een klein, of zelfs met een groot deel van het hart van de mens: Hij verlangt naar diens gehele hart, niet uit zelfzucht, maar opdat Hij het moge vullen met de volheid van Zijn goddelijk leven.

De ongelukkige en vervloekte heilloze zoon "verlangde zijn buik te vullen met de schillen, die de zwijnen aten; en niemand gaf ze hem." Dit vers werpt licht op een vreeswekkende realiteit: Wanneer God ons verlaat, dan zijn de mensen en zelfs de engelen niet in staat ons te helpen. Uiteraard is het de mens zelf, die Gods Koninkrijk van leven en licht verlaten heeft, voor het koninkrijk van de dood en de duisternis, en door zo te doen heeft hij zichzelf onderworpen aan de dynamiek

---

[5] Jer.48:10.

van het kwaad, en hij besteedt al zijn moeite enkel om te overleven. Maar in zijn pogingen te overleven in het koninkrijk van de zonde en de dood, kan hij er niet aan ontkomen dat hij steeds dieper in de zonde verzinkt, en de vloek die hij over zichzelf aantrekt wordt evenredig veel groter. Hoe meer hij toegeeft aan de hartstochten, des te meer raakt hij verstoken van Gods aanwezigheid, want het hart van de mens kan niet verzadigd worden door de genietingen van deze wereld, maar alleen met de onvergankelijke vertroosting van de Geest van God.

Het doet er niet toe hoe verdorven een mens ook geworden moge zijn door de zonde, of hoe diep hij verzonken is geraakt in de bodemloze afgrond; hij zal in zichzelf altijd een zekere adel bewaren, die niet kan worden vernietigd, namelijk het beeld Gods waarin hij geschapen is. En God heeft in ons wezen de mogelijkheid ingeplant tot bekering, zodat wij ons op elk ogenblik van ons leven tot Hem kunnen wenden en om Zijn vergeving kunnen vragen. God schenkt waarlijk grote eer aan de mens die "tot zichzelf komt", die zijn eigen hart onderzoekt en dan op verantwoordelijke wijze met God spreekt, dat is, in de waarheid der bekering. Dan giet de Heer de verfrissende wateren van Zijn barmhartigheid over hem uit. Toen God de mens schiep naar Zijn gelijkenis, plantte hij in diens natuur het *verlangen* naar het goddelijk zoonschap, waarop God antwoordt met deze gezegende en heilbrengende woorden: "Al het Mijne is het uwe." Dat wil zeggen, "De volheid van Mijn leven, o mens, is nu ook uw leven." Wat God is van nature, schenkt Hij aan de mens; en door de genade wordt de mens goddelijk gemaakt.

De pijn en de honger van de verloren zoon dwingen hem ertoe naar binnen te kijken. Een mens heeft grote moed nodig om tot zichzelf te komen, zijn eigen hart te bezien, en de werkelijke en dodelijke armoede onder ogen te zien, die hem zijn gaan bepalen. Maar zodra hij zijn staat bemerkt en belijdt, dan haast God Zich hem te helpen. Hij verlicht hem door hem te tonen waar hij zich nu bevindt. In deze bijzondere visie verlicht God de mens "van achteren", zoals vader Sophrony het zegt. Hij schouwt niet God. Hij wordt zich veeleer bewust van zijn eigen zonden. De genade openbaart wat er aan hem ontbreekt; hij wordt de hel gewaar waarin hij leeft, en waar God afwezig is[6] – net zoals een straal zonlicht plotseling het stof laat zien in een verduisterde kamer. Kennis van zijn geestelijke armoede stelt hem in staat de onvergankelijke dingen te onderscheiden, die goddelijk zijn, om alleen deze na te jagen, en de vergankelijke dingen van dit tijdelijke bestaan te verachten. Dit is het begin van de wijsheid, want kennis van onze werkelijke staat inspireert ons tot vreze Gods.[7]

Het ogenblik waarop de mens "tot zichzelf komt" is uiterst betekenisvol. De hesychasten van de veertiende eeuw maakten veelvuldig gebruik van dit vers, dat de wijze toont waarop de zonde het intellect aantrekt tot de uiterlijke wereld. (Volgens de traditie van de Kerk is het intellect van de mens als de verloren zoon, en wanneer het zich verwijderd van de gedachtenis aan God, wordt het ofwel dierlijk, ofwel demonisch. Dan begint het heilloze leven, dat tegengesteld is aan de kuisheid.) Het intellect, de zintuigen, en het gehele leven van de mens, vallen uiteen en raken verstrooid. Opdat de natuur van de mens weer tot eenheid komt, moet het intellect opnieuw verenigd worden met het hart, in een genezende beweging naar binnen. Zijn intellect moet nederdalen en zich vestigen in het hart: Alleen wanneer het herenigd is met het hart, is het in staat het wezen van de mens werkelijk te beheersen. En wanneer de gehele mens, inclusief zijn lichaam, in het hart geconcentreerd is, dan vindt er een derde beweging plaats, ditmaal in de richting van God Zelf. Zoals de heilige hesychasten zeggen, heeft het totale patroon een circulair karakter. Nadat de verloren zoon "heel zijn eigendom verkwist heeft" in de uiterlijke wereld (de eerste beweging), "komt" hij vervolgens "tot zichzelf" (de tweede beweging), om dan heel zijn wezen te richten op de Vaderlijke omarming (de derde beweging).[8] Maar om zijn intellect te verenigen met zijn hart, moet de mens strijd leveren met de menigte aan gedachten, die door de vijand worden opgewekt, waarvan de meeste geworteld zijn in de hoogmoed. Doch wanneer de mens zijn hart heeft ontdekt, begint hij de oorsprong te zien van dergelijke gedachten, zowel als de richting die zij inslaan. Zij misleiden hem niet meer zo gemakkelijk als voorheen, omdat hij leert

---

[6] "We Shall See Him", GK p.53, EN p.34-35. Zie ook "On Prayer", GK p.73, EN p.50, en "His Life is Mine", EN p.41.
[7] Cf. LXX Ps.110(111):10.
[8] Zie H.Gregorius Palamas, "The Triads" (1, ii, 5), p.44.

de ingang tot zijn hart te bewaken. En wanneer hij tenslotte verblijft in zijn hart, dan zullen daar enkel nederige gedachten opkomen, die zijn wezen zullen voeden.

De meesten van ons leven buiten ons hart, en ons intellect is in een voortdurende staat van verwarring. Van tijd tot tijd komen er misschien enkele goede gedachten in ons op, maar de meerderheid van onze gedachten zal schadelijk zijn, en deze vernietigende gesteldheid zal de overhand hebben zolang wij doorgaan ons hart te negeren. Maar tenslotte wordt de pijn te groot om te verdragen, en wij beginnen de weg terug te zoeken. Wanneer de verloren zoon zich het huis van zijn vader in herinnering brengt, komt hij tot zichzelf en zegt: "Hoeveel dagloners van mijn vader hebben brood in overvloed, doch ikzelf ga hier verloren door hongersnood!" Wij hebben allemaal diep begraven herinneringen aan het huis van de Vader, want onze ziel zal immer sporen behouden van de genade, bekleed te zijn met Christus in de Heilige Doop. Bovendien, elke keer dat wij deelnemen aan de Heilige Mysteriën, wordt ons wezen onuitwisbaar gemerkt met Gods goedheid. In het hart van de verloren zoon komt nu een andere nederige gedachte op: "Ik zal opstaan en naar mijn vader gaan..." Het proces van innerlijk herstel is nu begonnen, want hij heeft besloten op te staan uit zijn val. Nadat hij de werkelijkheid van zijn verloren staat gezien heeft, keert hij nu terug tot zichzelf en tot God. Zijn dynamische toename in God is begonnen. Hij is gereed om verlicht en gereinigd te worden, want hij is begonnen met God te spreken in waarheid, vanuit de diepte van zijn hart. De gebeden van een versnipperd intellect hebben noch helderheid noch diepte, maar een intellect dat met het hart herenigd is vloeit over van nederig gebed en heeft zulk een kracht, dat het de oren van de Heer Sabaoth bereikt. "Vader, ik heb gezondigd tegen de hemel en voor Uw aanschijn." Dan ontdekt de mens de kracht van de nederigheid, en hij ziet dat de enige juiste houding is om alle heerlijkheid en eer op te dragen aan God, en aan zichzelf slechts "de schaamte des aangezichts"[9] vanwege zijn zonden. Hij stelt nu al zijn vertrouwen op de barmhartigheid van de Vader, en niet langer op zijn verdorven zelf, en deze instelling van het hart leidt tot waarachtige bekering. Zoals wij lezen in een van de grote

---

[9] Dan.9:7 (LXX).

knielgebeden met Pinksteren: "Tegen U hebben wij gezondigd, maar alleen U aanbidden wij." Wij zijn zondig en Zijn barmhartigheid onwaardig, maar wij hebben ten volle vertrouwen in Hem Die wij aanbidden. Dit "maar" kan niet geuit worden zonder geloof, en dit geloof is de rots waarop wij ons geestelijk leven bouwen.

De verloren zoon vernedert zichzelf dan nog verder: "Ik ben niet meer waard uw zoon te heten; maak mij als één van uw dagloners." Hij zegt niet "als één van uw dienstknechten". Gewoonlijk behoorden dienstknechten tot het gezin van hun meester, en zij brachten hun leven door in zijn huishouding. Maar dagloners hadden geen kwartier in het huis van de meester, en konden elk moment worden weggestuurd. De verloren zoon beschouwt het dus passend, zichzelf te plaatsen in dezelfde klasse als een tijdelijke arbeider, een dienaar van het minste belang. Zulke nederige gedachten zijn kenmerkend voor degenen die in waarachtige bekering leven, waarbij iedere gedachte een diepere nederigheid openbaart dan de voorgaande. Het vuur der bekering leidt degene die zich bekeert tot de uiterste diepte van zijn nietigheid, waaruit alleen God hem weer op kan heffen. (De Heer Zelf heeft ons dit pad getoond: eerst zijn nederdaling ter helle, en van daaruit zijn opgang tot in de hoogste hemel.) Terwijl hij zichzelf vernedert neemt de mens toe in wijsheid, want hij ontwikkelt een onwankelbaar geloof in Gods barmhartigheid, wetend dat Deze hem voorzeker zal verhogen op Zijn eigen bestemde tijd.[10] Als de mens zijn hart eenmaal gevonden heeft, is zijn enige zorg voortdurend te vissen naar zulke gedachten, die hem zullen leiden tot deze nederwaartse koers van bekering. Wij weten dat alwie geleidt wordt door de Heilige Geest niet ophoudt zichzelf te verlagen. En hoe verder een mens naar beneden gaat, in navolging van de weg van Christus, hoe hoger hij met Hem zal worden verheven.

Net zoals de energie van het kwaad de mens voortstuwt tot de vernietiging, zo transformeert de energie van God de mens wanneer deze zijn leven in overeenstemming brengt met de wil van God. Wanneer de mens ingaat tot het heil, dan verwekt elke nederige gedachte een nog nederiger gedachte, terwijl elke gedachte van de boze krijgsgevangen wordt gemaakt door de gehoorzaamheid aan Chris-

---

[10] 1Petr.5:6.

tus.[11] Dan heft Gods genade de mens op tot de heerlijkheid van de omarming van zijn Hemelse Vader, en herstelt hem in het zoonschap.

Groot leed maakte dat de verloren zoon zijn hart vond, en leidde ertoe dat hij het geestelijke gebied van de bekering ontdekte door een reeks nederige gedachten die zijn ziel deden herleven. "Ik zal opstaan en tot mijn vader gaan, en ik zal tot hem zeggen: "Vader, ik heb gezondigd tegen de hemel en voor Uw aanschijn." Zodanig is de kracht van een nederige gedachte. In slechts enkele woorden wijst de Heilige Schrift op de verheven werkelijkheid die het verborgen doel is van deze gelijkenis: Wanneer een mens terugkeert tot zijn hart, en genade begint op te hopen door zijn intellect te vernederen, dan wordt hij in zijn bekering zo moedig als een leeuw. Bovendien groeit zijn vastberadenheid in kracht, zodat hij bereid is de vuuroven van de hel zelf te verdragen. Kome wat komen moet, hij bezit nu zulk een moed en vrijmoedigheid dat hij altijd tot God zal snellen, en bereid zal zijn een sprong van geloof te maken naar Hem toe.

"Doch toen hij nog ver verwijderd was, zag hem zijn vader, en hij werd met medelijden bewogen." Welke andere vader behalve onze Hemelse Vader is in staat van veraf zo duidelijk te zien, zelfs van achter de bergketens van onze zonden? Hoe verbazingwekkend, dat God de mens zou willen zoeken tot in de afgrond van de hel en de zonde! Waarlijk, Hij neemt nimmer zijn ogen van ons af, maar Hij waakt en wacht geduldig totdat wij tot onszelf komen. Alleen dan heft Hij ons op tot Zijn eigen heerlijkheid. Hij heeft Zichzelf in liefde voor ons vernederd, door de dood der zonde te overwinnen.

De vader "werd met medelijden bewogen, en voortsnellend viel hij hem om de hals, en *kuste hem innig*."[12] Hij snelt voort, valt en kust – deze drie werkwoorden spreken van grote kracht. God snelt voort om de mens te ontmoeten die zich bekeert, om hem de kracht te schenken zijn voornemen om terug te keren te volbrengen. God valt de mens zelfs om de hals, zodat de mens een Goddragende wordt, een 'paard' dat God draagt. Hoe wonderlijk zijn deze beelden die het Evangelie gebruikt om ons Gods oneindige liefde en nederigheid te tonen! Welk een God hebben wij! Hij heeft de mens zo lief,

---

[11] Cf. 2Kor.10:15.
[12] Lk.15:20. De Griekse tekst luidt: «καὶ κατεφίλησεν αὐτόν», in deze context ook te verstaan in de zin van "met kussen overdekken".

dat Hij diens dienaar wordt, en hem opneemt in Zijn eigen leven en Koninkrijk. God giet Zijn barmhartigheden uit over de mens die zich bekeert, en dit is het begin van eeuwig leven met God, een leven dat noch afneemt noch eindigt. En wanneer de mens een drager van God wordt, dan gaat hij van kracht tot kracht, en zijn vreugde neemt alleen nog maar toe van de ene volheid tot een nog grotere volheid.

Zodra de medelijdende vader de woorden van zijn zoon hoort, drukt hij hem aan zijn borst en kust hem. De vader heeft weet van de verandering van diens hart, en in zijn vreugde luistert hij niet eens naar diens belijdenis. Zo vurig verlangt hij ernaar zijn berouwvolle zoon te herstellen, dat hij zijn dienaren opdracht geeft het beste kleed te brengen. Hetzelfde gebeurt wanneer wij ons bekeren en voor God staan en wenen: God vergeeft ons nog voordat wij het weten. Maar laten wij ook in gedachten houden, dat de waarheid van onze bekering pas bezegeld wordt wanneer wij onze zonden belijden voor een man "van gelijke hartstochten",[13] een priester van de Kerk van Christus.

Nadat hij zijn zoon omhelst heeft, draagt de vader zijn eigen leven en al zijn rijkdommen aan hem over, alsof hij het huis nimmer verlaten had, alsof zijn zonden slechts stofjes waren op een spiegel. Hij veegt ze allemaal weg, wat het glas zo schoon laat als het was in het begin: "Brengt het beste kleed..." De vader bekleedt hem met het kleed van eer en heerlijkheid, en doet een ring aan zijn vinger en schoenen aan zijn voeten. Volgens de Heilige Vaders is het kleed de eer van het zoonschap; de ring betekent de kracht om een zondeloos leven te leiden in overeenstemming met Gods geboden. Bovendien, in oude tijden, als iemand zijn ring aan een ander gaf, betekende dit dat hij zijn gezag aan hem overdroeg. En dit is nu juist wat God doet wanneer een zondaar terugkeert: God geeft hem het gezag van een erfgenaam van Zijn eigen leven. Schoenen zijn eveneens een teken van het zoonschap: alleen dienstknechten liepen blootsvoets, terwijl schoenen het teken waren van een vrij man.

"Brengt het gemeste kalf, slacht het, en laat ons eten en ons ver-blijden." De vader verheugt zich, en maakt van de terugkeer van zijn zoon een feest. Zoals de Heer zegt: "Er zal vreugde zijn in de hemel over één zondaar die zich bekeert." Op deze aarde leven wij in werkelijkheid in twee werelden: wij ontvangen de stralen van

---

[13] Hand.14:15.

het licht van het Koninkrijk der hemelen, en de schaduwen van de duisternis van de onderwereld. En afhankelijk van onze vrije keuze om of het ene of het andere te omhelzen, zal het ogenblik van ons overlijden een doorgang zijn, hetzij naar de eeuwige zaligheid, hetzij naar de drukkende duisternis van onze eigen verwording. Maar de Hemelse Vader heeft slechts één gedachte: "Deze, mijn zoon, was dood, en is weder levend geworden; hij was verloren en hij is gevonden." Zijn vreugde is grenzeloos. Hoe enorm groot moet het verlangen zijn van de Hemelse Vader naar ons heil! Waarlijk, Zijn verlangen naar onze terugkeer is wat ons tot bekering brengt.

De terugkeer van de verloren zoon schonk echter geen vreugde aan zijn oudere broer, die aan het werk was in het veld buiten het huis van zijn vader. Hij staat voor de Farizeeën die zich nimmer verheugd zouden hebben over de terugkeer van een zondaar. Volgens hen verdiende iedere zondaar de hel. Zij vertrouwden enkel op hun eigen rechtvaardigheid, en door zichzelf te rechtvaardigen bewezen zij dat zij zich buiten hun eigen hart bevonden, buiten in het veld. Zoals de oudste zoon van de gelijkenis, geloofden zij dat zij aan Gods kant stonden. Zij wisten niet eens dat zij in feite nimmer hun hart hadden gegeven aan God, aan hun Vader in de hemelen.[14] Zij wisten niets van God, noch waren zij ooit in gemeenschap met Zijn Geest: zij geloofden veeleer dat hun mechanisch vervullen van de Wet God ergens verplichtte om hen te behouden.

"En als hij kwam, en het huis nabij kwam, hoorde hij samenspel en dans. En hij riep één van de knechten en deed navraag, wat dit wel mocht zijn." Het was voor de oudste broeder onmogelijk te begrijpen wat er gaande was, en het is daarom dat hij dit via een knecht moest uitvinden, die antwoordde: "Uw broeder is gekomen, en uw vader heeft het gemeste kalf geslacht, omdat hij hem gezond heeft teruggekregen." De oudste broeder, in zijn eigengerechtigheid, werd toornig. Hij antwoordde alsof hij geen hart had, of veeleer, alsof hij een hart van steen had. Hij weigerde het huis binnen te gaan, alsof hij tot God zeide: "Als Gij zondaars ontvangt in Uw Koninkrijk, dan geef ik er de voorkeur aan buiten te blijven." Jammer genoeg is dit de houding van veel Christenen. Weinig van ons verheugen

---

[14] Spr.23:26, "Mijn zoon, geef mij uw hart."

zich werkelijk over de terugkeer van een broeder die een zondig leven heeft geleefd. En als hij voortgaat geestelijke vooruitgang te maken, dan koesteren wij daar maar al te vaak wrok over.

"Doch zijn vader kwam naar buiten, en smeekte hem." Net zoals de vader zijn verloren zoon tegemoet ging, zo komt hij nu ook naar buiten om zijn oudste zoon te ontmoeten. God vernedert Zichzelf voor elk van Zijn kinderen, om ons allemaal bijeen te brengen in Zijn huis. Maar hoe velen van ons weigeren deel te hebben aan de vreugde van onze Hemelse Vader! In plaats daarvan zeggen wij met grote en gevoelloze hovaardigheid: "Zie, zovele jaren ben ik in Uw dienst, en nooit heb ik uw gebod overtreden, en gij hebt mij nooit een bokje gegeven, om mij met mijn vrienden te verblijden." Dit antwoord toont dat onze relatie met onze Hemelse Vader geen relatie van liefde is, en dat wij ver zijn van de volmaaktheid. Bovendien is ons heil niet zeker, als onze relatie met Christus niet gekenmerkt wordt door nederige liefde. De woorden van de oudste broeder zijn een teken, dat zijn hart niet 'gezouten' is met liefde. Hij gaat voort met nog grotere bitterheid: "Doch toen deze, uw zoon, gekomen is, die uw bestaan met hoeren heeft verslonden, hebt gij voor hem het gemeste kalf geslacht." Welk een wrok koestert hij jegens zijn broeder! Hij beschuldigt hem op grond van zijn zonden, niet in staat de verandering te zien die in zijn ziel heeft plaatsgevonden.

Dan antwoordt de medelijdende vader, in zijn oneindige goedheid: "Mijn kind, gij zijt altijd mét mij, en al het mijne is het uwe." Dit is misschien wel de meest ontroerende zin in de hele gelijkenis. De vader vloeit over van verlangen om zijn zoon te genezen van de jaloezie. Het is alsof hij zegt: "Ik heb u reeds alles gegeven wat ik heb. Waarom afgunstig zijn op uw broeder? Ik vraag u slechts mij lief te hebben als een zoon." Als het hart van de oudste zoon bij zijn vader geweest was, dan zou de vreugde van zijn vader zijn eigen vreugde zijn geweest. De heerlijkheid van zijn broeder zou zijn eigen heerlijkheid zijn geweest, net zoals het licht van een kaars niet vermindert, wanneer andere kaarsen daaraan worden aangestoken. Wanneer wij God tonen dat wij Hem liefhebben als waarachtige zonen, dan zijn wij in staat al het Zijne te ontvangen, Zijn eigen leven en heel de rijkdom van Zijn gaven.

Hoe zachtmoedig zijn de woorden van de Heer! Hoezeer verlangt Hij ons te genezen van kleingeestige jaloezie. Elders in het Evangelie, na de Opstanding des Heren, vraagt Petrus Jezus over Johannes. Petrus had Johannes zien leunen op de borst van de Heer tijdens het Laatste Avondmaal, en dit was hem in gedachten gebleven. Daar hijzelf Christus verloochend had, voelde hij zich beschaamd. Dus vraagt hij de Heer: "Doch wat zal [Johannes] doen?" En de Heer antwoordt: "Indien Ik wil dat Hij blijft totdat Ik kom, wat gaat het u aan? Volg gij Mij."[15] Met andere woorden, het zou ons niet moeten bezighouden hoe God met de ene of andere persoon omgaat. Ons enige doel zou moeten zijn dat *wijzelf* Hem trouw volgen, en dan zullen wij de gezegende woorden horen: "Al het Mijne is het uwe." En waarlijk, wanneer ons hart bij God is, dan ontbreekt ons niets, want al wat Hij geeft aan onze broeders is tevens een gave aan ons.

"Doch men moest zich verblijden en zich verheugen, want deze, uw broeder, was dood en is weder levend geworden, en hij was verloren en is gevonden." Als wij God trouw volgen, dan zal het heil van allen ons enige verlangen zijn, en dan zal ons eigen heil vanzelf volgen, want ons verlangen zal verenigd zijn met Gods verlangen dat alle mensen zouden worden behouden. Ik ken een monnik, die lange tijd bad: "Heer Jezus Christus, behoud de gehele wereld, en behoud ook mij." Met andere woorden, "Heer, ontvang iedereen in het Paradijs, en misschien is er dan ook voor mij nog een kans."

Wanneer wij de Heer volgen, hebben wij maar één zorg: Hem te behagen en Hem te danken in alles wat wij doen. Maar wij moeten eerst een waarachtige relatie opbouwen. Wij moeten de nederigheid van de tollenaar cultiveren en de vastberaden bekering van de verloren zoon. Ieders relatie met God is uniek. God heeft de mens op zodanige wijze geschapen, dat zijn specifieke relatie met zijn Schepper hem zal vervullen en vervolmaken. Hij moet het daarom tot zijn zending en zijn streven maken een sterke relatie op te bouwen met Christus en in voortdurende dialoog te zijn met Hem. Al onze menselijke relaties zullen kracht ontvangen van deze relatie met God, en wij zullen alle dingen – elk element van de geschapen wereld – gaan zien in het licht van deze relatie. En als wij het onze zorg maken onze relatie met Hem te verbeteren, dan zal in ons een diepgaande bekering opwellen. En hoe meer wij groeien in Christus, des te hel-

---

[15] Joh.21:20-22.

derder zullen wij onze armoede beseffen, en onze inspiratie zal te allen tijde worden hernieuwd. Wij zullen niets vrezen, want niets zal in staat zijn ons te scheiden van Zijn liefde.

In de toekomende wereld, zullen wij de relatie met onze Heiland, die wij in dit leven hebben opgebouwd, voortzetten. Wij zullen geoordeeld worden overeenkomstig onze liefde, overeenkomstig elk woord van Christus dat vervat ligt in het Evangelie. Net zoals Hij na Zijn Opstanding vroeg aan Petrus: "Hebt gij Mij lief?", zo zal Hij in de komende wereld aan elk van ons dezelfde vraag stellen: "En gij, hebt gij Mij lief?" En ook wij zullen antwoorden: "Ja Heer, Gij weet dat ik U liefheb."[16] Maar de kracht en de vrijmoedigheid van ons antwoord zal volledig afhangen van de diepte van onze relatie met de Persoon van Christus. De houding die wij aannemen in dit leven zal ook voorbij het graf worden voortgezet. Dit blijkt duidelijk uit het Evangelie-verhaal aangaande het oordeel over de rechtvaardigen, die de nederige gedachte uiten die hun bekering heeft gevoed: "Heer, wanneer hebben wij op aarde iets goeds gedaan? Aan U zij de heerlijkheid, aan ons de schande."[17] Wij moeten de nederigheid van deze houding nu leren, en dan zal het ons mogelijk zijn voor eeuwig te leven met de Heer. Hovaardigheid en zelfrechtvaardiging hebben geen plaats in Hem, maar ook deze kunnen ons ook vergezellen tot in de eeuwigheid en leiden tot een eeuwig gescheiden zijn van Hem.

Voor ons is het paradijs Christus Zelf. De heilige Silouan zegt: "Indien alle mensen zich zouden bekeren en Gods geboden zouden bewaren, dan zou het paradijs op aarde zijn, want 'het Koninkrijk Gods is binnenin [ons]'. Het Koninkrijk Gods is de Heilige Geest, en de Heilige Geest is dezelfde in de hemel en op de aarde."[18] Het paradijs begint op aarde door de liefde voor God en de liefde voor onze broeders. Hierin ligt heel de rijkdom van het eeuwige leven, want de mens is geschapen om eeuwige heerlijkheid op te dragen aan God. En het is Zijn welbehagen om deze heerlijkheid terug te geven aan Zijn beeld, de mens, die dan nog grotere heerlijkheid teruggeeft aan zijn Schepper. En zo treden wij binnen in deze nimmer eindigende cyclus van verheerlijking en liefde – en deze 'goddelijke

---

[16] Zie Joh.21:16-17.
[17] Zie Mt.25:27-39.
[18] "Saint Silouan", GK p.441, EN p.348, NL p.370 (zie Lk.17:21).

toename' is de waarachtige vervulling van de mens. Zijn roeping is om te worden naar de gelijkenis van God Zelf.

9

Een uitnodiging
de dood te overwinnen

a) De barmhartige tuchtiging des Heren

Tijdens het eerste stadium van het geestelijk leven, dat zo schoon en inspirerend is, zijn de hemelen geopend en de eeuwige God gaat een verbond aan met de mens, die Hij gemaakt heeft uit het stof der aarde. God heeft dit stof geëerd met Zijn eigen adem; de mens is begiftigd met een grote diepte van gevoel en verhevenheid van gedachte, want hij is geschapen met een edel intellect. Het eerste stadium is zulk een krachtig teken van de hemel, dat sommigen de wereld verlaten om het monastieke leven te omhelzen. De wereld kan ons bij de neus grijpen en ons omlaag trekken in de hartstochten, en wij weten hoe moeilijk het kan zijn ze te weerstaan. Als het eerste bezoek iemand ertoe inspireert monnik te worden, dan is minstens de helft van de overwinning op de wereld behaald simpelweg door deze achter te laten.

Dit is slechts de eerste helft van de overwinning. De heilige Paulus beschrijft dit als de kruisiging van de wereld.[1] Maar er ligt nog een titanische strijd voor ons, de tweede helft, waardoor de wereld in ons binnenste ontworteld wordt, en wij "gekruisigd worden voor de wereld". Bij het beschouwen van het eerste stadium van het geestelijk leven, hebben wij onze blik gericht op de enorme liefde van God, en Zijn genadevolle bezoek aan de mens. Nu zullen wij het tweede stadium bezien, waarin het aan de mens is te tonen dat hij God toebehoort.

Dit stadium wordt gekarakteriseerd door het terugtrekken van de genade. Het is uiterst belangrijk voor ons te weten wat de achtergrond van dit verschijnsel is, zodat wij ons bewust zijn van het potentieel dat dit bevat om de gaven Gods aan te trekken. Zoals oudvader Sophrony volhield, als wij deze kennis eenmaal verworven hebben, dan wordt de tijd van de tuchtiging des Heren oneindig

---

[1] Gal.6:14.

creatief, en dit kan tot fundament worden voor ons heil.[2] Doch om Zijn genade niet tevergeefs te ontvangen, moeten wij de wegen bestuderen waardoor de genade komt, en de redenen voor het terugtrekken daarvan. Deze wetenschap leert de mens om de genade in zijn hart te verzamelen zodat hij deze vervolgens ook kan bewaren. Tenzij de genade wordt opgehoopt, zal de morgenster niet opgaan in onze harten[3] en zullen wij ons ware werk niet kunnen doen voordat de avond valt – anders dan de waarachtige mens die, zoals de Psalmdichter zegt, uitgaat "tot zijn [ware] werk... tot aan de avond".[4]

Deze verheven wetenschap, hoe de genade te bewaren, inspireert de mens ertoe wegen en middelen te beramen om zijn gedachten te vernederen voor Gods aanschijn, zodat hij rechtop kan staan in Diens aanwezigheid en door Hem kan worden verhoord. Wanneer de Apostel spreekt over "alles verricht hebben om staande te blijven", dan bedoelt hij: "op slimme wijze alle wegen beraamd te hebben om staande te blijven in de genade waardoor wij geroepen zijn" – zoals geïmpliceerd wordt door de Griekse uitdrukking.[5] De mens leert intuïtief en inventief te zijn terwijl hij de oordelen van God onderzoekt en Diens woord begint te verstaan. Hij poogt op nederige wijze met Hem in gesprek te zijn om door Hem te worden begenadigd; hij streeft ernaar dichter tot Hem te naderen, en vertrouwd te raken met Zijn Geest. Hij leert Gods oordelen kennen, die nederig zijn en diep; ook vindt hij de moed in zichzelf te kijken. Hij doorgrondt de oneindige diepte van Gods goedheid, en hij wordt zich scherp bewust van de diepte van het verderf en het bedrog die verborgen liggen in zijn hart. Het bewustzijn van zijn geestelijke armoede voor het aanschijn van deze grote God der liefde verwekt in hem een pijnlijke spanning; dan zal hij alle mogelijke daden verrichten om de genade weer aan te trekken tot zijn hart, opdat de aanvankelijke genade, waarmee God hem begiftigd had, in hem moge worden hersteld.

Oudvader Sophrony was gewoon te zeggen, dat net zoals er een genade bestaat van de gedachtenis aan de dood, er ook een

---

[2] "On Prayer", GK p.74-75, EN p.51.
[3] Cf. 2Petr.1:19.
[4] Cf. LXX Ps.103(104):23. Zie ook H.Gregorius Palamas, "The Homilies", Hom.42, p.333.
[5] Ef.6:13. Het Grieks luidt: «ἄπαντα κατεργασάμενοι στῆναι» (*hápanta katergasámenoi stênai*).

genade bestaat van het terugtrekken van de genade.[6] Zoals de gedachtenis aan de dood een Evangelie is van het leven, omdat het
de mens confronteert met de eeuwigheid in negatieve zin, op dezelfde
wijze kan het verlies van de genade een grote bron van inspiratie voor
ons zijn, vooropgesteld dat wij daarop antwoorden zoals onze Vaders
in God ons hebben getoond. Dit zou ons ervan moeten weerhouden
de moed te verliezen, of toe te geven aan de moedeloosheid, vanwege
de dorheid die het tweede stadium vergezelt. Wij moeten tegen alle
prijs de verschrikkelijke verzoeking vermijden het zachte juk en de
lichte last van de Heer te verzaken.[7] Vader Sophrony wist zeer goed
hoe nuttig het is een juiste kennis te verwerven van het tweede stadium, en daardoor elke onnodige val af te wenden. Dit thema lag
hem bijzonder na aan het hart, en telkens weer herhaalde hij zijn
vele overdenkingen hieromtrent.

Toen ik eind zestiger jaren in Frankrijk verbleef, was het meer
en meer gebruikelijk geworden voor monniken in het Westen om hun
kloosters te verlaten en terug te gaan naar de wereld. Dit gebeurde
gewoonlijk wanneer zij zich in dit pijnlijke tweede stadium
bevonden, zonder enige kennis hoe zij dit zouden moeten leven.
Hadden zij het belang gekend van een betrouwbare geestelijke leidsman, die deze negatieve ervaring kan laten zien in termen van het
goddelijke doel ervan – als een bron van inspiratie – dan zouden zij
niet gewanhoopt hebben. Veel mensen kwamen om vader Sophrony te
zien over een dergelijk soort probleem, en hij opende hun ogen
zodat zij alles in een ander licht zagen. Velen zouden later zelf een
bron van inspiratie worden voor anderen. Wanneer mensen in de
wereld de genade ervaren van de gedachtenis aan de dood, dan
hebben zij niemand om dit voor hen op te helderen vanuit een geestelijk perspectief. Wanneer de zogenaamde psychologen de zaak in
handen nemen, dan zijn zij niet in staat te helpen. Jammer genoeg
is dit de gebruikelijke tragedie die zich in de wereld afspeelt. De
ervaring van de eeuwige waarheid die binnendringt in ons leven
zou een tijd moeten zijn van geïnspireerde creativiteit; maar wij
moeten weten hoe dit te benutten.

---

[6] Zie "On Prayer", GK p.114-115, EN p.75.
[7] Cf. Mt.11:30.

In de "Evergetinos", een verzameling uitspraken en verhalen van de Woestijnvaders, las ik dat God drie dingen bijzonder waardeert: het eerste is de dankzegging in ziekte en verdrukking; ten tweede, de monastieke gehoorzaamheid; en ten derde, het werk Gods in reinheid te verrichten.[8] Wat het eerste punt betreft, God te danken in beproevingen: In 1969 had ik een gelegenheid dit uit te testen, toen ik acht dagen in het ziekenhuis moest verblijven voor een operatie. Ik besloot, dat ik telkens wanneer ik wilde bidden alleen het volgende gebed zou bidden: "Ere zij U, o God, ik dank U voor alle dingen". Ik bad dus voortdurend op deze wijze totdat de verdoving begon te werken, en toen ik daaruit ontwaakte ging ik voort met hetzelfde gebed gedurende de dagen die volgden. Het was zo prachtig, dat ik aan het eind van de week het ziekenhuis niet meer wilde verlaten. Ik ontving groot profijt van deze ervaring.

De Brief aan de Filippensen zegt dat Christus, de waarachtige Zoon van God, mede-eeuwig en éénwezenlijk met de Vader, "zijnde in de gedaante van God, het geen buit heeft geacht God gelijk te zijn; maar.. Zichzelf heeft ontledigd, toen Hij aannam de gedaante van een dienstknecht... En in gestalte bevonden als mens, heeft Hij Zichzelf vernederd, door gehoorzaam te worden tot de dood, ja, de dood des kruises."[9] Hij was bereid te lijden aan het Kruis omwille van ons heil, in gehoorzaamheid aan de vóóreeuwige Raad van de Vader, de Zoon en de Heilige Geest. Door de 'kenosis' en de vernedering van de kruisiging betoonde Hij Zich een waarachtige Zoon, éénwezenlijk met de Vader, en volmaakt gehoorzaam aan de wil van de Vader. En God de Vader heeft Hem verheven, en Hem begenadigd met een Naam boven elke andere naam, "opdat in de Naam van Jezus alle knie zou buigen, van hen in de hemel, en van hen op de aarde, en van hen onder de aarde; en opdat alle tong zou belijden, dat Heer is: Jezus Christus – tot heerlijkheid van God de Vader."[10]

---

[8] "The Evergetinos", Book I, Vol.II, (Hypothesis XIX, G.1), p.114.

[9] Fil.2:6-9. [Het woordje 'buit' gaat hier terug op het Griekse *harpagmós* (ἁρπαγμός), het resultaat van roof of plundering; doch dit impliceert ook het *vastgrijpen* of *vasthouden* aan die buit (EN: *'a thing to be grasped'*), en aldus staat dit rechtstreeks tegenover de Zichzelf *gevende* houding van Christus' zelf-ontlediging, de zgn. *'kenosis'. Noot vert.*]

[10] Fil.2:10-11.

Het algemene doel van het tweede stadium van het geestelijk leven is, dat wij onszelf waarachtige kinderen betonen van onze Hemelse Vader. Oudvader Sophrony gaf aan, dat er niets echts kan zijn in de mens die niet door God is onderricht, en die het terugtrekken van Zijn genade niet heeft ervaren. Zonder deze ervaring is hij onvolledig, en door een dergelijke onvolledigheid in zijn ervaring blijft hij buiten de kring der gelovigen. Op één of andere manier moeten wij het lijden van deze fase ondergaan, maar er zijn twee manieren om dit te doen. De ene is de wettige en derhalve de goddelijke weg; de andere is de weg van moedeloosheid, nalatigheid, eigenwil en hoogmoed.

Wanneer de genade zich terugtrekt, dan komt er een moment waarop de mens de pijn niet langer kan verdragen. Zijn geestelijke armoede overtuigt hem ervan dat buiten de levende God alles zonder zin en betekenis is, omdat het overschaduwd wordt door de dood. Volgens vader Sophrony kan de mens, wanneer hij een uitweg zoekt uit deze wanhopige situatie, op een van de volgende twee manieren reageren. De eerste is God de schuld te geven, toe te geven aan een geest van rebellie.[11] De heilige Silouan werd door juist deze geest verzocht toen hij zeide: "God is onverbiddelijk."[12] En wij weten wat erop volgde: Hij werd in de duisternis geworpen, en hij verbleef een heel uur lang in die dodelijke afgrond. Wie is de mens, dat hij zo tot God zou spreken? Het is een zeer gevaarlijk iets om te doen. Doch de heilige Silouan vond de kracht om de Naam des Heren aan te roepen, tijdens de Vespers later die avond, en hij werd verlost; de afgrond der wanhoop veranderde in een schouwen van de ondoorgrondelijke heerlijkheid van Christus Zelf.

In onze pogingen aan de pijn te ontsnappen, zouden wij ook kunnen verkiezen op onze lauweren te rusten, de dingen gemakkelijk te nemen, en te verzinken in een nalatige wijze van leven waarin de verzoekingen ons gemakkelijk kunnen beheersen, en waardoor het hart zo hard wordt als steen. Er is een verhaal van een grote oudvader die tot zijn discipel zeide: "Hoe ziet gij mij?" "Als een engel van God," antwoordde de discipel, die vervuld was van de eerste genade. Een jaar later vroeg de oudvader hem: "Hoe ziet gij mij nu?" "Als

---

[11] Cf. "Saint Silouan", GK p.257, EN p.193-194, NL p.213.
[12] Cf. ibid., GK p.30, EN p.25, NL p.36.

een gewoon mens," antwoordde de discipel. Omdat hij de eerste genade verloren had, en zelf als een gewoon mens geworden was, zo was nu ook zijn Starets in zijn ogen een gewoon man. Toen hem een jaar later wederom dezelfde vraag werd gesteld, was zijn antwoord: "Ik zie u als een demon." Zijn eigen staat was demonisch geworden, en hierdoor zag hij zelfs zijn oudvader als een demon.

De wijze weg uit de woestenij van onze verlatenheid is te reageren zoals Abraham: op God te hopen, waar menselijkerwijs geen hoop bestaat, en onszelf te vernederen onder Zijn machtige hand. Zoals de heilige Paulus zegt, moeten wij ons vertrouwen stellen op God, Die in staat is zelfs de doden op te wekken,[13] totdat Hij ook ons verheft op Zijn eigen bestemde tijd.[14]

Voor Gods aanschijn zijn wij allemaal van gelijke waarde; aan ons allen zijn dezelfde geboden gegeven en dezelfde roeping. God heeft iedereen gelijkelijk geëerd, maar onze eigen instelling draagt eraan bij hoeveel wij in feite waard zijn. De mens is geroepen de gave van het leven terug te winnen door een offer te brengen – het offer van zijn eigen verdorven wil, door de gehoorzaamheid. Er waren ogenblikken in het leven met vader Sophrony dat ik een glimp opving van de waarachtige monastieke gehoorzaamheid, en ik dank God dat ik in staat was de waarheid daarvan te verifiëren. Ik geef niet langer om de idee van de opofferende gehoorzaamheid – zoals vader Sophrony zegt, wordt deze geacht een soort kunstmatige beperking te stellen aan Gods vrijheid in relatie tot de mens. Zulke 'gehoorzaamheid' zegt: "Ik heb mijn offer gebracht, dus is God verplicht mij Zijn genade te schenken."

Bij het lezen van één van vader Sophrony's brieven,[15] die hij veel eerder schreef dan zijn boeken – hij was toen slechts vijfendertig jaar oud – bemerkte ik een volstrekt verschillende stijl van uitdrukken, ergens nog verhevener dan de stijl van zijn latere geschriften. In één prachtige brief legt hij uit hoe de gehoorzaamheid veel groter is dan het offer. Het is een voorrecht, een gelegenheid voor de mens om

---

[13] Cf. 2Kor.1:9.
[14] Zie 1Petr.5:6.
[15] Ik doel hier op zijn uitgebreide correspondentie met David Balfour. (Oorspronkelijke uitgave in het Russisch, inmiddels vertaald in het Grieks, Roemeens en Servisch.)

zich te bevrijden van elke zorg en gehechtheid, en – wanneer zijn intellect gereinigd is – het reine gebed te verwerven. Daardoor heft hij zijn leven op tot het niveau van de wil van God, en zo wordt hij deelgenoot aan Diens leven, want, zoals de Psalmdichter zegt, in Zijn wil is leven.[16] Op het eerste gezicht lijkt er misschien niet zoveel verschil tussen deze beide wijzen van denken, maar in werkelijkheid is dat er wel. Het waarachtige 'offer' dat de mens opdraagt – en de heilige Paulus gebruikt terecht het woord *thusia* (θυσία)[17] – is zijn bereidheid Gods voorzienigheid en wijsheid te aanvaarden, ongeacht hoe krankzinnig of dwaas dit ook moge lijken in de menselijke psychologie. De heilige Paulus leert ons inderdaad dat wij eerst dwaas of zot moeten worden voor de Heer, om wijs te kunnen worden.[18]

Wij hebben gezien dat de genade die wij in het begin ontvangen geen permanente of stabiele staat is. Het is "onrechtvaardig ontvangen rijkdom" of "de onrechtvaardige mammon", zoals vader Sophrony dit noemt, en tenzij wij dit rechtvaardigen door een vrijwillige ascetische strijd, kan dit niet ons eigen eeuwig en onvervreemdbaar bezit worden.[19] Laten wij, met dit gegeven in gedachten, één van vader Sophrony's originele interpretaties van de Schriften bezien, in dit geval, de verzen in het Lukas-evangelie, waar de Heer zegt: "Zo gij dan in de onrechtvaardige Mammon niet getrouw zijt geweest, wie zal u het ware toevertrouwen? En als gij in andermans goed [*of:* in dat van een vreemde] niet getrouw zijt geweest, wie zal u het uwe geven?"[20] De eerste genade is een talent dat ons 'te leen' is gegeven, een kapitaalsom waaraan wij niets hebben bijgedragen, die wij niet hebben verdiend door onze eigen arbeid. Het is de schat "van een vreemde", een onverdiend geschenk, waarmee wij begiftigd zijn door Gods eigen welbehagen. Als wij onszelf niet trouw betonen aan deze genade, hoe kunnen wij dan van God verwachten

---

[16] Cf. LXX Ps.29:6 (30:5/6).

[17] Rom.12:1. [In Bijbelse context betreft het Griekse woord *thusia* (θυσία) in specifieke zin het brengen van een slachtoffer. *Noot vert.*]

[18] Cf. 1Kor.3:18.

[19] Zie "We Shall See Him", GK p.80, 133-134, 315-316, 343-344, EN p.52, 85, 206, 218.

[20] Lk.16:11-12. Zie ook "On Prayer", GK p.106, EN p.69. [Het Griekse woord dat hier veelal vertaald wordt met "andermans (goed)" omvat tevens de betekenis "van een vreemde". Hieraan refereert hiervolgende uitleg. *Noot vert.*]

dat Hij ons dit zal toevertrouwen door het ons eigendom te maken? Wij moeten eerst trouw zijn in dat wat niet van ons is, zodat het in een later stadium het onze mag worden.

In zijn Brief aan de Hebreeën zegt de heilige Paulus, "Gij hebt nog niet tot bloedens toe weerstand geboden, strijdende tegen de zonde."[21] In het tweede stadium, dat echt een strijd is om de genade te doen herleven die God ons in het eerste stadium had geschonken, zijn wij geroepen onze deelname aan deze onrechtvaardige rijkdommen te rechtvaardigen door moedig te strijden "tot bloedens toe". God Zelf sterkt en leidt ons in de strijd, die werkelijk een tijd is van goddelijk onderricht. Maar wij moeten onze harten openen voor Zijn onderricht, anders zullen wij nimmer waarachtige kinderen worden van onze Vader. En als wij onecht zijn jegens Hem, zullen wij ook voor onszelf onecht zijn.

Er ligt een oneindige afgrond tussen de ongeschapen en de geschapen wereld, tussen de eeuwige en de tijdelijke, tussen de onzichtbare en de zichtbare. Adam werd geschapen uit het niets, en de allereerste genade werd hem vrijelijk geschonken in het paradijs. En omdat hij niets had gedaan om deze te verdienen en niets om dit geschenk te rechtvaardigen, duurde het niet lang voor hij uit het paradijs verdreven werd. Op zijn eenvoudige manier van spreken laat Abba Dorothéüs God zeggen: "De mens gaat verloren. Indien hij geen slechte dagen ziet, zal hij nimmer tot bezinning komen, maar gaat hij de vernietiging tegemoet."[22] Dus, omdat God niet wilde dat de mens in zijn ondeugden onsterfelijk zou worden, verdreef Hij Adam uit het paradijs. En zo bitter beweeklaagde Adam zijn lot, dat hij God ertoe noodzaakte persoonlijk op aarde te komen, opdat de mens opnieuw het paradijs zou smaken, ditmaal op meer stabiele wijze.

God heeft een nieuw paradijs geplant in het hart van de mens, door Zijn Vleeswording en Zijn Opstanding. Toen de eerste genade ons in staat stelde ons hart te betreden, hebben wij dit nieuwe paradijs gesmaakt, en God zou niet willen dat wij dit verliezen. Maar in zijn zwakheid moet de mens het wel verliezen, en dan trekt God Zijn genade terug, opdat wij deze mogen herwinnen. Hierin ligt een grote

---

[21] Hebr.12:4.
[22] Cf. Abba Dorothéüs, "Practical Teaching on the Christian Life", p.74.

gave: Zozeer heeft God de mens lief en respecteert Hij hem, dat hij niet kan verdragen dat de mens volstrekt verloren zou gaan. Anders dan de tweede periode, is de eerste periode geen bewijs van onze liefde voor God, noch van onze zelfbepaling op enige definitieve wijze. Toen de engelen vielen was dit onherroepelijk; zij keerden zich tegen God terwijl zij een staat van eeuwige zaligheid genoten. Hun val was absoluut, omdat zij tot dan toe een eeuwige volmaaktheid hadden genoten van liefde en leven. Maar voor hen is er geen bekering, geen kans om God hun verlangen te tonen tot Hem terug te keren. Hun val vond plaats in de eeuwigheid, en daarom is ook hun verwoesting eeuwig en onherroepelijk. Maar de mens viel in de tijd, en God heeft voor hem een weg terug voorzien door middel van de tijd, een weg van berouwvolle bekering – en deze weg wordt geopend door het terugtrekken van de genade.

Zoals de Israëlieten nimmer de overvloedige barmhartigheid van God zouden vergeten, nadat Hij hen had uitgeleid uit Egypte, tijdens hun 'Pascha', zo kunnen ook de gelovigen die de eerste genade hebben gekend, en een verbond zijn aangegaan met de Heer, dit niet vergeten. Zelfs wanneer de genade wordt teruggetrokken, blijft de herinnering daaraan in de persoon bestaan als een "brandende vlam", zoals vader Sophrony het uitdrukt.[23] Bijgevolg ervaart de mens in zichzelf een ontologisch vacuum wanneer hij de inhoud van zijn geestelijk 'zijn' verliest, omdat hij de immer-aanwezige herinnering van zijn eerste liefde niet kan uitwissen. Dit verlies wordt ervaren als een geestelijke dood, en hij wordt door twijfel verteerd: "Zal de Hemelse Bezoeker ooit terugkeren?"[24] In krachtige, levendige woorden beschrijft vader Sophrony de staat van de persoon die de genade verloren heeft en smacht naar de terugkeer daarvan.[25]

Abba Ammonas verwijst naar de opgang van de profeet tot in de hemel der hemelen, die in ieder stadium van zijn opgang het licht van de voorgaande hemel als duisternis ziet in vergelijking met het licht van de volgende.[26] Vader Sophrony's beschrijving

---

[23] "We Shall See Him", GK p.316, EN p.206; "On Prayer", GK p.69, EN p.47.

[24] "On Prayer", GK p.21, EN p.13.

[25] "We Shall See Him", GK p.80-81, 202, 212-213, EN p.52, 128, 135.

[26] Cf. "The Letters van Ammonas", p.13-14. [Griekse teksten noemen hier de profeet Elia; hedendaags onderzoek ziet eerder een verband met de profeet Jesaja

van het verlies van de genade drukt hetzelfde verschijnsel uit in tegenovergestelde richting: Wanneer de mens wegvalt uit de hemel der genade, dan ziet hij de voortschrijdende grofheid van zijn aardse staat, en niets in deze wereld kan de volmaaktheid van die eerste genade vervangen. De woorden van de heilige Silouan in de Weeklacht van Adam drukken dit zeer levendig uit:[27]

> Adam weeklaagt:
> "De stilte der woestijn is mij niet lieflijk,
> de hoge bergen trekken mij niet,
> de schoonheid van bossen en weiden geeft mij geen rust,
> het gezang van de vogels verzacht niet mijn pijn.
> Niets, niets schenkt mij nu vreugde.
> Mijn ziel wordt verscheurd door een groot leed:
> "Ik heb mijn geliefde God gegriefd."
> En als de Heer mij wederom in het paradijs zou opnemen,
> dan zou ik ook daar weer pijnlijk weeklagen:
> "Waarom heb ik mijn geliefde God verbitterd?"

Elders schrijft de heilige Silouan:[28]

> Vanaf mijn kinderjaren heb ik de wereld en haar schoonheid liefgehad. Ik hield van de bossen en de groene tuinen en de velden; ik hield ervan naar de lichtende wolken te kijken, hoe zij voortdrijven in de blauwe lucht, en naar heel deze luisterrijke geschapen wereld van God. Maar sinds ik mijn Heer heb leren kennen, heeft Hij mijn ziel als krijgsgevangen gemaakt; alles is in mij veranderd, en ik verlang niet meer om deze wereld te zien, maar mijn ziel wordt voortdurend aangetrokken tot die wereld, waar de Heer is. Zoals een vogel in een kooi, zo kwijnt mijn ziel op de aarde. Zoals een vogel vol verlangen en zielepijn is om weg te vliegen uit de nauwe kooi het groene bos in, alzo verlangt mijn ziel wederom de Heer te zien, want Hij heeft mijn ziel aangetrokken, en Hem zoekt zij...

Dus hoe intenser wij de genade smaken van de eenheid met God, des te groter is het lijden als wij van Hem gescheiden zijn. Wanneer

---

(zie inleiding in de Engelse uitgave verzorgd door Dr. Sebastian Brock). *Noot vert.*]
[27] "Saint Silouan", GK p.561, EN p.450, NL p.473.
[28] Ibid., GK p.369, EN p.286-287, NL p.308.

de mens de genade Gods gekend heeft, wordt hij wijs; hij kan niet langer meer verzadigd worden door welke aardse zaken dan ook – carrière, rijkdom of roem.[29] Het eeuwige leven is nu de absolute voorwaarde geworden voor de vervulling van zijn tijdelijke leven.[30] Zijn geestelijke ogen zijn nu geopend, en naar het woord van de heilige Paulus geeft de geestelijke mens de voorkeur aan eeuwige dingen die niet zichtbaar zijn, boven de zichtbare, aardse dingen.[31]

In tijden van geestelijke dorheid dienen wij kracht en inspiratie te putten uit onze ervaringen van de genade. Wij moeten de lessen in ons geheugen griffen, die wij geleerd hebben toen de genade merkbaar in ons aanwezig was. Net zoals de vroege Christenen van de Kerk te Efeze door de engel werden vermaand hun eerste liefde te gedenken en hun eerste werken, zo moeten ook wij de schoonheid van onze eerste liefde gedenken, de nabijheid van God en hoe hij onze ziel levend maakte. Toen God de Joden bevrijdde uit het diensthuis van Egypte, gingen zij met groot enthousiasme door de Rode Zee. Zij waren "als degenen die dromen".[32] Diegenen die de eropvolgende moeitevolle veertig jaren in de Sinai-woestijn overleefden, deden dit door de grote werken te gedenken, die God voor hen bewerkt had door de voorspraak van zijn dienaar Mozes. Hoe konden zij zulke onschatbare, openbarende lessen vergeten? Alleen al de gedachte daaraan was voldoende om hen te steunen gedurende veertig jaar van beproeving in de woestijn.

Toen Paulus, de grote apostel voor de natiën, voor koning Agrippa werd geleid te Caesarea in Palestina, zeide hij tot hem: "O Koning, ik lijd vervolging door de handen van mijn landgenoten, omdat ik niet ontrouw kan zijn aan het Licht des hemels dat ik gezien heb op mijn weg naar Damascus."[33] De apostel Paulus hield de herinnering levend aan zijn eerste ontmoeting met de Heer, en zo bleef hij Hem

---

[29] Zie "We Shall See Him", GK p.121, EN p.79.
[30] Zie ibid., GK p.17, 24-25, 95-96, 203, EN p.11, 16, 61, 128.
[31] Cf. 2Kor.4:18.
[32] LXX Ps.125(126):1. [De uitdrukking van de auteur volgt hier de Hebreeuwse tekst. De Griekse uitdrukking spreekt over hen die 'getroost zijn' – nl. door de genade van de Heilige Geest, de Trooster. Vgl. hfst.2, noot 21. *Noot vert.*]
[33] Cf. Hand.26:19.

trouw door alle lijden en vervolging heen. Zodanig was de kracht die hij putte uit de herinnering aan deze grote gebeurtenis.

De heilige Silouan, die vele malen door de genade bezocht was, zou zich altijd het schouwen van de Heer herinneren, in het kerkje bij de molen, als het meest beslissende ogenblik van zijn leven. Hij roept uit: "Als de Heer mij niet vanaf het begin gegeven had Zijn onmetelijke liefde voor de mens te kennen, dan zou ik niet één van die nachten hebben kunnen verduren; nochtans heb ik menige nacht doorstaan."[34] Alle heiligen tonen ons op één of andere manier hoe belangrijk het is de lessen indachtig te zijn die de genade ons geleerd heeft. De apostel Judas schreef in zijn zeer korte brief: "Geliefden, gedenkt de woorden die tevoren gezegd zijn door de apostelen van onze Heer Jezus Christus."[35]

Zelfs terwijl wij door de woestijn van geestelijke dorheid trekken, worden wij onderricht door korte bezoeken van de genade, die van tijd tot tijd onze geest komen sterken, vooral wanneer wij hebben moeten worstelen tegen een verzoeking. Een grote vrede komt en heerst in ons, en wij leren de onvergetelijke les van Gods barmhartigheid en macht, en wij verwerven een nieuw begrip. Wij zullen misschien vele malen vallen en gewond raken, maar door onze strijd dit alles te overwinnen worden wij onwankelbaar sterk, in de wetenschap dat zelfs in de hel de machtige hand van God ons komt verlossen. Dus wij moeten elke verschijning van de genade gedenken, van onze eerste liefde tot onze meest recente ervaring van Gods macht. Zoals de Brief aan de Hebreeën zegt: "Weest indachtig de eerste dagen, waarin gij, nadat gij verlicht werd, een grote strijd van menigvuldig lijden hebt verduurd."[36]

Een andere manier om onze inspiratie te hernieuwen is ons de levenschenkende woorden in herinnering te brengen van onze Vaders in God. Wanneer vader Sophrony aan tafel de lezingen onderbrak om daar een commentaar aan toe te voegen, dan waren wij niet in staat te eten van het voedsel dat vóór ons lag, zo zoet waren zijn woorden. In onze harten weerklonken de woorden: "Van brood alleen zal de mens niet leven, maar van alle woord dat uitgaat uit de mond van

---

[34] "Saint Silouan", GK p.50, EN p.41-42, NL p.53.
[35] Jud.17.
[36] Hebr.10:32.

God."[37] Ieder persoonlijk contact met hem was een bron van genade en nieuwe horizonnen openden zich. Ons zulke ervaringen in herinnering te brengen is een grote hulp in tijden van nood – zoals de Psalmdichter zegt: "Grijpt de tucht des Heren aan," opdat gij de lessen daarvan bij de hand moogt hebben in de tijd van beproeving.[38] Aan het begin van het monastieke leven bijvoorbeeld, is de novice bereid ieder offer en alle ontbering te aanvaarden, omdat hij verlicht wordt door de genade. Maar wanneer er verzoekingen verschijnen en hij zelfzuchtig wordt, geniet van zijn slaap of de voorkeur geeft aan bepaald voedsel – wat ondenkbaar was toen de genade in hem werkzaam was – dan moet hij zich de tijd van Gods welbehagen in herinnering brengen, en vastberaden weigeren dit te verraden.

Alleen God weet, voor elke persoon, hoelang deze tijd van verlatenheid zal aanhouden, want Hij is degene die "geeft en wegneemt".[39] Voor sommigen kan dit decennia duren. Anderen, die de genade hebben gesmaakt en vervolgens hebben verloren, ontvangen deze slechts terug vlak voor hun dood, of zelfs op het ogenblik van hun sterven. Anderen zullen misschien sterven in deze staat van verlatenheid – moge God ons daarvoor behoeden. Maar het is nuttig te weten dat dit terugtrekken van de genade noodzakelijk is, opdat wij de kennis verwerven van de mysteriën van de Geest, en om God onze goede intentie te tonen tot onze laatste adem.

Wij zouden vastbesloten moeten zijn de zonde te overwinnen, en niet alleen de zonde maar zelfs de dood zelve, want het verlies van de genade is een beeld van de dood. Adam kende de geestelijke dood voordat zijn fysieke lichaam stierf. Hetzelfde geldt voor de genade; ons wordt een voorsmaak van genade gegeven – onze eerste opstanding – en bij de uiteindelijke Opstanding zullen wij verrijzen met ons geestelijke lichaam.

Terwijl wij in het tweede stadium van ons geestelijk leven de moge-

---

[37] Mt.4:4; Lk.4:4.

[38] Cf. LXX Ps.2:12. De letterlijke tekst luidt: "Grijpt de tucht aan, dat de Heer niet misschien toorne, en gij verloren gaat van de weg der rechtvaardigheid; wanneer spoedig zijn woede ontbrandt, zalig allen die vertrouwen op Hem." In het Grieks: «Δράξασθε παιδείας, μήποτε ὀργισθῇ Κύριος καὶ ἀπολεῖσθε ἐξ ὁδοῦ δικαίας, ὅταν ἐκκαυθῇ ἐν τάχει ὁ θυμὸς αὐτοῦ, μακάριοι πάντες οἱ πεποιθότες ἐπ'αὐτῷ.»

[39] Cf. Job 1:21.

lijkheid onder ogen zien van een eeuwige dood, worden wij ons bewust van de universele sterfelijkheid van de gehele Adam. Maar als wij deze dood vrijwillig aanvaarden en trouw blijven aan hetgeen God ons heeft geopenbaard, dan wordt deze periode als zodanig tot middel om de dood te verslaan. Met andere woorden, als wij vrijwillig sterven ten aanzien van de zonde, dan aanvaarden wij de dood als het terechte loon voor onze zonden, en zo overwinnen wij de onvrijwillige dood die wij hebben geërfd van onze voorvaderen. Vader Sophrony zegt, dat God toestaat dat wij allerlei verdrukking ondergaan om onze ontvankelijkheid voor de Heilige Geest te vergroten, en om ons te herstellen in de gemeenschap met Hem.[40] Het vooruitzicht van de dood drijft de mens tot een volledige bekering, en beetje bij beetje, door de tranen die hij vergiet en het heilzame effect van de genade, wordt zijn natuur gereinigd, hersteld en genezen.[41] Hij vervult de twee grote geboden van liefde in zelfs nog grotere mate, en hij ontvangt de Heilige Geest.

Niettemin is iedere ervaring gedurende deze periode vol pijn. God kan in toenemende mate veraf lijken en zelfs enigszins meedogenloos. Maar er is geen twijfel aan dat alwie dit stadium op wettige wijze doorstaat, zoals de rechtvaardige Job en de heilige Silouan, later de lof ervan zal zingen. Toen Job, nadat hij grote beproevingen had verduurd, plotseling de heerlijkheid Gods zag, riep hij uit: "Wat ik van u hoorde, hoorde ik eerst wel met mijn oren, doch nu heeft mijn oog u gezien. Daarom verfoeide ik mijzelf en smolt weg; mijzelf nu acht ik aarde en as."[42] In zekere zin tonen Job's woorden dat het hem speet niet nog meer te hebben geleden, omdat de heerlijkheid die God hem gaf misschien nog groter had kunnen zijn.

Werkelijk, wij kunnen de menigte aan zegeningen die besloten ligt in deze tijd van tuchtiging nimmer overschatten, en wij hebben dus alle reden om de weg van de volledige bekering te kiezen, om vol te houden in onze pogingen Gods oordelen te verstaan, en om onszelf te onderzoeken in het licht van Zijn geboden. Wij zullen de Schriften onderzoeken, en al de wijsheid die God ons geschonken heeft gebruiken, terwijl wij zoeken naar nieuwe wegen om voor Zijn aanschijn te

---

[40] Zie "On Prayer", GK p.21, 25, 116-117, EN p.13, 15-16, 76-77.
[41] "We Shall See Him", GK p.346-347, EN p.220.
[42] Job 42:5-6 (LXX).

komen met nieuwe gedachten van verbrokenheid, om Hem dichter te kunnen naderen. Bovendien zullen wij de hartstochten en vervormingen ontdekken die diep in ons verborgen liggen. Net zoals wij van tijd tot tijd onze zakken binnenste buiten keren om zo te vinden wat verborgen en vergeten was, zo keert God soms ons hart binnenste buiten om de latente lelijkheid in ons aan het licht te brengen. Er ligt zoveel in onszelf dat wij niet kunnen zien, maar dat tegengesteld is aan Zijn oorspronkelijke bedoeling bij het scheppen van de mens, en dat geen plaats heeft in de uiteindelijke bestemming van de mens – dat is, God lief te hebben en Hem in alles gelijk te zijn. Vader Sophrony stelde ooit voor aan iemand, die het eerste stadium van de genade beleefde, om het volgende gebed te bidden: "Reinig mij van mijn verborgen zonden."[43] Wij hebben waarlijk moed nodig om de verborgen diepten van de zonde in onszelf onder ogen te kunnen zien.

Wanneer God ziet dat wij verlangen te strijden omwille van Zijn Naam, dan wordt Hij strenger voor ons, om de verborgen hartstochten van ons hart des te vollediger te kunnen openbaren – want de mens ziet zijn geestelijke armoede nooit zo helder als wanneer hij onderworpen is aan moeiten en ontbering. Te worden vernederd door lijden helpt ons ook het gevaar te vermijden van nonchalante vrijmoedigheid in de mysteriën van het geestelijk leven, zowel als het gevaar dat wij een misplaatst idee krijgen van de omvang van onze geestelijke ervaring. Het is één ding met ons verstand iets te weten over bepaalde realiteiten, maar het is iets heel anders deze te hebben doorleefd. In het boek "De Heilige Silouan de Athoniet" lezen wij over een monnik die meende dat hij beslist zou worden behouden, enkel omdat hij vele buigingen maakte.[44] Maar op zijn sterfbed opende God zijn ogen, en hij besefte dat hij misleid was in zijn ijver, en in wanhoop scheurde hij zijn klederen. Hem werd pas op het ogenblik van zijn dood de kennis der genade gegeven, en dan alleen omdat God medelijden met hem had, en hem bewust maakte van zijn tekortkomingen. Had de genade hem niet op het laatste moment verlicht, dan was hij nimmer in staat geweest te zien waar het hem aan ontbrak, welke genade hij zichzelf ontzegd had, en hij zou gestorven zijn in de hoogmoed van zijn zelfgenoegzaamheid.

---

[43] Cf. LXX Ps.18:13 (19:12/13).
[44] Zie "Saint Silouan", GK p.550, EN p.440, NL p.463.

Een onfeilbaar teken dat de mens op wettige wijze door de tweede periode gaat, is dat zijn verlangen naar God van de juiste aard is. Als ons verlangen naar God niet voortdurend in ons binnenste knaagt, als een kleine 'worm' die ons geen rust geeft, dan voeren wij onze strijd in deze tweede periode geenszins op de juiste wijze; dan bevinden wij ons veeleer in een staat van geestelijke moedeloosheid. Want net zoals er een worm van de hel bestaat, die de ziel voor eeuwig verslindt,[45] zo bestaat er ook een 'worm' van God, die de geest van de mens verteert met nimmer aflatende inspiratie. En als wij, als door een worm, worden verteerd door een nimmer eindigend verlangen naar God, zelfs wanneer wij niet de vertroosting van de genade bezitten, dan leven wij zoals het behoort.

De Heer Zelf is de bron van goddelijke ijver. Zoals Hijzelf zeide: "Ik heb een doop om mee gedoopt te worden, en hoe beklemt het Mij, totdat het volbracht is."[46] Hier verweest de Heer naar Zijn lijden aan het Kruis als naar een doop, waar Hij vurig naar verlangde, omdat niets anders dan Zijn Lijden het heil der wereld kon bewerken. De Heer zeide ook: "Ik ben gekomen om vuur te werpen op de aarde, en wat wil Ik, als het reeds ontstoken is?"[47] Vader Sophrony beschouwde deze 'aarde' als de aarde van het hart van de mens, die de Heer verlangt te ontsteken met het geestelijk vuur van de goddelijke ijver.[48]

Volgens vader Sophrony wordt de goddelijke ijver gesteund en gesterkt door twee dingen: de goedheid van de Hemelse Vader, en de herinnering aan de lessen die wij hebben geleerd toen de eerste genade mét ons was. De Heer zeide tot de apostel Thomas: "Omdat gij Mij gezien hebt, Thomas, hebt gij geloofd? Zalig zij die zonder gezien te hebben, toch geloofden."[49] Oudvader Sophrony zegt, dat wanneer de genade in ons is, dit is als zien wij de Heer. Wij zijn blij Hem te volgen en wij doen al Zijn werken, omdat Hij deze in werkelijkheid Zelf in ons doet.[50] Maar als Hij Zich terugtrekt en wij gaan voort op dezelfde wijze als tevoren, dan zijn wij nog

---

[45] Zie Mk.9:48.
[46] Lk.12:50.
[47] Lk.12:49
[48] Zie "We Shall See Him", GK p.76, 85-86, EN p.49,55-56.
[49] Joh.20:29.
[50] "We Shall See Him", GK p.14, 179, EN p.8, 111-112.

meer gezegend, omdat wij Hem volgen hoewel wij Hem niet in onszelf zien.[51] Waarlijk, zalig zijn zij die niet zien, en toch voortgaan te leven door geloof.

Gedurende dit stadium moeten wij dus niet lauw worden in ijver en zorg. Wij moeten vurig van geest zijn en de Heer dienen, zoals de heilige Paulus zegt.[52] Wij zijn Zijn dienstknechten, omdat wij voor Hem alleen werken. In de wereld is een dienstknecht er slechts op bedacht winst te behalen voor de noden van zijn meester. Maar de waarachtige Christen weet, dat onze Meester, Christus, helemaal geen noden heeft, alleen het verlangen om iedere mens wel te doen en te behouden. Wij zijn misschien nauwelijks in staat ook maar iets voor de Heer te doen. Doch ongeacht onze situatie zal Hij gaarne alle hymnen en gebeden aanvaarden die wij Hem opdragen. Hij zal zelfs welbehagen hebben in onze rust, zolang wij maar rusten in Hem, en wenend in slaap vallen om in vreugde te ontwaken, zoals de Psalmdichter zegt.[53] Wat ertoe doet is dat wij één enkel voornemen hebben. Dan wordt onze kennis van God helderder en Zijn wil wordt ons vertrouwd. Wij moeten werkelijk Gods grote en heilige wil de onze maken, want daarin ligt leven en heil.[54]

Door Zijn wil de onze te maken, wordt heel ons leven als een dienst die wij onze Meester opdragen.[55] Ons verlangen naar God is daarom van bijzonder belang in deze tweede periode, omdat dit Hem welgevallig is en maakt dat ons gehele leven Hem aangenaam is, vooral wanneer wij door moeilijke tijden heengaan. Wij weten uit de Schriften dat God het hart van de mens zoekt,[56] omdat dit de rustplaats is van Zijn keuze, de plaats van waaruit Zijn Geest zou willen voortstralen om Zijn aanwezigheid te openbaren.[57] Net zoals

---

[51] "Saint Silouan", GK p.311, EN p.236, NL p.255. Zie ook "On Prayer", GK p.106, EN p.69.

[52] Rom.12:11, "niet traag u te beijveren; vurig van geest; de Heer dienende." In het Grieks: «Τῇ σπουδῇ μὴ ὀκνηροί, τῷ πνεύματι ζέοντες, τῷ Κυρίῳ δουλεύοντες.»

[53] Cf. LXX Ps.29:6 (30:5/6).

[54] Ibid.; de Septuagint zegt hier: "[er is] leven in Zijn wil".

[55] Zie Rom.12:11.

[56] Cf. Spr.23:26.

[57] Cf. 1Kor.3:16.

Hij verlangt in het hart van de mens te wonen, zo schenkt Hij ook aan de mens naar het verlangen van diens hart.[58]

In de Dienst van Smeking tot de Moeder Gods (de *Paraklesis*) bezingen wij de Heer als het "uiterste" verlangen van wie Hem beminnen.[59] Laten wij hier even bij stilstaan om in ons op te nemen wat dit betekent, want dit is nu precies wat goddelijke ijver is. In één van zijn gebeden – in onze gemeenschap soms door de priester gelezen tegen het einde van de Liturgie – richt vader Sophrony zich tot Christus als "het verlangen van onze harten".[60] Waarlijk, de waarachtige Christen is de persoon voor wie Christus het uiterste verlangen is geworden. En voor diegenen die naar God verlangen zijn Zijn geboden niet zwaar, maar licht.[61] Zoals de profeet David zegt: "Ik ben voortgesneld op de weg van Uw geboden, toen Gij mijn hart hebt uitgebreid."[62] Tenzij het hart wordt uitgebreid met het vuur van de ijver voor God, hebben de geboden een zekere zwaarte, simpelweg omdat zij de maat van de mens te boven gaan. Zij zijn goddelijk. Toen Jakob zijn vaderland verliet, moest hij veertien jaar werken om Rachel, de dochter van Laban, te mogen huwen. Maar omdat zij zo schoon was, gingen de jaren voorbij als waren het slechts dagen, vanwege zijn grote ijver.[63] In ons geval is Rachel het geestelijk schouwen, dat de genade ons meedeelt tijdens het eerste stadium van het geestelijk leven. De schoonheid van deze openbaring dient onze voortdurende inspiratie te zijn, en om haar te herwinnen moeten wij dezelfde ijver hebben als Jakob.

De ijver behoed ons ook voor de zonde. Veel van de Vaders zeggen, dat de ijver is als een kokende pot op het fornuis: geen vlieg of enig huisdier komt erbij om het voedsel te besmetten dat alleen voor de mens bedoeld is, vanwege de hitte van het fornuis. Maar zodra het vuur uitgaat en het voedsel afkoelt, komen de vliegen naderbij en laten hun onreinheden daarin achter. Hetzelfde geldt voor het hart van de mens: Als dit brandt van ijver voor God, dan zal het nimmer worden geplunderd door de gedachten die voortkomen uit

---

[58] Cf. LXX Ps.19:5 (20:4/5).

[59] Troostcanon tot de Moeder Gods, Irmos 3e Ode: «τῶν ἐφετῶν ἡ ἀκρότης».

[60] "On Prayer", EN p.204.

[61] Zie Mt.11:30.

[62] LXX Ps.118(119):32.

[63] Zie Gen.29:18-28.

de hartstochten. De hond van de vleselijke begeerten zal niet in staat zijn het voedsel te verslinden, namelijk, het hart van de mens, dat bewaard dient te worden voor God alleen.

De mens die vol ijver is zal de beproevingen weerstaan. Als wij onze ijver bewaren, ondanks dat God Zijn genade terugtrekt en wij de geestelijke dood smaken, dan zullen wij onze standvastigheid en de maat van onze vastbeslotenheid kunnen bevestigen. Zal de dood waarmee wij oog in oog staan getransformeerd worden tot een gave, een bron van leven, of zal deze ons vernietigen? Dit hangt volledig af van onze houding. Het is noodzakelijk voor ons geconfronteerd te worden met de dood, om beproefd te worden in ons verlangen naar God. Wij hebben gezien, wanneer de dood ons bedreigd en wij toch niet wankelen in onze vastbeslotenheid om Christus te volgen, en die dingen te doen die de genade ons geleerd heeft, dan overwint ons geloof de dood en de wereld, naar de woorden van de heilige Johannes de Theoloog.[64]

Ooit hoorde ik van een hegoumen het volgende woord: "De grootste gave die God de mens gegeven heeft is de dood, en niemand kan hem deze ontnemen." Hoe waar is dit! Wij zullen allemaal sterven en elk van ons kan gebruik maken van dit onvermijdelijke feit – dat ons overkomen is door de val van Adam – als van één van de grootste van Gods gaven. Wij moeten doen zoals de martelaren, en zeggen: "Wij zullen allen sterven, laten wij dus sterven op de juiste wijze!"

Vader Sophrony vertelde mij, dat Rusland tijdens de oorlog met Duitsland enorme verliezen leed en miljoenen mensen verloor, zowel in de strijd zelf als door de honger. Het was een zeer moeilijke tijd. Ondanks alles, zei één priester in Moskou tot zijn parochianen: "Of wij dit nu van plan waren of niet, wij vasten nu allemaal. Laten wij dus dagelijks de Liturgie vieren en dagelijks deelnemen aan de Heilige Gaven." In die parochie werd niet één dode vermeld. De priester had zulk een enthousiasme overgedragen op zijn parochianen, dat zij hun onvrijwillige honger vrijwillig maakten, en aldus de dood veranderden in een bron van leven. Zij gebruikten deze als een gelegenheid om zichzelf voor het aanschijn te stellen van de God, Die gezegd heeft: "Van brood alleen zal de mens niet leven, maar van alle woord dat uitgaat uit de mond van God."[65] En God

---

[64] Zie 1Joh.5:4.
[65] Mt.4:4; Lk.4:4.

schonk hen leven en kracht in Christus, Die het Brood des Levens is en het Woord van God; en niemand in die parochie stierf.

Dezelfde idee wordt ook uitgedrukt in een prachtige tekst van de heilige Basilius de Grote: "Broeders, maak vrijwillig hetgeen onvermijdelijk is, en spaar niet het leven waarvan gij node zult worden beroofd."[66] Of zoals vader Sophrony het zegt: "Christelijk te leven is onbereikbaar; men kan slechts Christelijk sterven."[67] De heilige Paulus stierf dagelijks,[68] opdat Christus in hem zou leven.[69] Hij leefde niet langer voor zichzelf, maar alleen voor Christus.

Als de dood ons bedreigt, en wij deze op de juiste manier tegemoet treden, dan zullen wij duidelijk zien dat God de mens geschapen heeft als het centrum van Zijn schepping. Vader Sophrony zegt, dat lijden het zekerste teken is van de bijzondere uitverkiezing van de mens door God. Hij Die ons Zijn liefde tot het einde heeft getoond door Zijn lijden tot de dood toe, schenkt ons de mogelijkheid te lijden omwille van Zijn Naam, opdat wij des te volmaakter met Hem verenigd mogen worden.[70] "Want gij zijt ermee begenadigd, omwille van Christus, niet alleen in Hem te geloven, maar ook te lijden omwille van Hem."[71] Als iemand zich tot God keert wanneer hij ter dood veroordeeld is, dan zal God hem zeker verhoren. De rover was de eerste die het paradijs betrad, niet enkel omdat hij zeide: "Gedenk mijner, o Heer..." maar omdat hij deze woorden uitte aan het kruis, juist op het ogenblik dat zijn leven boven de afgrond van de eeuwige duisternis zweefde. Als wij, als mensen, de wensen en de laatste woorden van de stervenden respecteren, hoeveel te meer dan hoort God de smeekbeden geuit door diegenen die zich tot Hem wenden in geloof, wanneer zij geconfronteerd worden met de dood!

Degenen die op de drempel van de dood staan bidden anders; zij spreken vanuit de diepten van hun hart, zelfs hoewel zij misschien niet vertroost of geholpen worden door de genade. Door welke vorm

---

[66] Cf. Homilie 18, "On the Martyr Gordius" (PG31, 505C).
[67] Cf. "Saint Silouan", GK p.311, 317, EN p.236, 243, NL p.255, 259; "We Shall See Him", GK p.113, EN p.73.
[68] 1Kor.15:13.
[69] Cf. Gal.2:20.
[70] "Saint Silouan", GK p.258, EN p.194, NL p.214. Zie ook "We Shall See Him", GK p.146-147, 206, EN p.94, 130, en "On Prayer", GK p.98-99, EN p.62.
[71] Fil.1:29.

van dood ik ook getroffen ben, zij het ziekte, vervolging of Gods terugtrekken van Zijn genade, als ik genoeg kracht verzamel om te staan en te zeggen: "Ere zij U, o Heer; aan U zij alle rechtvaardigheid, aan mij alle schaamte voor mijn zonden en overtredingen," dan zal God zekerstellen dat mijn geloof in Hem zal overwinnen.

In tijden van crisis overziet de mens zijn gehele leven en kan niet langer vervallen in oppervlakkigheid of luchthartigheid. Zijn geest concentreert zich op één enkele gedachte. Hij spreekt tot God in uiterste ernst, en dit is precies waar God op wacht en naar verlangt. Wanneer de mens roept vanuit de diepten van zijn hart, dan bereikt zijn weeklacht de oren van God, en heel de Hemel hoort naar hem. De Heer ziet in hem de nederigheid van Zachéüs, het geloof van de Kanaänitische vrouw, en de armoede van de blinde man die uit alle macht uitriep: "Jezus, Zoon van David, ontferm U over mij."[72] En de Heer zal tot hem naderen en vragen: "Wat wilt gij dat Ik voor u zou doen?" Dit is de vraag die de Heiland stelt aan ons allen, die arm en blind zijn, en zitten aan de kant van de weg. De volksschare, dat is, deze wereld en haar bedrieglijkheden, zal ons bestraffen en ontmoedigen om de Naam aan te roepen van de Zoon van God. Maar als wij volharden en des te luider roepen tot de Heer, zullen wij uiteindelijk vragen om het allerbelangrijkste: "Heer, dat ik moge opzien". En ongetwijfeld zal God dan de ogen openen van onze ziel en ons het geestelijk gezichtsvermogen schenken. Wij zullen Christus aanschouwen, de waarachtige en levende God, en wij zullen Zijn gezegende stem horen, zeggende: "Zie op, uw geloof heeft u behouden."

Wanneer wij terneergeslagen zijn, laten wij dan in alle eerlijkheid tot God spreken en onze harten voor Hem uitstorten. Mettertijd zullen wij in staat zijn Zijn stem te herkennen. Wij zullen de belangrijkste les leren die het leven ons kan leren: Hoe in gesprek te zijn met onze Schepper, dat is, hoe te bidden. En terwijl wij de taal van God leren en voortgang maken in de wetenschap van de geest, zullen wij getransformeerd worden van een psychologische staat van duisternis tot een geestelijke staat. Uiteraard zal ons gesprek met God wisselen afhankelijk van onze specifieke situatie, maar elke roep tot Hem zal voorzeker zoiets bevatten als dit: "Heer, Gij weet dat ik zonder U verloren ga. Ik heb gezondigd, maar ik weet dat Gij algoed zijt. Aan

---

[72] Zie Lk.18:35-43.

U alleen komt toe alle heerlijkheid, eer en aanbidding, doch ikzelf ben rechtvaardig veroordeeld vanwege mijn zonden. Heer Jezus, ontferm U over mij." En juist op dat moment zal God ons rechtvaardigen omdat wij de waarheid hebben beleden over onszelf. Dit trekt de Geest der Waarheid aan, Die over ons komt en ons gebed God welgevallig maakt.

Of wij nu in de wereld leven of in een klooster, wij zullen onvermijdelijk in één of andere vorm worden geconfronteerd met de dood. Deze ervaring zal ons duidelijk laten zien of ons verlangen naar God slechts psychologisch is, of dat wij Hem ons hart hebben gegeven, dat "van God geleerd" is door Zijn genade. Terwijl wij leren de dood onder ogen te zien, verwerven wij standvastigheid in de stormen en felle winden die over ons komen gedurende dit stadium van onze tocht over de oceaan van het leven, wanneer de genade niet langer merkbaar aanwezig is. Met de Psalmdichter zullen wij uitroepen: "Om de woorden van Uw lippen ben ik zware wegen gegaan",[73] dat is, omwille van Uw geboden heb ik mijn hart toebereid voor beproevingen. En het woord van de apostel Paulus zal in onze harten weerklinken: "Wie zal ons scheiden van de liefde van Christus? Verdrukking, of benauwdheid, of vervolging?... Noch hoogte, noch diepte, noch enig ander schepsel, [zal ons] kunnen scheiden van de liefde Gods, welke is in Christus Jezus, onze Heer."[74] En van tijd tot tijd zal God ons een glimp schenken van de overkant, om ons te bevestigen in de hoop op het leven van de toekomende wereld.

b) Charismatische wanhoop en creatief lijden

Wij hebben gezegd dat de genade ons in eerste instantie door God gegeven wordt, omdat Hij wil dat wij de wereld overwinnen door te verzaken aan haar wegen. Maar de tweede periode heeft een nog hoger doel: de wereld uit onszelf uit te roeien en ons geestelijk leven tot volmaaktheid te brengen.

Na het belang te hebben benadrukt van de geestelijke ijver in de eerste periode, hebben wij vervolgens Jakob als ons voorbeeld genomen voor de tweede periode. In zijn onuitwisbare ijver werkte

---

[73] LXX Ps.16(17):4 (cf. vertaling Archim. Adriaan).
[74] Rom.8:35,39.

Jakob gedurende veertien jaar alsof zij slechts een enkele dag waren, vanwege zijn grote liefde voor Rachel. Op vergelijkbare wijze, als wij de grote schoonheid indachtig zijn van onze eerste liefde, zullen de lange jaren van de tweede periode ons toeschijnen als waren zij slechts een dag. Wij zullen ons uiterste best doen God te bewijzen dat Hij ons Zijn genade "niet tevergeefs" geschonken heeft. Elke dag zal zo een "aangename dag des heils" worden terwijl wij "de tijd uitkopen" die God ons gegeven heeft.[75]

De Schriften vertellen ons dat het doel van het geestelijk leven is "van God geleerd" te worden.[76] Dit is de uiteindelijke roeping van de mens. Alleen al het aanschouwen van het Aangezicht des Heren is genoeg voor ons om volledige kennis van Hem te verwerven en te leven in voortdurende vereniging met Hem. Dit is waarlijk de uiteindelijke, eschatologische staat van de mens. Elke afname van de genade tijdens de tweede periode kan daarom een middel worden om door God te worden onderricht. Vader Sophrony zegt, dat wanneer wij afwijken van de rechte weg wij herinnerd worden aan onze nood aan bekering.[77] Elke vermindering van de genade leidt tot de gedachte: "Ik heb iets verkeerd gedaan, maar ik zie niet waar." Zo leren wij langzamerhand onze geestelijke armoede kennen. De heilige Silouan schrijft:[78]

> Plotseling is de ziel verstoken van deze genade van de Heer. En zij denkt: "Ik moet de Meester door iets bedroefd hebben; ik zal om Zijn barmhartigheid smeken; misschien geeft Hij wederom die genade in mij..."

Hoewel dit verlies ervaren wordt als een pijnlijke tragedie, moeten wij indachtig zijn dat God ons hierdoor een frisse impuls geeft, een aansporing terug te keren tot de gemeenschap met Hem. Met andere woorden, de schommelingen die wij ondergaan zouden ons altijd tot bekering moeten leiden, en dat zal ons op zijn beurt herstellen in geestelijke gezondheid en gemeenschap.

---

[75] Cf. 2Kor.6:1-2, Ef.5:16, Kol.4:5.
[76] Joh.6:45.
[77] "We Shall See Him", GK p.64-65, EN p.42.
[78] "Saint Silouan", GK p.410, EN p.321, NL p.342.

Toen Adam viel bracht hij een vloek over zichzelf, en zijn staat van geestelijke dood werd beërfd door heel het menselijk geslacht. Het opheffen van deze vloek is slechts mogelijk, zoals vader Sophrony het stelt,[79] wanneer de mens, in plaats van God de schuld te geven voor zijn lijden, de schuld op zichzelf neemt en zegt: "Ja Heer, Gij zijt rechtvaardig in al uw oordelen. Ik verdien deze dood vanwege mijn zonden. Ik zal Uw tuchtiging verdragen, want ik heb gezondigd tegen Uw goedertierenheid."[80] Als de mens de moed heeft te aanvaarden dat hij zonder Gods genade "niets" is, dan wordt hij kneedbare klei waaruit God hem kan herscheppen, daar het God eigen is te scheppen "uit het niets".[81] De mens die in wijsheid door tijden van beproeving heen trekt, staat vrijmoedig en zegt met de profeet David: "Mijn ziel kleeft aan de grond; maak mij levend volgens Uw woord."[82] Dat is, "Ik heb mijzelf tot niets gemaakt. En zoals Gij in den beginne alle dingen uit het niet-zijn tot het zijn hebt gebracht door Uw woord, spreek zo ook nu Uw woord, en schenk mij opnieuw het leven." De heilige Makarius de Grote zegt in zijn dertigste geestelijke homilie, dat de mens ooit deel uitmaakte van een koninklijke huishouding, de huishouding van God, maar geworden is tot een bedelaar die afgescheiden is van de bron des levens.[83] Zulk een scherpe gewaarwording van het verlies van zijn koninklijke waardigheid leidt tot een volledige bekering. De heilige Silouan drukt dit uit in de vorm van een poëtische vertelling:[84]

> Een zeker koningszoon ging ooit ver weg van het slot om te jagen in de diepte van het woud, en toen hij de weg kwijtraakte kon hij niet meer terugkeren naar het paleis. Verdwaald in het wilde woud verlangde hij naar zijn liefhebbende vader, de koning, en naar zijn geliefde moeder, de koningin, naar zijn broeders en zusters. En bitter beweende hij zijn vroegere leven in het slot. Aldus, en nog meer, draagt de ziel leed en hunkert zij naar de genade, wanneer zij deze verliest.

---

[79] "We Shall See Him", GK p.193, 194-195, 346, EN p.122, 123, 220.
[80] Cf. Micha 7:9.
[81] Zie "We Shall See Him", GK p.196, EN p.124.
[82] LXX Ps.118(119):25.
[83] Cf. "The Fifty Homilies and the Great Letter", Hom.30, p.193.
[84] "Saint Silouan", GK p.413, EN p.323, NL p.344.

Ik heb mensen gekend die, toen zij weggevallen waren uit het paradijs van Gods genade en hun koninklijke waardigheid hadden verloren, in de biecht hun gehele leven tot aan de laatste steen omkeerden, opdat toch maar geen enkele zonde onbeleden zou blijven. Zij wilden alles voor Gods Aangezicht brengen, en in hun zelfontlediging ontdeden zij zichzelf van zelfs de kleinste verkeerdheden, om alle plaats te kunnen geven aan de Hemelse Bezoeker. Geen wonder dus dat de tranen vloeien tijdens deze periode waarin de mens geconfronteerd wordt met de dood, wanneer de verborgen diepten van zijn verderf worden blootgelegd. In zijn uiterste geestelijke armoede verafschuwt hij zichzelf en weigert getroost te worden door iets wat geschapen is. Op dit punt van zijn bekering blijft God stil, en schijnt meedogenloos. Maar de waarheid is, dat Hij allen tuchtigt die Hij wil aannemen tot Zijn zonen, opdat Hij hen kan begenadigen met al het Zijne. Niettemin zijn zulke ogenblikken van goddelijke stilte vreeswekkend: de mens voelt zich als ware hij gekruisigd aan een onzichtbaar kruis. Maar, zoals vader Sophrony bevestigt, de 'kenosis' van iedere dienstknecht van God moet volledig zijn, zodat tenslotte ook de genade ten volle in hem kan rusten.[85]

Naarmate zijn bekering zich verdiept, doorgrondt de mens de diepten van Gods oordelen. Hij voelt de noodzaak deze beter te verstaan en hij streeft ernaar zichzelf te vernederen om de genade van de verzoening te mogen vinden. Nadat het intellect de verborgen diepten van zijn verderf heeft ontdekt, wordt het gaandeweg verlicht en begint de verborgen betekenis van de Schriften te verstaan. Het hart wordt verfijnd door de pijn die het lijdt, en de betekenis van vele Schriftgedeelten wordt helderder naar de mate van de nood van de mens, en dit inspireert hem tot zelfs nog vollediger bekering.

Ook leren wij de waarde kennen van de onderrichtingen van onze heilige Vaders, terwijl wij de wijsheid beginnen te verkennen van degenen die ons op dit pad zijn voorgegaan. Wij vragen onze oudvaders om een woord om ons te helpen onze innerlijke zintuigen te concentreren op één enkele gedachte, om te kunnen volharden in onze geestelijke treurnis. Waarachtige geestelijke treurnis is onmogelijk als wij verdeeld zijn tussen twee gedachten, maar een enkel-

---

85 Ibid., GK p.64-65, 292, EN p.53, 220, NL p.65-66, 240. Zie ook "On Prayer", GK p.23-25, EN p.15.

voudige gedachte kan ons ertoe leiden te wenen tijdens het gebed. Eén zo'n gedachte is: "Hoe kan ik herstellen van mijn val? Ik zie dat ik alles heb verloren wat God mij ooit geschonken heeft."

Vader Sophrony zegt, dat het grote potentieel van de tweede periode aantoont dat dit een genadegave is, een genade die God ons gegeven heeft. Dit is werkelijk de volmaakte gelegenheid om elk aspect van het leven van de Heer na te volgen. Christus Zelf was verlaten omwille van ons heil, en wij leren de lengte en de diepte van Zijn weg kennen door onze eigen ervaring van de verlatenheid. Dit is echt het wezen van de tweede periode. In het begin wordt de mens geboren in het nieuwe leven van het Koninkrijk Gods, en het terugtrekken van de genade spoort hem ertoe aan die deugden te betonen die hem de koninklijke waardigheid van het zoonschap waardig maken. Dit stadium is waarlijk een waarachtige zegen voor allen die de uitdaging ervan aanvaarden in een geest van bereidwilligheid, die de tuchtiging des Heren van ganser harte omhelzen. "Indien gij de tuchtiging verdraagt, behandelt God u als zonen."[86] Aldus biedt God Zichzelf aan, aan diegenen die Zijn kinderen zouden willen zijn.

De heilige Paulus zegt dat de Heer, vanuit de oneindige rijkdom van Zijn goddelijkheid, omwille van ons arm werd en Zichzelf ontledigde[87] door mens te worden en te lijden buiten de poort[88] van deze wereld. En ook wij verduren moeiten en uitsluiting om kinderen te kunnen zijn van onze Hemelse Vader. Te weigeren dit te doen is niet alleen een teken van onze onvolmaaktheid, zegt vader Sophrony, maar ook van ons ongeloof.[89] Het was vanwege hun ongeloof dat de ongehoorzamen onder de Hebreeën verloren gingen in de woestijn, en nimmer het Beloofde Land binnenkwamen.[90]

De menigvuldige moeiten van de tweede periode zijn een waarlijk martelende beproeving voor diegenen die het Licht van Christus hebben gekend, want zij weten van welke zalige staat zij gevallen zijn. Maar zij zullen zich zelfs overleveren tot de dood opdat die genade hen wederom moge worden geschonken. Uiteraard zal de

---

[86] Hebr.12:7.
[87] Cf. 2Kor.8:9 en Fil.2:6-8.
[88] Zie Hebr.13:12.
[89] "We Shall See Him", GK p.202, EN p.128.
[90] Cf. Hebr.3:17.

mate van hun zelf-overgave de mate weerspiegelen van de genade die zij in het begin hadden ontvangen. Wij kunnen bijvoorbeeld niet allemaal leven in zulke boetedoening als de monniken in de zogenaamde 'Gevangenis', beschreven door de heilige Johannes Klimakos.[91] Zoals vader Sophrony ons vertelt, geeft God Zijn genade nimmer zonder onderscheiding. Hij wil ons niet geven wat wij niet in staat zijn te bewaren. Alleen Hij kan de inspanning voorzien die wij zullen verrichten om de oorspronkelijke genade, die wij verloren hebben, te herwinnen en te rechtvaardigen.[92] Hij kent onze kracht beter dan wijzelf, en wij moeten vertrouwen hebben in Zijn ordening van ons leven, want Zijn doel is ons te helpen Zijn genade terug te verwerven.

De tweede periode openbaart aan de mens de hoge bestemming waartoe God hem roept – in theologische termen: zijn vergoddelijking ('theosis'). Gaandeweg leren de verschillende beproevingen ons dat het heil geen deel uitmaakt van de geschapen natuur van de mens maar puur een geschenk is van God. Dit is misschien wel de belangrijkste les om te leren: zonder Christus kunnen wij niets doen en buiten Hem kunnen wij niet worden behouden. Hij is onze Heiland en onze heiliging. Als wij dit eenmaal beginnen te begrijpen, dan worden wij tot diepe nederigheid gebracht en kan God Zijn werk in ons beginnen. Het eerste bezoek van de genade duurt misschien maar een ogenblik, maar het perspectief van ons bewustzijn verandert: wij zien alles in termen van de eeuwigheid. Onze waardebepaling en onze oordelen zullen de eeuwigheid als criterium hebben. Eeuwen van aardse zaligheid hebben voor ons niet langer enige aantrekkingskracht, zoals vader Sophrony zegt in zijn hoofdstuk over de gedachtenis aan de dood.[93] Het besef dat uit ons eigen streven niets goeds kan voortkomen breekt ons hart open. En de pijn en de nederigheid die daar het gevolg van zijn, zijn oneindig kostbaar: de pijn verenigt het wezen van de mens, en de nederigheid trekt Gods genade aan. Dan ontdekt de mens dat de genade hem de kracht schenkt te leven volgens de twee grote geboden: God lief te hebben met zijn gehele hart, met heel zijn wezen, en zijn naaste lief te hebben als zichzelf.

---

[91] "The Ladder", step 5, p.55-62.
[92] "Saint Silouan", GK p.32-33, EN p.27-28, NL p.38.
[93] "We Shall See Him", GK p.24, EN p.16.

Christus vertelde Zijn heilige apostelen niet het heilige aan de honden te geven.[94] Als het erom gaat dat wij de heilige gave van het zoonschap ontvangen, dan moeten wij niet verbaasd zijn over de vurige verzoeking die over ons komt, want het doel daarvan is dat de geest der heerlijkheid Gods in ons moge rusten.[95] Er zijn vele beproevingen nodig om het hart van de mens open te breken, opdat het kan worden uitgebreid om deze heerlijke Geest te kunnen herbergen. Het is niet genoeg om in ieder middernachtsgebed te zeggen: "Ik ben de Uwe, behoud mij".[96] In zekere zin is het niet eens geheel passend; wie is de mens om dit tot God te zeggen? Wij kunnen dit nu wel zeggen, maar komen deze woorden overeen met de werkelijkheid? Wij moeten eerst God door ons eigen leven ervan overtuigen dat wij Hem toebehoren; dan zal Hij ons op een dag antwoorden: "Waarlijk, gij zijt Mijn zoon, heden heb Ik u verwekt."[97] Uiteraard hebben deze woorden betrekking op de Heer Jezus Christus, de Zoon van God, maar door de genade zijn ze ook van toepassing op ons, wanneer wij volgen in Zijn voetsporen.

De tweede periode leert ons ook te onderscheiden tussen de geschapen dingen, die ons niet kunnen vergezellen aan de andere kant van het graf, en de ongeschapen eeuwige dingen. Het lijden opent de ogen van de mens en hij begint de ongeschapen dingen te herkennen als gaven van God omwille van zijn heil. Verder voelt hij, dat dergelijke gaven de menselijke verbeelding verre te boven gaan. Laten wij hierbij opmerken, dat de Heer nimmer de menselijke verbeelding uitbuit of opwekt. Zijn gelijkenissen bijvoorbeeld, zijn simpele vertellingen die universele waarheden illustreren. En wanneer de Christen door de genade deelneemt aan deze waarheden, dan kan hij zijn verbeelding niet langer laten meespelen. Zijn intellect is verenigd met de waarheid zelve, die hij nu in zijn hart draagt, en die de maat van zijn verbeelding verre te boven gaat. De Vaders spreken over de noodzaak de verbeelding achter ons te laten, omdat deze verbonden is met de geschapen wereld. Wanneer het intellect gedragen wordt door de genade, dan leeft de mens in een ander gebied,

---

[94] Mt.7:6.
[95] Cf. 1Petr.4:12,14.
[96] LXX Ps.118(119):94.
[97] LXX Ps.2:7.

en hij ervaart ongeschapen geestelijke gebeurtenissen waarin de verbeelding geen rol speelt.

Het is onmogelijk te overleven zonder nu en dan de vertroosting van de genade te ervaren, al is misschien het maar voor enkele ogenblikken gedurende de dag of de week. Maar nu is dit niet de permanente staat van de eerste periode, toen het hart zelfs bleef bidden tijdens de slaap, in een voortdurende staat van geestelijke activiteit en waakzaamheid. Dus, hoewel de genade niet meer voortdurend in ons woont, bezoekt God ons af en toe met Zijn genade om onze geest te verkwikken, om de gave Gods in ons aan te wakkeren met inspiratie en hoop.

Degenen die door God geëerd zijn met de kennis van wat zij zoeken (daar zij in het begin de volmaakte genade hebben gekend) en die de instelling en het geloof hebben om de tweede periode te omhelzen, zullen zien dat de beproevingen daarvan bijdragen aan hun geestelijke dorst. Eén monnik placht te zeggen, dat wie verlangt naar het heil altijd 'listige wegen' zoekt om de gave Gods aan te wakkeren, en dit is nu juist de aard van de waarachtige geestelijke dorst.

Hoe meer wij ons bewust worden van ons geestelijk potentieel, hoe beter wij de grootheid verstaan van wat vóór ons ligt, en dit bemoedigt ons in het streven elke dag een nieuw begin te maken. Het terugtrekken van de genade is pijnlijk, maar het leert ons een geestelijke creativiteit. Ieder moment, in het bijzonder tijdens de Liturgie, is een gelegenheid om de genade in ons te doen herleven, om een nieuwe vonk van geestelijke beweging in ons te doen opvlammen. Als wij er een gewoonte van maken te bidden alsof elke Liturgie onze eerste is en mogelijk onze laatste, en wij in alle nederigheid voor Gods aanschijn komen om onze wanhoop aan Hem op te dragen, dan kan elke Liturgie een machtig nieuw begin worden, vol genade. Toen de heilige Paulus Timotheüs eraan herinnerde de gave Gods aan te wakkeren, waarmee God hem begenadigd had, vermaande hij hem om zijn geestelijke dorst te cultiveren.[98] En dat is wat wij moeten doen. Wij moeten de genade in ons doen opvlammen, en wij doen dit door nederig gebed.

Als wij de gebeden van de Kerk zorgvuldig beschouwen, dan

---

[98] Zie 2Tim.1:6.

zien wij dat zij vrijwel allemaal uit twee gedeelten bestaan. Het eerste gedeelte is een belijdenis voor God, een erkenning van onze onwaardigheid vanwege het kwaad dat wij hebben gedaan en het goede dat wij nagelaten hebben te doen, enzovoort. Het is een belijdenis van onze gevallen staat, een eerlijk oordeel dat wij op onszelf toepassen, vergezeld van zelfveroordeling. De gebeden in de Dienst van de Doop bijvoorbeeld, of de gebeden ter voorbereiding op de Heilige Communie – die bijzonder indrukwekkend zijn in dit opzicht – drukken allemaal de houding uit die de gevallen mens zou moeten aannemen als hij in nederigheid voor Gods aanschijn staat als een "nutteloze dienstknecht".

Het tweede gedeelte begint met het woordje 'maar': "Maar Gij, in de overvloed van Uw mededogen en in Uw menslievendheid, kom en genees mijn ziel", enzovoort. Dit is de 'maar' van het geloof, die volgt op onze nederwaartse beweging van zelfvernedering. Het is de uitdrukking van ons vertrouwen in Hem voor Wie niets onmogelijk is. In het eerste gedeelte wordt het hart bevrijd van de invloed van de boze, die zichzelf niet kan vernederen; de vijand streeft er slechts naar zichzelf te verheffen en te verhogen, om zich zelfs boven de troon van God te stellen. Wanneer wij onszelf voor God vernederen dan gaan wij omlaag, en dit is de enige richting waarin de vijand ons niet kan volgen, en bijgevolg worden wij bevrijd van zijn invloed. Bovendien, als wij onszelf tot het uiterste vernederen in gebed, dan komt God ons te hulp. Ons hart wordt verwond met verbrokenheid en begint deel te nemen aan ons gebed, en alles wordt gemakkelijker: dan bidden wij met ons gehele wezen. Zelfs het wenen over onze zonden wordt bijna moeiteloos. Dus wanneer wij ons verwijderd hebben van de invloed van de gevallen geest, uiten wij de 'maar' van het geloof, omdat wij vertrouwen op Hem Die in staat is de doden op te wekken.

De heilige Silouan verschaft ons vele voorbeelden van nederig gebed. Elk van zijn gebeden is als een vonk die zijn hart doet ontvlammen tijdens lange nachten in nachtwaken – en hij biedt ze ons aan in zijn geschriften. Het is een grote zegen de weg tot de nederigheid te kunnen gaan, via de nederwaartse beweging van onze geest. In het volgende gebed zien wij hoe God Zijn genade barmhartig terugtrekt van de ziel, totdat zij geleerd heeft om voortdurend nederig te zijn:[99]

> Gij neemt uw genade van mij weg, omdat mijn ziel niet altijd in de nederigheid verblijft, maar gij ziet hoe ik verdrukking lijdt, en ik smeek U: "Geef mij Uw nederige Heilige Geest".

Terwijl wij leren het gewicht van Gods schijnbare afwezigheid te transformeren in geestelijke creativiteit, ontdekken wij nieuwe wegen om onszelf voor God te vernederen. De energie van onze geestelijke pijn wordt getransformeerd tot energie voor het gebed. Het hart is verbroken, en wij leren vast te houden aan de goddelijke energie van de vertroosting van de Heilige Geest. Werkelijk, het vuur van de hartstochten kan alleen worden gedoofd door het sterkere vuur van de goddelijke vertroosting, waarover de heilige Paulus spreekt als de troost der goddelijke liefde (*to paramythion tês agápês*).[100] De geest van deze wereld zoekt 'troost' te bieden door onze geestelijke spanning te verminderen en te verdoven via kortstondige materiële vertroostingen. Maar de Geest van Christus onderricht de mens in de vertroosting van het Kruis, van de lijdende liefde. Het smalle pad van het lijden te aanvaarden is iets wat de mens alleen kan doen wanneer de Enige Heilige, Die voor immer gekruisigd en lijdende is in deze wereld,[101] zijn leven aanraakt. Daarom is het voor ons als ledematen van het Lichaam van Christus, waarvan Hij het lijdende Hoofd is, volkomen natuurlijk dat wij nederig zouden binnentreden in datzelfde lijden. Als het Hoofd van het Lichaam een doornenkroon draagt, hoe zouden Zijn ledematen dan kunnen worden vertroost door de geest van een wereld die zegt tot Hem, Die stervende is aan het Kruis: "Daal neder, en dan zullen wij geloven"?[102] Derhalve zal de vertroosting komen wanneer God dit toestaat, dat is, wanneer de mens wordt afgenomen van zijn kruis – niet wanneer hijzelf daarvan afdaalt. Onze vertroosting bestaat erin dat wij het voorbeeld volgen van Hem, Die alles verduurd heeft tot aan het einde, tot de dood toe, en Die op de derde dag weer is opgestaan.

---

[99] "Saint Silouan", GK p.415, EN p.325, NL p.346.
[100] Cf. Fil.2:1, «τὸ παραμύθιον τῆς ἀγάπης»
[101] Cf. Hand.17:3; 26:22-23.
[102] Cf. Mt.27:42.

De geest der nederigheid vernieuwt het hart, maar versterkt ook het lichaam en de gehele psychologie van de mens. De geestelijke en psychologische kracht die komt met de nederigheid en het geloof, door de werkzaamheid van de genade, herstelt gaandeweg het gehele wezen van de mens. Door de vele 'ups en downs' en misschien veelvuldige ervaringen van het verlies van de genade, leren wij niet te wanhopen wanneer wij verdrukt worden, omdat wij weten dat onze God, in Zijn barmhartigheid en liefde, Zichzelf "zwak"[103] maakt, en gereed staat Zich te buigen tot onze dringende roep. En wanneer de dingen beter gaan, dan vernederen wij onszelf, daar wij hebben geleerd hoe moeilijk het is in die staat te blijven. Zo wordt onze psychologische constitutie sterker en wij verwerven een mate van stabiliteit, die ons helpt de verzoekingen te weerstaan.[104] Een zekere monnik op de Heilige Berg zeide: "In dit leven is er niets stabieler dan instabiliteit". Deze monnik had nog een ander gezegde, waar ik erg van houd: "Ere zij U, Die algoed zijt jegens allen" (*Doxa Soi ho peri pántas agathós*)[105] Wij verwerven stabiliteit, wanneer wij noch overgelukkig zijn als wij rijk zijn, noch in wanhoop verkeren als wij arm zijn. In beide gevallen ligt onze hoop in God, Die in Zijn "zwakheid" zo barmhartig tot ons nederkomt.

Onze ontroostbare dorheid wekt dus niet alleen de gave Gods in de mens op, maar activeert ook onze vrijheid tot zelfbepaling – onherroepelijk en voor alle eeuwigheid, zoals vader Sophrony zegt.[106] De Oudvader zei vaak, dat het door het lijden is dat de mens zijn geestelijke vrijheid ontdekt.[107] Hij moedigde ons aan deze vrijheid tot het einde toe uit te oefenen, opdat wij een meer volmaakte eenheid met God zouden mogen bereiken.[108]

Een ander waardevol gevolg van het terugtrekken van de genade is de voorbereiding van het intellect op de genade van de theologie. Want zolang de mens God op wettige wijze zoekt, zal het leven van Christus Zelf in hem herhaald worden. En wat is de theologie

---

[103] Zie 1Kor.1:25.
[104] Zie "On Prayer", GK p.110, EN p.72.
[105] Δόξα Σοὶ ὁ περὶ πάντας ἀγαθός.
[106] Zie "We Shall See Him", GK p.133-134, EN p.85.
[107] Ibid., GK p.83, EN p.54. Zie ook "On Prayer", GK p.116, EN p.76.
[108] Zie "We Shall See Him", GK p.185-186, EN p.115-116.

anders dan "Christus te kennen, en Dien gekruisigd"?[109] Zoals vader Sophrony benadrukt, kan alleen het intellect dat met Christus gekruisigd is binnentreden in de waarachtige theologie,[110] terwijl het intellect van de mens die neigt tot de verbeelding niet in staat is de diepe realiteit van God te vatten. Zijn benadering van de theologie is in feite onwerkelijk, omdat het nooit meer is dan een conceptuele oefening.[111] De waarachtige theologie is de vertelling van een *gebeurtenis* die geleefd wordt in het hart, en zoals wij hierboven hebben gezegd, wanneer de mens deelheeft aan deze gebeurtenis, die de maat van zijn verbeelding verre te boven gaat, dan wordt deze laatste overbodig – want de aandacht van het intellect is dan gevestigd op de gebeurtenis, die de verbeelding te boven gaat en overstijgt. God heeft ons de verbeelding gegeven om ons te troosten met betrekking tot dingen die wij niet bezitten. Maar wanneer de genade overvloedig is in ons, dan overstijgt onze staat alles wat wij maar kunnen bedenken of voorstellen.[112]

Met wijsheid en begrip begint de mens het oordeel van God te doorgronden. "Wat is dit oordeel van God?" zou iemand kunnen vragen. Het is het oordeel omwille van de mensheid zoals dit plaatsvond in de Zoon van God. In zijn één-en-zestigste brief, aan Thalassius,[113] geeft de heilige Maximos de Belijder een commentaar op de woorden van de heilige Petrus: "Want het is nu de tijd, dat het oordeel beginne bij het huis Gods... en indien de rechtvaardige nauwelijks behouden wordt, hoe staat het dan met de goddeloze en zondaar?"[114] Hij legt uit, dat het huis van God uiteindelijk wijst op het Lichaam der gelovigen. Christus is het huis Gods; in Zijn Lichaam woont de volheid der Godheid. En wanneer wij Christus aandoen, dan worden wij ledematen van het huis Gods en tempels van Zijn Geest. Daarom moeten ook wij datzelfde pad van lijden bewandelen, want het oordeel van God moet ook in ons voltrokken worden. Door

---

[109] Cf. 1Kor.2:2.
[110] Zie "Saint Silouan", GK p.183, 202, EN p.142, 157, NL p.150, 165. Zie ook "On Prayer", GK p.116-117, EN p.76-77.
[111] "We Shall See Him", GK p.13-14, EN p.8.
[112] Cf. Ef.3:20.
[113] Zie "On the Cosmic Mystery of Jesus Christ: selected writings from St Maximus the Confessor", p.132.
[114] Cf. 1Petr.4:17-18.

Zijn offerende aanvaarding van het oordeel rechtvaardigt Christus zowel God als de mens. Hij rechtvaardigt God, door Diens oneindige liefde voor de mens te bewijzen, zelfs tot de dood toe; en Hij rechtvaardigt de mens voor Gods aanschijn, door God te bewijzen dat de mens Hem gelijk kan zijn. En door deze tweevoudige daad van rechtvaardiging kan de mens nimmer God beschuldigen, Die voor altijd gezegend is.

Toen Christus tot het uiterste verlaten was aan het Kruis, zeide Hij: "Vader, in Uw handen beveel Ik Mijn geest."[115] Als wij Hem hierin navolgen, dan zullen wij het verderf niet zien. Als wij het oordeel van de Zoon van God aangrijpen, als wij aan Zijn zijde staan, dan zullen wij te allen tijde nederig zijn, sterk en Hem welbehagelijk. Wij zullen een profetische houding tonen: "Aan U, o Heer, alle rechtvaardigheid, aan mij de schaamte des aangezichts."[116]

Als de mens de pijn van de tuchtiging des Heren vrijwillig aanvaardt, dan geeft hij God de gelegenheid de duivel te beschamen. Satan is jaloers op de gave die wij ontvangen uit Gods hand. Hij was jaloers op Job's zaligheid en zeide tot God: "Het werk zijner handen hebt Gij gezegend, en zijn vee hebt gij talrijk gemaakt op de aarde. Maar strek nu Uw hand uit, en tast alles aan wat hij heeft – of hij U dan ook in Uw aangezicht zal zegenen?"[117] Met andere woorden, Satan beweert dat Job God niet liefheeft om Hemzelf alleen. Dan staat God toe dat de vijand Job ontdoet van alles wat hij heeft: zijn rijkdommen, zijn gezin, en zelfs zijn gezondheid. Alleen zijn ziel dient onaangeraakt te blijven. Job ondergaat al deze beproevingen zonder te zondigen, zoals de Schrift zegt. Hij bezit de wijsheid waarin het enige verlangen van de mens is God te behagen ('philotimo', de Godwelgevallige eerzucht). Zoals de heilige Paulus zegt, het enige wat werkelijk belangrijk is, is de Heer toe te behoren "hetzij wij leven, hetzij wij sterven".[118] Job's trouwe standvastigheid is profetisch. In zowel rijkdom als armoede uit hij hetzelfde woord: "De Naam des Heren zij gezegend, van nu af tot in eeuwigheid," zoals wij ook zingen aan het slot van de Goddelijke Liturgie. Hoewel hij gedom-

---

[115] Lk.23:46.
[116] Cf. Dan.9:7.
[117] Job 1:10-11 (LXX).
[118] Zie Rom.14:8.

peld is in eindeloze beproevingen, zondigt Job zelfs niet éénmaal, maar hij blijft God zegenen. De vijand staat beschaamd, en hij vlucht voor Gods aangezicht, en tevens voor het aangezicht van Job. En Job, door God hersteld, zingt zijn overwinningslied: "Wat ik van u hoorde, hoorde ik eerst wel met mijn oren, doch nu heeft mijn oog u gezien. Daarom verfoeide ik mijzelf en smolt weg; mijzelf nu acht ik aarde en as."[119] God heeft de overwinning behaald op de vijand, door de mens te betonen als heer en koning van Gods schepping.

Door het lijden ontdekt de mens dus zijn waarachtige vrijheid, en rijst hij uit boven de machtigen en de heersers van deze wereld.[120] De vijand wordt verslagen en de mens verwerft het voorrecht op creatieve wijze samen te werken met God in zijn wedergeboorte en vergoddelijking. Hij groeit in de genade van het zoonschap en wordt tot erfgenaam gemaakt van het onwankelbaar Koninkrijk, zoals vader Sophrony gaarne herhaalde.[121] Nadat hij de kracht heeft leren kennen van het lijden en het Kruis van Christus, ontvangt de mens "nieuwheid des levens"[122] in Christus, en dan dorst hij naar nog grotere beproeving. In de levens van de heiligen zien wij, dat zij werkelijk inventieve wegen en middelen vonden om allerlei leed te verduren. Hun enige doel was Christus te zoeken. De genade leert de mens dat Christus gevonden wordt in het lijden. "Mijn kracht wordt in zwakheid volbracht," zegt Christus tot Zijn Apostel, die kleinmoedig geworden was. Gesterkt door de kennis, ontvangen in het woord van de Heer, roept hij uit: "Gaarne zal ik dus veeleer roemen in mijn zwakheden, opdat de kracht van Christus in mij wone."[123]

De genade van Pinksteren leidt de mens langs het smalle pad en leert hem het als een zegen te beschouwen niet alleen in de Heer te geloven, maar ook te lijden omwille van Zijn Naam.[124] Voorafgaand aan de Opstanding zien wij hoe de apostelen, die Christus volgen in Diens opgang tot Golgotha, bevend en doodsbang zijn, want de weg was nog niet eerder begaan. Doch na Pinksteren werden zij gesterkt

---

[119] Job 42:5-6 (LXX).
[120] Cf. Lk.1:52, «δυνάστας» & Ef.6:12, «κοσμοκράτορας».
[121] "On Prayer", GK p.82, EN p.56. Zie ook "We Shall See Him", GK p.111, 146, 415, EN p.72, 93, 236.
[122] Rom.6:4.
[123] 2Kor.12:9.
[124] Zie Fil.1:29.

door Hem, Die de Weg, de Waarheid en het Leven is.[125] Zijn weg leidt tot het eeuwige leven. Daarom, toen Christus door Zijn eigen dood en Opstanding de dood teniet had gedaan, werden de apostelen niet langer door vrees overmand, want de schaduw des doods kon hun pad niet langer verduisteren.

Naarmate de mens toeneemt in de kennis van God, worden zijn ogen geopend om de wereld te zien zoals God haar ziet. Waar hij aan lijdt in de tweede periode is de woestenij der verlatenheid van de gehele wereld in haar gescheiden zijn van God. Wij voelen ons vaak dor en terneergeslagen, en dit komt gedeeltelijk doordat wij leven in een wereld die verzonken ligt in de wanhoop. Als kleine blaadjes aan de grote boom van de mensheid, is onze bestemming onafscheidelijk van die van de gehele wereld. Dus wanneer de mens, als hij de genade ontvangen heeft, het hele gewicht ervaart van deze tragische bestemming, dan komt het gebed voor de gehele wereld op natuurlijke wijze, en wordt hij geleid tot de universaliteit van Christus, Die voor allen het heil verlangt.

Volgens oudvader Sophrony ontstaat ons begrip van de universaliteit van Christus op twee manieren. De eerste is de charismatische wijze die wij zien bij de heilige Silouan, die de levende Heer schouwde, waarbij de gesteldheid van Christus Zelf in zo volledige mate op hem werd overgedragen, dat hij existentieel met Hem verenigd werd. Van toen af aan werd Silouan geheel in beslag genomen door Christus' verlangen, dat de gehele mensheid zou worden behouden.[126] Vanaf het ogenblik dat hij de Heer zag, bad de heilige Silouan voor het heil van de gehele wereld. Maar het meest uitmuntende voorbeeld van de charismatische universaliteit is de Moeder Gods. In haar ontsprong de gave van het gebed voor de gehele wereld op zeer jonge leeftijd. In de tempel Gods, in het Heilige der Heiligen, ontdekte zij haar diepe hart, en van toen af aan was zij met God verenigd, en als een waarachtige hesychast ontdekte zij de gehele kosmos, heel de mensheid, in haar hart. Dit charismatische gebed voor de wereld – dat ons *par excellence* getoond wordt in de Moeder Gods, en ook in onze heilige vader Silouan – wordt ontvangen door de eenheid met Christus,

---

[125] Joh.14:6.
[126] "We Shall See Him", GK p.323-324, EN p.207-208. Zie ook "On Prayer", GK p.27, EN p.17.

want de staat van Christus Zelf wordt dan op het hart overgedragen. Daar Christus het heil van de gehele wereld verlangt, en Zichzelf daartoe overleverde tot de dood, is het natuurlijk dat Zijn dienstknechten hetzelfde verlangen en hetzelfde gebed zouden hebben.

Het andere pad dat leidt tot de universaliteit van Christus is dat van tragedie en verdrukking. Wanneer de mens de tragedie van de mensheid in zijn eigen leven ten volle heeft beleefd, dan ontvangt de mens Gods genade, en dan verlangt hij eenzelfde deel van genade voor alle mensen. Hij heeft de "ingewanden van Christus' mededogen",[127] die de heilige Paulus ons vermaant te verwerven.

Algemeen gesproken, is het tweede stadium van het geestelijk leven een periode van kruisiging. Vader Sophrony sprak over een kruis van tweeërlei aard: een zichtbaar en een onzichtbaar kruis. Wij hebben allemaal enig idee wat een zichtbaar kruis zou kunnen zijn: sommigen worden veracht door hun medemensen, anderen lijden aan ziekte, weer anderen leven in armoede, of komen voor een ander soort ramp of tegenspoed te staan. Maar ons onzichtbare kruis is de innerlijke pijn, die veroorzaakt wordt door een besef van onze geestelijke armoede[128] en door het voortdurende bewustzijn dat "het heil verre [is] van de zondaars".[129] Als leerlingen van Christus zijn wij geroepen het zichtbare en het onzichtbare kruis op ons te nemen. Maar wij zijn ook leerlingen van de zaligheid: "Zalig de armen van geest, want hunner is het Koninkrijk der hemelen".[130] Daar wij arm zijn van geest, lijden wij innerlijk, maar dit betekent dat wij ook door God gezegend zijn. Als wij de inhoud van de Zaligsprekingen zorgvuldig beschouwen, dan zien wij dat deze beginnen met het onzichtbare kruis van de geestelijke armoede, en besluiten met het zichtbare kruis van de vervolging of het martelaarschap.

Uiteraard heeft de Heer Zelf zowel zichtbaar als onzichtbaar geleden. Zijn onzichtbare Kruis was het zwaarste in de hof van Gethsémane, toen Hij gehoorzaam de beker dronk die gevuld was met de wil van de Vader, de bitterheid van het verraad door Zijn leerling, de ondankbaarheid van de menigte. De gehoorzame liefde

---

[127] Cf. Kol.3:12.
[128] "Saint Silouan", GK p.257-258, EN p.193, NL p.213-214.
[129] LXX Ps.118(119):155.
[130] Mt.5:3.

van de Heer was werkelijk volkomen, en Hij droeg beide kruisen tot de dood toe. Door de volmaaktheid van Zijn lijden werd de dood teniet gedaan, en hierdoor werd de weg bereid zodat de gaven van de Heilige Geest de aarde konden vervullen, toen de Geest Gods werd uitgestort over alle vlees.[131] Met andere woorden, de Heilige Geest werd gegeven door het zichtbare en het onzichtbare Kruis van Christus. En als wij ons persoonlijke kruis dragen, dan zal ons de erfenis worden geschonken van het grote Kruis van Christus, want Zijn kruis omvat alle kruisen van alle mensen door alle tijden heen. Dus ons kleine persoonlijke kruis is de sleutel tot de erfenis van Zijn grote Kruis, dat bestaat uit die gaven die over de aarde werden uitgegoten als resultaat van Zijn levenschenkende dood, Zijn nederdaling ter helle, en Zijn opgang tot in de hemel.[132]

Het was met dit in gedachten dat vader Sophrony de volgende geestelijke wet waarnam: de mate waarin wij het oordeel van de Zoon van God in onszelf dragen – waardoor wij navolgers worden van de zelfontlediging van de Zoon van God – is tevens de mate waarin wij verrijkt zullen worden door de gaven van de Heilige Geest die daaruit voortvloeien. Dit is waarlijk wat de Oudvader bedoelde, toen hij zeide dat de volheid van de zelfontlediging voorafgaat aan de volheid van de volmaaktheid.[133]

c) *Voor God staan met profetische zelfkennis*

De dorpshaan leeft op een klein erf en is tevreden met zijn lot. Doch de arend vliegt tot de wolken en ziet vanuit de hoogten de blauwe horizonnen; hij kent vele landen, hij ziet bossen en meren, rivieren en bergen, zeeën en steden. En als zijn vleugels gekortwiekt worden en ze hem op het nauwe erf zetten om samen met de haan te leven, hoezeer zou hij dan hunkeren naar de blauwe hemel en de hoogten der woestijnrotsen! Aldus, en nog erger, wordt de ziel verdrukt en hunkert zij naar de genade, wanneer zij deze verliest; [zij is ontroostbaar in haar smart, en nergens vindt zij rust.][134]

---

[131] Cf. Joël 2:28.
[132] Cf. Ef.4:8-10.
[133] "We Shall See Him", GK p.81, EN p.53.
[134] "Saint Silouan", GK p.412-413, EN p.323-324, NL p.344. [Zinsneden tussen

Allemaal ervaren wij het verlies van de genade, op verschillende manieren en om uiteenlopende redenen. Om te beginnen is onze natuur nog niet geschikt voor de volheid van Gods genade. Hoewel Christus' kenosis oneindig was, en Gods ongeschapen natuur verenigde met de geschapen en gevallen natuur van de mens, is onze natuur niet in staat de volheid van de genade, en de dingen die tot de Geest behoren, te bewaren. Wij zijn materiële, aardse schepselen, terwijl de genade goddelijk is, buitentijdelijk en ongeschapen. Toch heeft de mens de mogelijkheid de genade te ontvangen. In den beginne blies God Zijn Geest in de neusgaten van de mens, en sinds die tijd heeft Hij de aardse natuur van de mens erin geoefend om Zijn genade te kunnen bevatten.

Toen Christus getransfigureerd werd op de berg Thabor, vielen de drie heilige apostelen vol ontzag op hun aangezicht – zij konden niet staan in het licht van de heerlijkheid van het Aangezicht van Christus. Hun lichamen waren aards, en de Heilige Geest was nog niet in de wereld gezonden. En, zoals de evangelist Johannes zegt, Christus was nog niet verheerlijkt,[135] en de menselijke natuur was nog niet eenvormig geworden aan de Geest, noch door Hem getransformeerd. Deze transformatie zou plaatsvinden op de dag van Pinksteren. Na Pinksteren, toen de apostelen in de gevangenis hymnen van lof zongen, schudde het hele gebouw, en de deur opende vanzelf.[136] De gave van de Heilige Geest woonde nu in de menselijke natuur, en de apostelen stonden voor God van aangezicht tot Aangezicht, en spraken met Hem. Tot dan toe was de gehele wereld onderworpen geweest aan de heerschappij van de vreze des doods.[137] Maar toen de dood eenmaal overwonnen was, lag de weg open voor de gave van de Heilige Geest om de menselijke natuur te doordringen. De apostelen, nu vol genade, verheugden zich erover slecht behandeld en geslagen te worden omwille van de Naam van Christus. Zij verheugden zich omdat Christus uit de doden was opgestaan; de

---

haakjes, zie Engelse editie.]
[135] Joh.7:39.
[136] Hand.5:18-20; 16:25-26.
[137] Zie Hebr.2:15.

schaduw des doods was verslonden door het Licht des Levens; de prikkel des doods was uiteindelijk onherroepelijk teniet gedaan.[138]

Dus wij verliezen de genade die wij aan het begin ontvangen, omdat onze aardse natuur nog moet worden omgevormd. Deze transformatie is een langzaam en pijnlijk proces dat begint met een verschuiving in ons bewustzijn, in het kielzog van het eerste bezoek van de genade. Het is vaak vanwege deze radicale verandering dat mensen de wereld achterlaten en het klooster ingaan. De intensiteit van de eerste genade geeft hen een geheel nieuw perspectief, en relaties met familie en vrienden bevatten niets aantrekkelijks meer. De ziel zoekt nu het authentieke geestelijke leven in de eeuwige dingen. De mens kan niet meer blijven steken in de relatieve zaligheid van zijn vroegere onwetendheid, en hij zal niet tevreden zijn totdat hij de maat heeft bereikt die hem door God geopenbaard is.

In onze onervarenheid kunnen wij niet vermijden dat wij fouten maken. Nog niet volkomen wedergeboren, hebben wij nog steeds zondige gewoonten, die God beledigen en de Heilige Geest bedroeven. Dit is waar onze strijd begint voor de transformatie van onze natuur, want wij weten dat wij ons eigen moeten maken wat ons vrijelijk geschonken werd. Onnodig te zeggen, dat de mens nimmer goed kan maken dat hij de gave Gods, het eeuwige leven, verkwist heeft. Al zijn streven is tijdelijk en behoort tot de geschapen wereld, en er is een grote kloof tussen zijn huidige staat en het eeuwige leven van God. Niettemin, in Zijn onuitsprekelijke goedheid inspireert God hem en voorziet hem van wegen om zijn beperkte en vergankelijke leven te ruilen voor Gods eigen oneindige en onvergankelijke leven.

Vader Sophrony benadrukt, dat het eerste bezoek van de genade het hypostatische beginsel in ons doet ontwaken, dat is, het vermogen dat God in onze natuur heeft geplant om de gave Gods te omarmen en Hem gelijk te worden.[139] Deze eerste genade geeft de mens een voorsmaak, hoe de gave van de Heilige Geest hem in staat stelt heel zijn wezen volledig in bezit te hebben. Wanneer ons bijvoorbeeld een zekere mate van verbrokenheid geschonken wordt, voelen wij dat wij de beheersing hebben over heel ons wezen; wij zijn in staat

---

[138] 1Kor.15:55.
[139] "On Prayer", GK p., EN p.76-77.

elke gedachte, elke beweging van ons hart, te beschouwen en te beheersen. En hoe meer genade wij ontvangen, des te vollediger worden wij meester over onze natuur. Met andere woorden, bij het ontwaken van het hypostatische beginsel in ons, begint onze wedergeboorte. Doch hoewel de genade in het begin zeer werkzaam is, is onze natuur nog niet gehoorzaam aan de grote en volmaakte wil van God. De genade wendt onze aandacht naar binnen en openbaart ons grote waarheden over het geestelijk leven, maar wij kunnen deze nog niet de onze noemen. Wij zijn nog steeds verdeelde, gevallen wezens, en wanneer wij voor het verlies van de genade komen te staan, ontdekken wij de verdeeldheid in onszelf. Het deel van ons waarin de wedergeboorte is begonnen, volgt het hypostatische beginsel, terwijl het andere deel – onze oude natuur – in tegenovergestelde richting beweegt. Doorgaans zijn wij verrast, wanneer wij dit in onszelf opmerken, en wij roepen uit: "Ik voelde mij zo goed. Mijn gebed was vurig. Wat is er met mij gebeurd?" Wij begrijpen niet dat onze natuur nog steeds verdeeld is. Doch als wij alles doen wat wij kunnen om staande te blijven, zoals de Apostel zegt,[140] dan zullen onze natuur en onze wil gelijkvormig worden aan het nieuwe leven dat het hypostatische beginsel in ons heeft opgewekt. De stapsgewijze dynamische toename van ons hypostatische beginsel zal de zwaarte van onze nog niet herboren natuur overwinnen. De sterfelijkheid zal worden verslonden door de onsterfelijkheid,[141] zodat de wil van God – de enige waarachtige wet van ons bestaan – in ons gevestigd moge worden.

In zijn Brief aan de Romeinen[142] beschrijft de Apostel deze innerlijke verdeeldheid: "Naar de innerlijke mens verlustig ik mij in de wet van God, maar ik zie een andere wet in mijn leden, die strijdt tegen de wet van mijn intellect en mij tot krijgsgevangene maakt onder de wet der zonde, die in mijn leden is." Dankzij de verlichting van de eerste genade wordt de verdeeldheid in ons nu in alle scherpte geopenbaard. Als geestelijke vader zou vader Sophrony nimmer proberen iemands gevoel van innerlijke verdeeldheid te verminderen; integendeel, soms probeerde hij zelfs deze te intensiveren, wetende

---

[140] Cf. Ef.6:13.
[141] Cf. 2Kor.5:4.
[142] Zie Rom.7:14-25.

dat diegenen die bereid zijn in die gespannenheid stand te houden, zich met hun gehele wezen tot God zullen wenden. Dan, nadat zij de beproeving hebben verduurd, wordt Zijn genade hen eigen.

Deze innerlijke verdeeldheid manifesteert zich op vele manieren. 's Nachts zullen wij misschien wenen in het gebed en vertroost worden door de Heilige Geest, enkel om 's morgens op te staan in een staat van wanorde, alsof wij helemaal niet hadden gebeden. Doch beide gesteldheden zijn echt. Vurig gebed is de vrijelijk geschonken gave van God om ons te roepen tot nieuwheid des levens; het gevoel van verlatenheid in de morgen herinnert ons eraan dat onze natuur nog steeds aards is. Zelfs de heilige Paulus wanhoopte aan zichzelf, en riep uit: "Ik ellendig mens! wie zal mij verlossen uit dit lichaam des doods." Doch hij verstond de onvermijdelijkheid van dit patroon, en voegde daaraan toe: "Ik dank God door Jezus Christus onze Heer. Derhalve ben ikzelf dan met het intellect wel dienstbaar aan de wet van God, doch met het vlees aan de wet der zonde." Alhoewel de verdeeldheid in ons kan voortduren tot het eind van ons leven, krijgt het hypostatische beginsel meer en meer contrôle over onze natuur, over ons gehele wezen. De volkomen heiliging, waarover de heilige Paulus schrijft aan de Thessalonicensen, wordt alleen gevonden in de heiligen.[143]

De natuur van de mens is zwak en zondig, maar de genade vermindert ook vanwege zijn dagelijkse plichten, die zijn intellect afleiden van het schouwen van God. Vader Sophrony placht te zeggen, dat als de genade twaalf gradaties zou kennen, alles boven de zevende graad de mens zou verhinderen zijn gewone taken op aarde te verrichten.

Er zit ook een theologisch aspect aan het terugtrekken van de genade, een aspect dat kenmerkend is voor ons leven in Christus als geheel. Volgens vader Sophrony leren wij, als wij Christus volgen, de gehele Christus kennen, van Alfa tot Omega. Ons wordt kennis geschonken van Zijn pad en van elk aspect van Zijn leven.[144] Christus leed de zielepijn van de verwerping en de verlatenheid om ons uit onze verwoesting en verlatenheid te doen uitgaan. Degenen die Zijn

---

[143] Cf. 1Thess.5:23.
[144] Zie "On Prayer", GK p.116-117, EN p.77.

weg volgen, zullen voorzeker dezelfde ervaring ondergaan.[145] De heilige Andreas van Kreta stelt, dat God toestaat dat de ziel van alle gelovigen, vroeg of laat, in dit aardse leven op één of andere manier door de hel gaat, niet om verloren te gaan, maar om het mysterie van de weg van Christus te leren kennen, inclusief Zijn nederdaling ter helle.[146] Geen van de heiligen – dat is, de gelovigen – zal verstoken blijven van de eer Christus' weg te volgen en de hel te smaken, en daardoor binnen te treden in het mysterie van de alomaanwezigheid van Christus, zelfs in de nederste delen der aarde. Deze ervaring zal hen diepe kennis van God verschaffen, van Zijn nederigheid en menslievendheid, en op natuurlijke wijze zullen zij theologen worden.

Nog een andere reden dat de mens de genade verliest, is zijn vervormde mening over zichzelf, zijn verborgen hoogmoed en ijdele trots, zijn luciferische neiging. Zoals vader Sophrony bevestigt, gaat het hier om de tendens zijn geschapen gaven te overschatten. Het effect hiervan is, dat het zijn deelname in de ongeschapen gaven van God verhindert. Zoals de heilige Silouan zegt: "De ziel wordt het terugtrekken van de genade gewaar, maar in eerste instantie begrijpt zij niet dat hoogmoed de oorzaak is, en slechts na een lange strijd plaatst zij zichzelf op het pad tot de nederigheid."[147] Maar de Geest Gods is edel, gevoelig en vrij, en Hij verdraagt niet de minste zelfgenoegzaamheid in de mens. Wij weten allemaal hoe gemakkelijk het is de genade te verliezen omdat wij tevreden zijn over onszelf. Zodra wij maar de minste verlichting van het hart ontvangen, voelen wij ons voldaan, en onze bovenmatige vreugde leidt onmiddellijk tot verlies van onze verbrokenheid en de noodzaak tot verdere reiniging en bekering.

Het terugtrekken van de genade kan ook de terechte straf zijn voor een fout. De mate waarin wij de genade verliezen komt overeen met de omvang van onze fout. Vader Sophrony maakte ons duidelijk, dat de monniken in de 'Gevangenis', zoals beschreven door de heilige Johannes van de Sinaï,[148] geen gewone monniken waren.

---

[145] Cf. Joh.15:20.
[146] Cf. Ef.4:8-10.
[147] "Saint Silouan", EN p.462, NL p.486.
[148] "The Ladder", step 5, p.55-62.

Het is duidelijk dat zij het ongeschapen Licht van Gods heerlijkheid hadden gezien, doch daarvan waren weggevallen. Gewone monniken zouden niet in staat zijn ook maar een enkele dag door te brengen in die 'Gevangenis'. Iemand die de verlichting heeft ontvangen en de kracht Gods heeft gesmaakt, die Gods herscheppende liefde heeft genoten en de volmaaktheid van de eenheid met Hem, en vervolgens alles verloren heeft, is bereid alles te verdragen om te worden hersteld tot de volheid der genade. Het terugtrekken van de Geest is de meest onverdragelijke soort straf. De innerlijke mens wordt letterlijk doodgeknaagd door zijn geweten. Sommige monniken in de 'Gevangenis' hadden zulk een diep berouw over hun staat, dat zij stierven na slechts enkele dagen van hun streven om te worden herenigd met het Licht van Christus. Hoe meer genade de ziel heeft gekend, des te ernstiger en ondraaglijker is het verlies, wanneer het de genade goeddunkt haar te verlaten.

Het is opbouwend de levens van de heiligen te beschouwen, want daaruit leren wij veel over de verschillende redenen voor het verlies van de genade. Tegelijkertijd kan elk specifiek geval ons veel leren over de wijze waarop de genade in hen hersteld werd. Veel van de meest inspirerende gedeelten beschrijven bijna bovenmenselijke pogingen om de genade te herwinnen. Al deze levens hebben echter één kenmerk gemeenschappelijk: Wanneer zij zich aan de rand van de wanhoop bevinden, en uitroepen: "Nu verga ik, nu ben ik verloren!" dan vindt, zonder uitzondering, de overgang plaats van de buitenste duisternis van de uiterste zelfontlediging tot het onuitsprekelijke schouwen van de goddelijke heerlijkheid.[149] Eén van de meest dramatische voorbeelden hiervan wordt beschreven door onze vader in God, de heilige Silouan.

Iets dergelijks zien wij ook in het ontroerende leven van de heilige Niphon,[150] een grote heilige die leefde in Constantinopel. Hij werd tot monnik gewijd en na enige tijd, zoals hijzelf zegt, werd hij nalatig. Op een dag kwam hij de kerk binnen om te bidden voor de icoon van Christus, en hij zag hoe de Heiland Zijn Aangezicht van hem afwendde. Hij was hierdoor zo gewond, dat hij zich het

---

[149] Zie "We Shall See Him", GK p.123-124, EN p.80.
[150] Zie "Stories, Sermons and Prayers of St Nephon: an ascetic Bishop".

leven had kunnen benemen; hij sloeg zichzelf met stenen en gaf
zich over aan de meest meedogenloze lijfstraffen. Zijn berouw droeg
echter vrucht, en hij ontrukte zichzelf aan de nalatigheid waarin hij
gevallen was. Zijn uiterste bekering bereikte een punt waarop hij,
niet meer in staat de pijn te verdragen, uitriep tot de Heer: "Mijn
God, mijn God, waarom hebt Gij mij verlaten?" En terwijl hij deze
woorden herhaalde van de gekruisigde Christus Zelf, aanschouwde
hij het ongeschapen Licht. Toen vond er een verandering in hem
plaats, even groot als wat plaatsvond in de heilige Silouan nadat hij
het woord van de Heer had gehoord: "Houd uw geest in de hel, en
wanhoop niet". De heilige Niphon raakte zo bekend vanwege zijn
vurige bekering, dat zij hem bisschop wilden maken. Hij voelde zich
zulk een eer volstrekt onwaardig, en hij en zijn discipel vluchtten
per schip naar Alexandrië. Toen zij aankwamen, passeerden zij een
helder verlichte kerk vol mensen. De heilige Niphon zeide: "Laat
ons gaan, en bidden in deze kerk waar Christenen in gebed zijn."
Zoals later bleek, was de plaatselijke bisschop net gestorven, en zijn
kudde hield een nachtwake in de hoop dat God zou openbaren wie
hun volgende bisschop zou zijn, want zij hadden het niet eens kunnen
worden over een opvolger. Natuurlijk wist de heilige Niphon hier
niets van. Toen hij en zijn discipel de kerk binnen kwamen hield
iedereen op met bidden. Alle ogen waren gericht op de heilige
Niphon, en de mensen begonnen te roepen: "Deze man moet onze
bisschop worden!" Zij grepen hem, en daar hij reeds monnik was,
maakten zij hem onmiddellijk diaken, priester en bisschop.

Dit soort radicale bekering wordt bewerkt door het schouwen
van het ongeschapen Licht, en vindt over het algemeen plaats in
mensen die door hun omstandigheden geleid zijn tot het vreeswekkende mysterie van Christus' nederdaling ter helle. In de Psalmen
lezen wij: "Doch ik zeide in mijn verbijstering: ik ben verworpen
uit het gezicht van Uw ogen; daarom verhoorde Gij de stem van
mijn smeekbede, in mijn geroep tot U."[151] Zonder de nederdaling
in de afgrond kan er geen opgang zijn tot de hoogten, zoals vader
Sophrony altijd onderrichte.[152] De onschatbare parel, de kennis

---

[151] Cf. LXX Ps.30:23 (31:22/23).
[152] Zie "Saint Silouan", GK p.220, EN p.169, NL p.178, en "His Life is Mine",
EN p.78.

van de Persoon van Christus Zelf,[153] wordt slechts geschonken wanneer wij hebben ingestemd met onze vreeswekkende herschepping in de handen van de levende God.

Het verlies van de genade ten gevolge van de zonde is het meest pijnlijk. Hoe achteloos, hoe gemakkelijk worden wij verleid door de zonde, "die zich voordoet bij elke gelegenheid" (*'euperistatos'*)[154] in haar pogingen alles te besmetten wat wij doen. En hoe meer genade ons gegeven is, des te strenger is de bestraffing die het verlies daarvan vergezelt, vooral wanneer wij struikelen en vallen door onze eigen nalatigheid of ongehoorzaamheid.

Vader Sophrony herinnerde ons vaak aan het volgende verhaal uit "De uitspraken van de Woestijnvaders". Abba Isaac van de Thebaide, een kluizenaar die bekend stond om zijn deugd en heiligheid, zag een andere monnik een zonde begaan. En deze kluizenaar, die misschien enkel vermoeid was of onoplettend, veroordeelde zijn broeder, zeggende: "Hij heeft verkeerd gehandeld." Zelfs degenen die groot zijn in Gods ogen, al zijn zij vervuld van de genade, hebben soms zulke ogenblikken van terugval omdat de zonde ons "zo gemakkelijk bevangt". Hij sprak een oordeel uit, waar hij barmhartigheid en medelijden had moeten betonen. Toen hij terugkeerde naar zijn cel, zag hij een engel voor zijn deur staan. De engel zeide: "God heeft mij gezonden om u, een heilige, te vragen waar u de ziel van de broeder zou willen plaatsen, die gij veroordeeld hebt." De kluizenaar zag onmiddellijk dat hij de zonde begaan had zijn broeder te oordelen. Hij viel op zijn aangezicht en vroeg vergeving, en – zoals het verhaal gaat – hij wilde zijn cel niet binnengaan. Hij leefde als een wild dier in de woestijn, en verdroeg de brandende hitte van de zon en de ijzige koude nachten. Pas na zeven jaar keerde hij terug naar zijn cel. Dat wil zeggen, het kostte hem zeven jaar om hersteld te worden in zijn vroegere staat van genade. Hij sprak slechts één zin – Hij heeft verkeerd gehandeld – maar dat was genoeg om de genade van hem te doen weggaan. God verwacht inderdaad meer van diegenen die voortdurend in Zijn aanwezigheid verblijven. God had "ingewanden van mededogen" verwacht van deze heilige

---

¹⁵³ Cf. 2Kor.4:6.
¹⁵⁴ Hebr.12:1, εὐπερίστατος (hier vertaald naar de Engelse weergave door de auteur).

man, maar in een ogenblik van zwakheid oordeelde hij zijn broeder, en werd daar streng voor gestraft.[155]

Het is belangwekkend dat vader Sophrony bepaalde aspecten van het leven van de heilige Serafim van Sarov verstond in termen van het verlies van de genade als gevolg van de zonde. Een dame, die doende was een leven van de heilige Serafim samen te stellen, kwam vanuit Frankrijk naar ons klooster om vader Sophrony te zien. De Oudvader ontraadde haar de Heilige af te schilderen als een vrome man wiens toewijding hem ertoe bracht gedurende duizend dagen en nachten op een steen tot God te bidden, waarop God hem grote gaven schonk. Als diaken had de heilige Serafim een onbeschrijfelijke mate van genade ontvangen tijdens het vieren van de Liturgie. Toen hij uit het altaar kwam om te zeggen "En in de eeuwen der eeuwen", vlak voor het Trisagion, aanschouwde de Heilige Christus in heerlijkheid, op dezelfde wijze als de heilige Silouan Hem zag, dat is, op de plaats van Zijn icoon. De genade die de heilige Serafim ontving op het ogenblik van het schouwen was zo groot, dat hij niet in staat was nog een woord te uiten, en hij bleef sprakeloos gedurende heel de rest van de Dienst. Zijn bejaarde hegoumen, een geestelijk man, begreep wat er gebeurd was, en men liet de heilige Serafim stil in een hoek van het altaar zitten tot het einde van de Liturgie.

Van toen af aan ging de heilige Serafim van kracht tot kracht, en hij bleef in deze gezegende staat gedurende een aantal jaren. Toen de oude hegoumen stierf, rees de vraag naar een opvolger. Er waren twee kandidaten: de heilige Serafim, inmiddels priester geworden, en een andere priestermonnik. In zijn nederigheid en zijn liefde voor het innerlijk leven trok de heilige Serafim zich terug, en liet het hegoumenaat over aan de andere kandidaat. (Hegoumen te zijn lijkt alleen een heerlijke staat in de ogen van diegenen die verslaafd zijn aan hun lust naar macht, maar voor hen die werkelijk doen wat deze functie veronderstelt, is het een zeer zwaar kruis.) Ondanks de nederigheid van de heilige Serafim, die zich had teruggetrokken om zichzelf te kunnen overgeven aan het gebed dat de genade hem had geleerd, deed de nieuwe Hegoumen alles wat hij kon om hem

---

[155] Zie "The Sayings of the Desert Fathers": The Alphabetical Collection", Isaac the Theban, §1.

uit het klooster te verjagen. De heilige Serafim had hem alle plaats gegeven, maar hij was nog niet tevreden en wilde hem volledig kwijt. De Heilige besloot het klooster te verlaten, maar hij bemerkte een zekere bitterheid en verdriet in zichzelf. Menselijk gesproken was dit verdriet, veroorzaakt door de houding van de nieuwe hegoumen, geheel onschuldig. En toch, zelfs wanneer ons verstand ons zegt dat wij onschuldig zijn en in ons recht staan, betekent dit niet dat wij gelijk hebben in de ogen van God. Het soort verdriet dat de Heilige koesterde had de Heilige Geest gegriefd, en het was alleen hierom dat hij zijn gezegende staat verloor. Toen hij zichzelf beroofd zag van de buitengewone genade die hij had ontvangen toen hij de Zoon van God in heerlijkheid aanschouwde, trok hij zich terug in de woestijn met slechts één doel in gedachten: zichzelf over te geven aan de berouwvolle bekering tot de dood toe, in de vurige hoop te worden hersteld in zijn oorspronkelijke staat. Dit is de diepere achtergrond van het geweld van zijn gebed. Dit was waarom hij gedurende duizend dagen en nachten op een rots knielde, en de Heer smeekte om barmhartigheid. Abba Isaac van de Thebaide moest zeven jaar wachten vergeleken met de drie jaar van de heilige Serafim – in beide gevallen had het ook langer of minder lang kunnen duren. Zulke dingen worden geordend door de voorzienigheid van God, de enige Die alwetend is. In zulke buitengewone gevallen van uiterste bekering, wordt de oorspronkelijke maat van genade wederom geschonken, ditmaal permanent en stabiel.

Hoe streng kan God handelen met diegenen die Hem persoonlijk gekend hebben, en hoe streng lijkt deze wijze van correctie, vooral als de persoon directe ervaring heeft gehad van het ongeschapen Licht. Iets dergelijks was ook het geval met Abba Bessarion, een andere vader uit de Egyptische woestijn:[156]

> De leerlingen van abba Bessarion verhaalden dat het leven van de Oudvader was, als ware hij een vogeltje in de lucht, of een vis in de zee, of een dier op het droge; hij leefde heel zijn leven zonder beroering en zonder zorgen. Hij bekommerde zich niet om een dak boven zijn hoofd; hij scheen nimmer bevangen door het verlangen zich op een bepaalde plaats te bevinden...

---

[156] Ibid., Abba Bessarion, §12.

Het is duidelijk dat de goddelijke genade, die rijkelijk in hem woonde, hem had losgemaakt van al het aardse, zelfs van de fundamentele nood aan een plek om te wonen.

> ... hij scheen volkomen vrij van alle hartstochten van het lichaam; hij werd gevoed door de hoop op de toekomende goederen, en gesteund door de vastheid des geloofs bracht hij zijn leven door in geduldige volharding, als een gevangene die heen en weer gedreven wordt, en hij verdroeg koude en naaktheid, en de brandende hitte van de zon...

Hoe had hij zulke ontberingen kunnen verduren, tenzij hij gedragen werd door de genade? Hoe en wanneer precies hij de genade verloor vertelt deze korte geschiedenis niet, maar dat hij deze verloor weten wij uit het vervolg van het verhaal:

> Als hij op stille plaatsen kwam, waar de broeders in gemeenschap leefden, dan zat hij buiten de poort, wenend en weeklagend als een schipbreukeling, die door de golven weer op het droge geworpen is. En als dan één van de broeders naar buiten kwam en hem daar vond – gezeten als één van de armste bedelaars die de wereld rondzwerven – en hem vol medelijden naderde, en vroeg: "Mens, waarom weent gij? Als gij iets nodig hebt, dan zult gij het hebben, voor zover het in ons vermogen ligt; maar kom binnen, en zit met ons aan om iets te eten, en rust wat," dan antwoordde hij: "Ik kan niet onder een dak leven, zolang ik de rijkdommen van mijn eigen huis niet heb teruggevonden." Hij voegde daaraan toe, dat hij op allerlei manieren grote rijkdommen verloren had: "Ik ben in handen van zeerovers gevallen, ik heb schipbreuk geleden, ik heb mijn edele rang onteerd – ik stond wel bekend, nu ben ik onbekend." De broeder, geroerd door deze woorden, kwam terug om hem een stuk brood te brengen, en gaf het hem, zeggende: "Neem dit, Vader, en al het overige, zoals gij zegt, God zal het u teruggeven; uw thuis, uw eer en al uw rijkdommen waarover gij gesproken hebt." Maar hij beweeklaagde zichzelf nog meer, en diep zuchtend sprak hij: "Ik kan niet zeggen of ik al die goede dingen, die ik verloren heb, zal kunnen terugvinden; veeleer moet ik nog meer leed verduren, dagelijks in gevaar tot de dood toe, zonder rust vanwege de grote rampen die mij overkomen zijn. Want altijd moet ik zwerven, om mijn loop te kunnen voleindigen."

Abba Bessarion was ontroostbaar in zijn verlies. Hij was als een rusteloos wild dier, rondzwervend in de woestijn, altijd wee-klagend. Want "van een ieder wie veel gegeven is, van hem zal veel worden geëist".[157]

Laten wij tot besluit bezien hoe onze eigen Vader in God, de heilige Silouan, het verlies van de genade ervoer. Wij hebben reeds gespro-ken over het gezicht dat hem geschonken was toen hij de wanhoop nabij was. Toen hij later wegviel van de genade die hij ontvangen had, begon een felle strijd tegen de ijdele trots, omdat hij nog niet wist hoe hij zijn ziel moest vernederen. Zijn smartelijke beproevingen duurden vijftien jaar en, zoals hij verhaalt, als hij niet voortdurend de buitengewone eerste genade indachtig was geweest, die God hem had geschonken toen hij het nederige gelaat van de levende Heer schouwde, dan zou hij niet in staat zijn geweest ook maar één van die vreeswekkende nachten te verdragen van de strijd tegen de demonen. En hij doorstond vele van zulke nachten.[158]Zodanig is de kracht van de genade. De heilige Silouan was ontroostbaar in zijn smart, en zijn ziel werd immer onverzadigbaar aangetrokken tot Christus en Diens nederigheid. Dit alles blijkt overduidelijk uit zijn geschriften. Maar zijn uitdrukking van de verlies van de genade is het meest indringend in "De weeklacht van Adam":

> Ook ik heb de genade verloren en met Adam roep ik uit: "Wees mij genadig, o Heer! Geef mij de geest van nederigheid en liefde."

> O, de liefde van de Heer! Degene die U gekend heeft, die zoekt u onvermoeibaar en schreeuwt dag en nacht: "Heer, ik verlang naar U, en ik zoek U onder tranen. Hoe zou ik U niet zoeken? Gij hebt mij gegeven U te kennen in de Heilige Geest, en deze goddelijke kennis trekt mijn ziel onophoudelijk aan tot U.

> Adam weeklaagt:
> "De stilte der woestijn is mij niet lieflijk,
> de hoge bergen trekken mij niet,
> de schoonheid van bossen en weiden geeft mij geen rust,
> het gezang van de vogels verzacht niet mijn pijn.

---

[157] Lk.12:48.
[158] Cf. "Saint Silouan", GK p.50, EN p.41-42, NL p.53.

Niets, niets schenkt mij nu vreugde.
Mijn ziel wordt verscheurd door een groot leed:
"Ik heb mijn geliefde God gegriefd."
En als de Heer mij wederom in het paradijs zou opnemen,
dan zou ik ook daar weer pijnlijk weeklagen:
"Waarom heb ik mijn geliefde God verbitterd?"

Adam, verbannen uit het Paradijs, vergoot stromen van tranen uit
zijn gewonde hart. Aldus is het met iedere ziel die de Heer heeft
gekend; zij weeklaagt om Hem en zegt:
"Waar zijt Gij, o Heer?
Waar is de schoonheid van Uw Aangezicht verzonken?
Zolang al heeft mijn ziel Uw Licht niet geschouwd
en zij lijdt smarten en zoekt U onder tranen.
Waar heeft Mijn Heer Zich verborgen?
Waarom is het, dat ik Hem niet zie in mijn ziel?
Wat weerhoudt Hem ervan in mij te wonen?
Dit: in mij is noch de nederigheid van Christus,
noch de liefde tot de vijanden.
Want God is liefde, oneindig en onverklaarbaar.[159]

Aan het slot van de geschriften van de Heilige lezen wij:

Heel de dag en heel de nacht is mijn ziel in beslag genomen door
U, o Heer. Uw Geest trekt mij aan, opdat ik U zou zoeken; en
Uw gedachtenis verblijdt mijn intellect. Mijn ziel heeft U lief-
gekregen, en zij verheugt zich, dat Gij mijn Heer en mijn God
zijt, en zij verlangt naar U tot tranen toe. En al is alles in de
wereld mooi, toch schenkt niets aards mij vreugde, en mijn ziel
verlangt slechts naar de Heer.

De ziel die God gekend heeft, kan niets meer verlangen op deze
aarde, maar streeft onophoudelijk naar de Heer en zij schreeuwt
als een zuigeling die zijn moeder heeft verloren:
"Mijn ziel dorst naar U, en ik zoek U onder tranen."

Uit liefde voor de Heer is de ziel als was zij krankzinnig geworden. Zij blijft zwijgend zitten, en wil niet spreken. En als een
krankzinnige ziet zij de wereld en verlangt haar niet, en zij kijkt
niet eens naar haar. En de mensen weten niet dat zij haar geliefde

---

[159] Ibid., GK p.560-561, EN p.449-450, NL p.472-473.

Heer ziet; en de wereld is achtergebleven en in vergetelheid geraakt, en de ziel wil geen aandacht aan haar schenken, want de
onvergankelijke zoetheid is niet in haar.

Aldus is het in de ziel, die de goddelijke zoetheid heeft leren
kennen van de Heilige Geest.[160]

Oudvader Sophrony schrijft hierover:[161]

[De Heer zegt:] "Ik ben gekomen om vuur te werpen op de aarde,
en wat wil Ik, indien het reeds ontstoken is?" Het is onontbeerlijk
voor ons, zonen van Adam, om door dit hemelse vuur te gaan, dat
de wortels van de dodelijke hartstochten verteert. Anders zullen
wij het Vuur niet omgevormd zien tot het Licht van het nieuwe
leven, want in onze gevallen staat gaat het branden vooraf aan de
verlichting, en niet omgekeerd. Laat ons daarom de Heer zegenen,
ook voor deze verterende werking van Zijn liefde.

---

[160] Ibid., GK p.622, EN p.504, NL p.526-527.
[161] "On Prayer", GK p.17, EN p.10.

10

De zelfverloochening
van de Moeder Gods

Op het bruiloftsfeest te Kana benaderde de Moeder van onze Heer haar Zoon op stille en nederige wijze, waarlijk als een heilige Maagd, en zeide: "Zij hebben geen wijn".[1] En terwijl zij dit zeide, kwam de gedachte op in haar hart dat nu misschien de tijd gekomen was voor de Heer om Zijn heerlijkheid te doen kennen, want op dat moment overwoog haar geest de vele grote gebeurtenissen die zij aanschouwd had sinds de Verkondiging. De Heer antwoordde op de gedachte van haar hart, en Zijn antwoord toont ons hoe het gesprek op het geestelijk niveau de inleidende stadia van de dagelijkse conversatie niet nodig heeft, maar zich onmiddellijk richt op de kern van de zaak.

De Heilige Maagd was van zeer nabij deelgenoot geweest aan de meest buitengewone en wonderbaarlijke gebeurtenissen: de ontvangenis en de geboorte van de Zoon van God; na Zijn geboorte de eer en aanbidding van de Wijzen; de verschijning van de koren der engelen; Jozefs droom, waardoor God alle twijfel van diens geest wegnam; de vlucht naar Egypte; Gods bescherming tijdens Herodes' slachting van duizenden zuigelingen; de roeping van de eerste leerlingen na de Doop des Heren. Al deze gebeurtenissen vormden een sprekend getuigenis van God Zelf over zowel de persoon van Christus als de persoon van de Moeder Gods. Dertig jaar lang had zij al deze dingen overwogen in haar hart, en toen de Heilige Geest nederdaalde en rustte op de Heer, bij Diens Doop – "in de gedaante van een duif", om te laten zien dat Hij de Zoon toebehoorde van alle eeuwigheid – toen begon het hart van de Moeder Gods over te vloeien van heilige verwachting. Zo wachtte zij dan op het ogenblik waarop Hij Zijn heerlijkheid zou openbaren. En nu benadert Maria, de Moeder Gods, dus haar Zoon – enigszins verlegen, veeleer als een dochter dan als een moeder, en zij zegt: "Zij hebben geen wijn." En Jezus

---

[1] Zie Joh.2:1-11.

spreekt rechtstreeks tot de diepten van haar hart: "Vrouw, wat is er tussen Mij en u? Mijn uur is nog niet gekomen." De Heer spreekt Zijn Moeder aan met "vrouw", dezelfde benaming die Hij ook gebruikte toen Hij aan het Kruis hing: "Vrouw, zie uw zoon!".[2] Zijn antwoord is misschien nogal streng, maar tevens edel: "Vrouw, wat is er tussen Mij en u? Ik kan niet de wensen van Mijn moeder vervullen; Ik heb een zending te volbrengen, en Mijn uur is nog niet gekomen."

Dus de Heer snijdt de wensen van Zijn Moeder af en ziet daaraan voorbij. Had Hij dit niet gedaan, dan had Hij daarna niet gezegd: "Indien iemand tot Mij komt, en niet haat zijn vader, en moeder, en vrouw, en kinderen, en broeders, en zusters, ja, ook zelfs zijn eigen leven, die kan Mijn leerling niet zijn."[3] Zoals vader Sophrony placht te zeggen, gaf de Heer nimmer geboden die Hijzelf niet in Zijn eigen leven had vervuld. Door te leven naar Zijn eigen geboden, toonde Hij, Die Zelf de Weg is, Zijn leerlingen een weg om na te leven. Dertig jaar lang had Hij geleefd in gehoorzaamheid aan Zijn ouders, zoals het Lukas-evangelie verhaalt. Maar de tijd was gekomen om dit alles achter te laten, omwille van Zijn hemelse zending tot behoud van de wereld.

Doch de vijand volgde de Heer zonder ophouden, in het streven Hem, Die zonder zonde is, te vangen op de minste overtreding, want dit zou genoeg zijn geweest om heel het heilswerk van de Heer teniet te doen. Daarom was het noodzakelijk dat de Heer uiterst strikt was in elke situatie, om de vijand geen enkel voorwendsel te bieden. En inderdaad vervulde Hij de Wet in Zichzelf, door Zijn volmaakte onderworpenheid aan de goddelijke Wil van Zijn Vader. De gehoorzaamheid aan Zijn aardse voogden was uiteindelijk van secundair belang. Ook bij een andere gelegenheid toonde de Heer eenzelfde veronachtzaming van de wil van Zijn verwanten, namelijk, toen Zijn Moeder en Zijn broeders hem kwamen weghalen van de volksschare die Hem dreigde te doden: "Wie is Mijn moeder? En wie zijn Mijn broeders?"[4]

De Moeder Gods aanvaardde het antwoord van haar Zoon met

---

[2] Joh.19:26. [Dat wil zeggen, deze benaming als zodanig is niet negatief, maar impliceert alle liefde en eerbetoon jegens Zijn moeder, zoals blijkt bij Zijn zorgzame en liefdevolle woorden aan het Kruis. *Noot vert.*]
[3] Lk.14:26.
[4] Mt.12:48.

groot geloof. Ook ditmaal was dit een daad van 'kenosis', van zelf-ontlediging, waarbij zij haar eigen wil opzij zette. Zij was in staat te hopen "tegen hoop", zoals Abraham had gedaan. Misschien begreep zij niet waarom de Heer haar weigerde, maar zij had het vertrouwen dat wat Hij ook deed juist zou zijn. Dus te Kana aanvaardt zij vernederd te worden door haar Zoon, en vol geloof zegt zij tot de dienstknechten: "Wat Hij u ook zegt, doet het."

Tenslotte werd het water toch in wijn veranderd. De Heer eerde Zijn Moeder, en de tafelmeester prees de bruidegom, zeggende: "Ieder mens zet eerst de goede wijn op, en wanneer men wel gedronken heeft de mindere; maar gij hebt de goede wijn tot nu toe bewaard." Onze Vaders leren ons, dat God de 'goede wijn' altijd tot het laatst bewaart. Eerst komen het lijden en de verdrukkingen, en pas aan het eind wordt de goede wijn van Zijn genade gegeven.

Gedurende heel Zijn dienstwerk maakte de Heer duidelijk, dat onze trouw vóór alles aan God zou moeten zijn, door de gehoorzaamheid aan Zijn geboden. Doch terwijl Hij Zijn leerlingen toonde dat Hij op aarde gekomen was om de wil van Zijn Hemelse Vader te vervullen, en niet de wil van de mens, toch veronachtzaamde de Heer Zijn moeder niet. Van begin af aan was zij het grootste instrument geweest in Zijn heilswerk. Tijdens Zijn kruisiging hing heel Zijn zending als boven de afgrond van de eeuwige dood; maar zelfs toen droeg Hij zorg voor haar bescherming.[5] En wie was gehoorzamer en meer zelfopofferend dan Zijn heilige Moeder? Door de wil van haar Zoon te aanvaarden, offerde zij haar eigen wil in volmaakte nederigheid, heiligheid en geduld. De Heer sprak haar tegen: "Mijn uur is nog niet gekomen." Maar omdat zij deze vernedering op zulk een zachtmoedige wijze omhelsde, stelde de Moeder Gods de Heer in staat Zijn heerlijkheid des te vlugger te openbaren. In haar nederigheid en kenosis bracht de Heilige Maagd het uur van de heerlijkheid van haar Zoon naderbij. In het Johannes-evangelie betreft dit "uur" vaak het ogenblik van Zijn verschijning als de Messias,[6] terwijl het in de meeste andere gevallen verwijst naar Zijn kruisiging, waardoor

---

[5] Zie Joh.19:26-27.
[6] Zie Joh.5:25,28; 7:30; 8:20; 13:1.

Zijn heerlijkheid tot het uiterste zou worden geopenbaard in Zijn liefde tot de dood toe, bij de voltooiing van Zijn heilswerk.[7]

Eenzelfde soort kenosis vinden wij in het leven van vele heiligen, en zelfs in het leven van vele gelovige Christenen. In het uur van verlatenheid, pijn en verdrukking stellen zij hun vertrouwen op de Heer, en zelfs al zijn zij in de kerker der duisternis en vernietiging, toch maken zij een manmoedige sprong, en bevinden zich dan onverwacht in het licht van het Koninkrijk. Zoals koning David zegt in de Psalmen: "Ik zeide in mijn verbijstering: ik ben afgesneden van voor Uw ogen; toch hebt Gij mij doen overgaan van de dood tot het leven."[8] God staat toe dat de heiligen een totale kenosis ondergaan, en zij aanvaarden dit in volkomen vertrouwen, vasthoudend aan de éne gedachte dat God voor eeuwig gezegend is, want Hij is volmaakt rechtvaardig. Aldus vindt de overgang plaats van het psychologische tot het ontologische vlak, zoals vader Sophrony gewoon was te zeggen.[9] Het is in deze staat dat wij deelgenoot worden aan de goddelijke energie van Christus' grote barmhartigheid.

Net zoals de kenosis van de Moeder Gods de komst van het uur van haar Zoon mogelijk maakte, waarin Hij Zijn heerlijkheid openbaarde, zodat Zijn leerlingen bevestigd zouden worden in hun geloof, evenzo is het in het leven der heiligen: De standvastigheid van hun geloof en hun hoop "tegen hoop" brengen het uur van de grote barmhartigheid des Heren naderbij. Soms hebben zij geen begrip van hetgeen zij doorstaan, maar één ding weten zij zeker: gerechtigheid en rechtvaardigheid komen slechts toe aan God, Die voor eeuwig geliefd en gezegend is. Vader Sophrony zeide, dat wanneer wij waarachtige bekering offeren tot de dood toe, op de wijze der heiligen, het niet aan ons is om te vragen: "*Waarom* gebeurt dit met mij? *Waarom* doet Gij mij dit aan, Heer?" Voor ons ligt de waarachtige wijsheid erin te vragen: "Heer, *hoe* moet ik nu handelen, om te voorkomen dat ik in zonde verval en wegval van uw beloften?"

---

[7] Zie Mt.26:45; Mk.14:41.
[8] Cf. LXX Ps.30:23(31:22/23).
[9] Zie "Saint Silouan", GK p.272, EN p.205, NL p.225; "We Shall See Him", GK p.137-138, EN p.88; "His Life is Mine", EN p.29; "On Prayer", GK p.67-68, EN p.45-46.

Er zijn maar weinig parels vermeld in de Schriften aangaande het leven van de Moeder Gods, maar zij zijn allemaal vol betekenis, als vensters op een groot mysterie. Het doel van het wonder van de Heer te Kana was Zijn leerlingen te bevestigen in hun geloof. Zijn openbaring aan hen diende vooraf te gaan aan de openbaring aan de volksscharen. Toen Christus het water in wijn veranderde, werden de ogen van Zijn leerlingen geopend; maar er was ook een verandering in het leven van de Moeder Gods. De Heer was aan haar onderworpen geweest, in gehoorzaamheid aan de Wet; maar van toen af aan werd zij onderworpen aan Hem, als Zijn Moeder en als Zijn Dienstmaagd.

Het doel van ons leven is de heerlijkheid Gods te tonen. De Heer heeft ons geschapen voor Zijn heerlijkheid, Hij houdt ons in stand voor Zijn heerlijkheid, en wanneer wij sterven, sterven wij voor Zijn heerlijkheid, om voor eeuwig deelgenoot te worden aan Zijn heerlijkheid en daarin te wonen. De Heer werd deelgenoot aan het menselijk leven als een vreemdeling, als een gast, en het was vanwege Zijn nederige verschijning dat Hij in staat was Zijn Koninkrijk te vestigen. Hij was bij de bruiloft te Kana als een gast, maar Hij gebruikte deze gelegenheid om Zijn eigen goddelijke familie te stichten, de Kerk, Zijn Koninkrijk op aarde, te beginnen met Zijn zuivere moeder en Zijn leerlingen.

Hij gebruikte water om een overvloedige hoeveelheid van de beste wijn te scheppen. En wanneer Hij in ons leven komt, dan giet Hij Zijn eigen leven daarin, en daardoor maakt Hij alle dingen nieuw en vol schoonheid, en vervult ze met betekenis. Zoals Hijzelf zeide: "Ik ben gekomen opdat gij het leven moogt hebben, en dat in overvloed."[10]

---

[10] Cf. Joh.10:10.

HET TWEEDE STADIUM (deel II)

*Dat gij de genade Gods
niet tevergeefs ontvangt*

+ 2Kor.6:1 +

11

Aards leven voor
oneindig leven

In het eerste stadium van het geestelijk leven wordt ons geschonken het leven te schouwen dat wij zouden moeten leiden. In het tweede stadium, wanneer dit schouwen zich terugtrekt, is het boven alles door de Goddelijke Liturgie dat God ons bewaart. In de Liturgie ontmoeten wij de volmaaktheid van het goddelijk leven in het onberispelijk en smetteloos Lam Gods, dat omwille van ons heil geslacht is vóór de grondlegging der wereld,[1] en dit begeestert ons met een verlangen ons leven gelijkvormig te maken aan het goddelijk Offer van Zijn liefde.

De Goddelijke Liturgie is een sublieme schepping, die de mens in staat stelt voor Gods aanschijn te leven zonder te wanhopen, ondanks zijn afstand tot God, omdat het Gods welbehagen is hem te overschaduwen – elke keer wanneer de mens in Zijn aanwezigheid komt. En telkens wanneer wij het beste, dat wij kunnen bieden, voor Gods aanschijn brengen in de Liturgie, inclusief onze trouw gedurende de afwezigheid van Zijn genade, dan ontvangen wij leven – Zijn Leven. En alleen Zijn Leven kan ons in stand houden tijdens deze periode die gelijk staat aan een ontologisch vacuüm. Alleen God kan ervoor zorgen dat wij dit stadium van het geestelijk leven overleven. Hij schenkt ons de kracht staande te blijven, wanneer het ons toeschijnt dat wij omvangen zijn door de dood.

Gedurende heel de geschiedenis van de Kerk is de Liturgie de 'plaats' geweest waar de Christenen geleerd hebben te verblijven in Gods aanwezigheid, en daardoor Gods leven te ontvangen – het leven van Hem, Die "het Brood des levens" is, Dat "uit de hemel nederdaalt, en aan de wereld het leven geeft."[2] Het diepste verlangen van de mens, die geschapen is naar Gods beeld en gelijkenis, is in contact te zijn met zijn Schepper; de aanbidding van God is daarom

---

[1] Cf. 1Petr.1:19; Openb.13:8.
[2] Joh.6:33,35.

de voornaamste bezigheid van de geestelijke persoon. Het is in de goddelijke eredienst dat de mens zijn waarachtige doel vervult, en hierin voegt hij zich bij het feest van "de geesten der vervolmaakte rechtvaardigen"[3] in het hemelse Jeruzalem. In de heilige Eucharistie wordt hij geheiligd en met God verenigd, door zijn deelname aan de volmaaktheid van de goddelijke genade. Christus Zelf is aanwezig in de goddelijke eredienst, naar Zijn eigen belofte, en vooral in de Goddelijke Liturgie. Hij woont onder Zijn gezalfden en maakt hen tot Zijn Kerk, Zijn Lichaam, waarvan Hijzelf het Hoofd is, Dat aan Zijn ledematen het leven schenkt en de genadegaven van Zijn Geest.

De goddelijke eredienst wordt opgedragen in tempels die door Christenen zijn gebouwd en aan God zijn opgedragen voor het vieren van Zijn heilige Mysteriën en voor de verkondiging van het woord van Zijn waarheid. God heiligt deze plaatsen. Zij zijn verzegeld met Zijn Naam, en Hij overschaduwt ze met Zijn aanwezigheid. Het is op deze plaatsen dat God onder de mensen komt wonen. De oorsprong van de tempel Gods ligt in het Oude Testament. Toen koning Salomo de tempel die hij gebouwd had aan God opdroeg met zijn luister-rijke gebed, aanvaardde God dit en antwoordde hem: "Ik zal Mijn Naam zetten op deze tempel en Mijn ogen zullen daarop gericht zijn. Ik zal aanwezig zijn onder dit volk, en Ik zal wandelen in hun midden.[4] Toen Hij deze grote beloften gedaan had, verzegelde God de tempel met Zijn Naam en daardoor werd deze heilig gemaakt.

De tempels van het Nieuwe Testament zijn plaatsen waar de Christenen worden ingewijd in de genade van de Heilige Geest door de Doop, de Myronzalving en de Heilige Communie. Deze bouwen het Christelijk volk op, dat het heilige en mystieke Lichaam vormt van Christus, waarin zij hun gemeenschappelijk heil bewerken.[5] Tegelijkertijd maakt de Heilige Geest elke Christen tot een tempel Gods, die "niet met handen gemaakt" is.[6] Mogelijk weten niet alle Christenen in welke zin zij een tempel Gods zijn, of dit kunnen worden, gevormd door de Heilige Geest. Toch zegt de heilige Paulus tot de Christenen te Korinthe, alsof dit algemeen bekend zou moeten

---

[3] Hebr.12:23.
[4] Cf. 1Kon.9:3-5.
[5] Cf. 1Petr.2:5.
[6] Cf. 2Kor.5:1.

zijn: "Weet gij niet dat gij Gods tempel zijt, en dat de Geest Gods woont in ulieden? Zo iemand de tempel Gods verderft, God zal hem verderven; want de tempel Gods is heilig, en dat zijt gij!"[7] Deze vraag is heden ten dage even relevant, als ooit voor de Christenen van de vroege Kerk.

Hoe worden wij dan tot niet-met-handen-gemaakte tempels van God, en waardige deelgenoten aan de gaven van de Heilige Geest in de Goddelijke Liturgie? Wij moeten altijd indachtig zijn dat de Liturgie een nimmer eindigende schepping is. Elke Liturgie is uniek en wordt voltrokken door Christus Zelf. Het is een daad van open-baring die alle beschrijving te boven gaat, en die de gehele schepping omvat: hemel en aarde, engelen en mensen, de levenden en de over-ledenen. Christus heeft Zichzelf eens en voor altijd geofferd in de eeuwige kracht van de Heilige Geest, en Zijn heilig Offer blijft tot in eeuwigheid om allen te heiligen die eraan deelnemen, want het is verzegeld in Zijn heilig Bloed dat Hij vergoten heeft voor het leven van de wereld. De Goddelijke Liturgie is een eeuwige uitdrukking van Christus' "grotere liefde".[8] Het is een werkplaats van liefde, een hart van liefde, de vereniging en gemeenschap van de mens met de Heiland, en met de andere ledematen van het Lichaam.

Aldus wordt de mens tot een actief lidmaat van de gemeenschap van Goddelijke liefde, die Gods woord hoort, Zijn heilige Naam aan-roept, en deelneemt aan het Lichaam en Bloed van de Heer. Zelfs als wij dagelijks de eredienst vieren in de Goddelijke Liturgie, kunnen wij deze nimmer omvatten. Wij kunnen slechts verblijven in de Geest waarin deze gevierd wordt en onszelf gelijkvormig maken aan de visie daarvan, en dan komt God om ons te heiligen. Hoe heiliger de dienst is van de celebranten, en hoe nederiger de aanwezigheid van de gelovigen, des te vollediger is de deelname van allen in het mysterie van het Koninkrijk Gods. Het gezegende Koninkrijk dat door de Goddelijke Liturgie verkondigd wordt, en het heilig Offer waarvan dit de gedachtenis is, behoren aan Christus, want Hij is Degene "Die offert, en geofferd wordt",[9] Hij is de Bron van alle genade en heiligheid. Hij is de éne waarachtige Hogepriester, het

---

[7] 1Kor.3:16-17.
[8] Joh.15:13.
[9] Zie de tekst van de Goddelijke Liturgie.

enige reine en schuldeloze offer, en, zoals de Schriften zeggen, Zijn Koninkrijk is eeuwig en zonder einde.[10] Heel de liturgische daad – alles wat door de priesters wordt verricht – betreft het gehele Lichaam van Christus, eerst het Hoofd en de Oorzaak van ons Heil, en dan de ledematen ervan, de gelovigen die behouden worden, en omwille van wie Hij de viering van de Goddelijke Liturgie heeft ingesteld.

Wij moeten niet vergeten dat deze gedachtenis een gebod is. Bij het Laatste Avondmaal, toen Christus aan Zijn leerlingen het mysterie van Zijn Lichaam en Bloed schonk, gebood Hij hen voort te gaan dit te "doen" ter gedachtenis en ter verkondiging van Hem en Zijn Nieuwe Verbond met de mens.[11] Dit gebod verkondigt Zijn dood, Zijn Opstanding en Zijn Wederkomst, wanneer Hij aan allen hun rechtvaardige vergelding zal schenken, volgens Zijn belofte. Dus wij moeten dit doen "tot Zijn gedachtenis, totdat Hij komt".[12]

Rond de instelling van het mysterie van het Laatste Avondmaal zien wij een omgekeerde volgorde in de gebeurtenissen. Hier zien wij het profetische aspect van de Liturgie: Eerst werd dit door de Heer ingesteld, en pas later zou Hij dit bezegelen door het feitelijk vergieten van Zijn kostbaar Bloed. De Heer gaf dus Zijn eigen Bloed aan Zijn leerlingen nog voordat Hij gekruisigd werd op Golgotha. Hiermee toonde Hij hen de eeuwige betekenis en de kracht van wat in historisch opzicht een dag later zou geschieden. Het Laatste Avondmaal was een profetische gebeurtenis, een gebeurtenis die voor immer de eeuwige waarheid weerspiegelt. Dit is de betekenis en het doel van de profetie in het Nieuwe Testament: dingen te uiten die voor eeuwig waar zijn en daarom voor eeuwig van betekenis. Christus' komst werd voorzegd: Hij is gekomen en Hij zal wederkomen, zoals Hij gezegd heeft. Evenzo werd Christus' offer voorbestemd door de vóóreeuwige Raad van de Heilige Drieëenheid. De Apostel beschrijft de Heer als "Christus... het onberispelijk en smetteloos Lam, Dat reeds tevoren gekend was vóór de grondlegging der wereld, doch geopenbaard is in het laatste der tijden."[13]

---

[10] Zie Dan.7:14; Lk.1:33.
[11] Mt.26:28; Lk.22:19.
[12] Cf. 1Kor.11:24-26.
[13] 1Petr.1:19-20.

Hij is "het Lam dat geslacht is vanaf de grondlegging der wereld".[14] Elke gebeurtenis die God ooit in de zin had, geuit heeft, of teweeg heeft gebracht in de menselijke geschiedenis, is tevens een gebeurtenis buiten de tijd en de werking daarvan is "van eeuwigheid tot eeuwigheid".

De Goddelijke Liturgie is een dienende daad,[15] die zowel goddelijk is als menselijk. Als gedachtenis van een gebeurtenis is het een menselijke daad. Doch de gebeurtenis die hier in gedachtenis wordt gebracht is goddelijk en eeuwig. Aan de Zoon werd het gebod van het Kruis gegeven voor de verlossing der wereld, en wanneer God ons het gebod geeft "doet dit" en wij dit gebod vervullen, dan worden ook wij opgenomen in het mysterie van het Kruis en de Opstanding van Zijn Zoon. Telkens wanneer de Liturgie wordt gevierd, wanneer en waar dan ook, dan wordt het gebod des Heren vervuld in en door de gehele Kerk. Dit stelt het eeuwig mysterie tegenwoordig van het Kruis en de Opstanding des Heren, en daardoor wordt Gods eeuwige genade geschonken aan diegenen die aan Hem deelhebben. Bij het vervullen van dit gebod worden wij binnengeleid in Zijn eeuwig leven door de levenschenkende genade die voortvloeit uit Zijn Kruis en Opstanding, en bij onze deelname aan Zijn eeuwige werkelijkheid wordt ook wij 'tijdgenoten' van deze eeuwige gebeurtenissen – wij treden letterlijk binnen in de eeuwigheid. In de Liturgie bestaat geen verleden of toekomst, maar alle dingen zijn daarin voor eeuwig tegenwoordig. Zelfs het Laatste Oordeel is tegenwoordig, zoals geschreven staat: "over ons zijn de einden der eeuwen gekomen".[16]

Gedurende ons tijdelijke leven worden ons dus tekenen geschonken van het eeuwige leven in God. De Liturgie en de hymnen van de Kerk verwijzen naar de immer-tegenwoordige Dag. Wij zingen bijvoorbeeld: "*Heden* wordt Christus geboren..., *Heden* is Christus opgestaan..., *Heden* is het begin van ons heil." Wij zingen over dit eeuwige 'heden', omdat ons bij het vervullen van het gebod van de

---

[14] Openb.13:8.

[15] Het woord 'Liturgie' komt van het Griekse woord *leitourgía* (λειτουργία). Het eerste gedeelte – *'lei-'* – komt van het woord *'laos'* (λαός), dat 'volk' betekent; het tweede deel komt van *'érgon'* (ἔργον), dat is, 'werk'. Het woord Liturgie betekent dus 'het werk van het volk'.

[16] Cf. 1Kor.10:11.

goddelijke eredienst een zodanige genade wordt geschonken, dat wij worden opgenomen in de gebeurtenissen van God, die voor eeuwig tegenwoordig zijn. In historisch opzicht zijn zij éénmaal geschied in de kracht van de Geest, maar zij blijven voor altijd en eeuwig tegenwoordig. Wanneer wij de Liturgie vieren, gedenken wij dus tevens de eeuwige dimensie van het heilbrengend en levenschenkend Offer van Christus. Wij zouden ook kunnen zeggen, dat in de Liturgie ons persoonlijk en tijdelijk 'nu' vervuld wordt van het 'voor altijd' van Gods eeuwigheid. Tijdens de Diensten zeggen wij "nu en altijd, en in de eeuwen der eeuwen", want zij worden tegelijkertijd dagelijks gedaan in het 'nu' van de geschiedenis, zowel als in het 'voor altijd' van het Koninkrijk der hemelen. In het bijzonder de Liturgie wordt gevierd binnen de begrenzing van onze aardse tijd, opdat de tijd het geestelijk 'gebied' moge worden van onze ontmoeting met God en van onze wedergeboorte in Zijn eeuwigheid.

Ongeacht in welk stadium van het geestelijk leven wij ook verkeren, de Liturgie doet ons herleven door ons in contact te brengen met de hemelse werkelijkheid. In ons vergankelijke en voorbijgaande bestaan ontvangen wij een voorsmaak van het eeuwig Koninkrijk, terwijl wij groeien in onze verwachting van de volmaakte openbaring van de Heer op de dag van Zijn Wederkomst in heerlijkheid.

Wij kunnen niet genoeg benadrukken, dat de gedachtenis die gevormd wordt door de Goddelijke Liturgie noch intellectueel is, noch psychologisch. Als antwoord op het heilbrengend gebod van de Heer is dit boven alles een geestelijke inwijding in het mysterie van het leven in Christus, Die volmaakt God is en volmaakt Mens. Het is onze deelname in de eeuwigheid van de Drie-Persoonlijke God, en in het leven van de Heilige Drieëenheid – de Liturgie is een school waarin wij worden ingewijd in de waarheid van de eeuwigheid, en een dergelijke waarheid kan niet worden omvat door het menselijk verstand.

In den beginne zeide God tot de mens: "Weest vruchtbaar en vermenigvuldigt, en vervult de aarde, en onderwerpt haar."[17] Hij zei dit slechts eenmaal, doch Zijn woord blijft bestaan in al de kracht

---

[17] Gen.1:28, Statenvertaling.

daarvan tot aan het eind van de tijd. Evenzo zeide de Heer: "Neemt, eet, dit is Mijn lichaam... Drink allen hieruit, want dit is Mijn bloed..."[18] en de Liturgie is gegrondvest op dit woord van de Heer dat tot in eeuwigheid blijft bestaan. Maar er is nog een ander principe waar iedere liturgische handeling door gekenmerkt wordt, en dat wij terugvinden in de eerste Brief aan Timotheüs, waar de heilige Paulus zegt: "Want alle schepsel Gods is goed, en niets is verwerpelijk, als het met dankzegging ontvangen wordt; want het wordt geheiligd door het woord Gods en door het gebed."[19] Onze gedachtenis in de Goddelijke Liturgie is in overeenstemming met dit woord van de Apostel: Wij vieren dit omdat de Heer ons dit geboden heeft (het woord Gods). Maar ons antwoord op het woord Gods impliceert ook het aanroepen van de Heilige Geest (gebed, smeekbede) Die het grote wonder voltrekt van de Liturgie, wanneer de gaven van brood en wijn het Lichaam en Bloed van Christus worden. Aldus wordt alles "geheiligd door het woord Gods en door het gebed". Wij ontvangen het woord Gods in het eucharistische gebod van Christus, dat ons is overgeleverd door de Apostelen en hun priesterlijke opvolging, van generatie tot generatie; en wij dragen ons gebed op aan God, door het aanroepen van de Heilige Geest. Deze beide handelingen – menselijk zowel als goddelijk – zijn onmisbaar, want de Liturgie is de ontmoeting bij uitstek tussen God en de mens.

In de Liturgie wordt heel de geschiedenis geresumeerd van Gods handelen met de mens. De vleeswording van Christus – de Heiland der wereld – en Zijn leven en Zijn heilbrengend offer staan centraal in de Liturgie, die tevens Christus' tweevoudige verschijning tegenwoordig stelt, waardoor Hij God de Vader rechtvaardigde tegenover de mens, en tegelijkertijd de gevallen mens tegenover God.

Wat is de betekenis van Christus' rechtvaardiging van God de Vader tegenover de mens? De gevallen mens neigt ertoe God de schuld te geven van zijn lijden. Wij eisen gelijkheid en rechtvaardigheid. Hoe vaak horen wij de kreet: "Waarom ik? Waarom, o God,

---

[18] Mt.26:26-28.
[19] 1Tim.4:4-5 [In het Grieks staat hier een bijzonder woord voor 'gebed' (*enteuxis*/ἐντευξις), dat specifiek verbonden is met het beeld van de smekeling, die de koning nadert om hem een verzoek te doen. *Noot vert.*]

is dit mij overkomen?" Om ons te helpen in de richting van een antwoord op deze martelende vraag, gebruikte vader Sophrony soms het beeld van de piramide.[20] Aan de top van deze piramide bevinden zich de vorsten der natiën die, volgens het woord van de Heer, "overheersen en hun gezag doen gelden".[21] Aan de basis van de piramide bevindt zich de laagste klasse die bestaat uit de menigten, de armen en de verdrukten. Hoewel de machtigen der wereld "weldoeners" worden genoemd, berust hun macht op onrechtvaardigheid en ongelijkheid. Dit is de Heer niet welgevallig en het is niet in overeenstemming met het ingeboren gevoel van de mens voor rechtvaardigheid, gelijkheid en vrijheid. De Heer echter openbaarde in Zijn Persoon een ander soort hiërarchie, volgens welke degene die dient groter is dan degene die het gezag voert en "(aan tafel) aanligt". Derhalve keerde de Heer niet alleen de piramide van de macht in de wereld ondersteboven, maar Hij vernederde Zichzelf, door de laagste plaats in te nemen, aan de punt van de piramide, en heel het gewicht te dragen van de onrechtvaardigheid daarvan; Hij nam de zonden en de vloek van de gehele wereld op Zijn schouders.

Aldus, in het zichzelf ontledigende offer van Christus, wordt God gerechtvaardigd tegenover de mens; in de Persoon van Zijn Zoon wordt Zijn absolute liefde voor de mens geopenbaard. "Daar Hij de Zijnen, die in de wereld waren, liefhad, heeft Hij hen liefgehad tot het einde."[22] Omwille van de mens levert God Zijn eniggeboren Zoon over aan de dood. En "hoe zal Hij ons, mét Hem, niet ook met alle dingen begenadigen?"[23] Met andere woorden, de gave van Zijn eniggeboren Zoon is onvergelijkelijk veel groter dan elk kruis waartoe de goddelijke wil ons roept het te dragen. En hoe kunnen wij zeggen dat God ons op wrede wijze het lijden heeft aangedaan, wanneer Hijzelf geleden heeft en de dood is gestorven die in de wereld is vanwege onze zonden?

De goede rover richtte de pijlen der beschuldiging op zijn eigen onrechtvaardigheid, en gaf niet God de schuld, Die voor immer gerechtvaardigd en gezegend is. Daarbij werd hijzelf gerechtvaardigd

---

[20] Zie "Saint Silouan", GK p.312-313, EN p.237-239, NL p.256-257.
[21] Zie Mt.20:25; Mk.10:42; Lk.22:25-27.
[22] Joh.13:1.
[23] Rom.8:32.

door zijn eigen zelfveroordeling, want het was zijn gevoel van rechtvaardigheid dat hem deed zeggen: "Het is terecht dat wij zouden
lijden voor wat wij gedaan hebben." Pas nadat hij dit gezegd had,
voegde hij daar de bede aan toe: "Gedenk mijner, o Heer, wanneer
Gij in Uw Koninkrijk gekomen zijt",[24] en daarmee werd hij op diezelfde dag de eerste bewoner van het Paradijs. Zijn heil lag in de
rechtvaardigheid die hij aan God toeschreef, en in de berisping die
hij tegen zichzelf richtte. De profeet Daniël deed hetzelfde toen hij
zeide: "Aan U, o Heer, zij de rechtvaardigheid, en aan ons de schaamte
des aangezichts".[25] Dus de rover bleek profetisch in zijn uiting, in
zijn houding jegens God. Hij richtte zich tot God in alle waarachtig-
heid, in de erkenning van de waarheid over zichzelf. Hij is waarlijk
een volmaakt voorbeeld van zelfberisping, een waarachtige leraar
van het nederwaardse pad van de nederigheid.

En hoe rechtvaardigt Christus de mens tegenover God de Vader?
Als mens leefde Christus in volmaakte gehoorzaamheid, door een
volkomen zondeloos leven te leiden. God had een welbehagen in
Zijn Zoon,[26] want Deze openbaarde de mens zoals God hem bedoeld
had vóór alle eeuwen. Jezus Christus, de Zoon van God en de Zoon
des mensen, is het grote welbehagen van de Vader, Die in de
Persoon van Zijn eniggeboren Zoon elke mens ontvangt die volgt
in Zijn voetsporen. Aldus wordt de mens gerechtvaardigt in
Christus, Die ons het bewijs gaf van de menselijke volmaaktheid
en Die ons de weg des heils heeft getoond. Niemand anders zou ooit
hebben kunnen zeggen: "Weest gijlieden dan volmaakt".[27]

De Liturgie gedenkt de zich offerende liefde van Christus. Het is
daarom een portret van het leven van Christus, zoals Hij dit opdroeg
aan God en de mens voor het leven van de wereld. Heel het geestelijk
karakter (*êthos*/ἤθος) van Zijn Offer wordt weerspiegeld in de
woorden van de profeet Jesaja, waarmee de priester de 'prothesis'
begint (de Dienst van de voorbereiding van de Liturgie): "Als een
schaap werd Hij ter slachting geleid, en als een lam dat stemmeloos
is tegenover zijn scheerder, alzo doet hij zijn mond niet open. In zijn

---

[24] Lk.23:40-43.
[25] Dan.9:6 (LXX).
[26] Mt.3:17.
[27] Mt.5:48.

vernedering werd zijn oordeel weggenomen. Wie zal zijn geslacht verhalen?"[28] Waarlijk, wie is in staat Zijn eeuwige geboorte uit de Vader te verhalen, zowel als Zijn geboorte in de tijd uit de Heilige Geest en de Maagd Maria? De Apostel beschrijft daarbij Christus' zelfopoffering en Zijn nederwaartse tocht om de gevallen mens weer op te richten: "dat Hij omwille van u arm is geworden, terwijl Hij rijk was, opdat gij door Zijn armoede rijk zoudt worden."[29] En hoe vurig wenst de Apostel zijn leerlingen te doen ingaan in deze nederige houding van de lijdende en gekruisigde Christus. "Toen ik in uw midden was," zegt de heilige Paulus, "had ik mij voorgenomen niets te weten, dan alleen Christus, en Dien gekruisigd."[30] Tot de Galaten zegt hij: "Wie heeft u betoverd, voor wie Christus toch duidelijk beschreven was als gekruisigd?"[31]

Door Zijn uiterste vernedering verwierf Christus de uiteindelijke en absolute overwinning, die supra-kosmisch is in zijn dimensies, en dit plaatste Hem in het centrum van Zijn nieuwe schepping. Toen, in het kielzog van Zijn nederdaling en opgang, werd de mens begenadigd met de gaven van de Heilige Geest. In de Brief aan de Efezen zegt de heilige Paulus: "[Toen de Heer is] opgestegen in den hoge, heeft Hij de krijgsgevangenschap gevangen genomen, en aan de mensen gaven gegeven. Dit nu: Hij is opgestegen – wat is het, dan dat Hij eerst is nedergedaald, zelfs tot de nederste delen der aarde?"[32] De genadegaven van de Heilige Geest getuigden dus van de verzoening van de mens met God door Christus, van Zijn tweevoudige offer, en Zijn tweevoudige rechtvaardiging.

Christus' volmaakte en nederige liefde leidde Hem omlaag tot de nederste delen der aarde, opdat wij deelgenoot zouden mogen zijn van Zijn leven. De Liturgie leert ons Zijn nederige liefde, Zijn verlangen naar ons heil, en hoe Hij tot dienstknecht werd voor ons allen. Wanneer wij de nederigheid van Zijn liefde beginnen te besef-

---

[28] Jes.53:7-8 (LXX), zie ook Hand.8:32-33. [Het Griekse woord 'geneá' (γενεά) dat in Bijbelse context doorgaans vertaald wordt met 'geslacht', betekent tevens 'geboorte' (in tijd en plaats); in beide betekenissen verwijst het m.n. naar de afstamming, de familiestam waartoe de persoon behoort. *Noot vert.*]
[29] 2Kor.8:9.
[30] Cf. 1Kor.2:2.
[31] Cf. Gal.3:1.
[32] Ef.4:8-9.

fen, dan vindt er binnenin ons een verandering plaats, die ons aanzet tot rouwmoedigheid en dankbaarheid. Wij komen tot een zeker eergevoel; zoals de heilige Paulus zegt, hetzij wij leven, hetzij wij sterven, het enig belangrijke is God toe te behoren – en om Hem toe te behoren moeten wij Hem welbehaaglijk zijn.[33] Dit is precies wat de Liturgie in ons verwekt en wat in ons leven het belangrijkste is, want niets kan worden vergeleken met het werk der bekering dat ondernomen wordt omwille van de liefde van Christus. Net zoals Hij "niet Zichzelf heeft behaagd",[34] maar "Zichzelf heeft vernederd, door gehoorzaam te worden tot de dood, ja, de dood des kruises",[35] zo moeten ook wij in onze harten het passende antwoord cultiveren op Zijn liefde, en Hem liefhebben "tot het einde".[36] Wij doen dit door de berouwvolle bekering die geboren wordt uit onze dankbaarheid voor de grote liefde waarmee Christus ons heeft liefgehad.[37]

Dit werk der bekering zal in het begin misschien moeizaam lijken. Maar wanneer het vuur van de "grotere liefde" van Christus, welke het hart is van de Liturgie, ons hart raakt, dan wellen de juiste gevoelens in ons op, en dan sparen wij onszelf niet meer. Wij verlangen ernaar Christus te volgen op de weg der nederigheid, omlaag te gaan tot het laagste punt van de omgekeerde piramide om daar Christus te ontmoeten en met Hem te worden verenigd, want wij weten dat wij alleen in Hem leven vinden. Dus de Liturgie, door de bekering en de dankbaarheid waartoe deze inspireert, verenigt ons met Christus – met "Hem Die offert, en Die geofferd wordt", de Bron van Leven en Liefde, de grondsteen van de nieuwe schepping.

"Ik ben gekomen, opdat zij het leven hebben, en opdat zij het in overvloed hebben."[38] De Goddelijke Liturgie onderricht ons aangaande Gods vóóreeuwige plan voor de mens. De Heilige Geest schetst in ons hart het beeld van Christus, de vóóreeuwige Mens. Terwijl het beeld van Jezus Christus ons inspireert, worden wij hier tevens door vermorzeld, in onze sterfelijkheid en onze zonde. Wij

---

[33] Cf. Rom.14:8. Zie ook hfst.5, noot 9.
[34] Cf. Rom.15:3.
[35] Fil.2:8.
[36] Joh.13:1.
[37] Cf. Ef.2:4.
[38] Joh.10:10.

zien hoe ver wij feitelijk van Hem verwijderd zijn, maar dit besef verwerkt in ons het verlangen dat alle mensen de waarheid zouden kennen van Christus, opdat ook zij de hoop op het eeuwige leven zouden hebben. Wij komen ertoe alles wat wij in de Liturgie ontvangen te verlangen voor alle mensen; de Liturgie verwekt voorbede voor de gehele wereld. Het vult ons met een verbrokenheid die aan ons de gesteldheid meedeelt van Christus Zelf, en ons wordt het gebed voor de gehele Adam geschonken. De Liturgie vervult ons ook met de vertroosting van de genade, met de troost van de Trooster – want verbrokenheid en vertroosting gaan hand in hand: "Zalig de treurenden, want zij zullen worden vertroost".[39] Gaandeweg wordt ons gehele leven afgestemd op het geestelijk schouwen dat de Goddelijke Liturgie in ons inspireert, op het patroon van het leven dat vervat ligt in de Liturgie en in alle andere mysteriën van de Kerk.

Dit patroon van het leven is de weg van onze Heer, Die bij het Laatste Avondmaal tot Zijn leerlingen zeide: "Ik heb u een voorbeeld gegeven".[40] De Heer is alle dingen voor alle mensen. In Zijn "grotere liefde" droeg Hij de zonde en de vloek van de gehele wereld. In het smaken van de dood in Zijn vlees, gaf Hij Zijn leven voor Zijn vrienden en Zijn vijanden, voor diegenen die verre van Hem zijn, en voor diegenen die Hem nabij zijn. En Hij roept ons op om Hem na te volgen.

Oudvader Sophrony zeide, dat Christus' gebed te Gethsémane, dat verzegeld werd door het zweet van Zijn Bloed, het patroon is van alle liturgisch gebed.[41] De Heer aanvaardde de beker van de wil van Zijn Vader,[42] en Hij droeg in Zijn ziel een droefheid "ten dode toe"[43] in Zijn verlangen dat de wereld zou worden behouden. Eén zin in het hogepriesterlijk gebed van de Heer verraadt het verlangen van Zijn ziel: "O rechtvaardige Vader, en de wereld heeft U niet gekend".[44] Hoe brandde Hij van verlangen dat alle mensen God zouden kennen en behouden zouden worden! In Zijn verdriet voor de gehele Adam omvatte de Heer heel de breedte van alle eeuwen van het menselijk leven, door de kracht van de eeuwige Geest, en

---

[39] Mt.5:4.
[40] Joh.13:15.
[41] Zie "His Life is Mine", EN p.88-89, 91-95.
[42] Mt.20:22; 26:39.
[43] Mt.26:38.
[44] Joh.17:25.

Zijn universele gebed was werkelijk de inhoud van Zijn hart. Dit gebed vergezelde Hem naar het Kruis; het daalde met Hem neder in het graf en tot de nederste delen der aarde. Op elk punt was de inhoud van Zijn hart hetzelfde: dat allen zouden worden verzoend met Zijn Vader. Daar Hij zonder zonde was, en rechtvaardig en heilig, zag Hij geen verderf.[45] Hij werd opgewekt, en met nog steeds dezelfde inhoud in Zijn hart steeg Hij op naar de hemel met de gehele mensheid. Christus is opgestaan en er is niemand achtergebleven in het graf; Hij stierf met de gehele wereld in Zijn hart, Hij daalde neder in de hel, en Hij stond weer op met Zijn hart vol van het verlangen dat de gehele Adam Zijn onsterfelijke leven zou mogen ontvangen.

In de Liturgie overschaduwt de Heilige Geest met Zijn genade alle dingen die wij gedurende de liturgische handeling in ons gebed omvatten, waardoor Hij Zijn zegen uitstrekt over heel het menselijk geslacht. Van de priester wordt derhalve vereist dat hij, wanneer hij heel de mensheid en haar heil omvat, een alomvattend en medelijdend besef heeft, gelijk aan dat van de gekruisigde Christus.

En elke gelovige die deelneemt aan de eredienst is geroepen tot dit alomvattende gebed van Christus, onze Leraar. De Goddelijke Liturgie is een gelegenheid voor ons om alles op te dragen aan God om te worden geheiligd. Wanneer de celebrant zegt: "Het Uwe uit het Uwe, in alles en voor allen", dan zegt hij uit naam van het volk: "Al wat Gij ons ooit gegeven hebt is het Uwe. Wij schenken het aan U terug, omdat Gij alle dingen hebt nieuwgemaakt omwille van ons." Wij bieden ons tijdelijke leven aan met al z'n bekommernissen, en in ruil daarvoor schenkt God ons Zijn goddelijk Leven, dat eeuwig is. Wij leggen heel ons leven en onze hoop, onze dankbaarheid en onze bekering – de gehele inhoud van ons hart en ons gebed – in de gaven van brood en wijn die wij God als offerande aanbieden. Wij geven God dus niet enkel wat brood en wijn, die op zich van weinig belang zijn. Van belang boven alles zijn het geloof en de liefde, en de verwachting die wij van Hem hebben. Wij bieden ons armzalige zelf aan, en in ruil geeft Hij ons Zijn liefde, Zijn leven – Zichzelf. Wij bieden onze offerande aan "in alles en voor allen" in het licht van alles wat Christus voor ons gedaan heeft, en

---

[45] Cf. LXX Ps.15(16):10; 48:10 (49:8/9/10).

overeenkomstig Zijn gebod. En God, Die altijd trouw is aan Zijn beloften – want "Hij kan Zichzelf niet verloochenen"[46] – heeft een welbehagen in het offer van de gelovigen, die Zijn Lichaam vormen en Zijn Kerk, en Hij antwoordt door Zijn eigen leven in de heilige gaven te leggen. Dan roept de priester: "Het heilige voor de heiligen!" Het is het grote welbehagen van de Heer dat wij zouden eten en drinken van Zijn leven, en deze woorden markeren één van de meest heilige en roerende ogenblikken van de Goddelijke Liturgie.

Door ons leven in te ruilen voor het Leven van God, verruilen wij de tijd voor de eeuwigheid. Heel ons wezen treedt binnen in het gebied van de Geest; onze psychologische staat wordt omgevormd tot een geestelijke staat. Wanneer wij in de Liturgie onze psychologische gesteldheid offeren aan God, dan heiligt Hij deze en Hij overschaduwt dit met Zijn eeuwigheid, en zo worden wij geestelijk. Wij moeten leren onszelf aan God te geven, opdat Hij onze pyschologische gesteldheden moge omvormen tot geestelijke gesteldheden. Op het moment van de 'epiclese' – wanneer de priester God vraagt om Zijn Heilige Geest neer te zenden "over ons en over deze hier neergelegde gaven" – dan daalt Zijn zegen neer over alles waarvoor wij gebeden hebben, inclusief de smeekbeden die wij thuis hebben aangeboden tijdens onze gebeden ter voorbereiding op de Liturgie. Feitelijk begint de Liturgie wanneer wij het deeg kneden voor het brood dat wij aanbieden (de 'prosfora'). Terwijl wij het kneden, vullen wij het met al de verlangens en droefheden van ons hart, zowel voor onszelf als voor anderen. En zonder uitzondering eert God ook deze gebeden met Zijn zegen op het ogenblik van de consecratie.

De zelfopoffering van God in de zondeloze Persoon van Christus is een volmaakt offer. Hij heeft voor ons "een eeuwige verlossing verworven", doordat Hij geofferd werd "door (de kracht van) de eeuwige Geest", en dat eens en voor altijd.[47] Wat de mens betreft, zijn offerande draagt vrucht wanneer zijn offer gelijkvormig is aan de geest van het unieke offer van Christus. Hoe beter de mens zich heeft voorbereid, des te vollediger zal de uitwisseling van levens zijn in de Liturgie. Uiteraard stellen wij dit slechts als algemene

---

[46] 2Tim.2:13.
[47] Hebr.9:12,14,28.

regel, want God is ver boven al dergelijke regels. Soms bereiden wij ons slechts kort voor, en toch vervult Hij ons met Zijn Leven. Of misschien zwoegen wij de gehele nacht en vangen niets. Het belangrijkste zijn onze nederigheid en ons gevoel van onwaardigheid. Hoe onwaardiger wij ons voelen als wij de Heer naderen, des te meer trekken wij Zijn genade aan. Wij verheerlijken Hem Die geeft "om niet".[48] Laten wij niet vergeten, dat het heil een vrijelijk geschonken gave is van God, Die alle mensen en alle dingen zegent die de gelovige omvat heeft in zijn dankzegging en zijn smeekbede. Als wij tijdens de Liturgie bidden voor de gehele wereld, dan zal de gehele wereld gezegend worden. Zoals Christus gestorven is en weer is opgestaan met iedere mens als de inhoud van Zijn hart, dan moeten wij – die de Zijne zijn – hetzelfde doen, want hetzelfde mysterie werkt in ons. Al wat wij God aanbieden wanneer wij voor Zijn aanschijn staan met een vurig hart, zal binnenin ons wederopstaan wanneer wij deelnemen aan Zijn alrein Lichaam en kostbaar Bloed.

"Wij hebben het waarachtige Licht aanschouwd, ontvangen de hemelse Geest..." Dit is het overwinningslied van de gelovigen die hebben deelgenomen aan de uitwisseling van levens, die heel het doel is van de Goddelijke Liturgie. De rechtvaardigen van alle eeuwen, tijdens het Oude Testament zowel als het Nieuwe, zijn uitgestegen boven de geschapen wereld en hebben een opening gevonden in de hemel. Zij hebben hun tijdelijke levens verruild voor het oneindige leven van God, en elke keer wanneer zij dit deden zongen zij een overwinningslied. Mozes, vervuld van de Heilige Geest, zong: "Neig uw oor, o hemel, en ik zal spreken; laat de aarde horen naar de woorden van mijn mond."[49] Toen de profetes Hanna naar de tempel ging en haar hart uitstortte voor God, beantwoordde Hij haar gebed, en toen zij Samuël gebaard had, die later geroepen werd als profeet, zong ook zij een overwinningslied tot de "God der kennis".[50]

---

[48] Rom.8:32.
[49] Deut.32:1.
[50] Zie 1Sam.2:1-10 (LXX).

De uitwisseling die plaatsvindt tijdens de Liturgie is uiteraard ongelijk. In zekere zin bereikt deze nimmer zijn volledige potentie, omdat ons offer van onszelf maar tot een bepaalde maat reikt, en daarom zijn wij niet in staat de volheid van het goddelijk leven te ontvangen. De ongelijkheid ligt in het feit, dat wij dit tijdelijke leven te leen hebben; en toch ontvangen wij, wanneer wij dit terugschenken aan God, Zijn onvergankelijk leven. Welk een ongelofelijke God hebben wij! Het is dus een soort 'gedeeltelijke uitwisseling', een voorsmaak van "het leven van de toekomende eeuwigheid", die de gelovige sterkt met de kennis dat zijn leven "met Christus verborgen [is] in God", en dat het in de hemel geopenbaard zal worden in al z'n volheid "wanneer Christus, Die ons leven is, Zich zal openbaren".[51]

De Liturgie leert ons om te leven in voortdurende verwachting van Christus' Wederkomst, en in de zalige hoop van "de verschijning der heerlijkheid van onze grote God en Heiland Jezus Christus",[52] wanneer God "alles in allen" zal zijn.[53] Dus de Liturgie moedigt ons aan een eschatologisch besef te cultiveren: "Ja Heer, Gij weet dat ik mijzelf slechts ten dele aan U schenk, doch dat het verlangen van mijn hart is U geheel toe te behoren. Daarom smeek ik U, vergeet mij niet op die grote en doorluchtige dag van Uw Wederkomst in heerlijkheid, opdat de uitwisseling van mijn leven met het Uwe volmaakt en eeuwig moge zijn." Als wij leren te leven in een eschatologisch perspectief, dan zullen wij nimmer op nonchalante wijze vertrouwd raken met de Liturgie. Wij zullen elke Liturgie beleven als een immer-nieuwe gebeurtenis, een altijd-nieuwe schepping, die wij onmogelijk als vanzelfsprekend kunnen aannemen.

De volheid van ons leven in Christus zal geopenbaard worden op de dag van de verschijning van de Heer op het einde der tijden. God roept alle gelovigen tot eenheid met Zichzelf, en ons eschatologisch besef van het Laatste Oordeel, samen met de inspiratie die verwekt wordt door de berouwvolle bekering, houdt ons stevig op de nederige weg van Christus. Dit wordt uitgedrukt in de woorden die de priester bidt voorafgaand aan het nuttigen van de Gaven:[54]

---

[51] Kol.3:3-4.
[52] Tit.2:13.
[53] 1Kor.15:28.
[54] Aan het slot van de Basilius-Liturgie.

Volbracht en voleindigd, naar de mate van onze kracht, is het Mysterie van Uw heilseconomie, o Christus onze God. Want wij hebben de gedachtenis gevierd van Uw dood, en de voorafbeelding gezien van Uw Opstanding. Wij zijn vervuld met Uw oneindig leven; wij zijn verkwikt door uw onuitputtelijke geneugten. Laat het U welbehaaglijk zijn ons allen te verwaardigen deze ook te ontvangen in de toekomende eeuwigheid, door de genade van Uw beginloze Vader, en van Uw heilige en algoede en levendmakende Geest...”

Wanneer de gelovige de vreeswekkende grootheid beseft van deze gebeurtenis aan het einde van alles, dan concentreert hij heel zijn intellect en zijn hart in de betekenis van de Liturgische Handeling. Met heel zijn wezen leeft hij in de verwachting van God, en omdat dit God zo welbehaaglijk is, ontmoet zijn offer van lof de goede Geest der genade, zoals alle offeranden van al de rechtvaardigen en heiligen vanaf het begin der tijden. De innerlijke houding van zijn ziel is in volmaakte harmonie met de vermaning van het Cherubikon om “alle aardse zorgen terzijde te stellen”. Hij is er zich ten volle van bewust dat “Christus in ons midden [is]”, en dat Deze zowel “[Degene is] Die offert, [als Degene] Die geofferd wordt”. Wij kunnen inderdaad niet binnentreden in het hart van de heilige Offerande (de ‘Anaphora’), tenzij wij iedere aardse zorg en iedere gedachte terzijde stellen, om “te ontvangen de Koning van het heelal, onzichtbaar begeleid door Zijn lijfwacht van engelenscharen”, want “waar de Koning is, daar gaat ook Zijn legerschare”.[55] De Liturgie verenigt de aarde met de hemel, omdat Christus, de God-mens Die hemel en aarde omvat, in Persoon ten volle aanwezig is tezamen met al Zijn engelen en Zijn heiligen. De Liturgie is waarlijk het Koninkrijk Gods op aarde; Christus is waarlijk in ons midden.

De Heilige Eucharistie leert ons de onophoudelijke gedachtenis aan God, en wij leren te leven in Gods aanwezigheid. De levende aanwezigheid van de Koning des hemels verheft het intellect en het hart in aanbidding en lofprijzing, en hierin vertegenwoordigen de leden van de liturgische vergadering de koren der engelen. Wij weerspiegelen de aanwezigheid van de Cherubim en de Serafim, omdat wij

---

[55] Doxastikon van de litie van het Feest van Theophanie.

ernaar streven God te verheerlijken, evenals zij dit doen, zoals geschouwd werd door de profeet Jesaja.[56] De Cherubim en de Serafim
hebben hun blik voortdurend en vol ijver gericht op de Heerlijkheid
des Heren, terwijl zij de "onophoudelijke lofzang" opdragen; evenzo
dragen de gelovigen "nogmaals en nogmaals" hun dankzegging op
voor Zijn heerlijkheid, en doen zij voorbede voor de gehele wereld.
Een dergelijke aanbidding zal niet falen Christus tot middelpunt van
ons leven te maken. Terwijl wij leren indachtig te zijn dat wij verblijven in Gods aanwezigheid, overwinnen wij onze neiging God
te vergeten. Wij streven ernaar onophoudelijk in contact te zijn met
Gods scheppende Geest, en dit leert ons hoe wij de dodelijkste van
de harstochten kunnen overwinnen – de moedeloosheid, die onze
geestelijke dood zou betekenen.[57]

In deze engelgelijke eredienst leren wij ook, op welke wijze wij
in tegenwoordigheid van Zijn Heiligheid zouden moeten staan. Zoals
de profeet Jesaja schreef, nadat hij de heerlijkheid Gods gezien had
en de openbaring van de hemelse engelen: "Rond [de Troon] stonden
de Serafim; zes vleugels had de één, en zes vleugels had de ander
– en met twee bedekten zij hun aangezicht, en met twee bedekten
zij hun voeten, en met twee vlogen zij." De Serafim omringden de
Troon van God, terwijl zij nimmer-eindigende lofzangen zongen,
roepend: "Heilig, heilig, heilig is de Heer Sabaoth." Het is niet dat
zij rusteloos zijn, maar veeleer dat zij niet willen rusten – zodanig
is hun dorst om doordrongen te worden van de Goddelijke heerlijkheid en om het schouwen van God op te nemen in elk deeltje van
hun wezen. Het is een wonderlijk iets, dat de Serafim in staat zijn
voor eeuwig te staan in het zalige schouwen van zulk een heerlijkheid. Dit is werkelijk alleen mogelijk vanwege hun grote nederigheid:
met vier vleugels bedekken zij hun naaktheid voor het aanschijn van
hun Schepper, en slechts met twee vleugels vliegen zij. Dit toont dat
zij meer nederig zijn dan vrijmoedig. Zij bedekken hun naaktheid,
indachtig dat zij schepselen zijn, hoewel zij engelen zijn. En zij
hebben vrijmoedigheid voor Gods aanschijn vanwege hun grote
nederigheid. Volgens de heilige Maximos is nederigheid het besef,

---

[56] Zie Jes.6.
[57] Het Griekse woord voor deze geestelijke moedeloosheid is *'akêdia'* (ἀκηδία),
dat letterlijke wijst op een 'gebrek aan zorg', namelijk voor het goddelijk heil.

dat wij geschapen wezens zijn, en dat wij ons wezen "te leen" hebben'.[58] Wij zouden indachtig moeten zijn, dat de vier vleugels van de nederigheid kracht geven aan de twee vleugels van het schouwen. "En de één riep tot de ander, en zeide: Heilig, heilig, heilig is de Heer Sabaoth; de ganse aarde is vol van Zijn heerlijkheid."[59] De heerlijkheid waarin wij staan, staat in verhouding tot onze nederigheid. Hoe meer wij onszelf vernederen, des te meer verheft ons de Heer. Zoals Hijzelf zeide: "Wie zichzelf verheft zal worden vernederd, en wie zichzelf vernedert zal worden verheven."[60]

Om de Heer welgevallig te zijn moet de dienst van engelen en mensen nederig zijn en zonder enige aanmatiging – waarlijk, hoe meer wij ons vernederen, hoe meer vrijmoedigheid Hij ons verleent wanneer wij ons voor Zijn aanschijn stellen. In het eerbiedig bedekken van hun aangezicht en hun voeten, zien wij het brandende verlangen van de engelen naar God, gecombineerd met een uiterste nederigheid. Deze twee – de nederigheid en het vurige verlangen naar de God der heerlijkheid – gaan hand in hand. De Heer Zelf heeft ons deze weg getoond "in de dagen van Zijn vlees".[61] Als Hogepriester naar de orde van Melchizédek, stond Hij voor Gods aanschijn in Gethsémane, en droeg gebeden en smeekbeden op "met sterk schreeuwen en onder tranen... en Hij werd verhoord in Zijn godvrezendheid, alhoewel hij de Zoon was."[62] Dit deed Hij, opdat allen die nederig volgen in Zijn voetsporen[63] God zouden aanbidden op een wijze die Hem waardig is, "met godvrezendheid en vroom ontzag, daar wij een onwankelbaar Koninkrijk ontvangen."[64]

In de liturgische vergadering vormen wij het Lichaam der Kerk, het Lichaam van Christus, en het Hoofd daarvan is de Heer Zelf. Als ledematen van Zijn Lichaam, zijn wij ook ledematen van elkaar. Willen de ledematen een harmonische vergadering vormen, dan moet elk van hen de juiste houding hebben, zowel tegenover het Hoofd

---

[58] "On the Lord's Prayer" (Over het Onze Vader), in "The Philokalia", vol.II, p.297.
[59] Jes.6:2-3.
[60] Mt.23:12.
[61] Hebr.5:7.
[62] Cf. Hebr.5:7-8.
[63] Cf. 1Petr.2:21.
[64] Cf. Hebr.12:28.

als tegenover de andere ledematen. Deze houding is in het bijzonder een houding van liefde en nederigheid, naar het voorbeeld van de Heer Zelf, en dat van Zijn heilige engelen. Aldus aanbidden wij als één Lichaam, met aandacht, vreze en eerbied, waarbij wij geen seconde vergeten dat wij vergaderd zijn rond de troon van onze Koning en onze God. Er is geen plaats voor vrijmoedigheid of aanmatiging, want wij zien dat Christus woont in elk van onze broeders.

Dan, als één Lichaam leren wij de grote les "acht te geven op elkander tot aansporing der liefde en der goede werken".[65] Wij ontvangen onze broeder als ons eigen leven, want wij leven als ledematen van hetzelfde Lichaam. In Christus' redelijke kudde, die Hem aanbidt in geest en in waarheid, dient de geest te heersen van Hem Die "als een lam ter slachting"[66] werd geleid; een geest van vergeving, lankmoedigheid, vrede, broederlijke liefde en nederigheid jegens allen. De Christen is geen minnaar van eerbewijzen. Hij heeft geen luciferische ambitie op te stijgen tot de hoogste rang. Wij streven ernaar omlaag te gaan, onszelf voor elkaar te vernederen naar de wijze van Christus, Die "niet gekomen is om gediend te worden, maar om te dienen, en Zijn leven te geven tot losgeld voor velen".[67] In de door mensen gemaakte tempels van onze liturgische vergaderingen, worden tempels opgebouwd die niet met mensenhanden gemaakt zijn – door Christus, de "Hoofdsteen van de hoek". Wij vormen het mystieke Lichaam van de Kerk waarin het leven stroomt van het Hoofd Zelf, het leven van Christus onze God. Hij is de Aanvoerder van de nieuwe schepping, de Bron van de genadevolle gemeenschap, de Schenker van genadegaven aan Zijn heiligen. Onze eenheid in Hem vervult ons met het wonderlijke apostolische besef "dat Christus Jezus in ons is",[68] dat "ons lichaam een tempel is van de Heilige Geest", en dat dit Lichaam, dat "eendrachtig bijeen"[69] is, de grootste eer en heerlijkheid brengt aan de Heer, Die er het Hoofd van is. Wij moeten er daarom zorg voor dragen dat wij inderdaad als één Lichaam verenigd zijn, opdat wij onze God

---

[65] Hebr.10:24.
[66] Cf. Jes.53:7.
[67] Mt.20:28.
[68] Cf. 2Kor.13:5 en 1Kor.6:19.
[69] Hand.2:1.

op waardige wijze mogen aanbidden. Waarlijk, het eigenlijke doel van ons bestaan is onze Schepper te verheerlijken, en wij kunnen dit slechts ten volle doen wanneer wij tezamen vergaderd zijn in Hem door de Goddelijke Liturgie.

De Liturgie is de plaats van onze profetische bediening. De heilige Paulus vermaant de Korintiërs tot psalmzingen, profeteren en onderricht wanneer zij bij elkaar komen, opdat elk lid moge bijdragen aan de opbouw van het Lichaam van Christus, ten dienste van allen.[70] Terwijl elk van hen alle anderen dient met zijn eigen specifieke gave, draagt hij bij aan het leven van het gehele Lichaam, en het is in de Liturgie dat elk van de gelovigen (en vóór alles de priester) het beste geeft wat hij heeft. De Liturgie schenkt ons de gelegenheid onze beste intenties aan te bieden, onze vurigste gebeden voor onszelf en voor elkaar, en voor de gehele wereld.

[Overigens, willen wij de realiteit van de Liturgie werkelijk op profetische wijze kunnen leven, en daarin bidden met ons hart vol genadegaven en geestelijke intenties, dan vereist dit van onze kant een juiste inspanning en voorbereiding: Tranen van berouwvolle bekering gedurende de nacht, een bepaald woord van God dat ons hart heeft doen ontvlammen en waarmee wij hebben gebeden, krachtig gebed dat wij hebben opgezonden in de Naam van de Heer Jezus, diepe verwondering over Gods Mysterie en andere dergelijke gevoelens. De staat van ons hart waarmee wij de kerk betreden, zal overeenkomen met de inspanning van onze bekering en ons gebed – die wij in onze schatkamer hebben verzameld, dat wil zeggen, in onze eigen 'binnenkamer' – en aldus zullen wij ons staan voor Gods aanschijn vrijwel zonder bijzondere moeite kunnen volbrengen. De inspanning en de genadegaven die wij met ons meebrengen in de Liturgie vormen de 'plaats' van de vrijheid van ons hart, waarin – als wij waarachtige profeten zijn – onze geest zich beweegt met onderscheiding. Hoewel wij in de Dienst staan in alle nederigheid, is onze geest werkzaam in vrijheid en spreekt tot God, terwijl zich in ons hart een paradoxaal feest voltrekt. Wij zijn als een stroomkabel, die van buitenaf misschien doods lijkt, maar waardoor een enorme hoeveelheid elektrische energie stroomt. Overigens, de geest

---

[70] Cf. 1Kor.14:26.

Gods "is vurig" in de waarachtige profeten, zonder dat zij de dingen die zich in hun hart voltrekken naar buiten brengen. Zoals de Apostel zegt: "Vurig van geest, de Heer dienende".[71] Dit is dan ook de grootste gave die wij kunnen aanbieden. Hierdoor treden wij binnen in de gemeenschap met de andere ledematen van de Kerk en zo leven wij op profetische wijze. "Want de getuigenis van Jezus is de geest der profetie."[72] Dan worden de genadegaven die God ons gegeven heeft tijdens ons gebed in eenzaamheid, verenigd met de genadegaven van de heiligen, die in de Goddelijke Liturgie onzichtbaar tegenwoordig zijn, en met die van onze andere broeders met wie wij daar samen staan. Aldus vormt onze intrede in de gemeenschap van Gods genade – hetgeen de waarachtige aard is van de Kerk – de rechtvaardiging van zowel onze Schepper als van onze broeders, in de opbouw van ons heil. "Door de genade zijt gij behouden",[73] verzekert de apostel Paulus. Bovendien, wanneer de ledematen van de Kerk deze gemeenschap van genadegaven op waardige wijze tot volmaaktheid brengen, dan schenkt dit ook innerlijke verzekering aan de anderen, die deel uitmaken van het Lichaam en ook zij worden door God behouden. Zo wordt het profetische karakter bewaard van de Liturgie, zoals dit op zeer eenvoudige wijze beschreven wordt door de apostelen – in de Handelingen en in de Brief aan de Korinthiërs – doch altijd op voorwaarde van onze eigen ascese in ons persoonlijk leven. Als deze voorbereiding daar niet aan vooraf gaat en wij de liturgische vergadering niet betreden met een geestelijke plaats binnenin ons hart, en met geestelijke intenties als genadegaven, dan doen wij zowel God als onze broeders onrecht aan. Doch wij doen ook onszelf onrecht aan, omdat er in de Liturgie geen marge is voor ons persoonlijke gebed en voorbereiding. Het is niet passend om in de Liturgie voortdurend buigingen en overgrote kruistekens te maken, of gebeden te fluisteren – kort gezegd, om lichamelijk te bidden, en ons op eigenaardige wijze te gedragen, daar waar "de geesten der profeten onderworpen zijn aan de profeten".[74] En als wij zo (zonder voor-

---

[71] Rom.12:11.
[72] Openb.19:10.
[73] Ef.2:5.
[74] Cf. 1Kor.14:33.

bereiding) binnentreden, dan blijven wij zonder enige geestelijke verandering, en zoals wij zijn binnengekomen – als een zak vol kaf, om niet te zeggen als een "zoutpilaar" – zo gaan wij dan ook weer naar buiten, met een dode geest en een dor hart. Maar] zelfs een kleine gave die wijzelf in ons hart dragen, is genoeg om ons te verbinden met alle andere ledematen van het Lichaam van Christus.

De heilige Paulus zegt, dat elk van ons een bijzondere gave heeft.[75] Als ik mijn kleine gave op waardige wijze offer, dan word ik deelgenoot aan de gaven van alle andere ledematen. De Liturgie is een tijd van grote verrijking – wij treden in gemeenschap met alle heiligen, en hoewel wij zwakke en onbetekenende ledematen zijn, genieten wij de weldaad van de genadegaven van de sterke leden van het Lichaam. Zij helpen ons door hun gebeden. In het bijzonder worden wij gesteund en beschermd door de gebeden van de Moeder Gods.

Tijdens de Liturgie brengen wij onze dankzegging aan God voor alles wat Hij heeft gedaan tot ons heil, en voor de verhoring van de gebeden der heiligen: "Wij bezingen U, wij zegenen U, wij danken U, o Heer, en wij bidden U, onze God". Onze lofprijzing is drievoudig (wij bezingen, wij zegenen, en wij danken), terwijl wij slechts éénmaal bidden. Dit weerspiegelt het feit dat de gaven "waarvan wij weten, en waarvan wij niet weten", die God reeds overvloedig heeft uitgestort over de gehele mensheid, en waarvoor wij Hem loven, onvergelijkelijk veel groter zijn dan alles wat wij nog van Hem zouden kunnen vragen in het gebed – want in Hem zijn alle dingen reeds voor eeuwig volbracht; het enige wat nog rest is dat Hij onze lichamen opwekt in onvergankelijkheid op de Laatste Dag. Aldus is onze lof en dankzegging voor al Zijn onuitsprekelijke gaven het meest intens tijdens deze specifieke hymne, die de 'epiclese' vergezelt – de aanroeping van de Heilige Geest "over ons en over deze hier neergelegde gaven".

Wanneer de Heilige Geest eenmaal gekomen is, en de heilige gaven getransformeerd zijn tot het Lichaam en Bloed van onze God, dan zegt de priester: "Verder bieden wij U deze redelijke eredienst aan voor hen die in het geloof ontslapen zijn: voor onze voorvaderen, vaderen, patriarchen, profeten, apostelen, verkondigers, evangelisten,

---

[75] Zie Rom.12:5-9.

martelaren, belijders, asceten, en voor elke rechtvaardige geest die in het geloof tot volkomenheid gekomen is." En dan bekroont hij zijn gedachtenis van de koren der heiligen met de uitroep: "In het bijzonder voor onze alheilige, vlekkeloze, boven allen gezegende, heerlijke Vrouwe, de Moeder Gods en altijd-maagd Maria." Christus heeft ons Zijn heiligen gegeven. En boven hen allen heeft Hij ons Zijn zuivere en heilige Moeder geschonken, waarlijk de meest sublieme van al Zijn gaven aan de mensheid. Onze dankbaarheid jegens God bereikt dus zijn hoogtepunt na de consecratie, wanneer de priester de Alheilige Moeder Gods gedenkt.

Net zoals de heiligen van alle eeuwen het gebed der bekering opdragen voor de gehele wereld, zo dragen wij de dankzegging op voor alles wat God voor de gehele wereld heeft gedaan, voor de gaven waarmee Hij Zijn heiligen heeft begenadigd, en in het bijzonder voor de "grote dingen" die Hij geschonken heeft aan Zijn Alheilige Moeder – "want de Machtige heeft grote dingen aan mij gedaan, en heilig is Zijn Naam".[76] Dit alles heeft Hij gedaan voor ons heil!

Vader Sophrony noemde het liturgische gebed "hypostatisch gebed" – universeel gebed, dat karakteristiek is voor degene die in de gelijkenis van Christus is, een waarachtige persoon.[77] Christus heeft ons de waarheid van Zijn hypostase bekend gemaakt in Zijn gebed te Gethsémane, Zijn kruisiging op Golgotha, en Zijn nederdaling tot de nederste delen der aarde. En in de Liturgie leren wij onze Heer na te volgen wanneer wij voor Gods aanschijn komen staan, en Hem zodanige gebeden opdragen die de gehele mensheid omvatten in al haar vreugden en verdriet. Net zoals wij bekering offeren voor onvrijwillige zonden waar wij ons niet bewust van zijn ("Reinig mij van mijn verborgen overtredingen"[78]), maar die niettemin in ons hart geworteld zijn, evenzo verheugen wij ons erin God te danken voor al Zijn weldaden, "de zichtbare en de onzichtbare". In hun hypostatische gebed offeren de heiligen de berouwvolle bekering voor allen; ons hypostatische gebed draagt dankzegging op uit naam

---

[76] Lk.1:49.
[77] "His Life is Mine", EN p.95. Zie ook "We Shall See Him", GK p.340, EN p.216, en "On Prayer", GK p.82, 248-249, EN p.56, 116-117.
[78] Cf. LXX Ps.18:13 (19:12/13).

van de gehele mensheid voor alle heiligen, en in het bijzonder voor de Alheilige Moeder Gods.

De Liturgie deelt ons de genade mee van de Heilige Geest, de Geest Die inspireert tot dankbaarheid. De heilige Paulus zegt: "Wij hebben niet ontvangen de geest der wereld, maar de Geest Die uit God is, opdat wij zouden weten de dingen, waarmee wij door God begenadigd zijn."[79] En God geeft ons niets minder dan de eeuwigheid; terwijl wij deelnemen aan de eeuwige werkelijkheid worden wij 'tijdgenoten' van de eeuwige gebeurtenissen die de voortdurende aanwezigheid verzekeren van het Koninkrijk Gods op aarde. Wanneer wij alle soorten omstandigheden en gebeurtenissen aan God opdragen in een geest van dankbaarheid, dan deelt de Heer ons dienovereenkomstig Zijn genade mee. Zoals de heilige Barsanuphius zegt, is de dankbaarheid een voorspraak bij God voor onze menselijke zwakheden.[80] Hoe kostbaar is de dankzegging!

De Liturgie openbaart ons het patroon van het leven. Het is een school die ons leert dat Christus de Alfa en de Omega is, het middelpunt van hemel en aarde. Wij leren ook dat de overwinning van Zijn Kruis universeel is – en wanneer wij de tempel verlaten, zouden wij moeten voortgaan te leven zoals ons onderricht werd in de Goddelijke Liturgie. Mozes ontving een patroon voor het leven op de berg Sinaï, en volgens dat patroon stelde hij wetten in voor het volk. Als de vervulling van het gebod van Christus, opent de Liturgie voor ons de genade van het mysterie van Zijn Kruis en Opstanding. In ons dagelijks leven zien wij nu de genade van Christus verborgen in elk van Zijn geboden, en wanneer wij Zijn geboden vervullen, leven wij op liturgische wijze en worden wij levende tempels van de Drieëne God. De Liturgie leidt ons binnen in het schouwen van het Koninkrijk van Christus, en onze trouw aan dit patroon bereidt ons voor om op waardige wijze in dit Koninkrijk te verblijven voor alle eeuwigheid.

In de Liturgie vertrouwen wij op het woord van de Heer en wij roepen de genade van Zijn geest aan, opdat het wonder van de Liturgie voltrokken mag worden. Ook in ons dagelijks leven is

---

[79] Cf. 1Kor.2:12.
[80] Cf. "Guidance towards the Spiritual Life" (141), p.58.

onze enige zekere en vaste grondslag het woord van de Heer, en onze grootste zegen ligt in het aanroepen van Zijn heilige Naam, wat het grootste wonder bewerkt van ons menselijk bestaan – de vereniging van ons geschapen wezen met de ongeschapen, eeuwige genade van de Geest Gods. De Heer ondernam de nederwaartse tocht omwille van ons heil, en als wij Hem volgen in deze nederwaartse tocht, dan plaatsen wij onszelf op het pad van Zijn heilige wil. Ieder offer dat wij brengen verbindt ons met Christus, en stelt ons in staat te groeien tot Zijn gelijkenis.

De grootsheid van de Goddelijke Liturgie is onmogelijk in één keer te bevatten. Maar elke keer wanneer wij daaraan deelnemen vangen wij een glimp op van het wezen van het werk des Heren, en zonder uitzondering doet dit onze harten herleven. In ons klooster zijn wij als het ware "bezeten" van de Liturgie. Wij zijn in het klooster gekomen omwille van de Goddelijke Liturgie, omwille van het aanroepen van de Naam van Jezus Christus, en omwille van het woord van God. Deze drie dingen vormen de centrale aspecten van ons leven, zowel als onze vertroosting.

Zolang op aarde de Liturgie wordt gevierd en de mens voortgaat zijn geschapen leven in te ruilen voor het ongeschapen, oneindige leven van God, is er hoop. De Liturgie is een onpeilbare gave aan de mensheid. Werkelijk, of de wereld het nu weet of niet, de energie van het hypostatische gebed daarvan houdt het gehele universum in stand.

12

De ontdekking van
het diepe hart[1]

oe ontzagwekkend, maar ook hoe moeilijk is het, te staan voor het oordeel van God! En dit zal in het bijzonder het geval zijn op de dag van onze overgang uit deze wereld. Noch engel, noch mens zal ons dan kunnen helpen. Onze kracht in dat vreeswekkende uur zal berusten op onze standvastige trouw aan de Heer tijdens ons verblijf hier op aarde, waarbij wij voor Hem gekozen hebben boven alles, in tijden van verzoeking. Als wij trouw zijn aan de Heer dan zal Hij met ons zijn, niet slechts voor een tijdje, of voor de duur van onze verzoekingen, maar voor alle eeuwigheid.

In ons verlangen te leven in volledige trouw aan de Heer, nemen sommigen het monastieke leven op zich. Dit is een gave van Gods genade. Hij schenkt hen de kracht zich af te keren van de ijdelheid van deze wereld. Zij maken een wonderbare sprong, deze wereld uit, en gaan het klooster in, dat een voorportaal is van het eeuwig Koninkrijk.

Wanneer het iemand geschonken wordt de wereld te verlaten, dan is zijn hart vol leven, hij voelt God en hij hoort Diens stem. Hij voelt Zijn aanwezigheid in de kracht van Zijn Naam. Hij vindt de kracht de bovenmenselijke sprong des geloofs te maken, ondanks de gevallen natuur van de mens. Ongelukkigerwijze is het maar al te gemakkelijk om gewend te raken aan een bepaalde manier van leven, vooral wanneer wij de genade die God ons in het begin schenkt, en de staat van het hart waartoe dit inspireert, vanzelfsprekend beginnen te vinden. Dit is het begin van een afglijden in nalatigheid, die ons terugleidt tot de wegen der wereld. Wij beginnen ons hart te negeren en te verzaken; wij bemerken niet meer de verandering die de aanwezigheid van Gods Geest in ons bewerkt had. Dan keren wij ons tot regels en voorschriften om ons verlies te compenseren, en het is slechts een kwestie van tijd voordat wij zelf-

---

[1] Uit een voordracht in een monastieke gemeenschap.

voldaan worden in onze vervulling daarvan, misschien zelfs in de overtuiging dat ons heil daarmee verzekerd is. En daar wij niet langer de schat van goddelijke vertroosting bezitten, glijden wij zelfs nog verder af tot een wijze van leven die onze roeping onwaardig is. Dit kan jaren voortduren, als God ons niet najaagt in Zijn barmhartigheid, en ons opwekt uit onze verdoving en onze nalatigheid. God verhoede, dat wij ons leven zouden eindigen in deze staat.

Maar het hoeft niet zo te gaan. Als de monnik arbeidt zoals hij zou moeten doen, dan zal hij er nacht en dag op bedacht zijn de binnenkamer van zijn hart te betreden en daar te verblijven, want dit (en alleen dit) zal zijn leven Godwelgevallig maken. Hij zal in staat zijn God te loven op een wijze die Hem waardig is. En hij zal zijn broeders vertroosten en bemoedigen.

Tenzij wij ernaar streven binnenin ons hart te leven, zullen wij blind blijven voor onze ongetemde hartstochten. De neigingen van ons hart en ons intellect blijven buiten onze contrôle – wij zondigen, of wij willen of niet. De zonde kan nimmer Gods zegen aantrekken, dus tenzij wij ons hart levend en waakzaam houden, zullen wij tenslotte vreemden voor Hem worden. De Schriften zeggen: "het hart is diep".[2] God eert dit "diepe hart" van de mens. Heel de hemel neigt het oor tot een diep hart dat dorst naar God, en dat gereed is om Hem te ontvangen. Maar als ons hart onverschillig is jegens God, dan zijn wij weinig meer waard dan stof en as. Wij moeten aandacht schenken aan ons hart en het cultiveren, want de verborgen mens des harten is zeer kostbaar in Gods ogen.[3] Moge God ons zulk een hart schenken, een diep hart dat in staat is tot een goddelijke en geestelijke gewaarwording.[4]

Wij leren ons "diepe hart" te betreden door het persoonlijk gebed in onze kamer en door onze aanwezigheid in de kerkdiensten. En als wij moed vatten en binnentreden in het hart, dan zullen wij het grote wonder zien van de eenheid van ons leven met Gods Leven, want dit vindt plaats in het hart van de mens. Feitelijk is het doel van heel onze ascetische strijd – onze vasten, nachtwaken en gebeden – om het hart te doen verschijnen, om het 'op te graven'.

---

[2] Cf. LXX Ps.63:7 (64:6/7).
[3] Cf. 1Petr.3:4.
[4] Cf. Spr.15:14.

Wij hebben allemaal een zekere tederheid van hart gekend in de eerste week van de Grote Vasten, bijvoorbeeld. Vrijwillige fysieke zwakheid maakt het hart lichtend en gevoelig. Maar boven alles moeten wij de gehoorzaamheid beoefenen en leven in de nederigheid die voortkomt uit het doen van de wil van een ander. Gehoorzaamheid is een verkorte weg naar het hart, omdat de nederigheid het hart opmerkt, het vindt, en het aan de oppervlakte brengt. Dan kan het worden gereinigd van de zonde en worden vrijgemaakt om de Naam des Heren aan te roepen tot heil. En dit bereidt het hart voor op de inwoning van de Heilige Geest.

Het voornaamste werk van de monnik is dus om wegen en middelen te vinden om het intellect te verenigen met het hart, om de eerste genade terug te vinden. Er zijn twee aspecten aan zijn inspanning om dit te bereiken. In de eerste plaats moet de monnik een diep gevoel van dankbaarheid bezitten jegens God, dat Hij hem zozeer geëerd heeft. Zijn ziel moet nimmer moede worden God te danken voor Zijn goedheid, voor al wat Hij heeft gedaan voor het heil van zijn ziel, zowel als voor het heil van de gehele wereld. Hij dankt Hem dat God is zoals Hij is, want er is geen ander dan Hij. De monnik kan nimmer genoeg krijgen van een dergelijke dankbaarheid... Ten tweede moet hij een gevoel hebben van zijn eigen onwaardigheid tegenover de heiligheid van God, zodat hij zichzelf kan verafschuwen in al zijn afgrijselijke zondigheid. Dan zal hij zichzelf zien zoals hij is, een wetteloze verrader "die de waarheid bezit in onrechtvaardigheid".[5]

Om de aarde van ons hart te kunnen cultiveren zullen wij allereerst een ploeg nodig hebben, en onze ploeg moet het Kruis van Christus zijn. Dit zal ons leiden tot gehoorzaamheid aan Zijn woord, en aldus zullen wij ons eigen kruis opnemen. Niemand kan het Kruis van Christus dragen. De pijn en de vermorzelende smaad die daarin vervat liggen gaan alle beschrijving te boven. Het zou ons gehele wezen tot stof verpulveren, want het draagt in zich heel de tragedie van de mens, sinds de dag van zijn val uit het Paradijs tot aan het

---

[5] Cf. Rom.1:18. Het Grieks luidt: «τὴν ἀλήθειαν ἐν ἀδικίᾳ κατεχόντων». [Vertaling in overeenstemming met de weergave van de auteur. *Noot vert.*]

einde der eeuwen. Het draagt heel het kosmische gewicht van de ongehoorzaamheid van Adam.

Wij dragen ons kleine persoonlijke kruis in gehoorzaamheid aan Christus' gebod. Dit kruis is de pijn en het offer die nodig zijn om het hart te bevrijden van hartstochtelijke gehechtheden en verborgen listen, opdat het vrijelijk moge voortsnellen tot zijn geliefde God en Hem moge aanroepen. Het zal plaats hebben voor niets anders dan een verlangen naar God, waarin het Zijn Naam aanroept. Het enige verlangen van het hart is één te zijn met Hem Die Zichzelf heeft verbonden met onze natuur, en deze begiftigd heeft met al Zijn goddelijke deugden, opdat wij "deelgenoten [zouden worden] aan de goddelijke natuur".[6] Aldus, door ons kleine kruis op te nemen, beërven wij het leven dat verborgen ligt in Zijn grote Kruis.

Laten wij onszelf dus niet toestaan terneergeslagen te raken door het terugtrekken van de genade. Laten wij strijden met ons leed. Deze eer wordt ons door God geschonken, Die wil dat wij Zijn mede-werkers en mede-scheppers zouden zijn in het proces van ons behoud,[7] en dit is de wijze waarop wij Zijn gelijkenis verwerven. Het goddelijk beeld in ons is Zijn geschenk, maar Hij laat het aan ons over met Hem mee te werken om te worden naar Zijn gelijkenis. Het is Hem welbehaaglijk dit aan ons toe te schrijven, als was het onze eigen prestatie. In de gelijkenis van het Laatste Oordeel vragen de rechtvaardigen: "Heer, wanneer hebben wij iets goeds gedaan?" En de Heer zegt: "Amen, Ik zeg tot u: In zoverre gij dit gedaan hebt aan één van deze minste broeders van Mij, hebt gij het Mij gedaan."[8] Dit is nu precies Gods doel: aan de mens de goede werken toe te schrijven die God Zelf in hem bewerkt heeft. Wij hoeven alleen maar de aanvankelijke inspanning te verrichten, en dan zal Hij ons al het Zijne schenken. Door middel van het leed geeft Hij ons de gelegen-heid Hem te bewijzen dat wij waarlijk naar Hem verlangen, dat wij Hem willen toebehoren. Dan zal Hij kunnen zeggen: "Gij zijt mijn zoon; heden heb Ik u verwekt. Kom binnen in de vreugde van uw Heer."[9] En als wij het doel van de Heer in gedachten houden, dan

---

[6] 2Petr.1:4.
[7] Cf. 1Kor.3:9.
[8] Zie Mt.25:37-40.
[9] LXX Ps.2:7; Mt.25:21.

zullen wij niet in moedeloosheid vervallen, en onze dankbaarheid jegens Hem zal groeien.

Laten wij nogmaals beschouwen hoe God handelde met Abraham, de profeten en alle heiligen, want zo handelt Hij met elk van ons, en in het bijzonder met monniken. Wanneer Hij ziet dat wij in alle ernst Zijn Aangezicht zoeken, dan plaatst Hij een obstakel op onze weg. En wanneer wij dit overwinnen, door middel van het geloof, dan staat Hij toe dat zelfs nog grotere hindernissen ons terughouden. Tenslotte betonen wij zulk een geloof, dat wij over obstakels heenspringen die onmogelijk op menselijke kracht te overwinnen zijn. Als wij volhouden in geloof, in hoop "tegen hoop", dan zullen al onze gedachten, en al de krachten van onze ziel, verzameld worden in één enkele gedachte waarmee wij zullen kloppen aan de deur des hemels. Uiteindelijk zal de mens, omwille van het geloof, zelfs de dood zelf ondergaan om de verzoeking te overwinnen, want hij weet dat er geen andere uitweg is, en dat zijn heil ervan afhangt. Heel zijn wezen is als het ware verzameld in één enkele knoop in zijn hart, en hij hangt alles aan Gods barmhartigheid, wetend dat hem het middel zal worden getoond om te overwinnen.[10]

Nadat wij een eerste sprong des geloofs hebben gemaakt vanuit de ijdelheid van de wereld, vindt een tweede sprong plaats waardoor wij het psychologische niveau van 'zijn' achter ons laten, om te leven op het ontologische of geestelijke niveau. De eerste sprong komt overeen met onze aanvankelijke kruisiging, waardoor de wereld voor ons gekruisigd is; de tweede sprong komt overeen met onze kruisiging voor de wereld.[11] Dit is het kruis waardoor de hartstochten in ons worden uitgeroeid.

Doch God kan alleen in de mens verheerlijkt worden als deze tot het einde toe leeft door het geloof. Daarom moet de mens tegen alle prijs zijn hart bewaren, opdat hij voor God moge leven door de voortdurende dialoog met Hem. Dan zal het wonder van het geloof het dagelijkse wonder worden van zijn leven, terwijl hij leert om zijn last te werpen op Gods barmhartigheid. De mens zal dagelijks tot God komen als was het voor de eerste en voor de laatste keer,

---

[10] Cf. 1Kor.10:13.
[11] Zie Gal.6:14.

te allen tijde gereed om Hem te verheerlijken, zowel in leven als in sterven. Aldus zullen "de rechtvaardigen leven door het geloof.[12]

Dus tijdens het tweede stadium, wanneer wij verstoken zijn van de genade, moeten wij "alles doen om staande te blijven".[13] God inspireert ons om wegen te ontdekken waardoor wij nederige gedachten kunnen ontvangen, zoals nimmer tevoren in ons hart zijn opgekomen. En wij moeten onze netten wijd uitspreiden om die gedachten te vangen die ons in contact brengen met de Geest Gods, opdat ons hart open kan staan om Gods vertroosting te ontvangen. Wij zijn geschapen voor Zijn vertroosting, voor "de vreugde van Zijn heil".[14] Omwille van deze vertroosting heeft Hij ons Zijn woord gegeven; omwille van deze vertroosting is Hij gekomen en heeft Hij voor ons geleden. De profeet Jesaja zegt van Hem: "Van de voetzool af tot het hoofd toe is er niets geheels aan hetzelve; maar wonden en striemen en etterbuilen, die niet uitgedrukt noch verbonden zijn, en geen derzelve is met olie verzacht".[15] Hij werd één en al wonde omwille van ons, in Zijn verlangen ons te genezen en ons de vreugde te schenken van Zijn heil en de genade van Zijn onvergankelijke vertroosting.

In antwoord op de onmetelijke liefde van onze God, Wiens gehele wezen als één grote wond werd omwille van ons heil, moeten wij tot het einde toe strijden en alles doen wat wij kunnen om staande te blijven. Elk van ons moet ernaar streven zijn eigen manier te vinden om binnen de spanning van het geloof te blijven. De Heer zal ons herstellen in de genade die wij in het begin hebben gekend, en ons zelfs nog hoger heffen. Maar wij moeten Hem liefhebben met een liefde die waardig is aan Zijn liefde tot de dood toe. Onze liefde voor Hem zal zelfhaat vertonen, want door ons leven te verliezen en onszelf te haten[16] zal de waarachtige persoon opbloeien, (de drager van Gods volmaakte genade).[17] Wij zullen standhouden; niets zal in staat zijn ons te doen wankelen. Wij zullen nimmer beroofd worden van

---

[12] Cf. Hebr.10:38.
[13] Cf. Ef.6:13.
[14] Cf. LXX Ps.50:14 (51:12/14).
[15] Jes.1:6, Statenvertaling.
[16] Zie Mt.10:39; Joh.12:25.
[17] "We Shall See Him", GK p.287, EN p.186.

onze vrede, omdat de Naam des Heren iedere ademtocht van ons vergezelt. Maar wanneer wij het zicht verliezen op ons doel, dat is, onszelf te haten omwille van het gebod van God, dan zullen wij voorzeker in beroering geraken over zulke dingen als de geringheid van de taak die voor ons ligt, of het gebrek aan aandacht en erkenning jegens ons. Kort gezegd, wij zullen nogmaals begonnen zijn enkel voor onszelf te leven, in de goddeloosheid van onze eigenliefde.

Wanneer wij onszelf niet vernederen, dan ervaren wij leed, en wij vragen ons af waarom de Geest Gods niet met ons is. Als wij zoeken geëerd te worden door onze medemensen, dan kunnen wij niet in de Geest Gods verblijven, want deze twee zijn in directe tegenstrijd met elkaar. Als, zoals vaak gebeurt na het lezen van een inspirerend boek, wij vol zijn van onszelf, vol van misplaatste ideeën over onze vermogens en onze schijnbaar geestelijke ervaringen, dan worden wij opgeblazen, en dan kan de Geest Gods niet op ons rusten, noch kan er enige plaats zijn in ons hart voor de broederlijke liefde. Wij moeten dus onszelf ontledigen van alles wat bijdraagt aan ons 'egocentrisme'. Zoals vader Sophrony zegt: "Wanneer wij terugkeren tot het 'niets', worden wij 'materiaal' waaruit het onze God eigen is te scheppen".[18] Als wij onszelf ontledigen van onze eigen ingebeelde waarde, dan zal Hij ons vervullen met Zijn waarde, Zijn genade, Zijn Leven. Maar eerst zullen wij tot zelfhaat moeten komen.

Het monastieke leven, op de juiste wijze verstaan, is georganiseerd op zulk een wijze dat dit de genade aantrekt, en steun geeft wanneer de genade zich terugtrekt. In deze dorre periode is er een reëel gevaar op iets anders te gaan steunen dan op de gehoorzaamheid, en hierdoor verwatert ons monastieke leven. Het monnikschap is op z'n sterkst wanneer er geen andere vertroosting is dan God Zelf. Dit is waarom de Vaders zo bedachtzaam waren aangaande het voedsel dat zij aten, de voorwerpen die zij bezaten, en wat zij zeiden en deden. Tegenwoordig wordt rekening gehouden met onze menselijke zwakheid, maar de exacte gehoorzaamheid aan de monastieke traditie is een grote hulp om de genade te herwinnen waardoor God ons in staat stelt de wereld te overwinnen en de monastieke weg te omarmen. Als

---

[18] "We Shall See Him", GK p.196, EN p.124.

wij beginnen op onszelf te vertrouwen of op enige andere menselijke of materiële bron van troost, dan betekent dit dat wij afwijken van ons waarachtige doel. God zal niet falen ons hier een daar een beetje vertroosting te schenken, maar ons uiteindelijke doel is de eeuwige vertroosting van het zoonschap. Wij vereren de heilige Dosithéüs, omdat hij in een zeer korte tijdsspanne de volmaaktheid bereikte door de gehoorzaamheid, en omdat hem dezelfde eer werd geschonken als de grote Vaders van zijn klooster. Hoe exact was hij in het volgen van zijn geweten! Hij bezat niets uit eigen wil, noch stond hij zichzelf enige vertroosting toe, zelfs niet het soort voedsel dat hem in staat zou hebben gesteld zijn ziekte te overleven; hij gaf er de voorkeur aan te sterven, liever dan zijn eigen wil te doen. Maar in zijn dood werd hij verheven tot het waarachtige leven. Hij werd betoond als de gelijke van zijn Vaderen. Laten wij God danken, dat onze kloosters rekening houden met onze zwakheden, maar laten wij niet toestaan dat dit de regel wordt. Laten wij veeleer onze zwakheid veroordelen, en weten dat wij het volmaakte monastieke leven onwaardig zijn.

Ik herinner mij een rechtvaardig man, met wie ik in nauwe relatie stond. Toen hij stierf, voelde ik in mijn hart dat hij grote vertroosting had ontvangen van God. In mijn dwaasheid bad ik en vroeg God waarom hem zulk een grote genade was geschonken voor Gods aanschijn. En in mijn hart klonk het antwoord: "Hij was van alles verstoken gedurende zijn aardse leven". Dit had ik niet beseft, en toen begreep ik, en er kwam een grote vrede over mij, omdat mijn innerlijk gevoel bevestigd werd. Wij erkennen God als de gever van alle dingen; elke ontbering die wij lijden in dit leven, zal worden goedgemaakt in de eeuwigheid, want God is onze Beloner. Daarom kunnen wij nimmer claimen dat wij onrechtvaardig behandeld zijn.

In één van zijn boeken[19] zegt vader Sophrony iets vreemds: niemand kan een monnik zozeer vervolgen als de monnik zichzelf vervolgt. Dit is de volmaaktheid waartoe God ons geroepen heeft. In dezelfde trant zeggen de Vaders dat wij onvrijwillige moeiten vermijden door vrijwillige moeiten op ons te nemen. De wijze mens zal dus alle moeite doen zijn hart vrijwillig te reinigen, door zijn eigen inspanningen vol ijver, en door zo te doen zal hem de onvrij-

---

[19] De verzameling van zijn correspondentie met D.Balfour (zie hfst.9, noot 15).

willige inspanning worden bespaard, die God soms toestaat over ons te komen als Hij ons aanspoort voorwaarts te gaan. Maar het lijkt alsof wij in het algemeen de voorkeur geven aan onvrijwillige moeiten. Hoe wonderbaarlijk zou het zijn, als in plaats van de mensen te moeten aansporen enige ijver te verwerven, onze geestelijke vaders het nodig zouden achten onze vurigheid te temperen! Hoe aangenaam zou een dergelijke taak zijn voor de hegoumen en de geestelijke vader! Oudvader Sophrony merkt op, dat hun taak zeer vaak ondankbaar is, zo niet onaangenaam.[20]

Als wij leven in een voortdurende geest van bekering en zelfberisping, dan zullen wij automatisch goede relaties hebben met onze broeders. Toen vader Sophrony Servië bezocht, hoorde hij een hegoumena een woord geven aan haar monialen, en hij leverde dit met grote vreugde aan ons over. Zij zeide tot hen: "Waar gij ook gaat, wat gij ook doet, neem altijd de tweede plaats in." Wij moeten altijd de voorkeur geven aan onze broeder, want dit is de gezindheid van Christus. De heilige Paulus zegt: "Doe niets uit twistzucht, noch uit ijdele trots, maar in nederige gezindheid achte de een de ander uitnemender dan zichzelf."[21] Wij zouden te allen tijde onze broeder boven onzelf moeten stellen, door hem te eren en de eerste plaats te geven – want, zoals de heilige Silouan zo prachtig zegt: "Onze broeder is ons leven".[22]

Als wij deze houding bewaren, dan zal ons pad zeker zijn, want het is een onfeilbaar criterium van onze liefde voor onze naaste. Zonder een dergelijke houding zullen wij in conflict raken met onze broeders. Maar als ik mijn broeder eer, dan zal ik voorzeker zijn wil ten uitvoer brengen in plaats van mijn eigen wil. De waarachtige Christen triomfeert alleen wanneer hijzelf overwonnen wordt, wanneer hij zijn eigen wil veracht. "Laat ieder niet zien op zijn eigen belangen, maar ieder zie ook op de belangen van anderen."[23] Dit leidt ons langzamerhand van de 'praxis' tot de 'theoria', dat is, van de praktische beoefening van de gehoorzaamheid tot het schouwen van Christus, Die ons Prototype is: "Want deze gezindheid zij in u, die ook is in Christus

---

[20] Zie "On Prayer", GK p.214, EN p.91.
[21] Fil.2:3.
[22] "Saint Silouan", GK p.57, 468, EN p.47, 371, NL p.58, 392.
[23] Fil.2:4.

Jezus".[24] Al te vaak zouden wij liever onze gedachten wijden aan het schouwen, terwijl wij vergeten dat de beoefening van de gehoorzaamheid daar de onmisbare sleutel toe is.

In "De Ladder van Goddelijke Opgang" zegt de heilige Johannes van de Sinaï, dat de vooruitgang van de monnik niet geopenbaard wordt door de lengte van zijn nachtwaken, noch door het aantal gebeden dat hij zegt, maar door zijn reactie op berisping: "Ooit zag ik drie monniken die terzelfder tijd beledigd werden. De eerste van hen voelde de beet ervan, en raakte in beroering, maar hij zei niets." Dit is de eerste trede. "De tweede verheugde zich over zijn eigen leed, vanwege de beloning die hij hierdoor zou verwerven, maar hij was bedroefd over zijn broeder, die hem had uitgedaagd." Dit is de middelste trede. "En de derde, die dacht aan de schade die de ziel van zijn honende broeder hierdoor leed, vergoot hete tranen."[25] Dit is de laatste trede. Als wij dus willen weten wat onze geestelijke gesteldheid is, laten wij dan eenvoudig bezien hoe wij reageren op kritiek. Als wij vergelding zoeken, of proberen onszelf te verdedigen, dan zouden wij moeten beseffen dat wij onze eigen ziel haten, zegt de heilige Johannes.[26]

Vader Sophrony zei vaak, dat monniken als druppels water zijn die proberen tegen de stroom in te zwemmen van een grote rivier, iets wat alleen mogelijk is door de kracht van de genade van Christus. De Oudvader vergeleek het monniksleven ook met het pogen een ei te laten balanceren op de punt van een naald. Dit is onmogelijk, tenzij er een ring rond het ei is, die voorkomt dat het valt. Deze ring is Gods genade, die ons leven veilig stelt.

Een krachtige manier om het vuur in onze harten opnieuw aan te wakkeren, is het uur van onze dood indachtig te zijn. In de wereld maken wij een openbare gelegenheid van onze verjaardag: ijdelheid der ijdelheden! De enige manier om de verjaardag van onze geboorte op Godwelgevallige wijze te vieren, is door Hem te danken, want Hij is Degene Die ons uit het niet-zijn tot het zijn heeft gebracht, en Die "niets ongedaan heeft gelaten om ons de Hemel in te leiden, en ons het komend Koninkrijk te schenken."[27] Wanneer wij Hem

---

[24] Fil.2:5.
[25] Cf. "The Ladder", step 8:27, p.85.
[26] Cf. ibid., step 4:44, p.38.
[27] Cf. de Anaphora van de Goddelijke Liturgie.

dankzeggen voor de gave van het leven, dan trekken wij de genade aan en dit rechtvaardigt het geschenk. Dus wij zouden de verjaardag van onze geboorte moeten vieren in dankzegging.

Maar er is een andere dag die wij, als Christenen, zouden moeten zien als onze geboortedag, namelijk de dag van onze dood. Want dit zal de dag zijn van onze waarachtige geboorte in het "onwankelbaar Koninkrijk" van God.[28] Onze intrede in de eeuwigheid is de allerbelangrijkse gebeurtenis van ons leven, en om dit op waardige wijze te kunnen vieren – als deel van het feest der eerstgeborenen, het feest des Hemels – zouden wij onszelf daar van nu af aan op moeten voorbereiden, en zeggen: "Heer, ik bid U, wees mij nabij in mijn sterven, als mijn kracht mij begeeft, en ik niet in staat zal zijn U aan te roepen; schenk Gij mij dan de onuitsprekelijke vreugde van Uw heil." En ons gebed zal bij de Heer bewaard blijven, Die altijd trouw is en ons nimmer verlaat, en op die dag zal Hij ons gebed verhoren. In de laatste ogenblikken van ons leven begint onze ziel zich los te maken van het lichaam. Onze kracht begeeft het, en het vlees begint te ontbinden. De heiligen kunnen een staat van gebed bewaren in het uur van de dood, maar zelfs Gods uitverkorenen zullen dan misschien groot lijden verduren. Het beste wat wij kunnen doen is bij voorbaat te bidden, en ons gebed zal bij God bewaard blijven. En wanneer wij deelnemen aan de Heilige Mysteriën, laten wij dan zeggen: "Ik dank U, o Heer, dat Gij mij nogmaals in staat hebt gesteld deel te nemen aan Uw Heilig Lichaam en Bloed; schenk Gij mij dat ik dit moge doen tot aan mijn laatste adem, op de laatste dag van mijn verblijf hier op aarde. Amen."

Ongelukkigerwijze, omdat wij gevallen schepselen zijn, hebben wij de neiging nogal onverschillig te zijn aangaande de dood. Doch de gedachte aan ons vertrek uit dit leven zou ons moeten vervullen met een godwelgevallige vreze en ons moeten aansporen tot goede werken, opdat wij te allen tijde bereid zouden zijn. Wij weten niet wanneer de dood over ons zal komen. Laat ons daarom elke dag, elk ogenblik van ons leven, betrekken op die laatste dag, de dag van onze waarachtige geboorte in de eeuwigheid. Er is veel inspiratie vereist, want – zoals wij gezegd hebben – onze natuur is geneigd tot aardse dingen, en wij nemen veel van Gods zegeningen als vanzelfsprekend

---

[28] Hebr.12:28.

aan. Wij kunnen zelfs de gewoonte krijgen de Heilige Communie op 'mechanische' wijze te ontvangen, veeleer dan tot het Heilig Mysterie te naderen "in vreze Gods en met geloof". Wij zouden elk van dergelijke gelegenheden moeten beschouwen als de eerste, en mogelijk de laatste maal. Als de eerste maal, omdat wij niet kunnen claimen volmaakt verzoend te zijn met God; en als de laatste maal, omdat wij altijd zouden moeten leven in de eschatologische hoop van het toekomende leven, van ons eigen persoonlijke "Pascha" – onze overgang tot het eeuwige Pascha. Het uur van onze dood indachtig te zijn, zal te allen tijde onze inspiratie vermeerderen.

Wanneer wij verlaten worden door God, moeten wij dit nederig aanvaarden. Wij moeten ons aan Hem overleveren in de erkenning dat wij niets verdienen, en dan zullen wij vrede vinden. Laat ons zeggen: "Heer, ik weet dat ik deze dorheid van hart verdien, deze dood; dit is het terechte loon voor mijn zonden." Dit zal onmiddellijk vrede verwekken in de ziel. Maar als wij in onze verdrukking onszelf de genade waardig achten die ons in het eerste stadium gegeven werd, dan zullen wij onze vrede verliezen. Dit is een zeer delicate zaak; wij moeten waakzaam zijn, of anders zullen wij misleid worden. De pijn die wij ervaren moet in evenwicht worden gebracht door de nederigheid: "Heer, ik verdien schande; ik verdien de dood waarvan dit een voorsmaak is. Ik verdien door U verworpen te worden, want ik heb nimmer iets gedaan dat welbehaaglijk is in Uw ogen. Aan U alleen zij alle heerlijkheid." Laten wij onszelf gedragen jegens God zoals de profeten dat deden, door alle heerlijkheid op te dragen aan Hem en onszelf te berispen. Wij doen dit in berouw omdat wij de liefde des Heren gegriefd hebben, en hierin is geen gevaar.

Ook de gehoorzaamheid is vrij van gevaar. Wij bedoelen het soort gehoorzaamheid dat vader Sophrony ziet als het wezen van het monnikschap. Deze wordt in het hart geboren als een uitdrukking van de liefde voor onze geestelijke leidsman, en van een volkomen vertrouwen in hem; het is niet een soort discipline die berust op angst voor straf. De waarachtige monnik is als een klein hondje dat zijn meester volgt. Van tijd tot tijd geeft zijn meester hem misschien een schop, of hij gooit hem een stukje brood toe, maar de hond zal zijn meester volgen met nimmer aflatende trouw, met voortdurende toewijding en liefde. Als wij niet dat soort trouw bezitten, dan zullen wij nimmer de verhevenheid van het monastieke leven leren kennen.

Het waarachtige monnikschap is de weg van Christus. Het is nergens een plaats te hebben om het hoofd neer te leggen. De monnik volgt zijn meester en voedt zich met de kruimeltjes die van zijn tafel vallen. Anders zal zijn geestelijke honger nimmer worden verzadigd, noch zal hij ooit in staat zijn de waarachtige geest van het monnikschap te vatten, de geest van Christus.

Het mysterie dat velen aantrekt tot het monastieke leven is het gebed des harten. En ook dit hangt volledig af van de volstrekte toewijding en liefde. Tenzij men eerst als een klein hondje wordt, zal men het onophoudelijk gebed niet kunnen smaken in zijn bovennatuurlijke staat, wanneer het zelfs in de slaap voortduurt. Maar waar vertrouwen is, zullen wij niet verontrust of beledigd zijn wanneer onze oudvader ons niet begunstigt, of wanneer hij (ook hij is immers menselijk) soms niet zoveel aandacht voor ons heeft. En hierin ligt de verhevenheid van ons leven. Feitelijk is het noodzakelijk voor ons om het ongenoegen van onze oudvader en onze broeders te ervaren. Wij zouden een zekere vreze moeten bezitten voor onze oudvader, vooral in het begin. Naast zijn vriendelijk woord, zijn welwillendheid en zijn geduldige liefde, moet de monnik ook zijn ongenoegen en ongeduld ervaren, waarmee hij onze trouw beproeft. Anders zullen wij nimmer ons doel bereiken van de overwinning op de zonde en het ontwortelen van onze vele hartstochten.

Laten wij ervan verzekerd zijn dat allerhande moeiten en beproevingen door God met grote precisie verordend en geregeld zijn in Zijn oneindige wijsheid. Betere wegen kunnen niet gevonden worden. De rechte vreze Gods is een grote gave, evenals de vreze voor onze oudvader. En op een dag zal God ons schenken Zijn volmaakte liefde te kennen, die alle vreze verdrijft.[29] Dan wordt een ander soort vreze geboren – de vreze de heiligheid van de goddelijke liefde te krenken. Dan zullen wij met de heilige Antonius kunnen zeggen: "Ik vrees God niet meer, maar ik heb Hem lief." En, zoals de heilige Silouan opmerkt, "hij zeide dit omdat zijn ziel rijkelijk vervuld was van de genade van de Heilige Geest, Die van deze liefde getuigt; en dan kan die ziel niet anders spreken."[30]

---

[29] 1Joh.4:18.
[30] "Saint Silouan", GK p.470-471, EN p.372-373, NL p.394.

13

De taal van God

e apostolische successie binnen de Kerk wordt overgedragen en verzekerd door enerzijds het Mysterie van de Priesterwijding, dat is, door het functionele of institutionele priesterschap, en anderzijds de charismatische "orde van Melchizédek". Deze laatste is charismatisch omdat dit een genadegave is van de Heilige Geest, bovenop of zelfs afzonderlijk van het institutionele priesterschap. In werkelijkheid zijn beide vormen noodzakelijk voor het leven van de Kerk: Wij hebben het functionele priesterschap nodig, want zonder dit kan geen enkel Mysterie worden gevierd; maar wij hebben ook die bijzondere genadegave nodig van de Heilige Geest waardoor een persoon deelneemt aan het Koninklijk Priesterschap van Christus. Deze gave is toegankelijk voor iedereen die gedoopt is in de naam van de Vader, en van de Zoon, en van de Heilige Geest – zonder deze genadegave zal het functionele priesterschap zijn doel niet werkelijk vervullen.

Er zijn dus twee dimensies in het leven van de Kerk: de horizontale dimensie, die bestaat in instituties en sacramenten, en de verticale, via welke het authentieke sacramentele leven gesteund wordt door de genadegaven van de Heilige Geest – en één specifieke uiting hiervan is het Koninklijk Priesterschap. Eén van de prachtige dingen van onze Traditie is dit: Het heeft onze instituties bewaard en aan ons overgeleverd, zodat wij, door beden en smekingen, de volheid van de gaven van de Heilige Geest kunnen ontdekken die daarin verborgen liggen. De Liturgie, bijvoorbeeld, is een instituut dat berust op de woorden: "Neemt, eet, dit is Mijn lichaam" en "Drinkt allen hieruit, dit is Mijn bloed".[1] De Heer Zelf heeft deze woorden uitgesproken, en iedere keer dat wij de Liturgie vieren tot Zijn gedachtenis, richten wij opnieuw onze beden tot Hem, in geloof en liefde, en de Heilige Geest daalt neer op ons en op de gaven van brood en wijn. Aldus worden de woorden van Christus, die niet voorbijgaan, keer op keer vervuld.

---

[1] Mt.26:26-28.

In het Christelijk leven kunnen wij het nimmer zonder één van deze beide aspecten stellen – het institutionele en het charismatische. Wij kunnen de instituties van de Kerk niet negeren, want dit zijn de vaten die de geurige gaven bevatten van de Heilige Geest. Maar om deel te kunnen nemen aan de gaven die door ons aan God geofferd worden in deze instituties, moeten wij Hem eerst daarom smeken, want dit is de juiste benadering.

Eén van de verborgen gaven van de Heilige Geest is het woord van God, een vreemde en paradoxale gave, die zich openbaart in het geestelijk vaderschap. Dit woord komt noch gemakkelijk noch "zomaar", en het wordt gegeven op specifieke ogenblikken en voor specifieke doeleinden. Hoe wordt het woord van God toegankelijk, en hoe wordt het dan werkzaam in het hart?

Niemand kan God zien zonder reinheid van hart.[2] Daarom moet het hart eerst vrij zijn van de duisternis van de slechte gedachten. De vreze die over de wereld komen zal bij het Laatste Oordeel, zal veroorzaakt worden door de schaamte die voortkomt uit de onreinheid van ons hart. Reinheid van hart is van levensbelang als wij het woord van God willen "aangrijpen", en volgens de Vaders wordt de reiniging, die leidt tot een dergelijke reinheid van hart, bewerkt door de gehoorzaamheid.

In de kloosters – en dit is tevens het geval in gezinnen en parochies – is elke taak die met ijver wordt vervuld een uitdrukking van onze liefde voor de broederschap waarmee de Heer ons verbonden heeft. Onze liefde toont zich door ons werk, en ons eergevoel (*philótimo*)[3] toont zich door onze gehoorzaamheid. Doch boven dit alles staat het gebed, waardoor wij uiting geven aan onze liefde voor God en aan ons verlangen te verblijven in Zijn aanwezigheid. Gebed is kostbaarder dan werk, want het voorziet ons van de kracht voor het werk, terwijl het de eenheid in stand houdt tussen de ziel en het lichaam, zodat wij volharding verwerven in onze taken. Doch vele Vaders stellen de gehoorzaamheid boven het gebed,[4] want Christus Zelf is in de wereld gekomen in gehoorzaamheid

---

[2] Cf. Mt.5:8.
[3] Grieks: φιλότιμο (m.b.t. godsvrucht en dankbaarheid) zie toelichting hfst.5, noot 9.
[4] Zie "Saint Silouan", GK p.515-516, EN p.411-412, NL p.433.

aan Zijn hemelse Vader, en alwie vasthoudt aan de gehoorzaamheid is "naar de gelijkenis" van de Zoon van God.

Gehoorzaamheid is essentieel voor een vruchtbare relatie met onze geestelijke vader. Het mysterie van de gehoorzaamheid geeft ons de gelegenheid bevrijd te worden van alles wat behoort tot de oude mens. Het bevrijdt ons van de noodzaak te vertrouwen op onze overdenkingen, meningen en oordelen, en het schenkt ons de vrijheid de wil van God te omhelzen. En alwie zichzelf geïdentificeerd heeft met de wil van God heeft het leven gevonden in God Zelf. Met andere woorden, de gehoorzaamheid is een voorrecht dat ons door God gegeven is. Deze leert ons binnen te treden in de stroom van Zijn heilige wil, en dit leidt tot het eeuwige leven. Omdat het de gehoorzaamheid is, die onze hartstochtelijke menselijke wil verheft tot het niveau van de volmaakte goddelijke wil, is het onmogelijk daarzonder de andere oever te bereiken, en dit is nu juist waarom de gehoorzaamheid de voornaamste plaats inneemt onder de deugden, en de hoeksteen is van het Christelijk leven.

Om Zijn heilige wil te kunnen onderscheiden, is het nodig dat wij in gesprek zijn met deze grote God van ons, door het contact met Zijn woord. God heeft een specifieke taal die Hem eigen is, en om deze te leren moeten wij onderricht worden in de gehoorzaamheid aan Zijn woord, zonder nodeloos vragen of filosoferen. De apostel Paulus zegt, dat de Kerk niet de plaats is om te twisten en te argumenteren, of om het laatste woord te hebben.[5] De Kerk leert ons veeleer de gehoorzaamheid, zodat wij leren het woord van God aan te grijpen.

Vader Sophrony benadrukte, dat het instituut van het geestelijk vaderschap ons in staat stelt de ragfijne draad van de goddelijke wil te kennen door het van God geschonken woord van een geestelijke vader.[6] Er zijn echter sommigen, die nimmer gehoorzamen. Elke keer dat hun geestelijke vader hun een woord geeft, proberen zij dit te verbeteren door daar nog tien woorden aan toe te voegen. Hij kan hen nog niet één enkele gedachte duidelijk maken, noch zelfs maar een kleine hoeveelheid genade overdragen. Maar als wij in

---

[5] Zie 1Kor.11:16.
[6] "Saint Silouan", GK p,99-100, 10-105, EN p.80, 85, NL p.91-92, 96-97.

gehoorzaamheid leven en proberen Gods taal te verstaan en te spreken, dan vragen wij in geloof om de kennis van Gods wil, en de geestelijke vader antwoordt in geloof. Hij gelooft, en daarom spreekt hij.[7] Door in de instituties van onze Kerk de genadegaven van de Heilige Geest te zoeken, vinden wij leven in overvloed – en één van de grootste gaven is de kennis van Gods wil, zodat wij onszelf daaraan gelijkvormig kunnen maken. Wanneer onze geestelijke vader ons een woord geeft, en wij ons gehoor scherpen om in geloof zijn woord "aan te grijpen", dan schenkt God ons wat wij nodig hebben om genezen te worden. Maar de genezing hangt af van onze gehoorzaamheid, en van de kennis van de taal van God.

Naast God te horen spreken via onze geestelijke vader, is er nog een andere manier om Zijn taal te leren. Deze bestaat erin om in nederigheid ons hart uit te storten voor Zijn aanschijn wanneer wij in pijn of beroering verkeren, waarbij wij onszelf berispen en God rechtvaardigen, Die voor immer gezegend is, terwijl wij elke vorm van wereldse vertroosting afwijzen. De genezende woorden van Zijn taal zullen in ons hart weerklinken, en ons de kracht geven ons verdriet om te vormen in energie voor het gebed. Doch zulk uitstorten van ons hart dient te worden gesteund door het woord van God dat wij van onze geestelijke vader hebben ontvangen, want zijn woord zal ons leiden in het gebed en ons verenigen met Gods wil. De wegen om vertrouwd te raken met Gods taal, om Zijn wil te leren kennen, zijn dus onderling verbonden.

Het Eerste Boek van Samuël begint met het verhaal van een vrouw, Hanna genaamd.[8] Zij was zowel rijk als vroom, doch kinderloos. Haar dienares had vele kinderen gebaard, en was daar zeer trots op, en zij verachtte haar kinderloze meesteres, wat Hanna veel pijn deed. Maar Hanna wilde geen kwaad met kwaad vergelden. Op een dag, vervuld van pijn en verdriet, ging zij naar de Tempel en stortte haar hart uit voor Gods aanschijn. Zij "bewoog alleen haar lippen", en het scheen de priester Eli toe dat zij dronken was, of waanzinnig. Terwijl zij haar hart uitstortte voor de "God der kennis", sprak Eli bestraffend tot haar: "Ga weg, gij zijt dronken!" Hanna antwoordde: "Ik ben niet dronken. Ik stort mijn hart uit

---

⁷ Cf. 2Kor.4:13.
⁸ 1Sam.1:1-2:10.

voor Gods aanschijn." De priester, een ingewijde in het geestelijk leven, begreep dit en zeide: "Ga naar huis. God zal u bezoeken, en u geven waarvoor gij gebeden hebt." Zij ging naar huis, en hoewel zij onvruchtbaar was, ontving zij een zoon. Zodra Samuël gespeend was, keerde Hanna terug om hem toe te wijden aan de Tempel, waarbij zij een hymne van lof opdroeg voor het wonder dat God voor haar bewerkt had.

Deze hymne van de profetes Hanna kunnen wij vinden in de derde van de negen oden, die behoren tot de dagelijkse canon van de Metten. Ook gebruiken wij haar profetische woorden in de 'katawasia' van Pinksteren,[9] omdat de komst van de Heilige Geest in haar werd voorafgebeeld. Hanna werd beschouwd als was zij dronken, net als de apostelen – toen zij over God spraken nadat zij de Heilige Geest hadden ontvangen, werden zij voor dronken gehouden door diegenen onder de Joden, die geen begrip hadden van de wet van de Geest.

Samuël bleef achter in de Tempel, waar hij opgroeide in alle vroomheid. En toen hij nog maar een jongen was, hoorde hij in zijn slaap een stem, die hem riep: "Samuël! Samuël!" Daar hij niet begreep waar die stem vandaan kwam, rende hij naar de priester Eli om te vragen of hij het was, die geroepen had. Maar de priester zond hem terug, zeggende: "Nee, ga maar weer slapen!" Dit gebeurde een tweede maal. Doch toen Samuël voor de derde maal de stem hoorde, begreep Eli dat God Samuël riep om Zijn profeet te zijn, om een Koninkrijk te vestigen om het volk Israël te regeren, en om de weg te bereiden voor de komst van Christus. Dus zeide Eli: "Ga heen, en als Hij u wederom roept, zeg dan tot Hem: 'Spreek Heer, want Uw dienstknecht hoort.'" En zo gebeurde het. Samuël ontving de profetische roeping.[10] Hij kende de Heer, en het woord des Heren werd hem geopenbaard.

Dit is nu precies hoe het mysterie van de gehoorzaamheid werkt.

---

[9] Elke ode van de Metten bestaat in principe uit één van de negen Bijbelse oden, plus een reeks hymnen m.b.t. dag of feest, besloten door de zgn. 'katawasia' (een sleuteltekst m.b.t. de desbetreffende periode). Overigens worden de Bijbelse oden in de praktijk niet altijd in hun geheel gezongen. Voor de derde Bijbelse ode, de lofzang van Hanna, zie 1Sam.2:1-10. De katawasia van Pinksteren zijn te vinden in het Pentekostarion; genoemde hymne behoort dus tot de derde ode. *Noot vert.*

[10] 1Sam.3:1-11.

Als Samuël Eli's advies niet had aangenomen, zou hij nimmer in staat zijn geweest de mysterieuze stem van God te horen, noch de roeping tot profetie. Evenzo was het via de priester Eli, dat Hanna de bevestiging ontving, dat haar gebed door de alwetende God was verhoord, toen zij haar hart had uitgestort voor Zijn aanschijn.

Dus wanneer wij onze geestelijke vader benaderen, moeten wij dit doen met grote zorg en verwachting, en ons met al onze aandacht richten op het ontvangen van zijn woord. Wij moeten het eerste woord dat hij spreekt 'aangrijpen', zonder daar iets aan toe te voegen, en het in ons hart sluiten met een punt erachter. En wanneer wij elk van Gods woorden tot ons overwegen, en voortgaan in Zijn geboden, dan leren wij langzaamaan Zijn verheven taal. Wij beginnen deze met groeiende helderheid te herkennen in het woord van onze geestelijke vader. Wij zullen worden binnengeleid in Gods wil en in de volheid des levens. Maar zonder gehoorzaamheid blijven wij doof voor het geluid van Gods woord in ons hart, en Zijn taal blijft ons vreemd.

Zowel de heilige Silouan als vader Sophrony leren ons een grote les: Wij moeten het eerste woord van onze vader in God ten volle aanvaarden. Dit aan te passen met nog een woord van onszelf doet dit woord teniet. Het moge ons toeschijnen dat wij een verheven woord hebben, maar dit te uiten is tegengesteld aan de weg van de Geest. In elk geval is de geestelijke vader altijd vol vrees een verkeerd woord te geven, en "zodra hij een tegenwerping ontmoet, of zelfs enige innerlijke weerstand van degene die de vraag heeft gesteld, dan zal hij doorgaans niet bij dit woord blijven – hij waagt het niet dit te bevestigen als de uitdrukking van de wil van God – en 'als mens trekt hij zich terug'."[11]

Als iemand tot mij komt en ik hem een woord geef, en hij antwoord met een meer verheven woord, dan moet ik de mogelijkheid in aanmerking nemen dat God meer kennis heeft geschonken aan die persoon. De heilige Paulus zegt: "Als tot de laatste een woord komt, laat de eerste dan zwijgen."[12] Maar wee de laatste, als hij spreekt zonder onderscheiding! Het is waar dat op het Eerste Oecumenische Concilie Gods woord gegeven werd aan de heilige Atha-

---

[11] "Saint Silouan", GK p.100, EN p.80, NL p.92.
[12] Cf. 1Kor.14:30.

nasius de Grote, die toen nog maar een diaken was en het jongste lid van de vergadering. Maar dit geval is duidelijk een uitzondering.

Wij moeten onze geestelijke vader benaderen met geloof. Ongelukkigerwijze benaderen wij hem vaak op een oppervlakkige manier, en dit berooft ons van Gods gaven, die geschonken worden aan de nederigen. Maar wanneer wij de juiste houding hebben, dan staan wij open voor Gods taal, en Hij antwoordt met een woord tot Zijn priester omwille van ons heil. Dan weerklinkt de stem van Zijn woord in ons hart, omdat wij genaderd zijn in nederigheid. Wij hebben onszelf kwetsbaar gemaakt; wij hebben onze zwakheid blootgelegd aan onze vader in God, en het is in een dergelijke zwakheid dat Gods kracht wordt volbracht.[13] Maar als wij vasthouden aan ons 'zelfrespect' en tevreden zijn over onszelf, over ons leven, over onze verworvenheden, dan kunnen wij het woord niet horen dat God ons wil geven – als het al gegeven wordt, want het woord Gods wordt zelden gegeven aan degenen die het niet nodig hebben.

Op dezelfde wijze geeft een juiste houding ons toegang tot al de andere schatten van de Kerk. Er behoren miljoenen mensen tot de Kerk, maar niet velen vinden de geestelijke plaats van de Kerk, dat is, het gebied van de genade van de Heilige Geest. Velen zijn lid van de Kerk, maar er zijn feitelijk maar weinigen die de verborgen rijkdommen kennen van haar instituties. De Heer is gekomen om de zieken te genezen, doch zij die zichzelf gezond achten hebben geen geneesheer nodig.[14] De Heer geneest en behoudt alleen diegenen, die hun nood aan genezing erkennen.

Vader Sophrony zag de Traditie van de Kerk als een keten die ver teruggaat, tot aan de tijd van Christus. Diegenen die daarin leven worden tot schakels van deze keten. Er is geen andere weg om daartoe te behoren.[15] Wij kunnen niet tot deze keten behoren van buitenaf; wijzelf dienen het leven van de Kerk te leven, zodat wij niet langer buitenstaanders zijn, maar zonen en dochters die wonen in het huis van onze Vader, Die in de hemelen is, en deelnemen aan de genadegaven van de Heilige Geest die zo overvloedig door deze keten stromen. En wij worden slechts ten volle deel van deze keten

---

[13] Cf. 2Kor.12:9.
[14] Cf. Mk.2:17; Lk.5:31-32.
[15] "Saint Silouan", GK p.105-106, EN p.85, NL p.96-97.

wanneer wij onze geestelijke leidsman in alle zwakheid en kwetsbaarheid benaderen, in nood, vertrouwen en nederigheid. Zo wordt de Traditie overgedragen.

Dus als wij werkelijk het woord van God willen horen, dan moet onze benadering juist zijn. Uit de geschriften van oudvader Sophrony leren wij, dat naast onze nederigheid en kwetsbaarheid, het gebed van beide kanten de sleutel is tot de kennis van Gods wil. De geestelijke vader zou te allen tijde tot God moeten bidden om Zijn wil te openbaren voor Zijn dienaren, voor diegenen die komen in het verlangen hieraan te gehoorzamen. En diegenen die zijn leiding komen vragen, zouden dit moeten doen in geloof, en met gebed dat God Zijn wil voor hen moge openbaren in het woord van hun geestelijke vader.[16] Dit is de nederigste en zekerste weg. Wanneer er voorbereidend gebed is van beide kanten, dan zal God zonder uitzondering Zijn wil openbaren.

Het geestelijk vaderschap is een institutioneel vat dat overvloeit met de genadegaven van de Heilige Geest. Als wij werkelijk de gave zoeken van het woord van God, dat het hart opent en zoete tranen van berouwvolle bekering doet opwellen, laten ons dan naderen met vertrouwen in Zijn Naam. Wij zullen onze vraag stellen in een geest van gebed en in geloof; en onze geestelijke vader zal spreken in een geest van gebed en in geloof. wij zullen het allereerste woord aangrijpen dat hij uit, en de genade van God zal vermenigvuldigd worden. Maar wij moeten waarachtig zijn, en onze meest innerlijke gedachten blootleggen, en alles openlijk belijden, opdat in ons het mysterie van Gods woord vrucht zal dragen.[17]

Het monnikschap bewaart het charismatische aspect van de apostolische successie door de genadegaven van de Heilige Geest en de levenschenkende aanwezigheid daarvan in de instituties van de Kerk. In de Brief aan de Efezen spreekt de heilige Paulus met groot enthousiasme over deze gaven: "Wie is het, Die is opgestegen tot in de hemel, en de krijgsgevangenschap gevangen heeft genomen, en aan de mensen gaven heeft gegeven, dan Hij Die eerst is nedergedaald tot de nederste delen der aarde? Hij Die is nedergedaald, is ook

---

[16] Ibid., GK p.96-97, 98, EN p.78, 79, NL p.90, 91. Zie ook "On Prayer", GK p.212-213, EN p.89-90.
[17] Zie Jes.55:11.

Degene die is opgestegen ver boven alle hemelen, en daardoor werden de genadegaven van de Heilige Geest aan de mensen geschonken: en Hij gaf sommigen tot apostelen, en anderen tot profeten, en anderen tot leermeesters, voor de vervolmaking van de heiligen."[18] Christus' nederdalen en Zijn opstijgen tot in den hoge verwekt al de gaven van de Heilige Geest en begenadigt de mens daarmee. De gave van het monnikschap werd gegeven voor de navolging van de nederige weg van Christus. Een monnik neemt de kenosis (de zelfontlediging) van Christus op zich. En net zoals de zelfontlediging van Christus de gaven van de Heilige Geest op ons deed neerdalen, zo omhelst het monnikschap, wanneer het waarachtig geleefd wordt, de genadegaven van de Heilige Geest voor de vervolmaking der gelovigen.

Algemeen gesproken is de traditie om het eerste woord van de geestelijke vader te aanvaarden, voor onze opbouw en ons heil, een delicate zaak – de gevolgen wanneer wij dit woord licht opnemen zijn verwoestend. De heilige Silouan ontdekte het geheim van het eerste woord via zijn hegoumen, archimandriet Misaël. Hij vroeg hem: "Hoe kan een monnik de goddelijke wil kennen?" En de hegoumen antwoordde: "Hij moet mijn eerste woord aanvaarden als de wil van God".[19] Wij moeten in gedachten houden, dat de geestelijke vader – uit nederigheid – over het algemeen zal zwijgen over het belang van zijn eerste woord. Zijn gedachte zal veeleer zijn: "Wie ben ik, dat ik mijzelf naar voren zou schuiven en de wil van God aan de mens bekend zou maken?" Maar wijzelf moeten ons daarvan bewust zijn, en ons richten op het belang een juist gebruik te maken van de instituties die ons zijn overgeleverd. De Kerk bezit de grote schat van de kennis van Gods mysteriën,[20] en wij moeten deze met vreze benaderen.

De diepgaande cultuur van onze Kerk heeft het woord van God altijd de mogelijkheid geschonken te weerklinken in de harten der mensen, en dit brengt een buitengewone wetenschap voort, dat is, de wetenschap van het bewaren van de genade. Wij moeten leren op zodanige wijze met God in gesprek te zijn, dat wij Zijn barmhartigheid en

---

[18] Cf. Ef.4:8-11.
[19] "Saint Silouan", GK p.99, EN p.80, NL p.92
[20] Zie "On Prayer", GK p.212-213, EN p.90.

menslievendheid aantrekken. Wij moeten onze harten uitstorten voor Zijn aanschijn, om te leren hoe Hij met ons spreekt en handelt. Tegelijkertijd moeten wij gereed zijn het genezende woord aan te grijpen dat Hij Zijn priester geeft omwille van ons heil. Alleen dan zullen wij overvloedig deelnemen aan de genadegaven van de Heilige Geest die verborgen liggen in het institutionele vat van het geestelijk vaderschap, dat ons de directe kennis verleent van Gods wil voor ons, en dat in zich het zaad draagt van het eeuwige leven.[21]

---

[21] Zie Joh.6:68.

14

Leven met
één enkele gedachte

lle gebeurtenissen in het leven van de mens die groot en betekenisvol zijn, vinden plaats in zijn hart. Bij de Heilige Doop worden wij getekend met de Naam van Christus, en het is onze taak Zijn Naam te *dragen* in onze harten. De Heer zeide tot Ananias: "Ik heb Paulus gekozen om Mijn Naam te dragen voor het aanschijn van de Koningen van alle Natiën."[1] Toen koning Salomo de tempel die hij gebouwd had, toewijdde aan de God van Israël, droeg hij een luisterrijk gebed op.[2] God verhoorde zijn gebed, en antwoordde: "Ik heb Mijn Naam gesteld op deze tempel, en Mijn ogen en Mijn hart zullen daarop gericht zijn; Ik zal onder de kinderen van Israël verkeren en wandelen in hun midden."[3] Zo wordt de tempel Gods geheiligd, wanneer Hij Zijn Naam daarop zet. En door voortdurend Zijn heilige Naam aan te roepen, worden ook wij geheiligde tempels, tempels van de Heilige Geest.

De Woestijnvaders zeggen dat iedere ingebeelde fantasie van een zwervend intellect ingaat tegen het gebed des harten. Zij gaven monniken de raad in hun cel te blijven, en hun intellect in hun hart te houden, wetend dat dit hen zou onderrichten in iedere deugd. Feitelijk bestaat onze strijd voor het gebed erin het intellect ertoe te brengen in het hart te wonen, en dit is waar wij al onze kracht, al de vermogens van onze ziel, aan moeten besteden. Want ons hart is de troon van God, en de vijand, die deze troon bezet heeft, moet worden uitgedreven. Al onze inspanningen moeten erop gericht zijn de vijand uit te drijven, ons hart in bezit te nemen, en ons intellect daarin te vestigen. Als, met Gods hulp, de vijand uitgeworpen is, dan heeft hij geen andere keus dan aan te vallen van buitenaf.

De voortdurende zorg van diegenen die het waarachtige gebed

---

[1] Cf. Hand.9:15.
[2] Zie 1Kon.8:22-61; zie ook 2Kron.6:14-42.
[3] Cf. 1Kon.9:3 (LXX).

zoeken, is dus om het intellect te beteugelen, het omlaag te trekken, en het te begrenzen binnen de borstkas. Al het overige is een hindernis – ijdel gepraat en wereldse zaken. Zoals de heilige Gregorius Palamas zegt, is zelfs het gesprek met mede-strijders niet wenselijk.[4] Dit is geen kwestie van minachting voor onze broeder, maar van de noodzaak steeds het "beste deel" te kiezen,[5] en als wij dit tot onze eerste zorg maken dan zal ons hart vrede uitstralen. Dan kunnen wij mensen werkelijk ten nutte zijn met slechts een glimlach of met enkele woorden. Dit is duidelijk anders voor een priester, wiens bediening vaak inhoudt dat hij urenlang met mensen in gesprek is. In dit opzicht zijn eenvoudige monniken bevoorrecht, daar zij niet de gewoonlijke sociale en morele plichten hebben, en leven in omstandigheden die hen toestaan zich te concentreren op het goddelijk werk van het samenballen van hun gehele wezen in de plaats van het hart.

Zoals wij gezegd hebben, zodra het intellect besloten is in het hart en aldaar troont, dan nadert de vijand van buitenaf. Maar terwijl de mens leert elke beweging van zijn hart te beheersten van binnenuit, begint hij elke nadering van de vijand gewaar te worden. Zelfs nog voordat hij de aard van de verzoeking kent, waarschuwt een innerlijk alarm hem voor de nadering van een vreemde gedachte. Dan verzegelt hij bij voorbaat de ingang tot zijn hart, en sluit de vijand buiten. Zoals een onderzeeër omringd is door miljarden waterdruppels, maar geen enkele daarvan daarin binnen kan komen, zo is het met het hart waarin het intellect verblijft door de genade – het is verzegeld tegen vreemde energieën. Dit is de staat van volmaakte waakzaamheid, die geschonken wordt aan allen die voortdurend de heilige Naam aanroepen van Jezus Christus.

Terwijl wij God aanroepen, beginnen wij Zijn gebod te vervullen om Hem lief te hebben met geheel ons hart. Terecht is Hij een naijverig God, Die het niet kan verdragen ons hart met iets anders te delen, laat staan met de hartstochten. God wil ons gehele hart, want Hij verlangt ernaar Zijn leven op ons over te dragen. Als wij het verdedigen tegen alles wat daar vreemd aan is, dan zal alle ruimte aan Hem alleen zijn, en dan zal Hij daar Zijn woning maken. De

---

[4] Cf. "To the Most Reverend Nun Xenia", in "The Philokalia", Vol. IV, p293.
[5] Lk.10:42.

waakzaamheid maakt ons tot tempels van Zijn heerlijke vertroosting, en "de heerlijkheid des Heren vervult het huis des Heren".[6]

In de praktijk zouden wij voortdurend het Jezusgebed moeten zeggen, en wij moeten proberen daaraan vast te houden, maar niet alleen met onze geest, omdat wij gemakkelijk worden afgeleid. Wij zouden ook onze tong enigszins moeten bewegen met de woorden, om ons eraan te herinneren dat het gebed gezegd wordt. Onze mond zal gesloten blijven, en niemand zal weten dat onze tong stilzwijgend beweegt samen met de woorden: "Heer Jezus Christus, Zoon van God, ontferm U over mij." Het zal dan gemakkelijker zijn het gebed te bewaren ongeacht onze bezigheid, en wij zullen de gehele dag doorbrengen in de aanwezigheid van de Heer. Dit is de beste voorbereiding om voor Gods aanschijn te staan in de Kerk, of wanneer wij bidden in onze kamer. En als wij gedurende de dag in gebed staan, dan zullen geen twee dagen hetzelfde zijn. Elke dag zal ons nieuwe wegen leren om ons hart te openen voor nieuwe ervaringen van de genade.

Het gebed des harten is een 'éénwoordelijk gebed' (μονολόγιστη εὐχή) – een gebed van één enkele gedachte. De woorden ervan zijn beknopt, terwijl het gebruik van vele woorden toont dat wij ons bevinden op het psychologische vlak. Telkens wanneer God spreekt om Zichzelf te openbaren, uit Hij slechts één enkele zin. Dit zien wij door de Schriften heen, bijvoorbeeld wanneer God een mens roept tot de profetische bediening; wanneer Hij Zich aan hem openbaart, of wanneer Hij hem onderricht en corrigeert. Toen de heilige Paulus bad in wanhoop om bevrijd te worden van de verzoeking, antwoordde God met één enkele zin: "Mijn genade is u genoeg; want mijn kracht wordt in zwakheid volbracht."[7] Wij zien hetzelfde verschijnsel toen God tot de heilige Paulus sprak in de gevangenis, of tot de heilige Petrus in het visioen dat hij had aangaande Cornelius. Toen Jakob heel de nacht met God had gestreden, antwoordde God: "Omdat gij sterk zijt geweest met God, zult gij ook sterk zijn met de mensen."[8] Wanneer God spreekt, dan is Zijn woord als een bliksemstraal, en zo is het ook wanneer Hij aan de mens verschijnt. De

---

[6] Cf. 1Kon.8:10-11.

[7] 2Kor.12:9.

[8] Hand.12:8; 10:19-20; cf. LXX Gen.32:28/29.

Heer gebruikt niet vele woorden of theorieën; alles is uitgekristalliseerd in één enkele zin. En het is Hem welbehaaglijk, dat wij met Hem zouden spreken in één korte zin, met onze gehele hart, ons gehele wezen geconcentreerd in die ene gedachte.

Terwijl wij het onophoudelijk gebed leren, onderricht God ons om te spreken en te handelen zoals Hij dat doet, en mettertijd komt dit tot uiting in al onze ontmoetingen. Bijvoorbeeld: Een kluizenaar, vader Vladimir, vroeg ooit vader Sophrony om een woord over het gebed, en op vriendelijke wijze, en vol van de geest van het onophoudelijk gebed, antwoordde de Oudvader: "Blijf staan aan de rand van de afgrond der wanhoop, en wanneer gij merkt dat dit u dreigt te overwinnen, trek u dan een weinig terug en drink een kop thee." Dat was alles. De volgende dag, op zijn weg omlaag van het Klooster, ontmoette vader Sophrony de heilige Silouan, die op weg was naar boven. De heilige Silouan vroeg: "Is vader Vladimir gisteren bij u geweest?" Zij spraken niet lang, noch verliep hun gesprek zoals dit bij mensen in de wereld gebruikelijk is: "Ja, hij kwam omdat.. enzovoort." "En wat heeft u tegen hem gezegd?" "O, ik zei dit en dat." Al dergelijke dingen waren onnodig; monniken die in gebed leven, communiceren als een bliksemstraal. In antwoord op de vraag, sloeg de geest van vader Sophrony elke psychologische stap over, en ging rechtstreeks naar de kern van de zaak: "Had ik het verkeerd?" Er werd niet veel gezegd, en toch werd alles meegedeeld. De heilige Silouan antwoordde: "Nee, maar dit ging zijn maat te boven. Kom morgen bij me, dan zullen wij erover spreken." Hoe kort was dit gesprek tussen deze twee, die "heiligheid volbrachten in de vreze Gods"![9]

Vader Sophrony placht te zeggen van lange gesprekken, dat dit "traitements psychologiques" zijn, "psychologische behandelingen". Hij zei dit met enige ironie, want er waren gelegenheden waarbij hijzelf lange tijd moest spreken, en dit is niet de weg der volmaaktheid. De volmaaktheid des levens is te leven met één gedachte, te bidden met één gedachte, en als wij moeten spreken, te spreken in één zin. Dan verblijven wij in het geestelijk gebied. Ook een dame die mij bezocht, leerde mij dit principe. Zij zeide tegen mij: "Ik wil niet veel woorden; ik wil slechts één woord, want

---

[9] Cf. 2Kor.7:1.

anders zullen wij afdalen tot het psychologische niveau." Ik gaf haar alle lof, want dit is de weg van de heiligen.

Een ander voorbeeld hiervan is de ontmoeting tussen vader Stratonik en de heilige Silouan, waarin drie opeenvolgende vragen werden gesteld, en het antwoord bestond uit slechts één zin.[10] Dit illustreert precies wat vader Sophrony bedoelde, toen hij zeide dat alle ontmoetingen profetische gebeurtenissen kunnen zijn, vooropgesteld dat wij leven in een profetische geest, dat is, een geest waardoor wij de stem van de eeuwigheid gewaar worden. Dan spreken wij vanuit het perspectief van de eeuwigheid, en onze uitingen hebben eeuwige waarde. En alwie de Heilige Geest draagt, en door Hem geleid wordt om de waarheden te uiten waartoe alleen Hijzelf ons kan inspireren, is een waarachtige profeet van het Nieuwe Testament. Maar om de Geest de gelegenheid te geven onze ontmoetingen te leiden, moeten wij één gedachte hebben en een geestelijk doel.

Velen hebben dit principe aan het werk gezien in hun ontmoetingen met vader Sophrony. Sommigen van ons hadden het voorrecht hem regelmatig te zien. Wij klopten dan aan zijn deur en kwamen binnen op elk moment van de dag of van de nacht. Wij hadden zelfs de sleutel van zijn deur, voor het geval hij sliep, en dan ontving hij ons vriendelijk. Hoe wonderbaarlijk was het naar binnen te kunnen gaan en hem te wekken, door aan zijn leunstoel te schudden, en te zeggen: "Vader, ik heb een probleem, wat zal ik doen?" En in een oogwenk gaf hij u dan een woord, en gij wist dat het God was die sprak, want zijn woord was geladen met genade, en wat hij zeide, was precies wat hij op dat moment leefde in zijn nabijheid tot God.

Ooit was ik in de gelegenheid oudvader Charalambos te ontmoeten in zijn skête op de Heilige Berg. Er waren in die tijd maar achttien broeders bij hem; later groeiden zij in getal, en namen zij het Klooster Dionysiou over. Vader Charalambos zei nooit veel. Hij sprak slechts één zin tot u, en die was dan vol genade. Enkel naast hem te staan was weldadig voor u; zelfs de warmte van zijn adem had het effect uw innerlijke staat te veranderen. Hij was werkelijk een Godgelijkend mens. De broederschap beoefende de dagelijkse belijdenis van de gedachten als onderdeel van het zeer

---

[10] Zie "Saint Silouan", GK p.69-70, EN p.56-57, NL p.68-69.

eenvoudige typicon dat zij volgden. In de avond baden zij het Jezusgebed gedurende drie of vier uur, dan beleden zij allemaal hetgeen hen bezwaarde, en vervolgens vierden zij de Liturgie.

Toen ik terugkwam van de Heilige Berg, uitte ik tegenover vader Sophrony mijn enthousiasme over deze dagelijkse belijdenis van de gedachten, en ik vroeg hem waarom wij dat niet deden. "Ja," antwoordde hij, "de dagelijkse belijdenis kan zeer weldadig zijn, maar men moet weten hoe dit te doen. Het zou niet langer in beslag moeten nemen dan enkele minuten. De belijdende persoon zou de ene gedachte moeten nemen die hem in beroering brengt, deze blootleggen, en dan ophouden." – Bijvoorbeeld, men kan eenvoudig zeggen: "Vader, ik heb een gedachte zus of zo..." En het antwoord zou kunnen zijn: "Ja. Dat komt van de vijand; wees voorzichtig." En dat zou genoeg zijn. Nogmaals, naar de visie van vader Sophrony ligt de weg der volmaaktheid erin ons te houden aan één enkele gedachte.

De geestelijke praktijk van de dagelijkse belijdenis van de gedachten bewerkt een goddelijke atmosfeer en grote inspiratie. Het schenkt ook volledige helderheid van het geweten voor God, vooral voorafgaand aan de Heilige Communie. Men kan de Gaven naderen "met de onderscheiding van een rein geweten," zoals de heilige Paulus zegt,[11] en zo de volheid van Gods zegen ontvangen. In de Heilige Communie ontvangen sommigen brood en wijn, anderen een zekere geestelijke verkwikking; maar diegenen die een rein geweten hebben ontvangen God Zelf in al Zijn kracht en macht.

Dus al onze ontmoetingen, en vooral die met onze geestelijke vader, kunnen profetische gebeurtenissen zijn, vooropgesteld dat wij onszelf wapenen met wat de Vaders het 'éénwoordelijk gebed' noemen (het gebed met één enkele gedachte), en wij voortdurend ons intellect dwingen om te verblijven binnenin het hart. Dan raken wij eraan gewend om te leven met één enkele gedachte, en om de ene gedachte te belijden die onze geest in beroering brengt en onze enkelvoudigheid van geest verhindert. Zoals een man die een steen op zijn pad ziet, en deze in één snelle beweging wegschopt, zo identificeren wij de gedachte die ons in beroering brengt, en in een eenvoudige

---

[11] Cf. Hebr.10:22; 1Kor.11:29.

en vlugge belijdenis ontdoen wij onszelf van die ene hindernis op ons pad. Dan worden alle dingen eenvoudiger en helderder. Wij rijzen op tot het ontologische en geestelijke vlak, en laten alles achter ons wat psychologisch is. Anders worden al onze ontmoetingen en elke biecht tot eindeloze gesprekken, die zonder nut zijn.

Tegenwoordig denkt de wereldse samenleving als vanzelfsprekend in psychologische termen, en er zijn tijden waarop wij dat zullen moeten doen. Maar wij moeten streven naar het geestelijk nut van deze enkelvoudigheid van gedachte, opdat wij niet de grote cultuur van onze Vaders verliezen. Velen hebben geleerd op deze wijze te leven, zelfs temidden van de mensen en van aardse zorgen. Niets is onmogelijk zolang wij in gehoorzaamheid leven, en een zegen vragen over alles wat wij ondernemen.

Kort nadat ik in het klooster arriveerde, zei vader Sophrony tot mij: "Als gij uw harstochten wilt ontwortelen, dan moet gij leren te wenen." De persoon die weent voor Gods aanschijn heeft slechts één enkele gedachte. Hij kan niet wenen wanneer zijn geest gevuld is met een veelheid aan uiteenlopende gedachten. Hij moet zijn intellect ertoe dwingen vast te houden aan de ene gedachte die God hem geeft, en dan wordt zijn intellect één met zijn hart door middel van die gedachte zelf. Zulke gedachten zijn vol leven vanwege de genade, en zij openen het hart en doen de mens binnentreden in nieuwe kennis van Gods mysteriën. Vaak worden zij gegeven door God Zelf tijdens het gebed, of door onze geestelijke vader, of door de Schriften. Een dergelijke gedachte is een levend woord, een vurige kool, zoals die waarmee de lippen van de profeet Jesaja werden aangeraakt.[12]

Te leven, te bidden en te wenen met één gedachte zal ons intellect reinigen zowel als ons doel, in onze ontmoetingen met onze broeders, en in het belijden van de gedachten die ons in beroering brengen. En langzamerhand zal ons verdeelde, gevallen wezen genezen worden en weer heelgemaakt, terwijl wij de oorspronkelijke integriteit herwinnen van de plaats van ons hart.

---

[12] Zie Jes.6:6-7.

15

De strijd met de verzoeking

Hoe bevoorrecht is de mens, dat hij zich kan verlagen en vernederen voor het aanschijn des Heren, want dit trekt de afdaling van God aan, Die komt en Zichzelf met hem verenigt. Maar de mogelijkheid tot zulk een zelfverlaging is afhankelijk van het geloof, dat hem leert al zijn hoop te stellen op de Heer alleen, in plaats van op enig menselijk iets. Hij hoopt "tegen hoop" dat God het onmogelijke zal doen, dat Hij Zijn grootste wonder zal verrichten, en de zondaar waardig zal maken voor een plaats aan Zijn tafel in het Koninkrijk der hemelen.[1] Mogen wij allen geleid worden tot dit zalige einde in de boezem van Abraham, Isaak en Jakob.

Wanneer wij bedreigd worden door de dood, dan wordt ons de grootste gelegenheid geschonken onszelf voor eeuwig te plaatsen op de levenschenkende weg des Heren. Zelfs een kleine verandering van hart is genoeg. Wij hoeven alleen maar zoiets te zeggen als "Ere zij U, o Heer. Ere zij U, Gij Oorzaak des Levens, en Heer over de dood" om onszelf over te leveren aan Zijn wil. En hoe groter de dreiging van de dood, hoe meer onze kleine verandering van hart ons zal openstellen voor het leven in God en voor de inwoning van de goddelijke genade.

Doch het overgrote deel van de tijd voelen wij ons niet bedreigd door de dood, en dit is één van de redenen waarom de ascetische inspanning nuttig is voor ons. Dit bewaart ons in de gedachtenis aan de dood, opdat het licht des levens in ons moge blijven branden. In de kloosters is deze inspanning onderdeel van het dagelijks leven: Diepe buigingen, gebeden en lange kerkdiensten, dit alles helpt ons om te sterven aan onszelf, evenals onszelf klein te maken tegenover onze broeders. De monnik belichaamt het gebed van de Psalmdichter: "Zie op mijn vernedering en mijn moeiten, en vergeef al mijn zonden".[2] Ontbering en moeilijkheden te lijden (*kakopatheía*/κακοπαθεία) vernedert en vermorzelt het hart, en op het

---

[1] Cf. Lk.22:30.
[2] Cf. LXX Ps.24(25):18.

moment dat het hart van de mens vermorzeld is, komt God hem naderbij: "Een verbroken en vernederd hart zult Gij, o God, niet versmaden".[3] Werkelijk, God kan een lijdend hart niet versmaden. Integendeel, Hij wendt zich daartoe met al Zijn aandacht en bewondering: "Zie, een mens is gekomen om voor Mijn aanschijn te staan met een diep hart."[4] Maar de diepten van het hart worden opgegraven door middel van veel pijn en moeite, nederigheid en verbrokenheid.

De heilige Silouan zegt, dat het lichaam in korte tijd vernederd kan worden door vasten of, op onvrijwillige wijze, door ziekte. Maar om de ziel zodanig te onderwerpen dat zij voortdurend nederig is vereist groot geduld. Hij geeft het voorbeeld van de heilige Maria van Egypte, wier lichaam in korte tijd onderworpen was, simpelweg omdat er in de woestijn geen voedsel was, en de twee kleine broden die zij had meegenomen waren sinds lange tijd zo hard als steen geworden. Maar in haar ziel moest zij strijden tegen de hartstochten als met wilde beesten, en haar strijd duurde vele lange jaren.[5] Iedere keer wanneer een hartstochtelijke gedachte haar belaagde, wierp zij zich op de grond in gebed, en dan kwam het licht van God en omstraalde haar. Het kostte haar zeventien jaar om te leren de nederigheid te bewaren. Maar zodra zij deze les van God geleerd had, was zij immuun voor de aanvallen en de valstrikken van de vijand, want zij werd nu gesterkt door de Geest Gods Die in haar leefde.

Er zijn vele kanalen via welke de dood ons kan bedreigen. In de meeste gevallen gebeurt dit door onze eigen hartstochtelijke gedachten, in welk geval het leven van het hart rechtstreeks bedreigd wordt door een onreine gedachte, een gedachte van jaloezie bijvoorbeeld, of een gedachte om anderen te oordelen, of door de hoogmoed. Hoogmoedige gedachten brengen ons in het grootste gevaar. Zij kunnen dodelijk genoeg zijn om onze natuur zelf te veranderen, waarbij zij deze soms zelfs demonisch maken. Maar uiteindelijk dragen alle verkeerde gedachten in zich het zaad van de dood.

Algemeen gesproken pogen wij die gedachten te weerstaan die ons hart in beroering brengen, bijvoorbeeld: "Heer Jezus Christus, ontferm U over mij; Heer Jezus Christus, verlos mij van oneerbare

---

[3] LXX Ps.50:19 (51:17/19).
[4] Cf. LXX Ps.63:7 (64:6/7).
[5] Zie "Saint Silouan", GK p.388, EN p.302, NL p.323.

hartstochten en van de prikkels van de vijand." Maar het kan zijn, dat dit geen verandering in ons teweegbrengt. In dat geval zouden wij een ogenblik stil moeten zijn, waarin wij ons hoofd buigen, en ons intellect nog verder verlagen, en zeggen: "Heer, ik ben de ergste van alle zondaars. Ik ben niet slechts Uw Koninkrijk onwaardig, maar zelfs dit tijdelijke leven. Heer, Gij ziet mijn zwakheid; kom mij te hulp." En door te volharden, leren wij de kracht van zulk gebed. Het geheim is dit: Een echte nederige gedachte hoeft slechts het hart van de mens te raken en dit bevrijd hem van de boze neiging.

De heilige Silouan zegt, dat zodra hij zijn intellect vernederde, en het omlaag bracht in de vlammen der hel, zijn geest gereinigd werd van de slechte gedachten.[6] De reden hiervoor is, dat een hartstochtelijke gedachte onmogelijk kan overleven in een intellect dat zichzelf reeds tot de hel veroordeeld heeft. Door zijn geest in de hel te houden, verlaagde de heilige Silouan zichzelf zover, dat de vijand hem verliet. De boze kan het niet verdragen omlaag te gaan, hij wil slechts omhoog, want hij streeft ernaar zelfs Gods troon omver te werpen. Welk een wonderbaarlijk mysterie: De mens hoeft slechts zichzelf te beschuldigen voor Gods aanschijn om zijn hart te vernederen, al is het maar een weinig, en de storende gedachte verlaat hem. En wanneer het hart deelneemt aan het gebed door middel van rouwmoedigheid en tranen, dan wordt het verzegeld door de barmhartigheid des Heren, en verkeerde gedachten kunnen niet langer binnendringen.

Wanneer wij belaagd worden door de gedachten, en wij ons verlamd voelen door moedeloosheid en geen inspiratie hebben, dan zouden wij, in plaats van te bidden, eenvoudig ons intellect omlaag moeten brengen in ons hart en het, in geloof, voor Gods aanschijn veroordelen. Maar als wij ten prooi vallen aan vrees of wanhoop, terwijl wij onze geest verlagen, dan is het beter deze oefening geheel achterwege te laten, want dit gaat onze maat te boven. Als wij echter geloof hebben en hoop op God, dan zal onze moedige veroordeling van onszelf ons onmiddellijk vrijmaken, en onze inspiratie zal in kracht toenemen. Wij zullen het wonder van God in onszelf zien voltrekken: Hij Die is nedergedaald in de hel, vergezelt de nederwaartse beweging van onze geest; en deze

---

[6] Cf. ibid., GK p.540-541, EN p.431, NL p.454.

zelfde Heer, Die toen Hij opsteeg tot boven de hemelen, de krijgsgevangenschap gevangen nam, Hij is het ook Die ons doet uitgaan uit de hel van onze hartstochten, en ons binnenleidt in het Koninkrijk van Zijn genade.[7] Doch laten wij hierbij duidelijk opmerken, dat er zonder een echte nederdaling geen waarachtige opgang is.

"De hades is mijn huis".[8] Deze woorden van de rechtvaardige Job beschrijven de afwezigheid van Gods genade. De hades is de 'plaats' van de afwezigheid van God. Hoe zouden wij dan het woord van de Heer tot de heilige Silouan moeten verstaan, "Houd uw geest in de hel (het Grieks zegt hier: *hades*), en wanhoop niet"? Wanneer wij ons in de hel van de hades bevinden, omdat wij Gods genade hebben verloren vanwege onze zonden en slechte gedachten, dan beschouwen wij onszelf Gods afwezigheid waardig, en wij zeggen tot Hem: "Ja, Heer, mijn huis is tot een hel geworden, en ik alleen draag schuld daaraan, want ik heb Uw Tempel gemaakt tot een grot van rovers. Aan U komt toe alle heerlijkheid, aan mij deze hel." Zo houden wij onze geest in de hel die wij verdienen, en toch wanhopen wij niet. Wij geven veeleer eer aan God, en beetje bij beetje overwint ons geloof in Zijn barmhartigheid de hel, die in ons is.

Van welke richting de dood ons ook nadert en aan onze deur klopt, wij geven niet toe aan de vrees, want wij hebben niets te vrezen wanneer wij voor Gods aanschijn staan en dankzeggen, omdat ons geloof in God sterker is dan de dood die ons bedreigt. De heiligen zeggen, dat wanneer wij ziek zijn, of in grote droefheid verkeren, of te lijden hebben door onrechtvaardigheid of grote rampen, er niets is dat God meer welgevallig is dan dat wij zouden zeggen: "Ere zij U, o God, voor alle dingen; Ik dank U voor alle dingen, goed en kwaad, die mij overkomen zijn." Zo wordt de psychologische energie van onze pijn en ons lijden omgevormd tot geestelijke energie om in gesprek met God te zijn. Wanneer de mens eraan gewend raakt met God te spreken, hetzij door zichzelf te berispen, hetzij door Hem te verheerlijken, dan is het alsof er een 'transformator' in zijn hart werkzaam is. Elk soort energie kan tot gebed worden (de energie van de vreugde, bijvoorbeeld, kan een gebed van dankzegging wor-

---

[7] Cf. Ef.4:9-10.
[8] Cf. LXX Job 17:13.

den), en uiteindelijk wordt de dialoog van de mens met de Heer bestendig. De stabiliteit die teweeggebracht wordt door deze dialoog is één van Gods doeleinden bij het terugtrekken van Zijn genade. Adams blik was op God gericht; hij was in voortdurende dialoog met Hem. En Gods heilbrengend doel is ons terug te brengen naar het Paradijs, door ons te leren voortdurend bij Hem en in Hem te verblijven.

Eén zeer positieve manier om de energie van de verzoeking te ontwapenen is ons verlangen naar God te vermeerderen. Wanneer onze geest volledig in God verzonken is, dan is ons gebed van zulk een dichtheid, en de pijn der bekering zo acuut, dat elke verzoeking simpelweg afsterft. De prikkels van deze wereld zijn als een vuur, en om ze uit te doven hebben wij het alles-verterende vuur van God nodig.

Bovendien zal onze dorst naar God beantwoord worden door Zijn onvergankelijke vertroosting, die zo zoet is in vergelijking met de lege bitterheid van de wereldse vreugde. En wanneer wij de genade van Zijn vertroosting in ons dragen, dan beseffen wij dat de schat die wij ontvangen hebben, en het feest in ons hart, groter zijn dan alles wat de buitenwereld ons kan bieden. Het is natuurlijk dat wij de voorkeur zouden geven aan Hem, Die "groter [is] dan ons hart".[9] En in ons verlangen naar diepere kennis van Zijn grootheid, worden de verzoekingen nauwelijks opgemerkt; elk negatief element dat tot ons komt wordt veeleer opgeslokt door onze dorst naar God. Aldus, met Gods hulp, worden wij versterkt en raken wij in staat de aanvallen van de vijand te vertreden.[10]

Wat de verzoekingen betreft die van buitenaf tot ons komen, de apostel Jakobus vermaant ons deze te beschouwen als een vreugde en een voorrecht,[11] omdat zij ons de gelegenheid geven God lief te hebben, en aan Hem de voorkeur te geven boven de wereld en haar wegen – door ten volle te vertrouwen op Hem, Die de doden opwekt. Laat ons deze gelegenheden aangrijpen, en dan zal het de Geest Gods welbehaaglijk zijn op ons te rusten.[12]

---

[9] 1Joh.3:20.
[10] Cf. Lk.10:19.
[11] Cf. Jak.1:2.
[12] Cf. 1Petr.4:12-14.

16

IJver voor het huis Gods

Wie de liefde Gods heeft leren kennen door de Heilige Geest, die heeft geen rust, noch bij dag, noch bij nacht, zelfs al raakt zijn lichaam uitgeput, en valt het te bed – doch ook wanneer hij zo terneerligt, strekt de ziel zich met heel haar kracht onophoudelijk uit tot God, haar Vader.[1]

In het Oude Testament zegt koning Salomo dat de Godwelgevallige ijver "sterk [is] als de dood".[2] Zodanig was de inspiratie van de kinderen der profeten: een inspiratie "sterk als de dood"! Maar in het Nieuwe Testament ontdekken wij dat de ijver voor God zelfs sterker is dan de dood.[3] En de Heer Zelf is waarlijk het meest uitmuntende voorbeeld van deze waarheid.

De Godwelgevallige ijver, de dorst naar God, is het bewijs van goddelijke inspiratie. Om vreugdevol en rechtvaardig te leven hebben wij inspiratie nodig. Zonder deze inspiratie, in onze gewonde en gevallen staat, zullen wij uiteindelijk enkel onze medemensen verwonden. Maar al dergelijke negatieve neigingen worden opgeslokt door de Godwelgevallige ijver.

De ijver is een kenmerk van de heiligen, en van al diegenen die vooruitgang maken in het geestelijk leven. Vader Sophrony definieert de goddelijke ijver als de energie van de Heilige Geest in het hart. Als een mens zich inspant deze energie op te hopen in zijn hart, dan zal de goddelijke ijver in hem zich vermeerderen, en hem geen rust gunnen totdat hij er geheel door 'bezeten' is, "verzadigd door de aanblik van God", zoals de Psalmdichter zegt.[4]

De Vaders van weleer beschreven het door God geïnspireerde hart als "lijdend aan de goddelijke dingen" (*páschô ta theía*).[5] Waarlijk, het geïnspireerde hart wordt uitgebreid door haar dorst

---

[1] "Saint Silouan", GK p.489, EN p.389, NL p.410.
[2] Hoogl.8:6.
[3] Zie Openb.12:11.
[4] Cf. LXX Ps.16(17):15, «χορτασθήσομαι ἐν τῷ ὀφθῆναί μοι τὴν δόξαν σου».
[5] Grieks: πάσχω τὰ θεῖα.

om Hem plaats te geven, Die boven alle tijd en plaats is. En wij lijden in dit proces, omdat ons hart zo uiterst klein is, en "God is groter dan ons hart".[6] Onze kleinheid van hart veroordeelt ons, want wij zijn niet in staat de volheid te bevatten van de goddelijke liefde.

De goddelijke ijver is geen kwestie van het verrichten van uiterlijke werken van vroomheid; deze hebben slechts beperkte waarde. Zoals de heilige Paulus zegt: "Lichamelijke oefening is tot weinig nut, doch de godvrezendheid is nuttig tot alle dingen, daar zij de belofte heeft van het leven dat nu is, en van het toekomende."[7] Het innerlijke werk der vroomheid is dus het belangrijkse van alles. Dit is het werk dat wij verrichten aan ons hart, om het zodanig te verfijnen dat het functioneert als een radar, die elke beweging van Gods wil opmerkt, zoals vader Sophrony zegt, en altijd bereid is deze te vervullen.[8] Hierin ligt de volmaaktheid des levens: onze wil vrijelijk te onderwerpen aan de wil van God.

Maar wij zullen daartoe eerst de noodzakelijke 'apparatuur' moeten bezitten. Wij hebben een rein hart nodig, om de wil van God te herkennen en aan te grijpen. Om de 'radiogolven' van Gods wil te kunnen oppikken, is het nodig ons hart te verfijnen door het onophoudelijk aanroepen van de Naam van Jezus Christus, en door tranen van berouwvolle bekering, want wij zijn allemaal op een of andere manier verwond geraakt door de zonde. Onze ijver bestaat er dan in, onze kleine menselijke wil vrijelijk en volkomen te onderwerpen aan de grote wil van God, en deze vervolmaking van ons leven bestaat vooral uit ons innerlijk werk aan het hart.

Een mens wiens hart verfijnd is, zal in zijn hart gewaar worden wat God welgevallig is, ongeacht de omstandigheden. Zijn hart zal deelnemen aan alles wat hij doet. Als hij een broeder een helpende hand biedt, bijvoorbeeld, zal hij dit doen "vanuit het hart". Mensen voelen de innerlijke gezindheid van diegenen die hen omringen, en zij weten het wanneer de hulp niet vrijelijk en bereidwillig gegeven wordt. Wij zullen misschien iemand om hulp vragen, enkel om daar later spijt van te hebben. Als wij niet geven met een blijmoedig hart,

---

[6] 1Joh.3:20.
[7] 1Tim..4:8.
[8] Zie de verzameling van zijn "Brieven naar Rusland", oorspronkelijk uitgegeven in het Russisch (inmiddels ook beschikbaar in Griekse en Roemeense vertaling).

dan verspreiden wij wrok en bitterheid. "God heeft de blijmoedige gever lief"[9] wiens hart levend is, en leiding geeft aan al zijn daden.[10] Hij geeft vanuit zijn hart, hij vergeeft vanuit zijn hart,[11] hij spreekt tot God vanuit zijn hart. Zowel in onze relatie met God, als met onze medemensen, moeten wij dagelijks strijden om ons hart levend te houden, en alles doen met een warme gezindheid, anders zullen onze daden van weinig of geen nut zijn voor wie dan ook.

De meesters van deze wereld geven minder om de innerlijke gezindheid van hun dienstknechten, dan om "de klus geklaard te krijgen", en winst te maken. Maar voor ons Christenen moeten de dingen anders liggen. Wij doen ons werk met God in gedachten, in de context van onze relatie met Hem. Onze Meester, Christus, heeft onze dienst als zodanig niet nodig; Hij heeft niets nodig. Al wat Hij zegt is: "Mijn zoon, geef Mij uw hart".[12] En hoezeer behaagt het Hem wanneer wij Hem ons hart aanbieden, en Hem vurig dienen, zodat Hij kan 'doen alsof' Hij een reden heeft om ons al het Zijne te geven! Als wij voor Gods aanschijn leven met ijver, dan 'geven' wij Hem de gelegenheid ons te begenadigen met Zijn leven. De Heer toetst onze harten en onze nieren,[13] nacht en dag, zodat Hij ons kan schenken in overeenstemming met ons hart. Zoals de Psalm zegt: "Moge de Heer u geven naar uw hart, en al uw raad vervullen."[14]

De Heer zou willen, dat wij Hem niet slechts benaderen als de Almachtige Schepper (hoewel wij wel degelijk geloven dat Hij Almachtig is), maar met de vertrouwelijkheid van een gevallen schepsel dat zijn Heiland en Verlosser benadert. Hij verlangt ernaar, dat wij ons niet slechts aan Hem onderwerpen omdat Hij Meester en Heer is, maar uit dankbaarheid, als aan een Vader. Dan onderwerpen wij onszelf in nederigheid, en dit opent de weg tot de goddelijke liefde. Aldus zullen wij Hem leren kennen als de Grote Weldoener, als Degene Die ons elk ogenblik van alles voorziet, Die onze ziel voor ogen heeft, en Wiens voornaamste doelwit het hart

---

[9] 2Kor.9:7.
[10] Cf. Ef.6:6.
[11] Cf. Mt.18:35.
[12] Spr.23:26.
[13] Cf. LXX Ps.7:8/9.
[14] LXX Ps.19(20):4/5.

van de mens is, dat Hij onderzoekt van de vroege morgen tot aan de avond, en van de avond tot de vroege morgen.[15] Dus wijzelf moeten de Heer ons voornaamste doelwit maken, en een levende relatie met Hem verwerven.

De plaats die wij hopen dat ons geschonken zal worden in het eeuwig Koninkrijk, hangt af van de geestelijke vurigheid die wij in dit leven cultiveren. God vraagt ons Hem ons hart te geven, zodat Hijzelf daarin het vuur moge ontsteken van Zijn goddelijke liefde. Al onze uiterlijke handelingen en gebruiken zouden enkel de uitdrukking moeten zijn van onze innerlijke ijver die brandt in onze harten. Hoezeer verheugde de Heer Zich in de twee koperstukjes die gegeven werden door een arme weduwe! Hij geeft niet om maat of hoeveelheid. Hij wordt aangetrokken door het nederig hart. Maar wanneer het hart verkilt, dan worden wij hatelijk en de hartstochten nemen in kracht toe. Wij zien dit door heel de geschiedenis van de Kerk: de heiligen waren vaak het voorwerp van geestelijke jaloezie, een demonische invloed die vaak uitloopt op tragische vervolging binnen de Kerk.

Voor diegenen die de weg van de wereld volgen, is de Godwelgevallige ijver onverdragelijk. Een zekere moniale bezocht ooit een dokter, omdat zij koorts had. De dokter zei: "Enkel de gedachte aan het monnikschap doet mij de koorts aan!" Als om te zeggen, "Het is niet verwonderlijk dat een moniale koorts heeft; enkel de idee van het monnikschap is genoeg om mij te doen sidderen van vrees!" Maar waarom deze vrees? Heel eenvoudig: de dingen van God zijn onverdragelijk voor de "psychologische" of vleselijke mens, omdat God hem ertoe roept datgene te haten waarin hij zijn steun vindt – de wereld die in den boze ligt. God vereist dat wij de wereld verloochenen, dat wij elke vorm van gehechtheid daaraan verzaken. Hij gebiedt ons Hem te volgen en Hem lief te hebben tot aan zelfhaat toe. De dingen die Hij van ons vraagt, zijn inderdaad vreeswekkend. Zijn geboden *zijn* onverdragelijk, vooral voor een verhard hart dat verschrompeld is door zijn eigen kilheid.

Maar wanneer God het hart verwarmt en uitbreidt, dan zijn wij er gelukkig mee, voort te snellen op de weg van Zijn geboden. "Ik snelde voort op de weg van Uw geboden, toen Gij mijn hart had

---

[15] Cf. Job.7:18.

uitgebreid".[16] Onze Heer Zelf zegt: "Neemt Mijn juk op u... want Mijn juk is zacht, en Mijn last is licht."[17] Als wij Zijn last en Zijn juk dragen uit liefde voor Hem, dan zullen deze onze vreugde zijn. De heilige Johannes de Theoloog verzekert ons, dat Gods geboden "niet zwaar" zijn.[18] En zij zijn werkelijk licht wanneer heel ons verlangen gericht is op Hem.

Vader Sophrony vertelde ons, dat toen hij als jonge monnik op de Heilige Berg was, hij altijd uitzag naar de veertigdaagse Vastentijd als naar een tijd van feesten. Werkelijk, de Grote Vasten is een groot geestelijk feest, en ik ben er zeker van dat wij allemaal iets ervaren hebben van het vreugdevolle karakter daarvan. Als wij beginnen met vurige ijver, dan vertroost God ons door Zijn genade. Onze voornaamste zorg zou moeten zijn deze genade te bewaren tot aan het einde van de zesde week, om dan de Heer op waardige wijze te kunnen volgen naar Zijn heilig Lijden.

In een homilie aangaande de gelijkenis van de Heer over de Tollenaar en de Farizeeër, zegt de heilige Gregorius Palamas dat diegenen die hebben geleerd zichzelf in de geest te verkleinen, die zichzelf tot in de hel veroordelen, op moedige wijze niet alleen oneer maar zelfs schade zullen verdragen, als ook iedere soort van ongeluk en slechte behandeling.[19] Deze regels werpen veel licht op het woord van de Heer tot de heilige Silouan, "Houd uw geest in de hel, en wanhoop niet". Waarlijk, er is geen groter woord dan dit, en de heilige Silouan heeft dit aan ons overgedragen. Laten wij dus onszelf vernederen, en erkennen dat wij de hel waardig zijn vanwege onze nalatigheid en onze ellendige onwilligheid om de goddelijke wil te gehoorzamen. Dan zullen wij nimmer iets negatiefs opmerken om ons heen. In onze ijver, in ons hunkeren naar God, zullen wij grote vreugde vinden. Maar als wij ophouden te bidden en het hart koud wordt, dan zullen wij onszelf er niet van kunnen weerhouden voor de vijand te werken, te klagen, te bekritiseren, voor onze beurt te spreken, enzovoort.

Zelfs een kleine hoeveelheid ijver is genoeg voor iemand met

---

[16] LXX Ps.118(119):32.
[17] Mt.11:29-30.
[18] 1Joh.5:3.
[19] "The Homilies", p.13.

een moeilijk karakter om zichzelf te overwinnen. Zijn ijver voor het gebed verwekt de vreze Gods. Hij weet dat zijn eigen aard, als hij deze toestaat de overhand te nemen, hem het gebed zal doen verliezen zowel als de goddelijke vertroosting die daarmee gepaard gaat. En dit is zo onverdragelijk, dat hij er de voorkeur aan geeft zijn moeilijk karakter te temmen. Laten wij ons dus niet verbeelden dat wij een goede reden hebben voor slecht gedrag, simpelweg omdat wij van nature zo zijn! En laten wij niet zoeken onszelf te verdedigen, wanneer wij de vreze Gods verzaken, weigeren onszelf te vernederen, en nalaten onszelf te beteugelen of onze tong te beheersen. De tong is klein, zegt de heilige Jakobus, maar deze kan beenderen breken.[20] Ons is een tong gegeven om God te verheerlijken, niet om kwaad te spreken van onze medemensen.

De goddelijke ijver is de sleutel tot het verstaan van de heiligen. Zij hadden elk hun specifieke karakter; zelfs Petrus en Paulus, de twee grootste apostelen, hadden hun onenigheden. Maar zij maakten plaats voor elkander en zij wisten zichzelf voor elkaar te vernederen. Wij zien bijvoorbeeld, de bewondering waarmee de heilige Petrus spreekt over de heilige Paulus;[21] en hoe de heilige Paulus zichzelf ondergeschikt maakte aan de heilige Petrus als aan een oudvader, toen hij naar Jeruzalem ging om hem te raadplegen, opdat hij niet tevergeefs zou voortsnellen.[22] Laten wij bedenken hoezeer hij verlangde naar de goedkeuring van de heilige Petrus, die toch van hen beiden de eenvoudigste was. De heilige Paulus mag dan groter zijn geweest, maar de heilige Petrus had de Heilige Geest in even grote mate ontvangen – mogelijk zelfs nog meer, als de eerste der apostelen; God weet het. Maar de Kerk viert hen beiden tezamen, zodat het niet nodig is te weten wie van hen de grootste is.

Vanwege hun grote ijver snelden de apostelen tot de einden der aarde om het Evangelie te verkondigen. Dezelfde ijver begeesterde de martelaren om hun bloed te vergieten. En wat de asceten betreft, onze heilige door God geïnspireerde Vaders, zij leefden met grote gestrengheid, terwijl zij de ontbering daarvan nauwelijks opmerkten. In de woestijn te wonen met een beetje droog brood was voor hen een

---

[20] Cf. Jak.3:5-10.
[21] Zie 2Petr.3:15-16.
[22] Gal.2:2.

feest, want zij wisten dat God voor hen zou zorgen. Vader Sophrony vertelde ons dat hij eens, toen hij als kluizenaar leefde, enkele bittere amandelen vond in het bos. Hij was uiterst verheugd, en at zo'n zes stuks, maar weldra kreeg hij buikpijn en hij ging naar het toilet. Daar lagen enkele stukken krant. Toen hij er een van oppakte, zag hij de volgende woorden: "Meer dan twaalf bittere amandelen kan dodelijk zijn." God Zelf was tussenbeide gekomen. Vader Sophrony zou er zeker meer van hebben gegeten, daar zij een bijzondere lekkernij vormden. Maar God had zo duidelijk zorg gedragen voor zijn bescherming, dat vader Sophrony in een extase van dankbaarheid verkeerde, en niet genoeg kon wenen uit liefde voor God.

Hij vertelde mij over nog een ander voorval. Eens was hij op weg naar zijn grot in Karoulia, toen hij uitgleed. Net op tijd lukte het hem een struikje te grijpen, en zo kwam hij halverwege over de rand van de klif te hangen, boven de zee. Op dat moment riep hij uit: "Ere zij U, o God!" En in één ogenblik toonde God hem, in een soort panoramische visie, alle gelegenheden in zijn leven waarbij hij gered was van de dood. Voor monniken kan elk soort gevaar of ontbering een feest zijn. God is hen zo nabij, dat zelfs gebrek aan slaap een bron is van grote vreugde, wanneer de nacht tot een feest wordt. De grote asceten van de geest ondergaan allerhande moeiten in hun ijver voor God.

Voor de heilige Silouan zijn al zulke menselijke inspanningen eenvoudig een uitdrukking van liefde voor God; wie Hem liefheeft zal bidden. En wie niet bidt heeft hem dus niet lief.[23] Derhalve, als wij God liefhebben, zal ons enige verlangen zijn in gesprek te zijn met Hem Die wij liefhebben. Ook de gehoorzaamheid is een kwestie van liefde. De heilige Silouan zegt, dat het gemakkelijk en zelfs natuurlijk is om te gehoorzamen, als er in ons ook maar enige liefde is.[24] Wanneer gij uw oudvader en uw broeders en zusters liefhebt, kunt gij hen dan iets weigeren als zij u vragen iets te doen? Dit soort liefde is een bewijs van de goddelijke ijver.

De Godwelgevallige ijver is een gave die ons beschermt. De vurigheid ervan beschut ons tegen velerlei kwaad. Als gedurende onze

---

[23] Cf. "Saint Silouan", GK p.376,378, EN p.292,294, NL p.313,315.
[24] Cf. ibid., GK p.527-528, EN p.421, NL p.444.

werkdag onze voornaamste zorg is het gebed te bewaren in ons hart en in ons intellect, en onszelf zo volledig mogelijk aan de Heer te geven, dan zullen wij, wanneer wij Hem naderen op het uur van het gebed, reeds elk negatief element terzijde hebben gelegd. Sommigen hebben de neiging alleen de negatieve aspecten te zien, en daarbij te blijven stilstaan; anderen merken ze nauwelijks op. Wij moeten eenvoudig een vurige zorg bezitten voor de dingen van God, en ons uiterste best doen onszelf aan Hem te geven, op een wijze die Hem welgevallig is. Dan zullen alle negatieve elementen wegvallen. Bovendien maakt de ijver voor God het leven in z'n geheel positiever.

In zijn brieven aan David Balfour spreekt vader Sophrony over de positieve ascese: Geestelijke vooruitgang is niet enkel een kwestie van vechten tegen deze of gene hartstocht, of onszelf verdedigen tegen deze of gene gedachte. Dat is slechts de helft van de strijd. Wij moeten er ook op bedacht zijn geestelijk terrein te winnen, zodat de gesteldheid waarin wij voor Gods aanschijn komen en tot Hem bidden, een weerklank vindt in de reinheid van Zijn oneindige liefde. De goddelijke ijver is een hulp in onze vooruitgang tot de volmaaktheid door ons leven een positieve inhoud te geven, en ons te vervullen met inspiratie. Samen met de vreze Gods stelt dit ons ook in staat op te stijgen tot "het transcendente niveau van de goddelijke liefde", zoals vader Sophrony dit noemde.

Zelfs een klein beetje ijver is een gave van God, want Hij alleen kan Zijn eigen staat op ons overdragen. Het volmaakte voorbeeld van de heilige ijver is Christus Zelf, Die een zweep opnam om het huis Gods te reinigen. Wijzelf moeten een zweep gebruiken om ons hart te reinigen, want ook wij zijn Zijn huis. Onze zweep zijn Zijn heilbrengende geboden, Zijn heilig woord en Zijn goddelijke Naam. Als wij Zijn gebod bewaren, Zijn woord overwegen in ons hart, en Zijn Naam aanroepen, dan zullen wij altijd branden van liefde tot Hem. Wij zullen gloeien door Zijn aanwezigheid. Zijn goddelijke aanwezigheid openbaart en verteert de vreemde gedachten, die als vliegen om ons heen zoemen, ons afleiden en ons afscheiden van God en onze medemensen.

De heilige Johannes van de Ladder zegt: "Gesel de vijand met de Naam van Jezus!"[25] De Naam van Jezus is de zweep die de tempel Gods in ons reinigt en hernieuwt. En hoe meer wij verblijven in Zijn heilige Naam en in Zijn levenschenkend woord, des te meer zal Hij ons doen herleven. Hij zal onze harten uitbreiden totdat wij in staat zijn voort te snellen op de weg van Zijn geboden zonder de moeite daarvan te voelen. En Hijzelf zal Zijn tempel heilig en rein in ons bewaren.

---

[25] Cf. "The Ladder", step 21:7, p.131.

<h1 style="text-align:center">17</h1>

<h1 style="text-align:center">Dankzeggen onder alles</h1>

Als zwakke ledematen van het grote en heerlijke Lichaam van Christus verlaten wij ons op de gebeden en de voorbeden van de heiligen, die de sterke ledematen zijn van de Kerk. En eenvoudig door God voor hen te danken, worden wij deelgenoot aan de grootheid van hun geloof, hun kracht en hun geestelijke gaven.

De heilige Barsanuphius zegt, dat de dankzegging aan God onze tekortkomingen vergoedt en een voorspraak is bij God voor onze zwakheden.[1] Als wij onszelf overgeven aan de geest der dankzegging, dan giet God zelfs nog grotere zegeningen over ons uit, en inspireert ons tot immer-groeiende vurigheid. En er komt een punt waarop wij Gods voorzienigheid zien, waar wij ook kijken. Wij zullen Hem danken voor elke ademtocht, zoals wij zeggen in één van de gebeden tijdens het Mysterie van de Doop. De geest der dankzegging leidt de mens ook tot berouwvolle bekering, omdat hij beseft dat zijn gevallen staat hem ervan weerhoudt zulk een dankzegging op te dragen als God waardig is.

Wij ontvangen het nut van de gebeden en de voorbeden van de heiligen voor de gehele wereld, telkens wanneer wij God dankzeggen voor al de gaven die ons geschonken zijn. En hetzelfde gebeurt wanneer wij Hem danken voor Zijn weldaden jegens alle mensen, in alle tijden en op alle plaatsen. God schenkt ons Zijn gaven tot nut van allen, en dit is in het bijzonder het geval met zijn geestelijke gaven aan de heiligen, en zelfs nog specifieker, aan Zijn Alheilige Moeder. Wanneer wij Hem voor hen danken, dan is dit als vieren wij onze eigen Liturgie voor Gods aanschijn, vergelijkbaar met de Goddelijke Liturgie. Algemeen gesproken maakt de dankzegging aan God ons hart wijder, en Hem te danken voor de gaven van onze broeders maakt dat zij de onze worden, zodat wij op mysterieuze wijze geestelijk worden verrijkt. Zoals de Apostel bevestigt: "Alle dingen zijn omwille van ulieden, opdat de menigvuldige genade door de dankzegging van velen

---

[1] Cf. "Guidance towards the Spiritual Life", 141, p.58.

overvloedig zij tot heerlijkheid Gods."[2] Niet alleen overwint een geest van dankbaarheid de lelijke hartstocht van de jaloezie, maar deze verrijkt ons zelfs met de gaven van onze broeders, en aldus wordt God verheerlijkt.

Telkens wanneer wij in gebed voor Gods aanschijn staan, zouden wij in ons hart ons hele gezin of onze hele gemeenschap moeten dragen, en elk van de leden in het bijzonder: Als wij met z'n veertigen zijn, dan zouden er veertig mensen in mijn hart aanwezig moeten zijn. De Heer gebiedt ons als één man verenigd te zijn door Zijn Geest, opdat er geen verdeeldheid onder ons zij. En als wij allen dit in gedachten houden, en leven met deze zelfde gedachte, dan zal deze eenheid ons door God geschonken worden, en geen enkel lid van de gemeenschap zal afwezig zijn in ons hart als wij staan in het gebed.

Het Lichaam van Christus manifesteert zich in elke gemeenschap waarover God Zijn genade uitgiet. Zijn gaven zijn menigvuldig, en elk lid ontvangt een bijzondere genadegave, terwijl Christus Zelf tegenwoordig is als het Hoofd van het Lichaam dat de volheid van Zijn genade bevat. En omdat het Lichaam één is, genieten de ledematen van elkanders kracht – de kracht van het Hoofd stroomt naar het been, en de kracht van het been stroomt naar de voet, en omgekeerd. En zoals de Apostel zegt: "Hetzij één lid lijdt, zo lijden al de leden mede; hetzij één lid verheerlijkt wordt, zo verheugen zich mede al de leden".[3]

Elk lid van onze gemeenschap heeft daarom een plaats in mijn hart als ik in gebed voor Gods aanschijn sta en dankzegging opdraag voor hen. Ik ben dan op mysterieuze wijze veertig maal begenadigd. En dit alles zonder enige moeite. Wanneer wij bidden, hetzij in de kerk, hetzij in onze kamer, zouden wij kunnen beginnen met een gebed als dit:

Heer, ik kom voor Uw aanschijn tezamen met al mijn broeders.
Zegen ons zoals wij voor U staan.
Maak dat onze ziel en ons intellect zich verheugen
in het aanroepen van Uw heilige Naam.

---

[2] Cf. 2Kor.4:15.
[3] 1Kor.12:26.

> Giet Uw genade uit over ons allen.
> Vervul onze harten met de grote vertroosting van Uw goedheid,
> en laat geen van ons Uw heilige Tempel verlaten zonder
> de onvergankelijke vertroosting van Uw Geest.

Dit soort gebed verwekt een geest van eenheid en brengt zulke zegeningen over ons dat wij niet zullen willen ophouden met bidden. En nog een vreemd wonder: Dit gebed vermeerdert in kracht hoe meer wij bidden. Als wij elk lid bij name noemen, van ons Hoofd (dat is, onze hegoumen, of parochiepriester, of bisschop, of het hoofd van het gezin) tot aan het jongste lid toe, dan zal God de gehele gemeenschap zegenen, Hij zal haar sterken en de harten van allen vertroosten. Hijzelf zal ons inspireren tot dieper gebed voor onze broeders vanwege Zijn liefde voor hen. Hij zal ons vervullen met Zijn genadegaven, met vrede en met liefde voor elkander. Wij zullen de woorden van de apostel Petrus vervullen: "Hebt de broederschap vurig lief", of "bestendig", zoals het Grieks zegt.[4] Iedere ontmoeting met een broeder zal een profetische gebeurtenis zijn – niet in de zin van het voorzeggen van de toekomst, maar in de zin van het getuigen van Gods wil voor de mens, opdat Gods waarheid in ons openbaar moge worden. De vrede zal heersen, "die alle begrip te boven gaat".[5] Terwijl wij onze broeders in ons hart dragen, zullen hun harten daardoor verzekerd worden en zij zullen zich verheugen. Allen tezamen zullen wij medewerkers zijn met God voor het heil van onze broeders.

Als ledematen van één Lichaam, is elk verantwoordelijk voor de gezondheid van het gehele Lichaam. Wij hebben de plicht het leven van het Lichaam te verdedigen. De Heer zegt: "Als gij uw offerande naar de Tempel brengt, en aldaar indachtig wordt dat uw broeder iets tegen u heeft; laat uw gave dan daar achter, en ga heen, en verzoen u eerst met uw broeder."[6] Hij vertelt ons hier niet ons te verzoenen wanneer wij weten dat wij iemand beledigd hebben – dat spreekt vanzelf – maar wanneer een broeder geen vrede heeft vanwege ons, zelfs wanneer wij daar geen schuld aan hebben. God wil dat wij onszelf zoveel mogelijk voor onze broeder vernederen,

---

[4] Cf. 1Petr.1:22.
[5] Fil.4:7.
[6] Cf. Mt.5:23-24.

ongeacht de ogenschijnlijke rechtvaardigheid van de zaak. Dan zal het hart van onze broeder bewogen worden door onze nederigheid, en hij zal weer in staat zijn tot God te naderen. Op deze wijze werken wij met God mee voor zijn heil.

Het is van levensbelang voor de ledematen van het Lichaam om verenigd te zijn! Het Lichaam van Christus bestaat uit parochies, monastieke gemeenschappen, gezinnen – uit ons allen, waar wij ook thuishoren. Als wij met elkander verenigd zijn als één strakke knoop, dan zullen wij een onverwoestbare vesting zijn, en de vijand zal ons niet kunnen raken. Bovendien zullen wij zeer vertroost worden door elkander, en wederzijds verrijkt. De overwinning van Christus – Die zeide: "Hebt goede moed, Ik heb de wereld overwonnen"[7] – zal de onze zijn. In Zijn nederigheid zal de Heer Zich erin verheugen dat wij medewerkers zijn geworden met Hem in het luisterrijke doel, waartoe Hij ons vóór het begin der wereld had voorbestemd. Terwijl wij elk van onze broeders in ons hart dragen, worden wij uitgebreid, en de dag zal komen waarop wij in onszelf niet alleen de onmiddellijke leden van onze geestelijke gemeenschap zullen dragen, maar de gehele wereld – net zoals Christus, de Nieuwe Adam. Wij allen zijn kleine blaadjes aan de grote boom der mensheid, en onze levens kunnen nimmer onafhankelijk zijn van het leven van de boom.

Aldus bereiken wij de gelijkenis aan Christus. Het is omwille van deze gelijkenis, dat Hij voortdurend werkzaam is en ons dient. Werkelijk, God heeft Zijn hart gezet op de mens, zoals wij lezen in het boek Job.[8] Hij is waarlijk een naijverig God. Het hart van de mens is niet bedoeld voor iets anders dan Hemzelf, en Hij kan het niet verdragen dit met iets anders te delen. Het is vanwege Zijn nederige verlangen met ons te worden verenigd, dat Hij toestaat dat de ploeg van Zijn Kruis de aarde van ons hart bewerkt, zodat de pijn van het ontwortelen van alles waar wij op zo tragische wijze aan gehecht zijn, ons in staat moge stellen Hem lief te hebben en te volgen, waarheen Hij ons ook moge leiden.

---

[7] Joh. 16:33.
[8] Cf. Job 7:17.

HET DERDE STADIUM

Heden heb Ik u verwekt

+ Hebr.10:38 +

18

Het erfdeel van de mens:
Christus' overwinning op de dood

In het Evangelie zien wij dat de Heer mensen geneest, en hen verlost van de dodelijke gevolgen van de zonde. Hij kwam om de werken van de duivel teniet te doen. In Gods wil is geen plaats voor de dood, en Hij is op aarde gekomen om deze te vernietigen. God kon nimmer de bedoeling hebben gehad dat de mens, het meest wondere van al Zijn schepselen, zou sterven. Hij schiep de mens naar Zijn beeld, om door de genade te zijn zoals God is. God heeft de mens geschapen voor het leven, niet voor de dood, en de dood is in het menselijk leven gekomen als een indringer. Het is waar dat onze eigen overtreding de deur heeft geopend, waardoor de dood binnentrad. Maar de Vaders zeggen, dat het rechtvaardig oordeel van God toestond dat de dood in ons leven kwam, zodat onze kwade wil en onze hartstochten niet mét ons onsterfelijk zouden worden. De dood is een kastijdende kracht (een 'bestraffende kracht', zoals de Heilige Maximos zegt)[1] die ons in staat stelt bij zinnen te komen, de dingen op de juiste wijze te beschouwen, en te zoeken naar de weg tot het heil, naar de Weg des levens die Christus Zelf is.

Het is van belang [het mysterie van] de dood te verstaan. Toen Adam viel, kwam de wet der zonde in het menselijk leven, en sindsdien is iedere mens getekend door de hartstochten. Het leven begint in smart, en gaandeweg, als de mens begint te leven in onderworpenheid aan de hartstochten, bouwt zich in hem een weerzin op tegen de wil van God. Doch wanneer hij ongehoorzaam wordt aan de levenschenkende wil van God, en toegeeft aan de hartstochten, dan sterft hij. Onze komst in de wereld als zodanig gaat reeds gepaard met zonde,[2] en de dood is simpelweg het onvermijdelijke gevolg. Want al wat onwettig begint, uit zonde [dat is, al wat in zich het zaad draagt van de vergankelijkheid en de dood], zal voorzeker

---

[1] In het Grieks: *timôrós dýnamis* (τιμωρὸς δύναμις), zie Brief LXI "Aan Thalassius", Engelse vertaling in "The Cosmic Mystery of Jesus Christ", p.132.
[2] LXX Ps.50:7 (51:5/7).

eindigen in de dood als de "rechtvaardige" en "wettige" vergelding. Maar de dood is meer dan een kastijdende kracht; als een tiran houdt hij de mens in de greep van de vrees. De mens is geschapen om eeuwig te leven, en het is dus natuurlijk dat zijn verlangen naar onsterfelijkheid samengaat met zijn vrees voor de dood.

De wet van de dood is in het leven van de mens gekomen door zijn eigen wetteloosheid, en het menselijk leven neigt niet langer op 'natuurlijke' wijze tot de onsterfelijkheid. Het verlangen naar de onsterfelijkheid blijft, maar de schaduw van zijn sterfelijkheid is niettemin echt. In zijn angst beraamt de mens wegen om te ontsnappen aan de realiteit van de dood, en hij zoekt zijn toevlucht in de hartstochten. Maar dit leidt hem alleen nog maar dieper in de zondigheid, en des te groter wordt de dreiging van de dood. Vandaar de tragische vicieuze cirkel die de menselijke conditie kenmerkt: Om ondanks de dood toch te leven, zoekt de mens genot in de hartstochten, in een misleide poging dit tegenwoordige leven te verlengen en een doel te geven. Aldus raakt hij meer en meer verstrikt in de onverdragelijke dreiging en macht van de dood. Hoe meer hij zondigt, des te meer de dood de overhand heeft. Zoals de Schrift zegt, is de dood de grootste vijand van de mens. Het is vanwege zijn vrees voor de dood, dat de mens onderworpen is aan de band der zonde.[3]

Hoe kunnen wij uit deze cyclus van hartstocht-zonde-en-dood ontsnappen? God, in Zijn onpeilbare wijsheid, heeft ons een nieuw begin gegeven: Er is een nieuwe Mens gekomen, Wiens oorsprong niets van doen had met het bevlekte genot van de hartstochten, en Die derhalve niet rechtvaardig veroordeeld kon worden tot de sterfelijkheid – maar Die, als Hij dat wilde, in staat was Zichzelf te onderwerpen aan de dood. Aldus zou Zijn dood, als een onrechtvaardige dood, een veroordeling worden van de dood zelf, en de tirannie van de vijand van het menselijk geslacht teniet doen.

Dit nieuwe begin werd ingeleid en verwezenlijkt door Christus Zelf. Hij nam onze menselijke natuur aan, niet door een menselijk zaad en het daarmee gepaard gaande genot, maar op geestelijke wijze, uit de Heilige Geest en de Maagd Maria. Zijn ontvangenis en geboorte waren daarom niet vermengd met de vergankelijkheid [het verderf vanwege de zonde], zoals vastgesteld onder de oude

---

[3] Cf. 1Kor.15:26 en Hebr.2:15.

wet – en dus was de Zoon van God, geboren uit de Maagd, niet onderworpen aan de sterfelijkheid. Als God was Hij vrij van zonde, en aldus had hij niet hoeven sterven. Doch uit Zijn eigen vrije wil, en in volmaakte gehoorzaamheid aan Zijn Vader, aanvaardde Christus onze dood in het vlees, hoewel Hij nimmer de zonde gesmaakt had. Zoals Hijzelf zeide: "Wie van u overtuigt Mij van zonde?"[4] Hij is werkelijk het onberispelijke en smetteloze Lam Gods, Dat de zonde der wereld wegneemt.

De dood, dat wil zeggen, de vijand, werd bedrogen. Hij verzwolg de Heer van hemel en aarde, waarop het grootste van alle wonderen plaatsvond. De dood van Christus, die volstrekt schuldeloos, onrechtvaardig en onnatuurlijk was, overwon de vijandelijke macht van de dood. De dood werd overwonnen door de Goddelijke macht van het leven. Hoewel Christus in onze plaats gestorven is, en dit een echte dood was, was het onmogelijk voor Hem om het verderf van de dood te smaken, omdat Hij volmaakt was. God liet niet toe dat de Hem "Toegewijde het verderf [zou] zien" in het graf,[5] en wekte Hem de derde dag op. Door onze dood te ondergaan uit liefde voor ons – in alle vrijheid, vrijwillig en zonder zonde – heeft Jezus Christus de dood op absolute wijze volkomen overwonnen. En in Zijn onuitsprekelijke goedheid, schenkt Hij ons deze zelfde overwinning "om niet" als onze eeuwige erfenis.

Diegenen die Christus aanhangen in de geest worden geestelijk wedergeboren in de Heilige Geest, "noch uit de wil van het vlees, noch uit de wil van een mens, maar uit God".[6] Zij leven volgens de nieuwe wet van Christus, in Wie het nieuwe leven begint in zondeloosheid en zonder genot. En door vrijwillig aan zichzelf te sterven omwille van het gebod van God, zullen zij worden geboren in het eeuwige leven van Zijn Opstanding. De geestelijke wedergeboorte is dus het beërven van Christus' overwinning over de duivel – over de zonde en de dood.

In de Heilige Doop 'bekleden wij ons met Christus', dat is, wij doen de menselijke natuur van Christus aan, waarin de volheid van de Godheid lichamelijk woont. Met andere woorden, wij worden

---

[4] Joh.8:46.
[5] Cf. LXX Ps.15(16):10; 48:10 (49:8/9/10). Zie ook Hand.2:27,31; 13:34-37.
[6] Joh.1:13.

bekleed met Zijn onsterfelijkheid. Als iemand na zijn Doop nooit meer een zonde zou begaan, dan zou hij geen lichamelijke dood hoeven sterven, zeggen de Vaders, want waar de zonde is uitgewist, daar wordt ook de dood verwijderd, die het gevolg is van de zonde. Maar God, in de oneindige wijsheid van Zijn heilseconomie, heeft toegestaan dat Zijn heiligen de dood smaken – zelfs Zijn alheilige Moeder heeft deze gesmaakt – opdat in hun dood, zoals in de Zijne, de dood zelf rechtvaardig veroordeeld moge worden. De Moeder Gods heeft nimmer gezondigd, zelfs niet in gedachte, maar zij werd niet 'uitgesloten' van het gemeenschappelijk lot van het menselijk geslacht. Bovendien had zij geen andere weg kunnen volgen dan die van haar Zoon. Als wij sterven in gehoorzaamheid aan het gebod van God, en onszelf vrijwillig kruisigen in ons verlangen te leven naar Gods wil, dan is ook onze dood een overwinning over de dood. Dan, door Gods genade, wordt de eeuwige dood zelfs voor ons zondaars een onrechtvaardige gebeurtenis. Wij dalen af in het graf, terwijl wij het onderpand van Christus' Opstanding met ons mee-dragen, en op de dag van Zijn Wederkomst, bij de klank van de bazuin van de engel, zullen wij uit onze graven opstaan met geestelijke lichamen, en opgeheven worden in de wolken "de Heer tegemoet in de lucht; en zo zullen wij altijd met de Heer zijn".[7]

"Hebt goede moed, Ik heb de wereld overwonnen," zegt de Heer.[8] Zijn overwinning is onze erfenis. Ons is het Lichaam gegeven, in en waardoor de Heer "de dood teniet heeft gedaan". Het is in en door Zijn Lichaam, dat wij gevoed worden met hemelse spijs en drank. Aldus overwint Hij ook in ons de dood, want Zijn Lichaam en Bloed zijn het middel tegen onze sterfelijkheid. De Heer heeft ons begenadigd met Zijn overwinning als onze onsterfelijke erfenis, en ons het eeuwige leven geschonken, samen met Hem.

---

[7] 1Thess.4:16-17.
[8] Joh.16:33.

19

Het mysterie kennen
van de Weg des Heils

In vergelijking met het eerste stadium is het derde stadium van het geestelijk leven veel rijker, namelijk hierin dat Gods genade nu in ons woont tot in eeuwigheid. Het is de bekroning van de strijd tegen de macht van de dood. Wanneer de mens wordt vastgehouden door de wet der zonde, dan kreunt hij met de Apostel en met heel de gevallen mensheid: "Ik ellendig mens! Wie zal mij verlossen uit het lichaam van deze dood?"[1] Maar wij, "die door de vreze des doods gedurende [ons] ganse leven onderworpen waren aan de dienstbaarheid",[2] zijn nu verlost door Gods genade: "Wij weten dat wij zijn overgaan van de dood tot het leven".[3] Ook wij kunnen nu uitroepen: "De dood is verzwolgen in de overwinning! Waar, o dood, is uw prikkel? Waar, o Hades, is uw overwinning?"[4]

Nadat hij op rechtvaardige en wettige wijze gestreden heeft in het mysterie van de tuchtiging door de Heer, worden nu de rijkdommen die de mens in het begin werden toevertrouwd (en waar hij geen recht op had, vanwege zijn vervreemding van God) werkelijk tot zijn eigen bezit. Het tweede stadium is van grote waarde. Het geeft de mens de ervaring van het oordeel van de dood. En door middel van al de moeilijkheden die hiermee gepaard gaan, wordt hij gereinigd van de hoogmoedige neiging tot zelfvergoddelijking. Hij wordt onthecht aan al wat geschapen is, en juist door de pijn van dit proces wordt zijn hart geopend voor Gods genade.

Het terugtrekken van de genade, hoe wij dit ook beschouwen of beschrijven, dient velerlei doeleinden. Sommige heiligen, die de beproevingen van het tweede stadium hadden verduurd en de weldaad daarvan hadden ervaren, gingen zelfs zover God te vragen Zich wederom van hen terug te trekken, opdat zij Hem een nog

---

[1] Rom.7:24.
[2] Hebr.2:15.
[3] 1Joh.3:14.
[4] 1Kor.15:54-55.

grotere trouw zouden mogen betonen in "het dal van de schaduw des doods".[5] Wij zien dit in het leven van de heilige Johannes Kolovos ('de Korte', of 'de Dwerg'), één van de Woestijnvaders.[6] Toen hij de hartstochten overwonnen had, voelde hij dat de spanning van het gebed verzwakt was, die hij tijdens de strijd had gekend, en hij smeekte God om de hartstochten te doen terugkeren, opdat hij zijn streven wederom zou mogen intensiveren.[7]

Het tweede stadium overtuigt ons ervan, dat alleen die dingen die hun oorsprong in God hebben van eeuwige waarde zijn. In ons innerlijk wezen wordt een zekere nederigheid geboren, terwijl wij tot begrip komen dat het heil ons niet rechtens toekomt; het is een gave van God. Dit brengt stabiliteit in ons leven, en helpt ons te groeien als Christenen.[8] Onze dankbaarheid voor Gods weldaden verdiept zich. De heilige Maximos zegt, dat al de gaven waarmee de heiligen begenadigd zijn, geschonken worden naar de mate van hun dankbaarheid.[9] Met andere woorden, alleen die dingen die wij erkennen als gaven van God worden waarlijk de onze. Wij vragen bijvoorbeeld aan God de spijs en drank te zegenen die Hij ons geeft: als wij dit niet zouden doen, zou het zijn alsof wij het voedsel van Hem stelen.

De slotfase van het geestelijk leven wordt ook gekarakteriseerd door de stabiliteit van een diepgaander liefde. Gedurende het tweede stadium komt de dood ons bedreigen. Maar als wij, elke keer wanneer wij bedreigd worden, gehoorzamen aan het gebod God lief te hebben, dan leren wij dat geloof, hoop en liefde sterker zijn dan de dood.[10] Wij allen zijn zondaars die zelfzuchtig geworden zijn. "In onze vrees voor de dood hebben wij allen gezondigd",[11] zegt de heilige Paulus. De vrees voor de dood maakt ons zelfzuchtig, bereid om te vechten voor onze eigen overleving, hetgeen ingaat tegen Christus' woorden: "Vrees niet degenen die het lichaam doden, maar die niet in

---

[5] LXX Ps.22(23):4.
[6] Zie "The Sayings of the Desert Fathers", John the Dwarf, §13.
[7] Zie "Saint Silouan", GK p.83-84, EN p.67-68, NL p.79-80.
[8] Cf. Kol.1:10.
[9] Cf. "The Philokalia", Vol.II, p.216.
[10] Cf. "We Shall See Him", GK p.111, EN p.72.
[11] Cf. Rom.5:12.

staat zijn de ziel te doden".[12] Het gaat in tegen alle geboden van Christus, daar deze ons inspireren tot onzelfzuchtigheid.

Het is moeilijk de vele wonderbaarlijke verschijnselen van het derde stadium te beschrijven. Nadat wij God ervan overtuigd hebben dat wij de Zijne zijn, worden wij bevrijd van de strijd met de hartstochten. In het Oude Testament zien wij Jakob eerst als de 'praktische' man, die vecht om zichzelf aan God te bewijzen en zo Zijn zegen te grijpen.[13] Jakob streed de hele nacht door. Zijn strijd, die van eeuwige betekenis was, werd tot een les voor ons door de plaats ervan in de Heilige Schrift. Jakob wist dat hij Gods zegen van node had om zijn broeder Esau te ontmoeten, die hem wilde doden. Dus zocht hij een zegen die krachtiger was dan de dood die hem bedreigde. Tegen de ochtend was hij erin geslaagd binnen te treden in Gods aanwezigheid, en hij hoorde Gods stem zeggen: "Gij zijt sterk geweest met God, gij zult ook met de mensen krachtig zijn".[14] Hem wordt de nieuwe naam gegeven van "Israël", hetgeen betekent "een intellect dat God schouwt". Hij is een man van het schouwen geworden.

Als wij erin slagen God ervan te overtuigen dat wij de Zijne zijn, dan zullen al onze relaties en heel ons gedrag in het algemeen gesterkt worden door Zijn zegen. Tegenwoordig zijn de mensen er zeer op bedacht goede relaties te cultiveren. Het geheim ligt in Jakob's strijd met God. De zekerste weg om op goede wijze met onze medemensen om te gaan, en op eerbare wijze te leven in deze wereld, ligt erin God ervan te overtuigen dat wij de Zijne zijn. De heilige Johannes van de Ladder, wanneer hij spreekt over degene die monnik wil worden en zijn oudvader probeert te overtuigen van zijn liefde voor hem, zegt dat zelfs heel zijn leven niet voldoende zou zijn om dit te bewijzen. Hij kan dit doel op een andere manier bereiken. Hij kan eerst God overtuigen van zijn liefde voor zijn

---

[12] Cf. Mt.10:28.

[13] Zie Gen.32. [In deze alinea wordt gerefereerd aan twee onderling verbonden termen m.b.t. het geestelijk leven: Enerzijds het streven van de *'praktikoi'*, de 'werkzamen', anderzijds de *'theoretiki'*, de 'schouwenden'. De mens begint met het 'praktische' werk van de ascese, om daardoor uiteindelijk te komen tot het schouwen van God (de 'theoria'). Ook de strijd van Jakob toont deze voortgang. *Noot vert.*]

[14] Cf. LXX Gen.32:28/29.

oudvader, door een leven van oprechte gehoorzaamheid, en dan zal God Zijn deel doen en het hart van de oudvader daarvan verzekeren.[15] Dit is de zekerste en de zuiverste weg, en het is simpelweg een andere uitdrukking van Gods woord tot Jakob.

Enkele maanden voordat hij stierf, gaf vader Sophrony een opmerkelijke voordracht over de aanname van de mens door God. Zijn woorden, waar wij in het begin van dit boek naar verwezen, zijn vol inspiratie: "Iedere dag zeggen wij tot God: 'Ik ben de Uwe, behoud mij.' Maar wie zijn wij om tot God te zeggen dat wij de Zijne zijn? Wij moeten Hem ervan overtuigen, dat wij de Zijne zijn. En zodra Hij daarvan overtuigd is, zullen wij Zijn stem horen zeggen: 'Ja, gij zijt Mijn zoon, heden heb ik u verwekt.'" In letterlijke zin verwijzen deze woorden van God de Vader op unieke wijze naar Zijn Zoon, maar zij zijn van toepassing op elk kind van God dat herboren is door de genade van Christus.

Zoals het doel van de tweede periode is God ervan te overtuigen dat wij de Zijne zijn, evenzo ligt hetzelfde principe ten grondslag aan de proefperiode voor diegenen die in het klooster willen intreden. De broeder-aspirant zal mogelijk tot enkele jaren nodig hebben om het hart van de oudvader en de harten van de rest van de broederschap ervan te overtuigen dat hij hen toebehoort. Zelfs dan kan hij hen niet volledig overtuigen; een persoon kan tien of twintig jaar leven op de juiste monastieke wijze, om dan toch lui te worden. Toch moet de fundamentele neiging beproefd worden, en daarom wordt ons aan het begin deze proefperiode geschonken. De heilige Paulus zegt tot Timotheüs: "Weest niet haastig met de handoplegging".[16] Dat wil zeggen, beproef hen eerst, ontmoet hen, leef met hen. Hebben zij de nederigheid geleerd? Alleen dan zijn zij te vertrouwen.

In de vroege Kerk, wanneer verschillende functies zoals het priesterschap, het bisschopsambt of het rentmeesterschap verdeeld werden, waren onze Vaders vooral bedacht op de nederigheid van de kandidaat, zodat de waardigheid van de verantwoordelijke positie hem niet naar het hoofd zou stijgen. God handelt met ons op dezelfde wijze: "Geeft niet het heilige aan de honden, noch werpt uw

---

[15] Cf. "The Ladder", Step 4:45, p.38.
[16] Cf. 1Tim.5:22.

parels voor de zwijnen".[17] Alle gaven van God zijn parels, en als er een mogelijkheid bestaat dat wij daarop zouden antwoorden als zwijnen, dan zal Hij eerst toestaan dat wij beproefd en gereinigd worden. En wanneer de 'parel van grote waarde' uiteindelijk geschonken wordt, dan zullen wij daaraan vasthouden, en deze ten volle waarderen. Wij moeten God overtuigen van onze betrouwbaarheid, en dan ontvangen wij de volmaakte genade van het zoonschap. En wanneer dit ons geschonken wordt, dan zullen wij dit zorgvuldig bewaren. Nadat wij ons hoofd gestoten hebben tegen de harde rotsen van de tweede periode, zijn wij er nu meer op bedacht onszelf niet te verwonden. Het is nu waarschijnlijker dat wij deze gave stevig zullen vasthouden. Maar zelfs dan kunnen wij deze verliezen, want niets is zeker tot aan het einde.

Vader Sophrony beschrijft het laatste stadium als dat van de gelijkenis aan God: de geboden des Heren zijn de enige wet geworden van ons wezen. Het is onze aard geworden te leven in harmonie met de geboden, en wij zijn wedergeboren. Als bijvoorbeeld een broeder zich voor ons vernedert, en wij onmiddellijk daarop antwoorden door onszelf nog meer voor hem te vernederen, dan is dit een teken dat wij zijn wedergeboren in de Geest, want dit is de handelswijze van de volmaakten.

Er bestaat een verhaal over een monnik die naar Alexandrië ging om zijn handwerk te verkopen.[18] Aan een man uit die stad, wiens dochter door een demon bezeten was, had men verteld dat alleen de monniken uit de woestijn hem konden helpen, maar dat zij omwille van de nederigheid zouden weigeren een wonder te verrichten. Zij wilden niet beroemd worden, omdat dit hen hun stilte zou kosten, hun 'hesychia'. De ongelukkige man beraamde daarom een list: Hij nodigde de monnik uit bij hem thuis te komen, onder het voorwendsel dat hij geïnteresseerd was in zijn handwerk. Terwijl de monnik het huis betrad, kwam het bezeten meisje onmiddellijk aan de deur en sloeg hem in het gelaat. Toen de monnik haar onmiddellijk de andere wang toekeerde, viel het meisje al schuimend ter aarde, en de demon verliet haar; dit was meer dan hij kon verdragen. De

---

[17] Mt.7:6.
[18] "The Sayings of the Desert Fathers", Abba Daniel, §3.

monnik had de demon uitgedreven door eenvoudig het gebod van de Heer te gehoorzamen. Hij hoefde niet eens voor haar te bidden. Wanneer de nederigheid van de Evangelische geboden de enige wet van ons wezen is geworden, dan wordt de hoogmoed van de hartstochten vernietigd. Dit is het begin van onze vergoddelijking.

De volheid van het Christelijk leven is onbereikbaar in deze wereld. Wij "verwachten de Opstanding der doden en het leven der toekomende eeuwigheid", zoals wij zeggen in de Geloofsbelijdenis. Doch het zaad van deze Opstanding wordt in dit leven gezaaid; het is hier en nu dat wij het onderpand van ons toekomstig erfdeel ontvangen en de eerste vruchten van het eeuwige leven. En wij ervaren dit in onze ziel, zowel als in ons lichaam. Natuurlijk komt uiteindelijk de dood tot ons, al was het alleen maar als gevolg van onze vroegere zonden. Maar de genade die wij in dit leven ontvangen vergezelt het lichaam tot in het graf, en de ziel tot in de hemel. En bij het geluid van de laatste bazuin, zal diezelfde genade lichaam en ziel bijeenbrengen, en de gehele mens zal voor de rechterstoel van Christus komen te staan. Hij zal de rechtvaardige vergelding ontvangen al naar gelang het werk dat hij verricht heeft, en alleen dan zal hij de volheid kennen van het leven in Christus. Het geestelijk leven is als een ijsberg: hier op aarde zien wij slechts de top daarvan. De volheid ervan is met Christus verborgen in de hemel.[19]

---

[19] Cf. Kol.3:3.

20

Wedergeboorte in de Geest

In het Oude Testament zeide God tot de profeet Ezechiël: "Werpt van u weg al uw overtredingen, waardoor gij overtreden hebt; en maak u een nieuw hart en een nieuwe geest; want waarom zoudt gij sterven, o huis van Israël?"[1] en "Ik zal u een nieuw hart geven, en een nieuwe geest zal Ik in u geven".[2] Koning David bidt de Heer: "Schep in mij een rein hart, o God, en hernieuw in mijn binnenste de rechte geest".[3] De profeten weten dat onze geboorte in Gods Koninkrijk ervan afhangt of wij een nieuwe geest en een nieuw hart hebben – het 'diepe hart' dat zo kostbaar is voor Gods aanschijn, zoals vader Sophrony schrijft.[4]

Voor vader Sophrony gaat deze geboorte samen met een grote geestelijke verschuiving in ons leven, met nieuwe gevoelens en nieuwe gedachten. Hij vergelijkt dit met de 'Big Bang'. Wij gaan over van een aardse werkelijkheid tot de hemelse werkelijkheid, waarin de menselijke geest vervoerd wordt door de Geest van God. Tenzij wij ons 'diepe hart' vinden, zullen wij het gebied van de Geest nimmer kennen.

In het Nieuwe Testament spreekt de Heer tot Nicodemus over deze nieuwe geboorte in de Geest.[5] Nicodemus begrijpt het niet, en dit noodzaakt de Heer dit te verduidelijken. Deze zegt: "De wind blaast waar hij wil, en gij hoort zijn geluid, maar gij weet niet vanwaar hij komt, en waar hij heengaat; alzo is eenieder die geboren is uit de Geest.".

Toen Nicodemus nog het steeds niet begreep, gaf de Heer hem een kleine waarschuwing: "Indien Ik u de aardse dingen gezegd heb, en gij niet gelooft, hoe zult gij dan geloven indien ik u de hemelse zou zeggen?" De Heer maakt duidelijk dat Hij de hemelse Mens is, de Messias, en maakt dan een vergelijking met de slang

---

[1] Ezech.18:31.
[2] Ezech.36:26 (LXX).
[3] LXX Ps.50:12 (51:10/12).
[4] Zie "We Shall See Him", GK p., EN p.192; cf. 1Petr.3:4.
[5] Zie Joh.3:1-21.

die door Mozes werd opgericht in de woestijn tot genezing van allen: "En zoals Mozes in de woestijn de slang heeft verhoogd, alzo moet ook de Zoon des mensen verheven worden."

In deze geschiedenis, zoals in het gehele Johannes-Evangelie, stuiten wij op de idee dat de mens de goddelijke waarheid voor zichzelf moet ervaren, en wil dit gebeuren dan moet hij een experiment uitvoeren. Hij moet de waarheid smaken. Hij kan de onnaspeurbare wegen van de Geest niet vatten, laat staan Zijn goddelijke natuur; hij kan alleen het effect kennen van de Geest op zijn eigen leven. "Kom en zie," zegt Filippus tot Nathanaël.[6] Alleen de transformatie van zijn leven door de innerlijke zekerheid, dat hij is overgegaan "van de dood tot het leven",[7] kan hem overtuigen.

Herstel en een nieuwe geboorte zijn het fundamentele doel van het Evangelie van Christus. De heilige Petrus bijvoorbeeld, spreekt over "wedergeboren [worden] uit een zaad, dat niet vergankelijk is, maar onvergankelijk... door het woord van God".[8] De heilige Paulus zegt, dat de geestelijke mens die is wedergeboren, niet geoordeeld wordt: niets van deze wereld is in staat hem te oordelen. Aan de andere kant is hijzelf, als geestelijk mens, in staat alle dingen te oordelen.[9] Werkelijk, de geest van een mens die is wedergeboren in Christus, kan de gehele aarde in één enkele beweging omvatten.

De Heer vraagt dingen van ons die misschien absurd lijken voor ons natuurlijk verstand. Hij vraagt ons bijvoorbeeld, zowel onszelf als ons eigen leven te haten om Zijn leerlingen te worden.[10] Maar Zijn doel is groot en hemels: ons te leiden tot de nieuwe geboorte in het eeuwige leven.

Wanneer het eeuwige leven ons wezen begint te doordringen, dan beginnen wij de tekenen te zien van deze nieuwe geboorte. In de eerste plaats worden wij met God verzoend. Door in vrede te zijn met God vrezen wij God niet langer, maar hebben wij Hem lief als een Vader, als onze Weldoener en Heiland. De heilige Antonius de Grote zei van zichzelf – in antwoord op een vraag van een andere

---

[6] Joh.1:46.
[7] Joh.5:24.
[8] 1Petr.1:23.
[9] Zie 1Kor.2:15.
[10] Cf. Lk.14:26.

asceet – dat het was omdat hij God liefhad, dat hij meer gezegend was dan die asceet, wiens geestelijke werken groter waren dan die van de heilige Antonius.[11]

Ten tweede openbaart zich het eeuwige leven in ons wanneer wij verzoend zijn met onze medemensen, en in vrede met hen zijn. De heilige Paulus zegt: "Wij vergeven elkander, zoals ook God ons vergeven heeft in Christus".[12] Daar wij vergeving hebben ontvangen, valt het ons gemakkelijk op onze beurt te vergeven. Wij zien onze broeder niet langer als een bedreiging, maar zoals God hem ziet, namelijk, als een blad aan de éne grote boom, als lid van één grote familie. Wij zien elkaar als Gods gave aan ons. Dus danken wij God voor onze broeders, en voor de gaven die Hij hen geschonken heeft.

Ten derde worden wij verzoend met het leven: wij leven niet langer in voortdurende angst over wat er van ons moet worden, omdat wij nu kunnen vertrouwen op Gods voorzienigheid. Christus zegt dat nog geen haar van ons hoofd zal vallen zonder dat Hij het weet: Hij draagt oneindig meer zorg voor ons dan voor een mus. En de mus leeft zonder zorgen, als een vorst, die niet eens in zijn eigen noden hoeft te voorzien.[13] Aldus worden wij verzoend met de toekomst, wat deze ook moge brengen, omdat wij ten volle vertrouwen op de wonderlijke precisie van Gods voorzienigheid, die in volmaakte harmonie is met Zijn menslievendheid.

Ten vierde worden wij verzoend met onszelf. Wanneer wij in diepe vrede zijn met God, in de wetenschap dat de eeuwigheid begonnen is ons leven over te nemen, dan zijn wij in vrede binnenin ons eigen wezen. Wij zijn niet langer verdeeld, waarbij verschillende elementen ons in tegengestelde richtingen trekken. Wij ervaren een harmonie in lichaam, intellect en hart, in al onze ledematen en zintuigen. Gods kracht heeft ons sterk gemaakt om over de muur van onze gevallen natuur heen te springen,[14] zodat wij niet langer voor onszelf leven maar voor Christus, Die in ons leeft.[15] Wij worden

---

[11] "The Paradise of the Fathers", Vol.II, Book II, p.193.
[12] Cf. Ef.4:32.
[13] Cf. Mt.6:26; Lk.12:24.
[14] Cf. LXX Ps.17:30 (18:29/30).
[15] Cf. Gal.2:20.

verzoend met ons eigen zelf, omdat Hij ons heeft genezen en ons heel heeft gemaakt.

Wanneer het eeuwige leven het hart van de mens vervult, dan openbaart dit zich op ontelbare wijzen die onmogelijk te meten zijn. Zelfs de meest uitmuntende geestelijke genadegaven en de diepste vrede zijn slechts een onderpand van wat nog komen zal. Nu wij een bewijs hebben ontvangen van datgene wat ons te wachten staat, leven wij in de hoop en de verwachting van nog grotere dingen. Een dergelijke hoop helpt ons niet alleen om op deze aarde wijs te leven, waarbij wij aan de eeuwige dingen de voorkeur geven boven de tijdelijke dingen; deze hoop op zich is al een teken van het eeuwige leven dat reeds in ons is.

Het onfeilbare criterium

... zoals gij wilt, dat u de mensen doen, doet gij hun desgelijks. En indien gij liefhebt, die u liefhebben, welke genade hebt gij? Want ook de zondaars hebben lief, die hen liefhebben... Maar hebt uw vijanden lief, en doet goed en leent uit, zonder op vergelding te hopen, en uw loon zal menigvuldig zijn, en gij zult zonen van de Allerhoogste zijn; want Hij is goedertieren over de ondankbaren en bozen. Weest dan meedogend, zoals ook uw Vader meedogend is.[1]

Deze woorden van Christus beschrijven twee wegen. Aan de ene kant de 'natuurlijke' weg: goed te doen aan degenen die ons weldoen, lief te hebben die ons liefhebben. De andere weg, de weg van het Evangelie, leidt ons tot ver boven de natuurlijke weg. Christus leidt ons tot een diepgaander, *bovennatuurlijke* wijze van leven, die een weerspiegeling is van het volmaakte leven van God: "Hebt uw vijanden lief, en doet goed en leent uit, zonder op vergelding te hopen... Weest dan meedogend, zoals ook uw Vader meedogend is." Dit gebod heft de menselijke ziel tot grote hoogten, want daardoor worden wij kinderen van de Hemelse Vader, en wij worden aan God gelijk.

Het gebod van de Heer heeft geen negatief karakter. Hij zegt niet: "Doe *niet* aan anderen, wat gij niet wilt dat zij u aandoen", maar "*Doe* aan anderen, datgene wat u veel waard is, wat uw ziel zozeer vervult, dat gij dit van hen zou willen ontvangen." De Christelijke ascese is uiteindelijk zonder betekenis, tenzij deze een positief karakter heeft. Het is geen kwestie van "doe dit of dat niet", maar veeleer "doe dit en weest volmaakt". Wij strijden niet slechts om onszelf te ontdoen van de hartstochten van de oude mens, maar om onszelf te bekleden met de nieuwe mens, de Nieuwe Adam, dat is, met Christus Zelf. (Het Christendom gaat veel verder dan het Boeddhisme. Dit laatste betreft alleen het eerste gedeelte, de ont-

---

[1] Lk.6:31-36.

kleding, en dat op zich behoudt ons niet.) Als wij nimmer iemand kwaad hebben gedaan, zouden wij gemakkelijk kunnen geloven dat wij volmaakt zijn. Maar ons criterium is niet een criterium van 'goed gedrag' op het menselijk vlak, maar het woord van God, Die gezegd heeft: "Ik heb u een voorbeeld gegeven'.[2] De waarachtige ascese, die de weg des Heren is, is zo positief dat dit ons opheft tot het leven van God Zelf. En wanneer Hij zegt: "Hebt uw vijanden lief, weest meedogend, zoals uw Vader meedogend is," dan zegt de Heer daarmee: "Weest volmaakt: weest gelijk aan God!" Onze roeping is om 'kleine goden' te worden. Werkelijk, "God wordt verheerlijkt in de vergadering der goden".[3]

Gods geboden gaan het begrip van de mens te boven, zowel als zijn kracht deze te vervullen.[4] Vanaf het moment dat wij daarmee in aanraking komen worden wij erdoor vernederd. De geboden van God hebben het bijzondere effect de hovaardigheid van ons verduisterd intellect en hart te vermorzelen, om zo de weg te bereiden opdat de genade in ons moge wonen. Zij werpen licht op onze onvolmaaktheid, op onze geestelijke armoede en onze zwakheid, zodat wij tot God roepen vanuit ons hart, om Hem te vragen te komen en Zijn eigen geboden in ons te vervullen.[5] Dit is de enige manier. Zoals Hijzelf zeide: "Zonder Mij kunt gij niets doen".[6]

Volgens het onderricht van vader Sophrony wordt door het gebod onze vijanden lief te hebben elk spoor van hoogmoed in ons gedood. Om dit gebod te vervullen moeten wij onszelf tot het uiterste vernederen, om de weg vrij te maken voor de Heilige Geest. De heilige Silouan zegt, dat de liefde voor onze vijanden het zekerste criterium is van de aanwezigheid van de Heilige Geest in ons: Alwie zijn vijanden liefheeft, bezit de Heilige Geest in grote mate.[7] En de aanwezigheid van de Geest Gods is ook de aanwezigheid van de waarheid in ons, want de Heilige Geest, de Hemelse Koning en Trooster, is ook de Geest der Waarheid, en

---

[2] Joh.13:15.
[3] Cf. LXX Ps.88:8 (89:7/8), zie ook LXX Ps.81(82):6.
[4] Zie "We Shall See Him", GK p.112, EN p.72.
[5] Zie "His Life is Mine", EN p.64, 124-125.
[6] Joh.15:5.
[7] Zie "Saint Silouan", GK p.132, 153, 210, 304, EN p.105, 114, 162, 230, NL p.117, 126, 171, 248.

Hij leidt ons in al de waarheid. De liefde voor onze vijanden is daarom de beste manier om tot authentieke kennis van God te komen: de Geest leidt ons tot "de kennis van de Zoon van God" en "tot de maat van de grootte van de volheid van Christus".[8]

De geboden van de Heer zijn erop gericht ons te verlossen van de banden van de zonde en van de dood. Iedereen die, door Gods genade, de liefde voor zijn vijanden heeft bereikt, is boven de dood uitgestegen. Dit is waarom de heilige Silouan kan zeggen, dat het heil van iemand die zijn vijanden niet liefheeft nog steeds in twijfel is, want de Heilige Geest leeft nog niet zichtbaar in hem.[9] Ons heil wordt niet bewerkt door het geloof alleen, zoals sommigen geloven, noch door goede werken, zoals anderen geloven, maar het ontspringt aan de inwoning van de Heilige Geest in zowel de ziel als het lichaam. Voor Orthodoxe Christenen is het heil een ontologische ervaring, geen abstracte overtuiging. God zoekt het hart van de mens, om dit tot Zijn woning te maken. Doch het hart is slechts vrij om de plaats te zijn van Zijn inwoning, wanneer het intellect gekruisigd is door de goddelijke geboden, en in het bijzonder door het gebod onze vijanden lief te hebben. Dan, zoals de apostel Petrus zegt, rust op ons "de Geest der heerlijkheid, de Geest Gods".[10]

Degene die niet iedereen in zijn hart omvat, zelfs wanneer hij slechts één of twee personen uitsluit, heeft in de ogen van God gefaald. Zal God Zichzelf in ons herkennen op de Laatste Dag, als onze liefde zich niet op gelijke wijze en zonder uitzondering uitstrekt tot allen? Hij zal op ons neerzien als de Zijnen, als wij de weg volgen van de Goede Samaritaan die, zelfs terwijl hij de haat van de Joden verduurde "ingewanden van mededogen" bezat.[11] Dit is pas het begin, maar als wij erin volharden mededogen te betonen aan allen, dan zal God ons te hulp komen en ons hart uitbreiden. Dan zullen wij allen omvatten en zelfs voor allen lijden, zonder uitzondering. Dus wij moeten "ingewanden van mededogen" bezitten en diepe nederigheid, willen wij de goddelijke universaliteit verwerven.

---

[8] Ef.4:13.

[9] Cf. "Saint Silouan", GK p.475-476, EN p.377-378, NL p.398-399.

[10] 1Petr.4:14.

[11] Kol.3:12; deze ongebruikelijke uitdrukking gaat terug op de Griekse tekst: *'splachna oiktirmou'* (σπλάχνα οἰκτιρμοῦ).

De ware grootheid van het liefhebben van onze vijanden blijkt duidelijk uit het volgende voorbeeld: Als wij een misverstand met iemand hebben en wijzelf daar de schuld van zijn, hoe moeilijk vinden wij het dan toch om onszelf te vernederen en te zeggen: "Vergeef mij, ik heb een fout gemaakt." Maar hoeveel groter is de kruisiging van onszelf, als wij iemand moeten liefhebben die ons heeft getergd, zelfs terwijl ons geweten ons vertelt dat wij daar geen schuld aan hebben. Doch dit is de weg van Christus, Die ons heeft liefgehad tot het einde, zelfs toen wij nog Zijn vijanden waren.[12] Hij heeft Zijn eigen leven niet gespaard, maar Hij heeft heel de tragedie, de dodelijke vloek van heel de gevallen wereld, op Zich genomen. Hij staat Zijn vijanden zelfs toe Hem te nuttigen, iedere Liturgie weer. Want Hij heeft slechts één verlangen – dat wij allen zouden worden behouden.

De liefde voor onze vijanden is dus de 'dwaasheid' van ons geloof, de 'dwaasheid van het Kruis'.[13] En wee degene, die deze dwaasheid niet aanvaard! Zijn dwaasheid is van een ander soort: "De zot zegt in zijn hart: Er is geen God".[14] Voor hem is er inderdaad geen God, want hij blijft onbewogen bij het zien van Christus-God Die aan het Kruis Zijn armen uitbreidt in liefde voor Zijn vijanden. Zulk een zot is zo verhard, dat het woord des levens, het woord van het Kruis, niet langer doordringt tot Zijn hart. En het is dit woord dat ons op de meest welsprekende wijze verhaalt wat liefde voor de vijanden werkelijk betekent.

Hieruit volgt dus, dat de waarachtige Kerk in haar boezem die God-dragende zielen omvat die God kennen en Zijn liefde tot de dood toe, en die Zijn gebod vervullen. Wanneer zij beschuldigd worden, verdedigen zij zich niet; als zij gesmaad worden, zegenen

---

[12] Cf. Rom.5:10.

[13] Cf. 1Kor.1:18.

[14] LXX Ps.13(14):1; 52(53):1. [Het Grieks gebruikt in dit verband twee verschillende woorden. Het gebruikelijke begrip voor 'dwaasheid' in tegenstelling tot de wijsheid is *'môría'* (μωρία) – dat soms ook gebruikt wordt in positieve zin, bv.: 'dwaas in Christus', of 'de dwaasheid van God'. In genoemde Psalmen staat echter een ander woord (*áphrôn*/ἄφρων), dat veeleer betrekking heeft op iemands innerlijke gezindheid (*phronêma*/φρόνημα) en de levenshouding die daaruit voortvloeit: een min of meer actieve veronachtzaming van wijsheid en verstand –in Bijbelse context soms dus ook verbonden met de ontkenning van God. *Noot vert.*]

zij; als zij vervolgd worden, dulden zij dit.[15] Zij vergelden kwaad met goed in navolging van Christus, "de Aanvoerder en Voleinder van ons geloof".[16] Aan ons, de gelovigen, is de zegen geschonken te leven naast deze heiligen van God, en met hen in gemeenschap te zijn, en te worden behouden van dwaling door hun gebeden.

---

[15] Cf. 1Kor.4:12.
[16] Hebr.12:2.

22

Charismatische nederigheid

*O, de nederigheid van Christus! Zij schenkt de ziel de
onzegbare vreugde in God, en uit liefde voor God vergeet
de ziel zowel de aarde als de hemel, en verlangend strekt
zij zich geheel uit tot God.*[1]

Het is een groot mysterie dat de mens in staat is tot kennis
van God te komen. De mens is in staat God te kennen,
allereerst doordat God hem geschapen heeft naar Zijn beeld
en naar Zijn gelijkenis, met het vermogen om de volmaaktheid te
weerspiegelen van zijn Schepper. Om hem in staat te stellen deze
volmaaktheid te bereiken, vraagt God de mens Hem lief te hebben
met geheel zijn hart, met geheel zijn ziel, en met geheel zijn kracht;
en zijn naaste lief te hebben als zichzelf.[2] Door Gods gave van dit
gebod der liefde wordt de mens waarlijk edel. Ten tweede is de mens
in staat God te kennen door de samenwerking met Hem: God, Die
oneindig groot is, verwaardigt Zich afhankelijk te worden van de
mens, die oneindig klein is, [om hem te leiden tot de volmaaktheid,
waartoe Hij hem had voorbestemd. De kleine mens dient zich
vrijelijk over te leveren aan de grote God – want tenzij dit geschiedt,
zal God niet handelen. Hij wacht tot de mens zichzelf in alle vrijheid
aan God opdraagt, en dit feit bevestigt de grootheid van de mens in
Gods ogen.]

Maar boven alles, zoals de heilige Silouan zegt, kent de mens
God door de nederigheid: "De Heer openbaart Zijn mysteriën aan
de nederige ziel".[3] Deze nederigheid van ziel is op zichzelf een
mysterie, onmogelijk te beschrijven binnen de grenzen van het
menselijk denken. De Heer zegt: "Ik heb u een voorbeeld gegeven".[4]
Christus heeft Zichzelf aan de mens doen kennen door Zijn eigen

---

[1] "Saint Silouan", GK p.358-359, EN p.277, NL p.299.
[2] Lk.10:27.
[3] "Saint Silouan", GK p.358, EN p.277, NL p.299.
[4] Joh.13:15.

nederigheid, die de heilige Silouan zozeer inspireerde in zijn verlangen naar God. Het was de nederigheid die God deed nederdalen tot de aarde. Het is door de nederigheid, dat wij binnentreden in de kennis van God en Zijn mysteriën.

De kennis van God is geen abstracte kennis; het is een kennis in ons wezen, door 'te zijn'. Het is door middel van zijn wezen dat de mens deelheeft aan de Geest van God, aan de energie, de genade en de goedheid van God. Wij kunnen ons niet aanmatigen iets over God te weten, als Zijn Heilige Geest niet in ons is, want de kennis van God en Zijn waarheid wordt geschonken door de Heilige Geest.

De heilige Vaders zeggen, dat er vele soorten nederigheid zijn.[5] De eerste graad van nederigheid is te weten dat wij zondaars zijn, dat wij psychologisch en geestelijk ziek zijn, en een Geneesheer nodig hebben om ons te genezen. Vervolgens is er de ascetische nederigheid, onszelf erger te achten dan alle mensen, omdat wij elke dag van ons leven tekortschieten jegens God. Dit soort nederigheid is afhankelijk van de zelfkennis die alleen de goddelijke verlichting ons kan schenken. En als de mens vasthoudt aan deze kennis, dan komt hij tot een nog volmaakter graad van nederigheid.

De nederigheid trekt Gods genade aan, en naarmate deze vermeerdert, wordt in het hart het beeld van Christus afgetekend. Dan hongert en dorst de mens ernaar, dat een nog helderder en duidelijker 'vorm' van Christus in zijn hart gevormd moge worden. Hij aanschouwt het volmaakte Beeld, de reine Icoon van Christus Zelf, en vergelijkt dit met de vage weerspiegeling daarvan in zijn eigen persoon, en hij weet dat hij daar oneindig bij tekortschiet. En dit inspireert hem van dag tot dag in zijn streven Gods geboden te vervullen. Hij zegt tot zichzelf: "Wanneer gij alles gedaan zult hebben wat u is opgedragen, zeg dan: Ik ben een onnutte dienstknecht, ik heb gedaan hetgeen ik verschuldigd was te doen"[6] Hij is zich voortdurend bewust van zijn onwaardigheid, en hij redeneert in zichzelf: "Hoeveel is mij door God geschonken: de genade van Zijn beeld en gelijkenis, de genade Hem te kennen, en toch blijf ik zo ver van Hem. Ik ben de ergste van alle mensen."

---

[5] Zie bv. "Saint Silouan", GK p.397, EN p.310, NL p.331.
[6] Cf. Lk.17:10.

Grote dingen zijn weggelegd voor de mens die volhardt in dit soort nederigheid. Omdat hij de realiteit ziet van zijn eigen nietigheid, leert hij God te danken en zijn broeder boven zichzelf te stellen. Op deze wijze hoopt de goddelijke energie zich langzaamaan op in zijn hart, en de dag zal komen waarop deze energie heel zijn wezen vervult. Dit zich openen van het hart van de mens gaat gepaard met vele bovennatuurlijke verschijnselen, en het is een groot geestelijk mysterie. Hij begint te zien, met steeds groeiende helderheid, Wie de Heer Jezus is, van welke aard Zijn Wezen is, welk een wonderbaarlijke God Hij is. De uitbreiding van het hart van de mens is van een zodanige breedte en diepte, dat hij hemel en aarde omvat in zijn kennis van Christus, de Nieuwe Adam, Die in Zichzelf hemel en aarde verenigd heeft.

Maar er bestaat zoiets als een absolute, volmaakte nederigheid, die de heilige Silouan "de nederigheid van Christus" noemt. Deze nederigheid is van geheel andere aard. Deze valt niet te beschrijven, want zij is goddelijk. Zij wordt gekend door diegenen die, zoals de heilige Silouan, waardig gemaakt zijn de Heer te aanschouwen in de Heilige Geest. De Heer deelt Zijn eigen nederige staat aan hen mede, en zij komen tot het besef dat de Heer Zelf onbeschrijfelijke nederigheid is. De nederige Heer, in Zijn oneindige liefde, geeft Zichzelf over aan de dood omwille van de mens. Bij het aanschouwen van de nederigheid van Christus kan de mens alleen maar smelten in uiterste dankbaarheid, waarbij hij zichzelf volstrekt onwaardig acht zulk een God toe te behoren, Die bereid is te sterven opdat de mens zou leven.

God te kennen wil dus zeggen: nederig te zijn zoals Hij nederig is. De Heer Zelf roept ons om Hem te volgen: "Neemt Mijn juk op u, en leert van Mij; want Ik ben zachtmoedig en nederig van hart; en gij zult rust vinden voor uw zielen".[7] Willen wij de mysteriën van de Zoon van God kennen, dan moeten wij het zachtmoedige en nederige hart van de Heer Jezus hebben. Tenzij wij zachtmoedig en nederig worden, zullen wij niet door Hem gekend worden en vervreemd blijven van Zijn goddelijke mysteriën.

---

[7] Mt.11:29.

De eeuwige zorg van de heiligen is voor het aanschijn van Christus te verblijven in nederigheid van hart. Zij hebben geleerd dat alleen de nederigen van hart de gaven van de Heilige Geest kunnen ontvangen. Zij hebben de tweevoudige beweging van de Heer begrepen: nederwaarts in Zijn zelfontlediging, en dan opwaarts. Zij streven ernaar zichzelf te vernederen, naarmate hun kracht dit toestaat – zichzelf "te onderwerpen aan alle menselijke instelling, omwille van de Heer"[8] – wetend dat Hij hen "te rechter tijd zal verheffen".[9] De heilige Silouan beschrijft zijn eigen streven:[10]

> Ook ik verneder mijzelf dag en nacht, en toch ben ik nog niet nederig geworden zoals ik zou moeten zijn, maar in de Heilige Geest kende mijn ziel de nederigheid van Christus, die de Heer ons heeft opgedragen van Hem te leren, en mijn ziel wordt voortdurend aangetrokken tot de Heer.

De heilige Silouan maakte de nederigheid tot doel van zijn leven. Zo groot was zijn verlangen de nederigheid te herwinnen, die hij gekend had in het zachtmoedige en tedere gelaat van Christus in heerlijkheid. Hij was binnengetreden in de ondoorgrondelijke nederigheid van de Zoon van God, en had als van binnenuit de geest en de gedachte van de Heer gekend, namelijk, Diens verlangen dat alle mensen zouden worden behouden, en God zouden leren kennen. Het hart van de heilige Silouan was uitgebreid: in Christus omvatte hij alle volkeren der aarde, en hij bad voor hen tot aan het eind van zijn leven, dat ook zij God zouden leren kennen door de Heilige Geest.

Voor de rest van zijn leven oordeelde de heilige Silouan zichzelf naar de onbeschrijfelijke nederigheid van de Heiland; hij gaf rekenschap van elke stap, van elke beweging van zijn hart, in termen van zijn schouwen van Christus. In de woorden "ik ben niet nederig zoals ik zou moeten zijn" zien wij dat hij zichzelf afmat aan de grootte van de volheid van Christus, aan de volmaaktheid van de goddelijke nederigheid in de mens. De heilige Silouan was gewond door de onbeschrijfelijke nederigheid van zijn Heer, Die hij had gekend door

---

[8] Cf. 1Petr.2:13.
[9] 1Petr.5:6.
[10] "Saint Silouan", GK p.358, EN p.277, NL p.299.

de Heilige Geest. Hij had de volle betekenis bevat van Christus' woorden: "Komt tot Mij, gij allen die vermoeid zijt en die belast zijt, en Ik zal u rust geven; neemt mijn juk op u, en leert van Mij, want Ik ben zachtmoedig en nederig van hart; en gij zult rust vinden voor uw zielen".[11]

"**O**, de nederigheid van Christus!" roept de heilige Silouan uit. "Zij schenkt de ziel de onzegbare vreugde in God, en uit liefde voor God vergeet de ziel zowel de aarde als de hemel, en verlangend strekt zij zich geheel uit tot God.".[12] Zijn ziel had het mysterie van de nederigheid leren kennen en bezat daardoor de volheid der waarheid – de schat van de kennis van God in het Aangezicht van Jezus Christus, zoals de heilige Paulus het uitdrukt.[13] Een ziel die aldus door God is uitverkoren, verlangt niets anders dan Christus-God te schouwen. Voor ons is het paradijs Christus Zelf. Het paradijs is de kennis van en de vereniging met de Persoon van onze geliefde Schepper en Heer. Zoals de heilige Silouan zegt, vergeet de mens dan zowel de hemel als de aarde, want er is niets groters dan het Aangezicht van Christus te schouwen, en te verblijven in Zijn aan-wezigheid. Toen de Heer getransfigureerd werd op de berg Thabor, schouwden de drie apostelen het licht van de heerlijkheid in Zijn aangezicht, en riepen uit: "Het is goed voor ons hier te zijn."

De nederige mens, die het beeld van Christus in zijn hart draagt, verkeert in een staat van volmaaktheid, die in zichzelf de energie van het Kruis bevat. Hij heeft zichzelf volledig overgeleverd aan God, en hij heeft God ervan overtuigd dat hij de Zijne is, door zijn verzaking aan de wereld en het ontwortelen van de hartstochten in zichzelf. God erkent hem nu als Zijn eigen zoon, en de genade draagt zorg voor hem. Hij zwoegt niet langer, want de genade arbeidt nu voor hem en leidt hem tot het schouwen van God (de 'theoria'). De mens leeft in vervoering in het zicht van de liefde Gods, van de energie van het Kruis, en hijzelf onderwerpt zich aan het kruis der liefde. De genade voorkomt zelfs maar de minste zondige neiging van zijn hart, en deze staat van geestelijke spanning blijft heel de

---

[11] Mt.11:28-29.
[12] Cf. "Saint Silouan", GK p.358-359, EN p.277, NL p.299.
[13] Cf. 2Kor.4:6.

rest van zijn leven voortduren. Zijn onuitsprekelijke dankbaarheid wakkert de vlam in zijn hart aan. Hij zegt dank voor iedere persoon die hij ontmoet, voor al de grote werken die God verricht heeft in hun leven en in het zijne, voor elke nieuwe ademtocht, voor elke druppel water. Hoe meer hij dankzegt, des te meer worden [de ogen van zijn ziel verlicht, en voortdurend ontdekt hij dingen waarvoor hij schuldig is dankzegging op te dragen.]

De genade is nu voorgoed teruggekeerd. De mens is bevrijd van de hartstochten en dood voor de zonde: zijn leven wordt geleid door de volmaakte energie van het mysterie van het Kruis van Christus. De geest Gods is de 'ruiter' van zijn leven geworden, en leidt hem nu waar Hij ook wil. Wij lezen bijvoorbeeld in de Schriften, dat de Heilige Geest de apostel Paulus naar Macedonië voerde; alle apostelen zijn 'paarden' van God geworden – dood voor de zonde, enkel levend voor de Geest Gods en volkomen overgeleverd aan Hem. Ofwel wij zijn levend voor God en dood voor de zonde, ofwel levend voor de zonde en dood voor God. Wij kunnen alleen maar vrienden van het Kruis worden genoemd, wanneer wij vijanden van de zonde zijn.

De nederigheid van Christus woont in de engelen en de heiligen. De Serafim hebben zes vleugels: met twee bedekken zij hun aangezicht, met twee bedekken zij hun voeten, en met twee vliegen zij boven de troon des Heren, roepend: "Heilig, heilig, heilig..."[14] Vier van hun vleugels bedekken hun naaktheid, hun geschapen natuur. (Zij weten dat hun bestaan als schepselen een begin heeft, en dat alleen God beginloos is.) Dit is een teken van hun nederigheid voor Gods aanschijn. Slechts met twee vleugels zweven zij omhoog, terwijl zij God verheerlijken. De vier vleugels van de nederigheid geven kracht aan de twee die voor eeuwig gericht zijn op de verheerlijking van God. Dit is het mysterie van de nederigheid zoals dit werkzaam is in de engelen. Zonder nederigheid kan noch mens noch engel staan in aanwezigheid van de machtige God der Ere, Wiens eeuwige nederigheid onmetelijk is.

De nederigheid van Christus opent de deur voor de grote deugd van de liefde. Doch de liefde kan noch haar straling, noch haar frisheid, noch haar geurigheid bewaren, zonder het zout van de

---

[14] Zie Jes.6:2-3. (Zie ook hfst.11, "Aards leven voor oneindig leven".)

nederigheid. Wanneer de deur tot de liefde geopend is, dan wordt de mens aangespoord door de Geest Gods; hij is, als het ware, een paard dat door God bereden wordt. Zulke mysteriën worden door God geopenbaard aan degenen die waarlijk nederig zijn.

De nederigheid van Christus is uitermate zoet en aangenaam. Zij maakt het hart vrij van het gewicht van zijn gehechtheden. De mens kent geen grotere gave dan de vrijheid zijn Schepper en Heiland te zoeken, zich bewust te zijn van zijn hart, en dit bezeten te zien van de dorst naar God. Wanneer wij een waarlijk nederig persoon ontmoeten, dan voelen wij de vrijheid waarin hij woont. Hij heeft zijn diepe hart gevonden, en nu zijn wezen daar binnenin verankerd is, is hij in staat lief te hebben, hij is in staat te luisteren naar de pijn van zijn medemensen, en mét hen te lijden. Hij heeft reeds hier op aarde de goddelijke universaliteit bereikt, doordat hij is binnengetreden in de nieuwe schepping, het thuis van al de heiligen.

Willen wij voor God staan met alle heiligen, dan hebben wij drie dingen nodig: een hart dat vrij is van alle gehechtheden; "ingewanden van mededogen" jegens allen, inclusief onze vijanden; en een diepe nederigheid. Zulke nederigheid zegent God wanneer Hij zegent *én* wanneer Hij tuchtigt. Zodanig was de nederigheid van de drie jongelingen in de vuuroven, die in tegenwoordigheid van koning Nebukadnezar uitriepen: "Onze God, Die wij dienen, is in staat ons te ontrukken aan de brandende vuuroven, en Hij zal ons uit uw hand ontrukken, o koning. *Maar indien niet*, het zij u bekend, o koning, dat wij uw goden niet zullen dienen, noch in aanbidding zullen nedervallen voor het gouden beeld dat gij hebt opgericht. Onze God alleen zullen wij aanbidden".[15]

Een ander treffend voorbeeld van nederigheid is dat van de Kanaänitische vrouw: haar nederigheid was zodanig, dat zij zichzelf zag als een hond tegenover de Meester. Of gij nu een steen of een stuk brood werpt naar een klein hondje, dit zal reageren met dezelfde trouwe aanhankelijkheid, en altijd trouw blijven aan zijn meester. Ook wij moeten de berisping van onze Meester vreugdevol verdragen, totdat wij de woorden horen die Hij sprak tot de Kanaänitische: "Groot is uw geloof, u geschiede zoals gij wilt".[16] Als ons hart de

---

[15] Cf. Dan.3:17-18 (nadruk van de auteur).
[16] Mt.15:28.

gewoonte heeft Zijn onderricht te omhelzen en Zijn tuchtiging te aanvaarden, wetend dat de Heer alleen onze Leermeester is,[17] dan zullen wij de oneindig grote gave van de aanname tot zonen ontvangen. Wij zullen kinderen zijn die deelnemen aan hun Vader's eigen Leven.

De persoon wiens hart nederig is en vrij van de hartstochten, neemt iedereen en alles waar met de ogen van God. Hij voelt hetzelfde jegens allen – net zoals God dat doet. Hij zal zich verwonderen over Gods voorzienigheid voor iedere mens, en uitroepen: "Ere zij U, o Heer! Gij hebt alles in wijsheid gemaakt! O God, Wie is aan U gelijk?"[18] De Evangelist zegt, dat wanneer wij Zijn Licht zien, wanneer wij Hem zien zoals Hij is, dat wij dan ook licht zullen zijn, want wij zullen Hem gelijk zijn.[19] Hij die rein is van hart, ziet en voelt zoals God Zelf dat doet. In zijn hart is Gods wet gevestigd, en hij spreekt en handelt zoals de Geest Gods hem ingeeft. In hem worden Gods geboden volmaakt vervuld, want God Zelf heeft in hem Zijn woning gemaakt.

Ook de waakzaamheid is de natuurlijke staat van het nederig hart. Het hart staat in vuur en vlam door het gebed, dat het intellect bewaart in vurige gedachtenis aan God in elke omstandigheid. Iedere gedachte die van de vijand afkomstig is wordt verteerd; er is geen terugzakken meer tot het gewone menselijk denken. Het hart bewaart alles wat de mens door God geschonken is tijdens het gebed, en zijn gedachtenis aan God is zo constant, dat zelfs het contact met een broeder zijn geestelijke activiteit niet hindert.

De schat van ons hart geeft kracht, hoop en moed in elk goed werk. Het vertroost ons, en wij cultiveren dit uit al onze macht. Deze schat, dit branden van het hart, voorkomt dat wij in de verkeerde richting getrokken worden: het ontwapent elke aanzet tot woede en corrigeert elke neiging tot de hartstochten. Het klinkt als een stem in ons, die zegt: "Doe zoiets niet weer, of ik verlaat u." En wij antwoorden: "Wee mij, als ik mijn schat verlies! Het is beter dat ik afzie van hetgeen mij geboden wordt."

Aldus leeft de mens zonder zonde, terwijl de persoon wiens hart koud is niet op dergelijke wijze kan denken. Hij heeft geen schat, en

---

[17] Cf. Mt.23:10.
[18] Cf. Ps.103(104):24; 70(71):19.
[19] Ps.35:10(36:9/10); cf. 1Joh.3:2.

daarom heeft hij geen vrees iets te verliezen. De Apostel zegt, dat "al wat niet uit het geloof is, zonde [is]".[20] Een handeling die verricht wordt zonder de gewaarwording van God in het hart, vindt plaats in de duisternis der zonde, en in de duisternis kunnen wij niet zien wat wij doen. Maar de gewaarwording van God in het hart is in ons werkzaam als een soort compas, dat ons in alles leidt. "Ga daarheen, maar niet via die weg." "Doe dit, en vermijdt dat." "Spreek dat woord niet: het zal uw broeder niet helpen; zeg dit in plaats daarvan." "Verjaag deze gedachte nu meteen!" – enzovoort. Dit is hoe de volmaakten leven, in het verdedigen van en gehoorzamen aan de schat die zij in hun hart bewaren, de schat die de nederige Christus Zelf is. De harten van de volmaakten vloeien over van de warmte van Zijn leven. Net zoals een vrouw weet dat zij zwanger is, zo weet het hart – zich bewust van de bewegingen van de Geest – dat het vervuld is met het Goddelijk Leven.

Deze levendige gewaarwording van God die brandt in het hart brengt grote vertroosting. Het leven is moeilijk, tot wij een zekere mate van genade verwerven, tot wij een zodanig geestelijk 'kapitaal' bezitten dat ons toelaat te leven op de 'rente' daarvan. In de wereld besteden mensen veel moeite om voldoende opzij te zetten, waar zij in hun ouderdom rustig van kunnen leven. Evenzo zouden wij vele jaren moeten zwoegen om de geestelijke reinheid te verwerven die ons een mate van vrijmoedigheid zal schenken, opdat wij met vertrouwen voor Gods aanschijn kunnen staan in het gebed en terstond Zijn Aangezicht aanschouwen. Hoeveel gemakkelijker is het voor iemand die veertig jaar lang in gebed heeft geleefd, binnen te treden in Gods aanwezigheid, dan voor een beginneling die dit slechts kan doen met grote moeite.

Christus, de Zoon van God, is de grootste gave die God de Vader de mensheid ooit had kunnen schenken; Hij is tevens de grootste gave die de mensheid ooit had kunnen schenken aan God de Vader. Maar onze Heer is ook de grootste gave die een mens kan schenken aan zijn broeder. Wanneer de mens de "geur van Christus" wordt,[21] draagt hij in zichzelf, door de genade van de Geest des Heren, de

---

[20] Rom.14:23.
[21] Cf. 2Kor.2:15.

nederigheid en de liefde van Christus, en aldus verspreidt hij deze. Hij heeft zijn eigen leven tot een stille preek gemaakt, en nederig dient hij zijn broeders. Hij is een heiligende aanwezigheid. Hij neemt de lasten van zijn broeders op zich, op de wijze van Christus Zelf, Die de last draagt van de gehele wereld.

God brengt de mens in deze wereld voor de heerlijkheid, en de mens is schuldig deze heerlijkheid terug te schenken aan God. Nadat Hij al wat Hij is aan de mens geschonken heeft, wacht God op de mens, dat deze Hem zal verheerlijken zowel in zijn leven als in zijn dood, zodat de dood zelf in hem zou worden overwonnen. Wanneer wij de eer verstaan die God de mens verleend heeft, dan antwoorden wij onze Schepper door Hem een doxologie te offeren – een 'lied van heerlijkheid'. Werkelijk, Hij heeft ons gemaakt om liederen te zingen van lof, dankzegging en verheerlijking van Zijn Naam: "Zingt voor de Heer een nieuw lied".[22] Hoeveel voorbeelden zijn er niet in de Heilige Schriften van de heiligen die weggevoerd worden tot de goddelijke wereld, en dan antwoorden met een lied van heerlijkheid, geïnspireerd door de Heilige Geest!

Toen hij Gods Aangezicht geschouwd had, stond Mozes vóór Hem en zeide: "Neig uw oor, o hemel, en ik zal een lied zingen voor de Heer".[23] De vrijmoedigheid van zijn uitspraak was het resultaat van de kennis: God Zelf was in zijn hart gekomen. Op dezelfde wijze zingt iedere gelovige die is overgegaan van de duisternis tot het Licht Gods, van de dood tot het Leven, een lied van dankzegging, een lied van overwinning. En wanneer wij het Lichaam en Bloed van onze Heer ontvangen, zingen wij ons lied van heerlijkheid: "Wij hebben het waarachtige Licht aanschouwd, wij hebben ontvangen de Hemelse Geest, wij hebben het ware Geloof gevonden." Dit is onze Paashymne van dankzegging voor de gave van het eeuwige Leven.

Een ander voorbeeld hebben wij in de Moeder Gods. Nadat zij de wondere tijding van de Aartsengel had ontvangen, gaf zij zichzelf geheel over aan de wil van God, in de gehoorzaamheid van haar volmaakte nederigheid. De Heilige Geest overschaduwde haar, en

---

[22] Ps.32(33):3; 95(96):1; 97(98):1; 143(144):9.
[23] Cf. Deut.32:1.

enkele maanden later werd dit door Diezelfde Heilige Geest bevestigd uit de mond van haar nicht Elizabeth, die haar op profetische wijze "zalig" noemde. Waarop Maria, geïnspireerd door de Geest, haar overwinningslied zong tot de Allerhoogste: "Mijn ziel prijst groot de Heer, en mijn geest jubelde in God mijn Heiland..." De Moeder Gods droeg haar lied slechts eenmaal op: zij had het niet nodig nogmaals te zingen; zij had haar Heer en Heiland op volmaakte wijze bezongen, in de eeuwigheid van de Heilige Geest. Haar lied is tot eeuwige erfenis geworden van "alle geslachten" der Christenen, waarom ook wij ons ten zeerste erin verheugen om haar, net als Elizabeth, "zalig" te prijzen.

Er zijn ogenblikken wanneer God onze geest opheft van de aarde, wanneer wij gewaar worden dat zelfs onze hymnen van heerlijkheid geuit worden in de Heilige Geest. Als onze overwinningsliederen in even grote mate geïnspireerd waren als het lied van Maria, de Moeder Gods, dan zouden ook wij deze slechts eenmaal zingen, want ook deze zouden dan eeuwig zijn. Maar onze goddelijke opgang is nog in wording. Wij hebben het nog steeds nodig nieuwe liederen te leren, om vertrouwd te raken met de volheid van het Lied van de eeuwige hemelse Heerlijkheid, het offer van lof dat aan God wordt opgedragen door Zijn alheilige Moeder en al Zijn koren van engelen en heiligen. Alwie de zoetheid heeft gesmaakt van een "nieuw lied" en zich daarin heeft verheugd, heeft zijn diepe hart gevonden. Hij heeft de nederigheid van Christus gekend en zal nimmer moe worden het Aangezicht te zoeken van de God van Jakob; hij is van Zijn geslacht.[24]

De Evangeliën traceren de geslachtslijn van Christus, de lijn die voorafgaat aan Zijn geboorte in het vlees als de Vleesgeworden God. Na Zijn dood en Opstanding kwam er een tweede geslachtslijn tot stand. Dit is de lijn van al degenen die de nederige verschijning van Christus hebben liefgehad[25] en plaats hebben gemaakt voor Hem, waardoor zij Hem hebben toegestaan geboren te worden in hun hart. Zij hebben het beeld van onze Heer in henzelf gevoed, en zijzelf zijn herboren in de heerlijkheid van het eeuwig Koninkrijk.

---

[24] Cf. Ps.23(24):6.
[25] Cf. 2Tim.4:8.

Een geboorte is een gelegenheid voor vreugde. Een vrouw die gebaard heeft, "gedenkt niet meer de verdrukking, vanwege de vreugde dat er een mens geboren is in de wereld".[26] De pijn die wij ondergaan om geboren te worden in het heerlijk Koninkrijk van God zal ook vergeten worden. Want Christus-God Zelf, in Zijn onpeilbare nederigheid, zal onze Dienstknecht zijn: Hij zal alle tranen van onze ogen afwissen.[27]

Aan Hem, de God onzer Vaderen,
zij alle Heerlijkheid,
van eeuwigheid tot eeuwigheid.

AMEN.

---

[26] Joh.16:21.
[27] Openb.7:17; 21:4.

APPENDIX

Vragen & Antwoorden

Van geloof tot geloof
(hfst.1, p.12-28)

V: U gebruikte de uitdrukking "charismatische wanhoop". Wat betekent dat?

A: Een dergelijke wanhoop gaat gepaard met de drang voortdurend te bidden. Als de wanhoop gebed voortbrengt, dan is dit een charismatische wanhoop. Als de wanhoop ons ertoe dringt ons aan God vast te klampen en ons voortdurend tot Hem te keren, omdat wij niemand anders hebben dan Hemzelf om ons te helpen, dan is dit een charismatische wanhoop. Doch als er gebed is, dan is de wanhoop iets wonderbaarlijks. En mensen die aldus door de wanhoop heengaan, bereiken iets goeds in hun leven.

V: Bevat de charismatische wanhoop ooit elementen van depressie?

A: Charismatische wanhoop is een gevolg van de genade. Wanneer wij zien hoe smetteloos, onberispelijk en groot de liefde Gods is, dan komen wij tot volstrekte wanhoop over onze eigen staat, omdat wij weten dat God al die dingen toekomen die heilig, eerbaar en lieflijk zijn, zoals de Apostel opsomt.[i] Wij zien dat wij wij deze dingen niet bezitten, en daarom wanhopen wij. Maar deze wanhoop komt van God, want deze wordt bewerkt door de genade.

V: Waarom zal het geloof in de laatste tijden geen wonderen verrichten zoals vanouds?

A: Vanwege de groeiende zelfzucht en het verkillen van de liefde. Zoals de Heer Zelf zegt: "Wanneer de Zoon des mensen komt, zal Hij dan geloof vinden op de aarde?"[ii] De Heer verwachtte dit, dit, en in zekere zin, menselijkerwijs gesproken, zijn de Evangeliën pessimistisch hierover. Wanneer wij de laatste hoofdstukken van Matthéüs lezen, dan zouden wij kunnen zeggen dat zij pessimistisch zijn over de situatie – maar toch, nadat Hij al de gebeurtenissen heeft beschreven die zullen plaatsvinden in de laatste tijden, voegt de Heer daaraan toe: "Heft uw hoofden

---

[i] Cf. Fil.4:8.
[ii] Lk.18:8.

opwaarts, want uw bevrijding komt nabij".[i] Ziet u, deze twee dingen gaan samen: wij wanhopen aan onze huidige situatie, maar ons intellect en ons hart zijn in Hem, Die gekomen is en Die zal wederkomen. Dus het conflict met de Boze intensiveert zich, en daardoor wordt ook de uitdaging geïnten-siveerd goed te doen.

Wij moeten in onszelf een geestelijke transformator installeren, die de energie van het psychologische niveau, die ons in dit leven belaagt, omzet in geestelijke energie, die ons gesprek met God steunt, en daarmee ook ons heil. Tenzij wij leren onze psychologische gesteldheden om te zetten in geestelijke gesteldheden, zullen wij nimmer werkelijk rust vinden. Wij zullen altijd moeiten en ontbering lijden in ons leven. Dit leiden wij af uit de woorden: "Als iemand onder u welgemoed is, laat hij psalmzingen. Als iemand bedroefd is, laat hij zich bekeren".[ii] De Godwelgevallige droefheid leidt tot bekering, en de Godwelgevallige vreugde leidt tot verheerlijking. In dit leven zullen er allerlei soorten psychologische energieën tot ons komen, maar wij bewaren de dialoog met God, waardoor deze energie wordt omzet in geestelijke energie.

Ik herinner mij bijvoorbeeld mijn grootmoeder, hoe vroom zij was, hoe zij altijd de eerste was om naar de kerk te gaan, en hoe zij vaak geslagen werd door haar echtgenoot omdat zij altijd de voorkeur gaf aan de kerkdiensten, en ik denk bij mezelf: "Waar is zij nu?" En ik voel een zekere verbrokenheid in mijn hart, en in deze verbrokenheid of deze emotie verander ik de richting van mijn gedachte; ik verhef deze tot God en bid om de vergeving van mijn zonden, of om iets anders waar ik voor wil bidden. Ik buit deze energie uit, en maak deze tot geestelijke energie voor het gesprek met God.

V: Vader, u hebt vaak geciteerd uit de Openbaring van Johannes om uw onderricht te illustreren. Mijn vraag is, of dit iets is dat het onderricht van oudvader Sophrony weerspiegelt. Of is dit van uzelf?

A: Ik vond dat specifieke vers[iii] (m.b.t. de 'eerste liefde') in een

---

[i] Cf. Lk.21:28.
[ii] Cf. Jak.5:13.
[iii] Openb.2:4-5.

commentaar van de heilige Philaret van Moskou. Vader Sophrony hield eveneens veel van dit gedeelte uit het Boek der Openbaring. En wanneer hij daaraan refereerde, placht hij deze twee verzen samen te voegen tot een kortere versie: In plaats van "...Ik heb tegen u, dat gij uw eerste liefde hebt verlaten. Gedenk dan vanwaar gij gevallen zijt...," zeide vader Sophrony dan: *"Gedenk uw eerste liefde."* De eerste Christenen van de vroege Kerk van Efeze waren werkelijk weggevallen van hun eerste liefde, van de eerste genade die zij ervaren hadden – die men met dankzegging zou moeten gedenken voor het aanschijn des Heren, om deze weer te doen opvlammen. Vele Vaders van de Kerk hebben ditzelfde uitgedrukt, in verschillende bewoordingen.

V: U hebt gesproken over Abraham en de beproeving die hem gegeven werd in het offer van Isaak. En dat bracht mij ertoe te overwegen en mij af te vragen: Hoe kunnen wij leren in ons leven het juiste pad te vinden in onze relaties met anderen – met onze families, met onze parochianen, met diegenen die wij zouden moeten liefhebben? Hoe vinden wij de wijze hen lief te hebben met zulk een reinheid, dat er geen gehechtheid is die ons wegleidt van God? Wat bedoelt Christus, wanneer Hij zegt dat wij vader en moeder, broeder en zuster, moeten haten?

A: Ik heb dit probleem met ouders. Het is een zeer moeilijk iets, maar het criterium is dit: God moet altijd de eerste plaats hebben, en de vrede moet bewaard blijven. Als wij onze vrede niet bewaren, en wij God niet voorop stellen, dan betekent dit dat de persoon waarover wij ons zorgen maken, die wij schijnbaar liefhebben en willen helpen, in feite een gehechtheid is die tussen ons en God in staat. Als ouders zich bijvoorbeeld zorgen maken over hun kinderen en hun vrede verliezen, en niet kunnen bidden omdat de kinderen hun eigen ding doen, dan is hun houding verkeerd. Als de kinderen hen ertoe brengen hun vrede te verliezen en hun relatie met God, dan betekent dit dat zij hun kinderen voorop stellen in plaats van God. In al onze relaties moeten wij vrij zijn, ons hart moet vrij blijven, zodat God in ons leven de eerste plaats kan hebben.

Ik citeer graag de woorden van God tot Jakob. Jakob streed de gehele nacht om de zegen van God te grijpen om sterk te zijn in zijn onmoeting met Esau, die hem tegemoet kwam met een heel leger, om hem te doden. Tegen de morgen voelde Jakob de aanwezigheid van God. Toen zeide Jakob tot God: "Ik laat u niet gaan, tenzij Gij mij zegent." En het was op dat ogenblik, dat God de volgende woorden sprak: "Gij zijt sterk geweest met God, gij zult ook met de mensen krachtig zijn". De volgende dag ging Jakob uit tot Esau die, in plaats van hem te doden als een wild beest, om Jakobs hals viel en hem kuste. Dat is, Esau voelde de zegen die Jakob van God verworven had. Maar Jakob had deze zegen slechts verworven na een hele nacht van strijden in gebed en zich vernederen tot het einde, om God de eerste plaats te geven en zijn leven geheel aan Hem op te dragen. Hierna gaf hij er niet meer om of hij zou leven of sterven, want hij was in aanraking gekomen met God. Mensen, en in het bijzonder jonge mensen, die een sterke en blijvende relatie willen bouwen, zouden deze woorden van God tot Jakob indachtig moeten zijn: dat wij eerst sterk moeten zijn met God, als wij willen dat ook alle andere aspecten van ons leven sterk zouden zijn.

Verlangen de Heer te zien
(hfst.4, p.56-62)

V: U hebt verteld wat de heilige Silouan schrijft over hoogmoed, liefde en nederigheid, en ik vond dit werkelijk verfrissend. Kunt u daar wat verder over uitweiden?

A: Wanneer iemand hoogmoedig is, dan weten wij dat hij vol is van zichzelf, en wij willen niet eens met hem spreken omdat hij niets kan opnemen. Wij kunnen niet met hem communiceren, wij kunnen geen enkele gedachte overbrengen. Het tegenovergestelde gebeurt met iemand die nederig is. Hij ontledigt zichzelf, hij maakt plaats in zijn hart voor iedereen, eerst voor God en dan voor zijn medemensen. Dat is waarom er geen waarachtige liefde bestaat zonder nederigheid. De nederigheid is het zout van de liefde. Maar de hoogmoed doodt de liefde, en wij weten uit ervaring dat door slechts één hoogmoedige gedachte het hart verdwijnt. Het hart was warm en levend, maar door één enkele hoogmoedige gedachte verkilt het hart en is er niet langer enige liefde in ons.

Zowel de heilige Silouan en vader Sophrony spreken hier veel over. De heilige Silouan ervoer de absolute liefde van Christus toen hij de Heer schouwde in heerlijkheid, op de plaats van Diens icoon. Op dat ogenblik werd heel zijn wezen vervuld van de energie van de Heilige Geest, tot op het punt dat hij verlangde te lijden omwille van Christus. Op dat ogenblik ervoer hij ook de onbeschrijfelijke, uiterste nederigheid van Christus, en gedurende de rest van zijn leven herhaalde hij: "Ik streef naar de nederigheid, maar ik kan haar niet bereiken".[i] Wanneer iemand de levende Christus aanschouwt, dan wordt de staat van Christus op hem overgedragen; hij ontvangt de liefde en de nederigheid van Christus, Die sterft voor Zijn vijanden, Die Zichzelf tot het einde toe vernedert, nederdaalt tot de nederste delen der aarde, en Zichzelf beneden allen plaatst, om alle mensen te verheffen. Vader Sophrony's idee van de mensheid als een piramide weerspiegelt het feit dat de mens, omdat hij geschapen is naar Gods beeld en gelijkenis, rechtvaardigheid verlangt. Doch het lukt de mens niet om rechtvaardigheid en gelijkheid te vinden in de structuur van de werkelijkheid van het kosmische 'zijn'; dus heeft de Heer deze piramide omgekeerd en Zichzelf helemaal onderaan geplaatst, waarmee Hij heel het gewicht van de piramide (van de wereld) draagt, en de volledige vloek die op de mensheid rust op Zichzelf heeft genomen – om een ander soort rechtvaardigheid te brengen. En al degenen die de Zijnen zijn, haasten zich omlaag om Hem te ontmoeten.

V: Hoe vermijden wij de hoogmoed in ons verlangen nederig te zijn?

A: Wij kunnen nimmer de waarachtige nederigheid bereiken, zelfs wanneer wij zeggen dat wij erger zijn dan allen, want in dat soort nederigheid ligt nog een zekere vergelijking met andere mensen. De waarachtige nederigheid betreft een ander soort vergelijking – het is onszelf te vergelijken met het beeld van de mens zoals dit ons geopenbaard is in de Heer, dat is, zoals God Zich de mens heeft gedacht vóór alle eeuwen. Hierbij is Christus Zelf ons referentiepunt, Hij is ons voorbeeld. En als het referentiepunt de Heer Zelf is, dan is er geen einde aan de nederigheid, en dus kunnen wij niet hoogmoedig zijn, daar wij begrijpen dat de waarachtige

---

[i] Zie "Saint Silouan", GK p.319, 386, 387-388, EN p.243, 300, 302, NL p.262, 321, 323.

nederigheid onbereikbaar is – aangezien het model voor dit soort nederigheid Christus Zelf is. Het is een soort nederigheid waar wij naar streven, maar die wij nimmer ten volle kunnen bereiken. In dit licht kunnen wij verstaan, waarom de heilige Paulus, de eersttronende der apostelen, zegt: "Christus Jezus is in de wereld gekomen om zondaars te behouden, van wie ik de eerste ben".[i] De grootste apostel kon zeggen dat hij de eerste der zondaars is, omdat hij een heldere visie had van wat hij zou moeten zijn – een visie van Christus. En hoe helderder onze visie van Christus, des te dieper wordt onze nederigheid.

Dit schouwen vindt plaats in het diepe hart van de mens, waar het beeld van Christus gevormd wordt. Dit wordt ook uitgedrukt in het volgende woord van de heilige Paulus: "Mijn kinderkens, van wie ik wederom in weeën verkeer, totdat Christus in u gestalte heeft verkregen".[ii] Als Christus eenmaal gevormd is in het hart, en wij ons intellect daarin omlaag brengen en Hem zien zoals Hij is, hoe smetteloos en groot Hij is, dan kunnen wij nimmer nederig genoeg zijn. Dus onze vergelijking moet niet zijn met onze medestervelingen om ons heen, maar met Hem – ons volmaakte voorbeeld. "Ik heb u een voorbeeld gegeven," zeide Hij. Hij is onze Leermeester en onze Meester.

V: U hebt gezegd, dat wanneer wij vermorzeld worden door God, dat wij dan gereed zijn om genezen te worden. Deze zin blijft in mijn gedachten steken. Er is een lid van mijn parochie, een oudere vrouw, die één van haar zonen verloren heeft, een zoon van wie zij zeer afhankelijk was, een zoon die op onzelfzuchtige wijze voor zijn moeder en zijn gehandicapte zuster zorgde, zonder voor zichzelf te zorgen. Ten gevolge daarvan is hij plotseling gestorven. Deze vrouw wil niet meer naar de Kerk komen. Mogelijk is zij boos op God. Zij verkeert in diepe wanhoop. Maar zij is een sterke vrouw. Ik weet niet hoe ik haar zou kunnen helpen.

A: Misschien had zij niet de juiste houding, zelfs voor deze ramp haar overkwam. De Vaders zeggen, dat degenen die wijs zijn het onvrijwillige lijden voorkomen door vrijwillig te lijden – dat is, als wij wijs zijn zouden wij geen mensen nodig hebben om ons te ver-

---

[i] Cf. 1Tim.1:15.
[ii] Gal.4:19.

volgen, maar wij zouden de grootste vervolgers zijn van onszelf – dit is de geest van Christus. Een Europese theoloog heeft een boek geschreven met de titel "De harde uitspraken van Jezus". Ik weet niet wat hij in dit boek schreef, maar ik ben er zeker van dat hij niet begreep wat deze harde uitspraken betekenden. Voorzeker, het woord dat "wanneer wij vermorzeld worden door God, dan zijn wij gereed om te worden genezen" is een harde uitspraak. Maar ook in het Evangelie vinden wij harde uitspraken, en er zijn er nog meer in de Brieven van de apostelen.

Herinnert u zich bijvoorbeeld wat wij gezegd hebben over de heilige Johannes de Doper: hij noemde de kinderen van de Joden "adderengebroed" – kinderen van adders. En verderop zegt de Griekse tekst, dat hij met dergelijke woorden de mensen "troostend vermaande". Hoe kon hij hen troosten met zulke woorden? Uiteraard kwamen zijn woorden voort uit een hart dat vervuld was van de genade, en deze genade verzekerde hun harten van de waarheid van deze woorden. Daar hij een waarachtige profeet was, kon hij dit doen met een rein hart en aldus, door dergelijke woorden, bracht hij hen tot verbrokenheid. En op zijn beurt brengt de verbrokenheid de nederigheid, die de genade aantrekt, en deze genade troostte hen. In dit opzicht verstaan wij de heilige Paulus, wanneer hij tot de Korinthiërs zegt: "Wie is het die mij verblijdt, zo niet degene die door mij bedroefd is?"[i] Dit is dezelfde wetenschap: de Apostel diende de hoovaardigheid van zijn leerlingen te vermorzelen, hen tot verbrokenheid te brengen en daardoor tot nederigheid; en God schenkt genade aan de nederigen en weerstaat de hoogmoedigen.[ii] Dit is hoe wij de harde uitspraken van de Schriften verstaan. Zij zijn zeer noodzakelijk voor ons, en de tuchtiging van God is zo kostbaar, omdat wij hierdoor weten dat Hij onze Vader is. Aan diegenen die Zijn tuchting aanvaarden, biedt Hij Zichzelf aan als een Vader.[iii]

Dus als wij wijs zijn en deze cultuur bezitten, dan zullen wij wanneer ons een ramp overkomt niet God de schuld geven of iemand anders. Wij zullen staan als de profeet Daniël en zeggen: "Heer, aan

---

[i] 2Kor.2:2.
[ii] Cf. Jak.4:6; 1Petr.5:5.
[iii] Cf. Hebr.12:6.

U is alle rechtvaardigheid, en aan mij de schaamte des aangezichts".[i] En door zo te doen zullen wij onmiddellijk de bevrijding ervaren en uitstijgen boven de tragedie die wij ondergaan. Dus de wijzen vermijden het onvrijwillige lijden door vrijwillig te lijden; zoals de heilige Basilius zegt: "Broeder, maak vrijwillig hetgeen onvrijwillig is, en spaar niet het leven waarvan gij node zult worden beroofd".[ii] Als wij toch moeten sterven, laten wij dan sterven zoals het behoort, laten wij vrijwillig sterven in overeenstemming met Gods geboden, en dit zal onze overwinning zijn. Ons is niet de genade gegeven te sterven zoals de martelaren, maar laten wij tenminste sterven in overeenstemming met Gods geboden. Dus wij zouden ons leven, dat wij toch zullen verliezen, niet moeten sparen; en door het niet te sparen, vullen wij het met eeuwig leven.

V: Ik heb de verzoeking te willen uitvinden in welk stadium van het geestelijk leven ik mij bevind. Hoe kunnen wij vermijden dat wij onszelf in verwarring brengen, en onszelf voordoen alsof wij in een bepaald stadium zouden zijn, waardoor wij heel ons geestelijk leven onderuit halen, en Farizeeërs worden?

A: Vader Sophrony vond het onderscheid tussen reiniging, verlichting en vergoddelijking te filosofisch. Hij zeide zelfs tot één van onze dierbaarste vrienden: "Laten wij onszelf niet bespioneren", dat is, laten wij de gebeurtenissen in het geestelijk leven niet analyseren. Ik denk dat de andere drievoudige voorstelling van het geestelijk leven – de roeping van de mens door de genade, de tijd van strijd wanneer de genade die deze roeping vergezelde vermindert, en de definitieve terugkeer van de genade – natuurlijker is.

Als wij onszelf beschouwen in het licht van hetgeen wij leren wanneer de genade met ons is, dan worden wij door God onderricht. Bijvoorbeeld, wanneer wij de genade van de Trooster niet in onszelf vinden, dan is dit een duidelijke aanwijzing dat wij niet rechtvaardig zijn en ons moeten bekeren – en dit is alles wat wij nodig hebben. De geest der bekering is een grote gave. Abba Ammonas zeide, dat de geest der bekering is als een vurige cirkel om ons heen, die ons ervan weerhoudt ten val te komen. Als wij deze geest van bekering

---

[i] Cf. Dan.9:7
[ii] Cf. H.Basilius de Grote, "Homilie 18, On the Martyr Gordius" (PG31, 505C).

bewaren, dan zullen wij niet alleen de inspiratie bezitten voor de negatieve ascese (dat is, dit of dat te vermijden), maar wij zullen ons leven ook in positieve zin verrijken en onze nog niet herboren natuur overwinnen. Het is slechts noodzakelijk dit ene op te merken: Als wij het moeilijk vinden om te bidden, als wij het moeilijk vinden onze geest te vernederen en onszelf beneden onze broeder te stellen, dan is dit een duidelijk teken dat wij van node hebben ons te bekeren.

V: De moeilijkheid die ik heb in het leiden van mensen op het pad van Christus, is hen ertoe te brengen twee soorten vrees te overwinnen: de vrees voor schaamte en de vrees voor pijn. Als wij de stappen nemen die u ons getoond hebt, dan is het moeilijkste, denk ik, om deze angsten te overwinnen. Dit is wat ik in mijn parochie probeer te doen. Mensen komen niet naar de Biecht, hoewel hun zielen verhard zijn en de dingen hun gek maken, omdat zij niet in staat zijn de schaamte te overwinnen hun zonden toe te geven. Hoe kunnen wij mensen in deze richting leiden?

A: Ik denk dat zowel de kracht om de schaamte te dragen en de kracht om te lijden genadegaven van God zijn. Toen ik een jonge, nog onervaren geestelijke vader was, vertelde vader Sophrony mij de jonge mensen aan te sporen juist die dingen te biechten waar zij zich voor schaamden, want als zij leren dat te doen, wordt de schaamte omgevormd tot een kracht tegen de hartstochten, en zullen zij de zonde overwinnen. Ik wist dat hij gelijk had, maar ik begreep nooit hoe dit werkte, want ik had nimmer de gewoonte vader Sophrony te ondervragen. Ik luisterde naar hem, en soms verhelderde hij iets wat hij eerder gezegd had. Maar op een dag was ik in Thessaloniki in een grote kerk, waar een vriend van mij priester is. Daar het Zachéüs-zondag was, werd mij gevraagd de Liturgie te vieren en te preken over dat gedeelte van het Evangelie. De beste manier om uzelf voor te bereiden op een preek, is om het Schriftgedeelte een week van tevoren te lezen, en dit elke dag te overdenken. De tekst geeft u een duidelijke gedachte, waaromheen gij uw preek kunt bouwen. Maar ik had hier geen tijd voor gevonden, dus stond ik 's morgens vroeg op om mij voor te bereiden, en terwijl ik het Evangelie las, kwamen mij plotseling de woorden van mijn Oudvader voor de geest – "moedig de jonge mensen aan de schaamte te dragen". En ik begreep, dat dit nu precies was wat er gebeurde in de persoon van Zachéüs. Hij droeg vrijwillige schaamte, en de Heer, Die Zich bevond op Zijn weg naar Jeruzalem om het Kruis der schande te dragen, zag Zachéüs vrijwillig schande dragen omwille van Hem, en herkende in hem een verwante geest. Zachéüs had zichzelf op profetische wijze op de weg van Christus geplaatst, op de weg van het Kruis, en op profetische wijze werd het mysterie van het Kruis en de Opstanding werkzaam in het hart van Zachéüs. Zijn hart werd uitgebreid en hij was in staat binnen te treden in de kracht van het geloof. Christus heeft ons behouden door het Kruis der schande, dus wanneer wij schaamte dragen omwille van Hem, dan beschouwt Hij dit als dankbaarheid, en op Zijn beurt draagt Hij op ons Zijn genade over, die ons leven herstelt.

Dit is precies wat er gebeurt in de Biecht. Diegenen, die in alle eerlijkheid biechten, en de schaamte voor hun zonden op zich nemen, worden herboren. Maar diegenen, die hun schouders ophalen en zeggen: "Niets bijzonders, de gebruikelijke dingen...", zij dragen geen enkele schaamte, hun hart blijft onaangeroerd, en zij ontvangen nauwelijks enig nut. Maar diegenen die, met schaamte en een verbroken hart, hun zielen bloot leggen voor het aanschijn van God en tegenover een andere sterveling "van gelijke hartstochten" als zijzelf – de schaamte die zij dragen raakt werkelijk hun hart, vernedert het, en doet het aan de oppervlakte komen. Dan opent dit het hart om de genade te ontvangen van de wedergeboorte, van de vertroosting. Wij zien dit in het leven van velen die tot ons komen: hoe groter de schaamte die zij dragen in verbrokenheid, terwijl zij zichzelf beschuldigen voor Gods aanschijn, des te groter is de genade die zij ontvangen om hun leven te beteren en een nieuw begin te maken.

Hetzelfde geldt voor het lijden. Gij kunt alleen maar lijden als gij liefhebt. De vurige ijver is even sterk als de dood, zegt het Oude Testament. Maar in het Nieuwe Testament leren wij dat de liefde zelfs sterker is dan de dood. Dus wanneer wij schande gedragen hebben omwille van Christus en Hij heeft ons op Zijn beurt beloond met de energie van Zijn liefde, dan zijn wij in staat te lijden en allerlei moeilijkheden te doorstaan, zonder dat wij deze zelfs maar opmerken – moeilijkheden die wij zonder Zijn genade niet in staat zouden zijn te dragen. Uit de woorden van de Heer tot de heilige Silouan – "Houd uw geest in de hel, en wanhoop niet" – blijkt duidelijk, dat als iemand zichzelf de hel waardig acht, hij onmogelijk kan protesteren tegen een hard woord of een ziekte, want hij heeft zichzelf reeds veroordeeld tot de veroordeling van de hel. Gij ziet dat wij, door vrijwillig te lijden en door zelfbeschuldiging, zelfs vermijden andere moeilijkheden op te merken, want wij hebben reeds gekozen voor de meest ernstige moeilijkheid, die welke wij werkelijk verdienen. Niet alleen bemerken mensen, die deze weg beoefenen, de moeilijkheden in dit tegenwoordige leven niet, maar soms ontvangen zij zelfs de genade om genezen te worden van ongeneeslijke ziekten.[i]

V: Ik heb er moeite mee ten volle de betekenis te vatten van "Houd uw geest in de hel, en wanhoop niet"; en toch doet de idee van de omgekeerde piramide mij verstaan dat wij in de hel zijn. Maar als wij in de hel zijn met Christus, in uiterste nederigheid, dan hebben wij geen reden om te wanhopen, want wij weten dat daarna de opstanding komt. Is dat juist?

A: Natuurlijk, maar ik zou daar één ding aan toe willen voegen. Een eenvoudige manier om "Houd uw geest in de hel, en wanhoop niet" te begrijpen is dit: Wat is de hel? De hel is de afwezigheid van God. Daarom, wanneer wijzelf ons bevinden temidden van de beproevingen en moeilijkheden van het leven, als wij onszelf dan dit alles en zelfs nog groter lijden waardig achten, zelfs de hel, dan zal ons de genade worden geschonken daar doorheen te gaan, zonder erdoor te worden vernietigd. Ik las iets in een homilie van de heilige Andreas van Kreta over de Moeder Gods, waar hij zegt dat al de zielen der heiligen, der gelovigen, door de martelingen der hel zullen gaan. En dit niet opdat zij verloren zouden gaan, maar opdat zij het mysterie van Christus' nederdaling in de hel zouden verkennen. Want, willen wij *'totus Christus'* kennen – de gehele Christus – dan zouden wij ook dit aspect moeten verstaan, om de gehele lengte en breedte, en diepte en hoogte te kennen van Zijn weg,[ii] en Zijn nederwaartse tocht maakt daar uiteraard deel van uit. Dus het lijden is één van de manieren om het pad van Christus te verkennen; maar gedurende die tijd moeten wij één ding in gedachten houden, zonder te wanhopen: God blijft gezegend in alle eeuwigheid. Dit zal de

---

[i] Zie H.Gregorius Palamas, "The Homilies", p.13.
[ii] Cf. Ef.3:18.

gedachte zijn die ons de kracht geeft onszelf te bewaren van de zonde. In het boek Job staat een opmerkelijke zin: "In dit alles zondigde Job niet".[i] Door al zijn lijden heen zondigde Job niet, omdat hij bleef herhalen: "Gezegend is de Naam des Heren", zoals wij zingen aan het slot van de Goddelijke Liturgie.

Een verbond aangaan met God
(hfst.7, p.86-99)

V: Wij leven in de moderne wereld in Amerika, met Evangelische protestanten die zoveel nadruk leggen op de bekering – en gewoonlijk op een emotionele bekering – en ik vraag me af in hoeverre dit verschillend zou kunnen zijn van uw begrip van het eerste bezoek van de genade? Benadrukken wij als Orthodoxen genoeg, dat onze mensen dit eerste bezoek van de genade nodig hebben? Leggen wij te vlug de nadruk op het sacramentele leven, zonder eerst dit bezoek van de genade te benadrukken?

A: Sommigen van onze recente heiligen, zoals de heilige Serafim van Sarov en de heilige Silouan, vertellen ons steeds weer dat het doel van het leven de verwerving is van de Heilige Geest, het verwerven van de genade. En de enige wetenschap die wij voortdurend zouden moeten leren is hoe deze genade te verwerven.

Wat de bekering betreft: Ik denk dat wij door de Schriften heen, zowel in het Oude als in het Nieuwe Testament, worden opgeroepen terug te keren tot God en onze harten te bekeren. En deze bekering is niet, zoals sommigen misschien denken, iets dat éénmaal gebeurt en dan voor altijd verzekerd is. Het is een dynamische bekering, iets dat moet worden voortgezet. Wij worden niet behouden door een intellectueel geloof, noch door een bekerings-ervaring die slechts éénmaal plaatsvindt, noch door werken. Wij worden gesteund door een levende gewaarwording van God in onze harten, in onze lichamen. Dat is waarom het Oude Testament vraagt: "Wat is de

---

[i] Job 1:22.

mens?"[i] En het antwoord wordt gegeven in de Spreuken: "De mens is een hart met een goddelijke en noëtische gewaarwording",[ii] dat wil zeggen, een mens die in zijn hart de sporen draagt van Gods energie, van Gods aanwezigheid, van het effect van de genade.

Wij moeten niet bang zijn termen te gebruiken die de Protestanten ook gebruiken. Zij zeggen dat zij evangelisch zijn – wij zijn nog evangelischer, want zij benadrukken slechts één aspect van de bekering. Er is een volheid van leven in onze Kerk, en een ongebroken traditie sinds de tijd van Christus, waarvan geen enkele andere Kerk kan claimen die te hebben bewaard. Ik leer de waarheid hiervan van de Anglicaanse priesters die ons klooster bezoeken. Zij zeggen vaak tot ons: "Jullie Orthodoxen zijn de enigen die een ongebroken traditie hebben bewaard." En dan besef ik, dat wij inderdaad deze traditie bezitten, maar wij nemen dit als vanzelfsprekend aan. Feitelijk is het waar: als gij de geschiedenis van de Kerk onderzoekt, haar theologie, haar liturgisch leven, de geest van ascese in de Kerk – dan bestaat er een ongebroken traditie door de eeuwen heen. Maar wij moeten altijd proberen op nederige wijze tot hen te spreken, en elk goed element te erkennen dat zij in hun leven bezitten, waarbij wij proberen hen vriendelijk te wijzen op andere dingen, die zij missen. Maar wij moeten op zodanige wijze spreken, dat zij zich gerespecteerd en geëerd voelen, wat hen ertoe zal inspireren te luisteren naar hetgeen wij te zeggen hebben.[iii]

V: Wat onderrichtte vader Sophrony over de verlossing van de mensen in het algemeen? Er is het vers: "Smal is de poort, en nauw is de weg, die leidt tot het [heil], en weinigen zijn er die hem vinden".[iv] Wij beschouwen de schepping van de mens, en Gods wondere doel de mens te behouden voor alle eeuwigheid. Hoe brengen wij dit in overeenstemming met de idee dat de weg zeer nauw is, en dat weinigen hem vinden? Vertelt dat vers ons, dat

---

[i] Job 7:17; 17:14; LXX Ps.8:5(4); 143(144):3.

[ii] Cf. LXX Spr.15:14.

[iii] Zie ook het opmerkelijke stuk over de visie van de heilige Silouan, hoe met Christenen van andere belijdenissen over geloofszaken te spreken, in "Saint Silouan", GK p.78-80, EN p.63-65, NL p.75-77.

[iv] Mt.7:14.

maar weinigen behouden worden en velen verloren gaan? En als dat zo is, hoe stemt dat dan overeen met Gods wondere doel?

A: Wel, als ik u zou vertellen wat hij dacht, dan zou dit u tot wanhoop kunnen leiden, zoals het mij tot wanhoop leidt. Hij zegt, dat het onmogelijk is Christelijk te leven, wij kunnen slechts als Christenen sterven.[i] Dit volgt de heilige Paulus, die zegt dat hij dagelijks sterft om in staat te zijn Christus in hem levend te houden. Dus vader Sophrony heeft enkele harde woorden. Hij citeert ook de woorden van de heilige Silouan: "Als wij onze vijanden niet hebben leren liefhebben, dan zijn wij nog ver van de geest des heils."[ii] Weet u, dit is waar, zo is het: men kan niet leven als Christen, men kan alleen sterven als Christen. Maar dat is nu juist wat wij proberen te doen, elke dag, tot aan onze laatste ademtocht: de geboden te bewaren, een kleine dosis sterven te hebben in ons leven door de geboden te vervullen. De heilige Petrus zegt, dat "het oordeel Gods begint van het huis Gods, en indien de rechtvaardigen nauwelijks behouden worden, hoe zal de zondaar staande blijven?"[iii] Als wij het huis van God zijn, dan zullen wij niet ontsnappen aan dit oordeel van God; wij zullen door vurige verzoekingen gaan; maar zoals dezelfde Apostel zegt: "En wanneer wij door deze vurige verzoekingen heengaan, dan is dit niet om verloren te gaan, maar opdat de geest van Gods heerlijkheid in ons moge rusten".[iv]

Ik zal iets meer bemoedigends zeggen. Het is waar dat door de volmaakte genadegave van God, het gehele leven van Zijn Zoon – dat is, het oordeel dat plaatsvond in het leven van Zijn Zoon – in ons herhaald zou moeten worden. Maar zelfs wanneer wij van God slechts een kleine genadegave ontvangen, als wij daar wijs gebruik van maken, dan zal onze kleine gave ons verbonden houden met het Lichaam van Christus, de Kerk, en met het Hoofd van dit Lichaam, dat is, met Christus. Dit zal ons daarom deelgenoten maken, allereerst van het leven van het Hoofd van dit Lichaam, en dan ook van de genadegaven van de sterke ledematen van het Lichaam van

---

[i] Cf. "We Shall See Him", GK p.113, EN p.73; "Saint Silouan", GK p.311, EN p.236, NL p. 255.
[ii] Zie "Saint Silouan", GK p.475-476, EN p.377, NL p.398.
[iii] Cf. 1Petr.4:17-18.
[iv] Cf. 1Petr.1:6-7.

Christus, dat is, de heiligen. Dus wij hebben misschien maar een kleine genadegave, maar als wij deze bewaren en deze beschermen, dan zal ons veel worden toevertrouwd. Als wij het kleine als een schat bewaren, dan zal God ons het grote geven. Door onze kleine genadegave zal Hij ons in gemeenschap brengen met de grote genadegaven van de sterke ledematen van het Lichaam, in de gemeenschap der heiligen. Dat is waarom wij, in alles wat wij in dit leven doen, een kleine hoeveelheid liefde zouden moeten toevoegen. Telkens wanneer wij iets doen, zouden wij dit moeten doen met een klein beetje liefde. Wanneer wij over iets of iemand spreken, zouden wij een klein beetje liefde moeten toevoegen, wij zouden op goede wijze moeten spreken. Onze woorden zouden grootmoedig moeten zijn, zelfs meer dan onze medemens waardig is. Wederom, als wij denken aan iets of iemand, zouden wij ons moeten herinneren daar een beetje liefde aan toe te voegen. Dus als wij in alles wat wij doen, in alles wat wij zeggen, in alles wat wij denken, deze kleine hoeveelheid liefde toevoegen, dan zullen wij langzamerhand de grote hoeveelheid liefde ontvangen die voortvloeit uit het Kruis en de Opstanding van Christus. Ik denk dat de Heer dit bedoelt, wanneer Hij zegt: "Wie getrouw is over weinig, over veel zal hij gesteld worden".[i]

V: Onderrichtte vader Sophrony over het geloof van de Boeddhisten en Hindoeïsten en de miljoenen mensen, die geen merkbare band met Christus hebben?

A: Vader Sophrony leefde dit in zijn eigen huid! Zeven of acht jaar lang beoefende hij die oosterse religies en dat is waarom hij ontroostbaar was in zijn bekering. Hij begreep dat hij, door dat pad te volgen, zelfmoord pleegde op het eeuwige vlak. En hij heeft hier vaak over geschreven,[ii] omdat hij de Absolute Eeuwigheid had gevonden in de Persoonlijke God, in Christus, in Hem Die gezegd heeft: "IK BEN DIE IK BEN; IK BEN DE ZIJNDE".[iii] Dus zelfs de beste, de meest nobele aspecten van die geloofsrichtingen bevatten maar een klein deel van de waarheid. In sommige oriëntaalse

---

[i] Cf. Mt.25:21.
[ii] "We Shall See Him", GK p.40-44, 51, 301-302, 393, EN p.26-28, 33, 195, 222.
[iii] Cf. Ex.3:14.

religies worden hun leiders bewonderd, omdat zij wegen gevonden hebben om de mensen te leren hoe zij zich kunnen afsluiten voor het lijden. Maar is daar iets groots in? – gezien het feit dat wij onmetelijk veel meer hebben ontvangen in Christus, Die de dood heeft veranderd in leven, en ons getoond heeft hoe wij door te lijden de volmaaktheid van de goddelijke liefde kunnen bereiken? Dus voor ons is de weg niet slechts om het lijden te vermijden, maar om, door te lijden, de dood te overwinnen en de eeuwigheid te omvatten.

V: Vader, u hebt opgemerkt hoe belangrijk onze reactie is, vooral in het beginstadium van de komst van de genade, en u heeft enkele gevaren genoemd. Zou u ons allen enig advies kunnen geven aangaande de geestelijke zorg voor diegenen die onder onze leiding staan?

A: Wij moeten voorzichtig zijn, wanneer mensen naar ons toekomen in dat eerste stadium, hen niet op psychologische wijze te benaderen, niet te proberen hen psychologisch op hun gemak te stellen en hun spanning te verminderen. Wij zouden hen veeleer begrip daarvan moeten geven, wij zouden die spanning zelfs moeten vermeerderen, maar met onderscheiding, om hen te beschermen.

Ik herinner me iemand, die in die spanning verkeerde, en een zeer sterk gevoel had van de nutteloosheid en de ijdelheid van deze wereld, en die in alles de dood zag. Hij keek naar een boom, en dan dacht hij onmiddellijk aan het verdorren van de boom, wanneer deze ter aarde zou vallen. Achter alles zag hij de dreiging van de dood, die gereed staat alles te verwoesten, alles op te slokken. Deze persoon was de genadegave geschonken van de gedachtenis aan de dood, wat zeer kostbaar is voor de mens die zich tot God heeft gekeerd, want dit maakt hem los van al het aardse, van elke gehechtheid aan deze wereld. En als dit op de juiste wijze gericht wordt, dan zal dit hem hechten aan de Geest van God en hem één van geest maken met de Heer.

Maar deze persoon, die in zulk een spanning verkeerde, bezocht een geestelijke vader die op alle mogelijke manieren probeerde die spanning op psychologische wijze te verminderen. En vader Sophrony was teleurgesteld, en deed iets wat hij normaal gesproken nimmer zou doen – hij zei tot hem: "Vind een andere geestelijke vader!"

Hij zei dit, hoewel hij groot respect had voor alle geestelijke vaders, en nimmer hun gezag ondermijnde. Maar in dit geval besefte hij, dat deze specifieke persoon volledig vernietigd zou worden door voort te gaan deze priester te bezoeken, die steeds probeerde elke spanning in hem uit te doven. De persoon zelf was niet overtuigd door de woorden van zijn geestelijke vader, omdat hij niet wilde dat die levenschenkende spanning zou ophouden. Hij wilde enkel wegen vinden om deze op juiste en nuttige wijze te leven.

Op vergelijkbare wijze, toen de Heer aan het Kruis hing, zeiden de Joden tot Hem: "Kom eraf, en wij zullen geloven!"[i] Maar als Hij eraf gekomen was, dan zouden wij niet behouden zijn, de dood zou niet vernietigd zijn. Het was juist op dat ogenblik, toen Hij stervende was aan het Kruis, dat de dood vernietigd werd, en de stromen van leven in de mensheid vloeiden. Dus wij moeten de spanning in mensen, die de eerste genade ervaren, niet verdoven of verminderen, maar wij moeten hen uitleggen dat dit een zegen van God is. Doch wij moeten ook voorzichtig zijn onze kracht niet te boven te gaan, zodat wij niet gebroken worden door onze inspanningen in tijden van genade. Dit is een zeer reëel gevaar, en als een geestelijk persoon bezwijkt, dan is het zeer moeilijk de schade te herstellen. Dat is waarom wij goede rentmeesters moeten zijn van onze kracht. Wij allemaal hebben hier hulp bij nodig.

V: Zou u het wijs achten diegenen die zich voorbereiden op de verlichting, van tevoren te onderrichten over wat zij kunnen verwachten, of zou u dit behandelen wanneer zij gedoopt zijn, en hen dan daarin leiden?

A: Eén van de manieren om dit te doen, is hen te helpen vertrouwd te raken met de Schriften, met het woord Gods, omdat het woord Gods ons altijd gegeven wordt voor onze vertroosting en onze opbouw. En als de woorden van God rijkelijk in ons hart wonen, dan zal dit ons helpen in dat stadium, om ons intellect en al onze zintuigen te beheersen, omdat het woord Gods in ons leven zal overheersen en zal bijdragen aan onze wedergeboorte. Dit is één manier. Het helpt zeer veel de Schriften te lezen. Een grote hulp is ook om mensen aan te moedigen niet de lessen te vergeten die God

---

[i] Cf. Mt.27:42.

hen geleerd heeft. God heeft vaak wonderen verricht in ons leven, en ons door moeilijke omstandigheden heen geholpen. Dit zijn lessen die wij niet moeten vergeten. En als wij deze nederig indachtig zijn, dan doen zij dankbaarheid en inspiratie in ons opvlammen.

Wij moeten de mensen ook beschermen, door hen erop te wijzen dat het noodzakelijk is bepaalde dingen te vermijden, om de genade te bewaren. Dan zal de genade voor hen arbeiden, en het gemakkelijk maken te vermijden anderen te oordelen, de hoogmoed te vermijden, zo mogelijk zelfs in de diepten van het hart. Op deze wijze helpen wij hen de genade zo lang mogelijk te bewaren. Maar boven alles moeten wij hun aandacht richten op het feit, dat deze periode een zegen is van God, een schat waarvoor wij Hem voortdurend moeten danken. Het is inderdaad een rijke periode, een tijd van groot geestelijk potentieel in het leven van een persoon.

De barmhartige tuchtiging des Heren
(hfst.9a, p.117-137)

V: Zijn er ook tekenen die aantonen dat het eerste stadium van het geestelijk leven bereikt is? U heeft ons advies gegeven hoe wij mensen kunnen helpen hun geestelijk leven te verbeteren, om deze drie stadia te doorlopen. Maar hoe kan ik, als priester, weten dat ik het eerste stadium doorlopen heb en nu op weg ben naar het tweede?

A: Wel, wanneer men in het eerste stadium is, is het gebed moeiteloos en voortdurend; wij kunnen het gebed niet eens stoppen. Wanneer wij in het tweede stadium zijn, kost het moeite te bidden. Maar zelfs het tweede stadium is niet geheel dor, het is niet geheel verstoken van korte momenten van genade. Maar het gebed is niet langer een permanente staat. Natuurlijk, vaak schenkt God ons berouwvolle bekering en tranen vanuit de diepten van ons hart, en vertroosting en kracht, om de gave Gods in ons aan te wakkeren. Maar zelfs dan moeten wij nog weer nieuwe wegen zoeken, steeds weer opnieuw. Dit is het zwoegen van de tweede periode, terwijl in het eerste stadium de genade voor ons arbeidt. En nadat wij door het tweede stadium heen zijn gegaan – op wettige wijze, zoals de Geest welgevallig is – dan komt de genade terug en heeft de ziel lief en blijft bij de mens. En dit is een zelfs nog grotere vertroosting dan het eerste stadium, dat is, wij worden vertroost met de troost van de Trooster.

V: Maar hoe kan ik weten dat ik nu gereed ben met het eerste stadium, of met het tweede, of het derde? Wie kan mij vertellen of ik door een bepaald stadium heen ga? Is het alleen mijn eigen gevoel dat ik zo dicht bij de Heer ben, of zou iemand mij dit kunnen vertellen?

A: Wel, de heilige Paulus zegt, dat "de geest van de mens" het beste weet "wat er in de mens is".[i] Natuurlijk, als er dit voortdurende verlangen is om met de Heer te zijn, en zich te verheugen in het lezen van Zijn woorden, dan is dit een teken van het effect van die eerste genade – in de eerste periode willen wij het woord Gods niet met rust laten, wij willen de hele tijd de Schriften lezen, en wij lezen de woorden niet enkel, maar zij worden afgedrukt in ons intellect en in ons hart. In de tweede periode moeten wij ons inspannen om de Schriften te lezen. Wij lezen ze steeds opnieuw, en toch vergeten wij het weer, terwijl onze lezing in de eerste periode gemakkelijk in ons geestelijk geheugen gegrift wordt, in het intellect en in het hart. De tweede periode is ook rijk, maar tevens vol moeite. Het is een kans voor ons om God te bewijzen dat wij de Zijne zijn. In de eerste periode gebeurt het veelvuldig dat gij nauwelijks begint te bidden of uw hart opent zich, gij zijt nauwelijks begonnen te bidden en uw hart is vol vreugde en God beantwoordt het gebed. In de tweede periode kunt gij een uur lang proberen te bidden, of zelfs twee uur lang, en pas in de laatste paar minuten opent uw hart zich. Het is veel moeilijker.

Over de derde periode weet ik niets, maar ik vertel u wat ik daarover gelezen heb!

V: U hebt gezegd dat het onmogelijk is te wenen met twee gedachten: het wenen verenigt het intellect. Kunt u daarover uitweiden, en ons raad geven hoe wij meer tranen zouden kunnen verwerven?

A: Onze Vaders hebben grote waardering voor de tranen. Niet alleen onze Vaders, maar God zelf waardeert de tranen van de mens. Het Evangelie zegt dat Petrus "naar buiten ging en bitter weende".[ii]

---

[i] Cf. 1Kor.2:11.
[ii] Cf. Mt.26:75; Lk.22:62.

En omdat hij bitter weende, werd hij hersteld in zijn waardigheid als eerste Apostel. De tranen worden gewaardeerd, omdat zij genezing brengen, vereniging van intellect en hart. En dit is precies wat wij verlangen, want door die eenheid rijzen wij op tot het niveau dat de geboden van God vereisen: God lief te hebben met geheel ons verstand, en met geheel ons hart, en met geheel ons wezen. In onze gewone staat denken wij soms één ding, wij verlangen iets anders met ons hart, en wij worden tot weer iets anders aangetrokken door onze zintuigen – er is verdeeldheid in ons. En wanneer wij in deze staat van verdeeldheid verkeren, kunnen wij de geboden niet naar behoren vervullen.

Wij moeten het intellect verenigen met het hart, en wij moeten leren te leven met één gedachte, onszelf voor God te stellen met één gedachte. Dat is waarom het Jezusgebed zo'n hulp is. Het nut van het Jezusgebed is dat wij leren onszelf voortdurend voor God te stellen met één gedachte: "Heer Jezus Christus, ontferm U over mij!" Natuurlijk zouden wij ons ook kunnen bekeren met een vers uit de Schriften, of met een andere gedachte die de genade ons schenkt. Maar de mens kan zich alleen voor Gods aanschijn stellen met één gedachte, waarmee hij bidt en zich bekeert. Als hij twee gedachten heeft, dan betekent dit dat hij verdeeld is. Maar als hij slechts één gedachte heeft en heel zijn wezen geconcentreerd is in die gedachte, dan zal zijn hart voorzeker volgen, en hij zal verhoord worden.

Ik herinner me dat iemand aan vader Sophrony vroeg: "Waarom blijft u de hele tijd hetzelfde herhalen – 'Heer Jezus Christus, ontferm U over mij; Heer Jezus Christus, ontferm U over mij?' Denkt u dat God doof is?" En zijn antwoord was: "Wij blijven dat zeggen, omdat wij het zijn die doof zijn, wij zijn langzaam van begrip. Maar zodra wij het begrepen hebben, dan willen wij er niet meer mee ophouden!"

Vorige week, voordat ik uit het klooster vertrok, hadden wij een bijeenkomst met onze broederschap,. Ik doe dit voor onze jongere broeders, omdat wij nu een aantal jongeren hebben. En ik vertelde hen hoe wij moeten leven met één gedachte, bidden met één gedachte, en biechten met één gedachte. Dit te doen vereist een hele cultuur. Iemand die voortdurend bidt ziet zijn leven als één rechte lijn, hij ziet een recht pad voor zich. Feitelijk bestaat er geen enkel onderbewust element in iemand die probeert het gebed voortdurend te bewaren. Hij is geheel bewustzijn, zelfs zijn slaap is licht. En als op dit pad een steen verschijnt, dan ziet hij dit onmiddellijk, en werpt deze terzijde. Dat steentje zou een gedachte kunnen zijn, die komt en het gebed verhindert. Wij biechten niet elke gedachte die tot ons komt, wij biechten alleen die gedachten die blijven aanhouden tijdens het gebed, die ons verhinderen te bidden met een ongehinderde geest. Dus iemand die voortdurend bidt ziet gemakkelijk elk steentje op zijn pad, elke vreemde gedachte die hem verstoort. En hij biecht eenvoudig die éne gedachte, en zo houdt hij zijn pad schoon, en bewaart hij het goede getuigenis van zijn geweten, terwijl hij in een rechte lijn wandelt voor Gods aanschijn.

Wanneer geestelijke mensen elkaar ontmoeten en met elkaar spreken dan zien wij hetzelfde verschijnsel. Zij spreken in enkelvoudige gedachten, omdat zij leven met één gedachte, zich bekeren met één gedachte, en bidden met één gedachte. Dus dat is ook hoe zij een gesprek voeren. De heilige Silouan bad de gehele nacht voorafgaand aan zijn ontmoeting met vader Stratonik, en toen uitte hij slechts drie zinnen. Zulke mensen zijn als ijsbergen: gij kunt alleen een kleine top zien die boven het water uitsteekt, maar het grootste gedeelte is verborgen onder het water.

V: Ik zou graag willen dat u ons priesters enige raad geeft. Sommige mensen die nieuw zijn in het geloof, lezen zware Orthodoxe literatuur wanneer zij de Orthodoxie ontdekken, "De Philokalia", grote werken over de ascese. En zij zijn er gek op, en dan – in slechts drie weken tijds – plaatsen zij zichzelf op het niveau van de Oudvaders. Zij denken dat zij zelf 'startsi' zijn, oudvaders. Zij vallen in wat wij 'prelest' noemen – dwaling – en zij voelen zich bijzonder heilig. Zij komen in de kerk en beginnen alles om zich heen belachelijk te maken. Mensen bekruisigen zichzelf niet goed genoeg, zij staan niet recht genoeg, de vrouwen dragen geen hoofddoekjes, enzovoort, enzovoort. Twee dingen gebeuren: één – zij worden zo veroordelend, dat zij ondraaglijk zijn om mee te leven, en tenslotte verlaten zij de Kerk; of het tweede gebeurt, en dit is meer gebruikelijk – zij blijven in de Kerk en martelen ons als priesters, omdat zij zich gedragen als een ploeg slopers. Hoe zoudt u hen tegemoet treden om hen te redden uit hun illusie?

A: Probeer simpelweg niet met hen te spreken op hun niveau. Doe gewoon nederig uw werk, en ga niet eens met hen mee op dat niveau. Het is beter elke discussie te vermijden met zulke mensen die 'exaltés' zijn, zoals ze dat in het Frans zeggen. Zij raken geëxalteerd zonder enige reden. Ik herinner me een dergelijk geval ergens in Griekenland. Enkele vrouwen begonnen een zekere geestelijke vader te bezoeken en zij werden zeer enthousiast, en toen zij naar hun parochiepriester gingen, vertelden zij hem: "Wanneer onze geestelijke vader celebreert, dan zweeft hij een meter boven de aarde; hij is een heilig man." En toen zij dit één of twee keer aan hem verteld hadden, zeide hij tot hen: "U kunt hem beter vastbinden, voordat hij van u wegvliegt; u zou hem misschien verliezen!"

Ik denk dat het beter is helemaal niet met hen in gesprek te gaan. Al wat nederig en echt is, blijft. Dat is waarom niemand al te begerig zou moeten zijn om te onderrichten. Maar wij priesters moeten dit doen. Dit maakt deel uit van hetgeen ons gegeven is bij de Priesterwijding.

Het waarachtige teken dat mensen werkelijk geestelijk zijn en wedergeboren uit de Geest, het teken van waarlijk wedergeboren Christenen, is dat wanneer gij u voor hen vernedert, zij zichzelf nog meer voor u vernederen. Er is een wedstrijd, wie zich het meest zal vernederen voor de ander. Bovendien weten diegenen die waarlijk geestelijk zijn, hoe zij zich moeten vernederen tegenover elk gezag. De heilige Petrus zegt: "Onderwerpt uzelf aan alle menselijke ordening, aan elk gezag van de Heer".[i] Degenen die waarlijk geestelijk zijn respecteren de instellingen, niet alleen van de Kerk, maar zelfs sociale instellingen. Zij weten deze te respecteren en omlaag te gaan, zoals wij gezegd hebben.

Wat mij werkelijk versteld deed staan over vader Sophrony was dit: Toen hij voelde dat zijn einde naderde, ging hij zitten en schreef een brief aan patriarch Bartholoméüs, waarin hij hem het klooster toevertrouwde, hem vroeg dit te beschermen, en hem te zegenen dit leven te verlaten. Dat wil zeggen, als wij waarlijk geestelijk zijn, dan respecteren wij elk gezag, en wij vragen voor alles een zegen, zelfs om te sterven! Wij vertrouwen niet op onszelf als geestelijke of heilige mensen. Vader Sophrony was een heilig man; ik heb zevenentwintig jaar met hem geleefd, en ik raakte nimmer aan hem

---

[i] Cf. 1Petr.2:13-14.

gewend, hoewel ik zulk een vrije toegang tot hem had. Maar ik verloor nimmer, nog niet voor een ogenblik, het gevoel dat hij geen gewoon mens was, dat hij niet van deze wereld was. Maar hij dacht niet over zichzelf als een geestelijk mens; en hij vroeg zelfs een zegen aan zijn Bisschop om te mogen sterven!

V: Dit is hoe wij deze mensen kunnen antwoorden die misleid zijn, en vol zijn van zichzelf. Doch onderdeel van de vraag was, hoe wij hen kunnen helpen, of is de enige manier om eenvoudig en nederig te zijn met hen?

A: Ik denk dat wanneer wij ons realiseren dat zij zodanig geëxalteerd zijn, dat wij niet in discussie moeten treden. Het is beter de zaak terzijde te laten. Misschien zal God hen verlichten om dit zelf in te zien. Maar als zij naar een waarachtige geestelijke vader zouden gaan om hulp, dan zouden zij ertoe geïnspireerd worden de mensen van hun kerk zowel als hun priester te respecteren, en de parochie te helpen; vergeef mij dat ik dit zeg, maar wij zijn één Lichaam, en dat moeten wij niet vergeten. Als wij samenkomen, zegt de heilige Paulus, dan moeten wij alles wat wij hebben meebrengen – het meest kostbare, profetie, onderricht, liefde – en dit aan de voeten leggen van dit Lichaam.[i] God heeft verordineerd dat wij verschillende gaven hebben, zodat wij elkander zouden dienen, opdat wij de eenheid van het Lichaam bewaren om eensgezind nog grotere eer te brengen aan God, en niet te zijn als individuen die elkander tarten en benijden.

V: Ik heb een vraag met betrekking tot een moeder in mijn parochie. Er was een gezin van vier, de ouders en twee kinderen. Zij raakten betrokken bij een auto-ongeluk waarbij de vader en de jongste zoon stierven. De moeder en de oudste zoon lagen in coma in het ziekenhuis, en waren niet bij de begrafenis van de vader en het andere kind. Na enkele jaren werd de oudste zoon in beroering gebracht door de slag van dit ongeluk. Hoewel hij zeer intelligent was, leidde zijn smart hem ertoe een psychiater te bezoeken, die hem zei de video's te bekijken die men genomen had van de vader en het andere kind. De moeder weigerde hem de video-banden te geven, maar hij vond toch een manier om ze te bemachtigen. En nadat hij

---

[i] Zie Rom.12:5-9.

ze bekeken had, werd zijn mentale gesteldheid steeds slechter, en vorige week pleegde hij zelfmoord, op de leeftijd van zesentwintig jaar. Zijn moeder is nu diep gewond, zij weent de hele tijd, en weigert te spreken. Twee dagen geleden vertelde zij mij, dat haar zoon niet in God geloofde, omdat hij een wetenschappelijk bewijs verlangde van Gods bestaan. Hij had iets gevonden in een boek, geschreven door een filosoof, dat hem hielp in God te geloven. En voordat hij zijn leven beëindigde, schreef hij op een papiertje: "God, als Gij er zijt, ontferm U over mij!" Nu brandt het in de moeder: Zou God dit aanvaarden als een belijdenis van Zijn bestaan in de geest van haar zoon? Kunt u mij iets zeggen voor haar? U noemde dat God een belijdenis op het laatste ogenblik aanvaardt, zoals die van de rover aan het kruis.

A: God geeft gehoor aan een hart vol pijn. Als wij tot Hem spreken met een hart vol pijn, dan zal Hij ons gehoor geven, maar wij moeten op nederige wijze met Hem spreken, niet met hovaardigheid. Soms raken mensen nog meer verhard wanneer zij pijn lijden. Maar over het algemeen is pijn kostbaar. Wanneer wij ons pijnlijk hart uitstorten voor Gods aanschijn, dan zal God voorzeker naar ons horen. Kijk naar de profetes Hanna, die haar hart uitstortte voor de Heer. Haar pijn was zodanig, dat het de priester van de Tempel toescheen dat zij dronken was. Toch kreeg zij onmiddellijk waar zij om gebeden had, en zij baarde de profeet Samuël. Het is zeer belangrijk tot God te spreken met een hart vol pijn, want een verbroken hart versmaadt Hij niet.

Charismatische wanhoop en creatief lijden
(hfst.9b, p.138-153)

V: Ik ben ergens verdrietig in mijn ziel, omdat ik zoveel gehoord heb over lijden en verdriet. Waar is de geestelijke blijdschap, het geluk om Christus te volgen? Ik lijd misschien door Hem te volgen, maar tegelijkertijd is het een geluk Hem te volgen, het is een vreugde mét Hem te zijn. Onze Kerk is niet alleen de Kerk van het lijden, van het Kruis, maar het is ook de Kerk van de Opstanding. Wij sterven éénmaal tijdens de Doop, om met Hem te worden opgewekt. Wat ik miste in uw voordracht vandaag is een woord over de apostelen toen zij zich verheugden na de Opstanding. De hele tijd kreeg ik dit gevoel dat wij moeten lijden... maar ik denk dat wij in onze Kerk niet het lijden verheerlijken. Als het toch komt, dan zullen wij het gelukkig aanvaarden, met vreugde. Wij delen met Jezus Zijn pijn en Zijn Kruis. Kunt u dit alstublieft iets verder uitleggen?

A: Ik denk dat u gelijk hebt, Vader. Ik heb niet zo lang geleden genoemd, dat wij niet alleen leerlingen zijn van het Kruis, maar ook leerlingen van de zaligheid. En dat zegt veel. Vanwege het onderwerp van de voordracht ben ik misschien wat meer stil blijven staan bij die kant van de zaak. Maar in onze huidige staat is het psychologisch ook passender het lijden te benadrukken, en dan volgt de vreugde op natuurlijke wijze. Ik heb gesproken over de vertroosting die volgt, en gezegd, dat dit het enige is dat ons in staat kan stellen het duistere vuur van de hartstochten te doven.

Wij gaan bijvoorbeeld door de Grote Vasten heen met grote vurigheid, omdat wij in de Vastentijd strijden om ons diepe hart te vinden, en tot God te spreken vanuit ons diepe hart. En wij doen dat vijftig dagen lang, en dan bereiken wij het Pascha en het is een explosie van vreugde, een triomf en een overwinning, de over-winning van Christus. Doch wij houden dit niet vast, wij verliezen het zelfs al op de eerste dag. Op één of andere manier is het passender voor ons om vijftig dagen lang te vasten en te strijden, dan om in die vreugde te verblijven die wij in de Paasnacht ervaren, omdat die periode meer noodzakelijk is voor ons. Maar de periode na het Pascha is eveneens zeer belangrijk. Daarin wordt niet gevast, maar het doel ervan – in heel de betekenis van mid-Pinksteren en de zondagen die leiden naar het Feest van Pinksteren – is, om in ons het verlangen op te wekken naar de gave van de Heilige Geest.

Ik zou misschien ook de vreugde moeten benadrukken, maar ik weet dat de geestelijke vreugde natuurlijkerwijze komt, als wij leren op de juiste wijze te lijden. Vergeef mij, ik ben misschien niet volledig in mijn uiteenzetting, maar ik geloof dat als wij door de Grote Vasten heengaan en er alleen maar aan denken hoe wij iets dichter bij de Heer zouden kunnen komen, dat ons naderen tot Hem met Pascha dan natuurlijk zal zijn, omdat ons Paasfeest in werkelijk-heid erin bestaat Hem te naderen. Dat is het Paasfeest. En één manier om Hem te naderen, is het lijden te dragen omwille van Hem.

V: Vader, u sprak over wat wij moeten doen om Gods genade aan te trekken en over vrijwillig lijden. En ik ben gewoon nieuwsgierig naar het gebruik van diepe buigingen ter aarde, in termen van ons persoonlijk leven als priesters, en misschien ook om dit te introduceren in het leven van onze parochianen, als een bescheiden manier om vrijwillig te lijden. Kunt u daar iets over zeggen?

A: Ja, natuurlijk, dergelijke buigingen zijn een grote hulp, omdat deze een beeld zijn van de weg waarover wij gesproken hebben, onszelf te vernederen voor de Heer; omlaag te gaan en minder te worden, opdat Hij in ons vermeerderd moge worden. De heilige Johannes de Doper is de grootste van allen die uit vrouwen geboren zijn,[i] zegt de Heer. Waarom is dat? Omdat hij zichzelf het kleinste heeft gemaakt. Hoewel hij op dat moment door heel het volk Israël verheerlijkt werd, legde hij al die heerlijkheid aan de voeten van Christus. En hij zeide: "Hij is het; ik ben niet waardig. Hij moet groeien, doch ik moet minder worden."[ii] Dat wil zeggen, hij plaatste plaatste zichzelf beneden de voeten van Christus, hij maakte zichzelf als niets voor het aanschijn des Heren. Hoewel hij groter was dan allen, maakte hij zichzelf kleiner dan heel Israël.

Buigingen ter aarde zijn ook zeer weldadig in andere zin. Zij leren ons om ook met ons lichaam te bidden. Het gebeurt niet vaak, dat wij waarlijk op geestelijke wijze kunnen bidden, geleid door de kracht der genade, zodat ons intellect wordt als een koning in zijn staan voor Gods aanschijn – dit is zeer zeldzaam. Het grootste deel van de tijd moeten wij arbeiden; wij buigen ons ter aarde, wij schreeuwen tot God, wij wenen, wij zeggen de gebeden met de mond, totdat het hart gesterkt wordt door de genade, en pas dan kunnen wij beginnen geestelijk te bidden. Wij hebben het nodig lichamelijk te leren bidden, want wij zijn één eenheid – geest en lichaam. De dood is voor de mens onaanvaardbaar, juist omdat het hem opdeelt in ziel en lichaam. Maar God heeft de mens geschapen als een eenheid – lichaam en ziel.

Wij zullen uit de doden opstaan om onszelf voor Gods aanschijn te stellen en de rechtvaardige vergelding te ontvangen voor de dingen die wij hebben gedaan, zowel met de ziel als met het

---

[i] Cf. Mt.11:11; Lk.7:28.
[ii] Cf. Joh.3:27-30.

lichaam. Het kan gebeuren dat, als wij bidden, de vijand ons intellect volledig inneemt. Soms zijn wij vermoeid of wij lijden door iets, en wij zijn niet in een gesteldheid om te bidden. En wij beginnen: "Heer, Gij ziet, de vijand heeft mijn intellect weggenomen, maar aanvaardt dit armzalige gebed van mijn lichaam." En wij maken buigingen ter aarde en dan komt de kracht voor het gebed.

Ik ken een priester die het op zondagavonden moeilijk vond te bidden, omdat hij zich dan altijd zeer vermoeid voelde. Zondagen waren zeer uitputtend voor hem; eerst de Liturgie, dan de preek, biechthoren en contact met de mensen de hele dag lang... Gewoonlijk kwam hij uitgeput in zijn kamer. Hij vertelde mij, dat hij op een nacht zijn kamer binnenkwam en begon te zeggen: "Heer, het spijt mij, ik kan vannacht niet bidden. Heer, vergeef mij, vannacht kan ik niet bidden." Een half uur lang liep hij rond in zijn kamer terwijl hij dit zeide. En plotseling opende God zijn hart; er kwam nieuwe energie vrij, van binnenuit, en hij bad lange tijd. God had hem een nieuwe manier geschonken om zich te bekeren, en zijn pijn en vermoeidheid werden overschaduwd door de kracht van het gebed. En hij bad zelfs met het woord van God Zelf, met de woorden van de Schriften, gedurende lange tijd.

Soms denken wij dat wij uitgeput zijn en dat wij helemaal geen energie meer hebben, en wij zeggen tot God: "Heer, het spijt mij, ik kan het niet." Maar als het ons lukt één werkelijk nederige gedachte te vinden om het hart te raken, dan komen er nieuwe energieën vrij en vinden wij de kracht om nog veel meer te doen. De vraag is hoe een nederige gedachte te vinden om die energie vrij te maken. Dat is waarom de woorden van de Schriften ons helpen, zij zijn een grote hulp. Als wij altijd de Schriften lezen, dan zal van tijd tot tijd een woord tot leven worden gewekt voor het gebed. En, weet u, het is iets wonderbaarlijks te bidden met dezelfde woorden die de Heilige Geest geschonken heeft. Vergeef mij.

V: Kunt u iets verder uitweiden over wat u ergens gezegd hebt, dat het grotere vuur van de vertroosting datgene is wat nodig is.

A: De hartstochten zijn altijd surrogaten voor de waarachtige vreugde. Wij hebben vreugde nodig in ons leven, en God is gekomen opdat wij vreugde mogen hebben en dat ten volle, zoals Hij zegt in het Evangelie bij monde van de evangelist Johannes.[i] Wij hebben de vreugde nodig, en daarvoor zijn wij geschapen, maar de geestelijke vreugde is niet hetzelfde als de psychologische vreugde van deze wereld. De geestelijke vreugde is een vrij hart te bezitten, waar de vrede van Christus heerst. Waarachtige geestelijke vreugde is, wanneer wij weten dat wij vrij zijn van de invloed van de vijand, vrij van de invloed van de slechte gedachten, van verzoekingen. Het lijden is noodzakelijk totdat het hart gereinigd is, totdat het hart 'gebeten' is – dat is, gewond – en begint deel te nemen aan ons gesprek met God. Ik zou geen grote woorden moeten gebruiken, want wie heeft een rein hart? Maar wanneer wij staan en met God spreken vanuit een gebroken hart, dan vinden wij vertroosting. En onze vertroosting is vrij te zijn, een vrij en brandend hart te hebben, zoals Lukas en Cleopas op de weg naar Emmaüs, een vredig en brandend hart waarin alleen het woord van Christus weerklinkt.

V: In mijn eigen persoonlijke strijd heb ik er evenveel tijd aan besteed te leren over de berouwvolle bekering, als te leren hoe gelukkig te zijn. Ik heb geleerd, dat het geluk dat alle afleidingen mij zouden kunnen brengen geen waarachtige vreugde is. Maar er zijn op dit moment zo weinig voorbeelden van deze waarheid. Hoe onderrichten wij de mensen over iets dat zo zeldzaam is? Ik weet dat ik mopperigheid en ontevredenheid en een veroordelende houding kan laten zien, maar hoe zit dat met deze deugden die ik niet heb? Ik wil geen obstakel zijn voor mijn mensen. Ik ben een slecht voorbeeld. Wat moet ik doen?

A: Uw intuïtie is juist, Vader. Hoe vaak zijn wij vol geweest van de vreugde van Gods vertroosting, en door niet zorgvuldig te zijn hebben wij deze verloren! Dat is waarom de heilige Johannes van de Ladder zegt: "Benader God zoveel mogelijk zonder vrijmoedigheid, en gij zult nog meer vreugde ontvangen".[ii] Dat wil zeggen, hoe nederiger, hoe zorgvuldiger en hoe gematigder wij zijn in onze nadering tot God, hoe groter de vreugde die wij vinden. Maar wij moeten voorzichtig zijn wanneer wij vol vreugde zijn en wij dit op

---

[i] Cf. Joh.15:11; 16:24.
[ii] Cf. "The Ladder", Step 28:12, p.214.

psychologische wijze leven... wij moeten matig zijn, zelfs in onze vreugde, anders verliezen wij deze.

Als wij grote vreugde bezitten en wij beginnen te babbelen en anderen te onderrichten, en onze genadegaven ten toon te spreiden, dan zullen wij deze voorzeker verliezen, en achteraf zullen wij ons volstrekt leeg voelen. Waarachtige geestelijke vreugde is verborgen in het hart, en hoe meer wij dit verbergen hoe meer het bewaard blijft. Het is genoeg eenvoudig alles te doen op vredige en gematigde wijze, want weet u, wij hebben vijanden die elk middel zullen gebruiken in hun pogen ons te verslaan. Wij lezen in "De Ladder" van de heilige Johannes dat bij elke geestelijke deugd het gevaar bestaat dat als wij niet voorzichtig zijn, deze zal degenereren tot één of andere ondeugd.

V: Wij leven in een cultuur die de beloning wil, maar niet het offer. Mensen willen de vreugde, zij willen de resultaten, maar zij hebben het er zeer moeilijk mee het kruis te aanvaarden. Ik heb te maken met mensen die zeer vaak niet bereid zijn om het kruis te aanvaarden. Maar zij zullen het moeten leren aanvaarden, alvorens zij zullen groeien tot de vreugde.

A: Ja, dat is juist, Vader. Wij zingen: "Nu wij Christus' Opstanding hebben aanschouwd, aanbidden wij de Heer Jezus, want door het Kruis kwam er vreugde in de wereld."[i] Vader Sophrony placht ons te vertellen, dat de zegen van God in dit leven als een vloek is. En de vloek van God in dit leven (het lijden) is als een zegen. Voor ons die gezondigd hebben, is de zegen van God (zijn genade) als een vloek, want wij zijn niet in staat deze te bewaren. Het is onvermijdelijk – wij schieten tekort bij de heerlijkheid Gods, en wij moeten het kruis verduren in ons leven om onszelf van de vloek te ontdoen. Als wij het kruis vermijden, dan komen wij uit op het systeem van de "New Age", dat een soort Christendom is zonder het Kruis. Vele nieuwe secten proberen dergelijke systemen te bouwen, omdat het Kruis ongemakkelijk is.

---

[i] Cf. Paasmetten, Pentekostarion (ook in de zondagse Metten, na het Evangelie).

Voor God staan met profetische zelfkennis
(hfst.9c, p.154-168)

V: Wat is bestraffing?

A: Te worden beroofd van de levende aanwezigheid van Christus, te worden verworpen uit de levende aanwezigheid van de Heer. Dit is onze zaligheid en onze bestraffing: Wij zijn zalig wanneer wij in de aanwezigheid van Christus zijn, omdat dit een levenschenkende aanwezigheid is, en wij worden bestraft wanneer wij dit verliezen.

V: Dus doe ik mijzelf die straf aan, door de Heilige Geest te bedroeven?

A: Ja.

V: De heilige Paulus zegt: "Waar meer zonde is, daar is meer genade".[i] Kunt u mij dit alstublieft uitleggen in verband met wat u gezegd hebt over zonde en genade? En u hebt ook gezegd, dat wanneer wij 's avonds thuiskomen en afgezonderd zijn van de wereld, dat wij dan kunnen bidden en ons tot Christus wenden en tot onszelf kunnen komen. Maar hoe zit dat met ons dagelijks werk als priesters? Wij moeten ons met de mensen bezighouden; wij kunnen hen niet ontvluchten, wij moeten dingen bespreken en hun wil verstaan. Een monnik kan het contact minimaliseren, maar een priester moet de mensen begrijpen, en tegelijkertijd moet hij deze genade bezitten om met hen te kunnen omgaan. Wat u zegt is zeer goed voor mensen die in een klooster leven, maar begrijpt u alstublieft onze situatie.

A: Ik begrijp wat u zegt, en u hebt gelijk. Maar het is goed om een helder zicht te hebben op die principes die altijd waar zijn. Zelfs wanneer gij priester zijt en vele bezigheden hebt met de mensen, dan kunt gij deze bezigheden niet op de juiste wijze verrichten als gij niet zelf de tijd hebt gehad om in Gods aanwezigheid te staan. Als iemand 's morgens niet met verbrokenheid gebeden heeft, dan zullen zijn woorden van vertroosting ongemakkelijk in zijn mond liggen. Als hij niet een weinig pijn in zijn hart draagt, dan zal hij niet in staat zijn te troosten. En als hij niet leeft in aanwezigheid van de

---

[i] Cf. Rom.5:20.

Heer, dan zal hij niet in staat zijn elk contact met de mensen te veranderen in een contact met de Heer. Elk contact dat de mensen hebben met een priester is een contact met God. Natuurlijk weet God dat, en Hij zal niet zo streng zijn jegens de priesters die met de mensen werken. Hij zal hen zelfs genade en kracht geven, net zoals Hij dat doet met de monniken, of misschien zelfs nog meer.

Een monnik van de dependance van het Klooster van de heilige Panteleimon in Constantinopel had ooit een visioen. Veel mensen reisden van Rusland naar de Heilige Berg, en onderweg deden zij dan de dependence in Constantinopel aan. Er was daar ook een ziekenhuis om diegenen te helpen die ziek werden. En op een nacht verscheen de Moeder Gods met de heilige Johannes de Theoloog, en zij genazen de ene persoon na de andere. En toen zij bij het bed van een zieke monnik kwamen, zei de Moeder Gods tot de heilige Johannes: "Laat hem daar! Ga naar de volgende!" Dat wil zeggen, de Moeder Gods genas iedereen, behalve de monnik. Hij moest een andere les leren.

Ik denk dat wij, als priesters en herders, om ons werk op de juiste wijze te doen, onze tijd alleen met God nodig hebben; en wij moeten eerst onze persoonlijke tragedie leven, en tot Hem spreken vanuit ons eigen hart. Dan zullen wij een woord van vertroosting hebben voor iedereen die wij ontmoeten. En dat is de taak van de priester: zijn mensen te troosten, een woord van vertroosting te brengen. "Mijn priesters, mijn priesters, troost mijn volk," zegt de Heer bij monde van de profeet Jesaja.[i] De taak van de priester is om een trooster van zielen te zijn. Maar wij kunnen geen woord van troost geven tenzij wij zelf getroost zijn. Aan het begin van de tweede Brief aan de Korinthiërs zegt de heilige Paulus: "Gezegend zij de God van alle vertroosting, Die ons troost, zodat wij degenen die tot ons komen kunnen troosten, met de troost waarmede wijzelf getroost zijn".[ii] Hij gebruikt de woorden 'troost' en 'vertroosting' negen- of tienmaal. En het is niet gemakkelijk om een dergelijke troost aan de mensen te kunnen schenken, tenzij wij onze tijd met God hebben.

---

[i] Cf. Jes.40:1.
[ii] Cf. 2Kor.1:3-7.

Ik denk dat de priester in zekere zin een nog hoogstaander leven moet hebben dan een monnik, vergeef mij dat ik dit zeg. Natuurlijk houdt God in gedachten welk een moeilijke bediening de priester heeft, en Hij verwacht niet dat de priester die een kudde heeft een hesychast is. Maar er is een deel van zijn leven dat hesychastisch zou moeten zijn. Alles moet beginnen met de hesychia, zoals ook de Zoon van God, het Woord van God, geboren werd uit de stilte, uit de 'hesychia' van de Vader, zoals een Syrische apologeet uit de tweede eeuw heeft gezegd. En zelfs de Heer, toen Hij door Samaria trok op weg naar de berg Thabor, verbleef een weeklang met zijn leerlingen zonder een woord te uiten. Hij bereidde hen voor op de ervaring op de berg Thabor door een week lang met hen voort te wandelen in volstrekte stilte, en toen openbaarde Hij Zich.[i] Toen Jozua Jericho omsingelde, vroeg hij zijn volk om zeven dagen lang in stilte te verblijven. En op de zevende dag deed hij een bazuin weerklinken, en vielen de muren van Jericho.[ii] Mozes vroeg het volk om veertig dagen in stilte te verblijven, en toen trad hij binnen in de wolk.[iii] Hierin vinden wij een patroon voor ons allemaal. Het doet er niet toe of wij priesters zijn of monniken, wij kunnen niet zonder de stilte.

U hebt ook de heilige Paulus geciteerd: "Waar de zonde bovenmatig werd, is de genade meer dan overvloedig geworden." Dat is, waar de zonde bovenmatig werd *en gevolgd werd door de berouwvolle bekering*, daar werd de genade nog overvloediger. Wij zondigen niet om de genade te ontvangen, maar als wij gezondigd hebben en wij bekeren ons, dan kan zelfs onze zonde de oorzaak worden van grote vertroosting en een nog grotere genadegave van God.

V: U hebt de asceet genoemd die bevond dat hijzelf zondig was en zijn cel verliet, en zeven jaar lang niet terugkeerde. Vergeeft u alstublieft mijn onwetendheid dat ik deze vraag stel: Denkt u niet dat monniken overdrijven in hun zelfbestraffing wanneer de genade Gods nabij is? Wanneer iemand God om vergeving vraagt, dan ontvangt hij dit. De rover aan het kruis had dit onmiddellijk. Waarom overdrijven zij zo, net als die monnik die zichzelf zeven jaar lang strafte?

---

[i] Zie Mt.17:1-2.
[ii] Zie Joz.6:20.
[iii] Zie Ex.24:14-18 (LXX).

A: Het is waar, zodra wij vergeving vragen, schenkt God vergeving. Maar de wonden die door die zonde veroorzaakt werden zijn er nog en moeten genezen worden, en dit is de grote strijd die nog overblijft. Natuurlijk, wanneer mensen hun zonde komen biechten, tenzij het iets is dat herhaald wordt door een slechte gezindheid, dan stellen wij geen vragen, wij lezen het gebed van de absolutie en wij laten hen deelnemen aan de Gaven, zolang zij standvastig blijven in hun besluit. Maar het genezingsproces kost een lange tijd.

Wij noemden zojuist enkele extreme gevallen. Dergelijke mensen als deze monnik waren anders dan gewoon. Het waren mensen die een enorm grote genade hadden ontvangen van God en het verlies van die genade was uiterst verwoestend.

Er is nog een andere mogelijke manier om dit te begrijpen: Sommige van de engelen zondigden tegen God en, omdat zij zondigden in de eeuwigheid en in heel de volmaakte staat der engelen, zondigden zij op absolute wijze, en zij vielen op absolute wijze. Voor hen is er geen bekering, omdat zij zondigden in de eeuwigheid en hun val (derhalve) absoluut was. Terwijl de val van de mens relatief was en is, omdat dit gebeurde in de tijd, en dus was er ruimte voor de bekering – en God deed alles wat Hij kon om de mens te herstellen. Maar de Heer Zelf zegt, dat "aan wie veel gegeven wordt, van hem zal veel worden geëist".[i] Het is ditzelfde principe dat ook hier werkzaam is.

Veel leken komen en biechten grote zonden, en wij bedekken hen, wij vergeven hen, en zij worden hersteld in gemeenschap met de Kerk, enzovoort. Maar als een priester valt, dan is er niets wat wij kunnen doen om hem te herstellen, want als een geestelijk persoon valt, dan is de verandering in zijn ziel en de wond daarvan zo groot, dat er nauwelijks iets is wat u kunt doen. Hij had beter moeten weten, want hij heeft het Heilige der Heiligen – dat is, de Hemel – betreden. Bij leken zijn wij niet bang, wat zij ook mogen zeggen in de biecht. Maar, vergeef mij hiervoor en bidt voor mij want ik ben zwak, maar ik beef altijd wanneer ik een priester ontvang in de biecht, omdat ik weet dat het zeer moeilijk is hem te herstellen. Dat is waarom wij met beving moeten naderen, om ons achteraf te kunnen verheugen.

---

[i] Lk.12:48.

Vergeef mij als ik het verkeerd heb, en corrigeer mij, want wij zijn broeders in het priesterschap.

De regels van de Kerk, de 'epitimia' – dat is, de boete die iemand wordt opgelegd voor zijn zonde – worden nimmer naar de letter toegepast, maar naar gelang de ernst van iemands val. Het is interessant "The Rudder"[i] te lezen aangaande de verschillende 'epitimia' – een zekere zonde kan bestraft worden met veertig dagen uitsluiting van de Communie, een andere zonde met twee jaar. Voor mij is dit altijd een weerspiegeling geweest van de specifieke mate van afsterving in de ziel ten gevolge van de desbetreffende zonde. Door de verschillende zonden in "The Rudder" te bekijken, krijgen wij een idee van de schade die elk soort zonde toebrengt aan de ziel. Het geeft ons tenminste enig idee van de ernst ervan, en dit stelt ons in staat de persoon te helpen met passende middelen.

Wij kunnen meer of minder toegevend zijn, afhankelijk in hoeverre wij bereid en in staat zijn samen te werken met de mensen, en hen bij te staan in het gebed en hen te helpen. Wij kunnen het genezingsproces versnellen als wij hen steunen met aandacht en medelijden, en voor hen bidden en onze zorg tonen. Anders leggen wij enkel boetes op uit een wetboek dat zegt "Voor deze zonde twee jaar", enzovoort. Als iemand komt en wij zeggen tegen hem: "U moet het twee jaar zonder de Communie doen" – en dat is alles – dan zou hij tot ons kunnen zeggen: "Wel, ik kan het wel vier jaar uithouden, maak u geen zorgen!" Dat is gebeurd! Maar als wij belangstelling tonen, en wij samen met hen strijden, hen een woord geven en proberen hen te helpen het te begrijpen en te leren, dan zal dit alles hen inspireren en het proces zal versneld worden. Het is niet alleen in de natuurkunde, dat tijd een relatieve maat is, maar ook in het geestelijk leven – en daar zelfs nog meer.

Wij zien bijvoorbeeld in "De Ladder" van de heilige Johannes, dat na een verschrikkelijke biecht van iemand die zware zonden had begaan van allerlei aard, de Hegoumen van het klooster hem onmiddellijk tot monnik wijdde. Dit was een waarlijk profetische daad.

---

[i] Een verzamelwerk van de canons van de Kerk onder de titel "Pedalion" (Grieks voor "Het Roer"), in Engelse vertaling bekend als "The Rudder". *Noot vert.*

IJver voor het huis Gods
(hfst.16, p.237-245)

V: Ik zou graag uw advies hebben hoe de ijver voor het geestelijk leven in balans te brengen met de noodzaak onszelf te beschermen tegen de hoogmoed. Omdat het mij vaak toeschijnt dat de ijver ons tot hoogmoed kan leiden. Godwelgevallige ijver kan op één of andere manier gemakkelijk veranderen in een farizeese houding, veroordeling van iedereen, cynisme, verdeeldheid, enzovoort. Hoe beschermen wij onszelf daartegen?

A: Wel, er is ijver en ijver. Waarachtige ijver is nederig. Het is iets dat zich niet uiterlijk manifesteert en dat niet de plaats van onze broeders inneemt. Wij moeten leren onopgemerkt te blijven in ons leven. Maar de ijver die zich uiterlijk manifesteert is de vrucht van de hoogmoed en tart het geweten van onze broeders, omdat het hun plaats inneemt. Waarachtige ijver betreft ons persoonlijk, omdat wij dit nodig hebben voor ons eigen heil. Het is geen ijver om anderen te verbeteren, maar een ijver voor onze eigen verbetering. Vader Sophrony zei ooit: "Ik heb slechts één ambitie: niet het veranderen van de hele wereld, maar de wereld te veranderen door één mens te veranderen: mijzelf." Dat is waarom ons gedrag in de kerk zo nederig moet zijn, dat het geweten van onze broeders of van andere aanwezigen, niet wordt getart. Wij moeten bijvoorbeeld vermijden overdreven gebaren te maken tijdens de Diensten, om niet het middelpunt van de aandacht te worden.

Ik herinner mij altijd dit verhaal uit de Woestijnvaders: Ooit was een groot asceet in de kerk en, denkend dat hij alleen was, uitte hij tijdens zijn gebed een diepe zucht. Dat is normaal; als wij denken dat wij alleen zijn, dan kunnen wij charismatisch zijn, wij kunnen zelfs in tongen tot God spreken – maar enkel als wij alleen zijn! Dat wil zeggen, zolang wij ons onderwerpen aan Zijn Geest kunnen wij op ongeacht welke manier tot de Heer spreken, omdat wij alleen zijn. Deze monnik uitte dus bij zijn gebed een diepe zucht in de kerk. En even daarna hoorde hij een zacht geluid van een novice, die in een hoekje van de kerk zat. Toen ging hij naar hem toe en boog zich voor hem ter aarde, en hij zeide tot hem: "Vergeef mij, broeder, want ik heb nog niet eens een begin gemaakt!" Hij zei dit, omdat hij niets uiterlijk wilde tonen.

Toen ik theologie studeerde in Parijs, werd mij door één van de oude professoren verteld, dat hoewel er enkele momenten zijn tijdens de Diensten waarin de priester zijn handen kan opheffen, bijvoorbeeld bij het Cherubikon, er tevens een ongeschreven regel is, dat hij ze niet moet opheffen boven de hoogte van zijn oren. Wij moeten dus alles doen om onze nederigheid te beschermen, en de vrede en het geweten van onze medemensen, om geen geestelijke jaloezie te verwekken, hetgeen destructief zou zijn voor onszelf en voor de anderen.

Vader Sophrony zegt in zijn boek over de heilige Silouan, dat wij allemaal een offer brengen wanneer wij priester of monnik worden. In zekere zin brengen wij allemaal een offer. En sommigen groeien vervolgens nog meer en anderen minder, en dit is zeer moeilijk voor degenen die deze ongelijkheid zien. Wijzelf zijn hier verantwoordelijk voor. Maar wij moeten de geestelijke naijver niet opwekken.

V: Kunt u ook iets zeggen over de Grote Vastentijd, over het vasten, over de manier waarop ik verzoekingen kan weerstaan?

A: De oude mensen in onze landen in het Oosten beschouwen het vasten als de helft van hun gebed. Maar de weldaad van het vasten is nog groter dan dat. Het is gehoorzaamheid aan het Lichaam van de Kerk. Wanneer ik in Engeland vast, dan betekent dit dat ik mijn eenheid bewaar met u, die in Amerika vast om dezelfde reden. Dat wil zeggen, dat wij harmonisch functioneren als ledematen van één Lichaam. Ik vrees de vasten te verbreken, want ik zou mijn eenheid verbreken met u en met alle Christenen waar dan ook op deze aarde. Dus het vasten is zeer belangrijk, en u hebt gelijk dat u dit noemt.

V: Ik heb een vraag in verband met de ijver en de nederigheid, en de idee van de schaamte. In de Brief van de heilige Paulus aan Filemon, wanneer hij Filemon smeekt Onesimus weer als broeder te aanvaarden, zegt hij tot hem: "Neem hem alstublieft terug, en als het u materieel iets kost, reken het mij toe, ik zal het betalen."

En dan zegt hij: "Om niet te zeggen dat gij mij uw eigen leven schuldig zijt!"[i] En ik heb mij altijd afgevraagd, in die specifieke verzen en in andere vergelijkbare gedeelten, of de heilige Paulus in feite probeert Filemon te beschamen om hem te brengen tot gehoorzaamheid aan God?

A: Hij probeert hem tot een zeker eergevoel te brengen. En op andere plaatsen zegt hij: "Als wij u deelgenoot hebben gemaakt van de geestelijke dingen, is het dan teveel dat wij deelnemen aan uw materiële goederen?"[ii] Maar zelfs daarin hebben wij niets willen opleggen, zegt hij.[iii] Het is zijn methode. Hij zegt tot de Korinthiërs: "Wie kan mij gelukkiger maken, dan degene die door mij bedroefd is?"[iv] Dat wil zeggen, door hen te bedroeven onderrichtte en trainde hij hen, om hen tot nederigheid te brengen, want dan zou de nederigheid genade brengen, en de genade zou hun leven beschermen tegen de verzoeking en tegen andere slechte zaken.

Dus het is geen slechte zaak af en toe te worden getuchtigd door onze Vaders in God, en te worden gecorrigeerd. Om u de waarheid te zeggen, de vrees voor onze oversten is heilzaam. Vele malen ben ik ervoor bewaard iets verkeerds te doen enkel door eraan te denken hoe ik dit mijn Overste zou moeten vertellen. Enkel de gedachte: "Hoe zal ik dit aan mijn Overste vertellen?" hield mij tegen. Het is niet slecht onze oversten te vrezen, maar wij moeten hen niet slechts vrezen, wij moeten hen liefhebben en hen daarbij ook respecteren. Zowel de vreze Gods als de vreze voor onze oversten is een gave van God die ons beschermt.

Ooit zei ik tot één van mijn oudsten in het klooster: "Hoe kan men in deze wereld overleven? Om te overleven moet men onbederfelijk zijn! Men staat altijd voor moeilijke situaties!" En hij zeide tot mij: "Nee, gij hebt het verkeerd! Wij hoeven niet onbederfelijk te zijn, wij hebben alleen een referentiepunt nodig! Als wij een referentiepunt hebben, dan bewaren wij de vreze Gods die ons beschermt. Wij hebben geen onbederfelijkheid nodig, wij hebben nood aan de vreze Gods." Dus wij hebben allemaal een referentie-

---

[i] Cf. Filem.1:18-19.
[ii] Cf. 1Kor.9:11.
[iii] Cf. 1Kor.9:15.
[iv] Cf. 2Kor.2:2.

punt nodig. Helaas, als wij onafhankelijk blijven, dan zullen wij niet overleven. Er zijn zovele verzoekingen en zovele moeilijke situaties, dat onze eigen individuele hulpbronnen niet voldoende zijn.

V: Ik was aan het denken over uw uiteenzetting over het vermijden van overdreven bewegingen van de priester in de Diensten, en ik vraag mij of u een stap verder zou willen gaan – omdat u spreekt over mensen niet tarten door onze handelingen of door hen af te leiden; zou u commentaar kunnen geven, misschien in termen van het volume waarop de priester de Dienst verricht, of een zanger zingt, of een koor zingt...

A: Ja, ik denk dat wij alles zouden moeten doen zoals de heilige Paulus zegt, met matigheid. U hebt gelijk, het zingen en al het andere zouden wij op gematigde wijze moeten doen. Wij moeten niet de aandacht trekken, wij moeten zo mogelijk onopgemerkt blijven. In de heiligenlevens lezen wij deze uitdrukking: Zij leefden op onopgemerkte, bescheiden wijze – zelfs nog meer dan bescheiden – gewoon niet eens gezien, verborgen.

Ik herinner mij een jong echtpaar, dat theologie studeerde in Thessaloniki. Hij studeerde theologie met als doel priester te worden. De vrouw was dynamischer dan haar echtgenoot, hoewel hij intelligent was en zeer begaafd – hij is nu een geweldige priester. Zij bezochten de parochie van een vriend van mij, die ook een zeer goed priester is in Thessaloniki. Toen hij merkte dat de vrouw van de toekomstige priester dynamischer was, zei hij tot haar: "Als gij presbytera (vanuit het Russisch: matuschka) wilt zijn, dan moet gij niet gezien en niet gehoord worden." En waarlijk, die jonge vrouw was zeer wijs. Zij aanvaardde de les. Haar echtgenoot is nu zeven of acht jaar priester; zij is een geweldige presbytera, en haar echtgenoot een zeer goede priester. Maar tevoren had zij jeugdkampen geleid, en dus was zij eraan gewend geraakt een 'porte-parole' te zijn, een drager van het woord.

V: Wanneer gij in een parochie werkt met mensen die het bij tijden ontbreekt aan ijver – in sommige gevallen een zeer ernstig gebrek aan ijver, zij zijn noch heet noch koud – wat zijn dan de goede manieren om hen te helpen hun ijver te doen ontvlammen?

A: IJver is aanstekelijk. Dat wil zeggen, als wij onze eigen ijver opwekken op een nederige manier, dan zal dit ook hen raken. Wij lezen in de Vaders dat een jongeman aan een oudvader vroeg: "Hoe kan ik de vreze Gods verwerven?" En het antwoord was: "Ga heen en vind een man die de vreze Gods bezit, en blijf bij hem, en zijn vreze zal ook over u komen." Het is dus aanstekelijk. Ik denk dat de enige manier is zelf ijverig te zijn, maar op een nederige manier, niet op spectaculaire of demonstratieve wijze; door ons werk te doen zo goed als wij kunnen, en eenvoudig door God en de mensen lief te hebben. Ik had een vriend, die toen hij jong was aan een wijze oude man vroeg: "Wat heb ik nodig om priester te zijn?" En het antwoord was: "Twee dingen: God lief te hebben, en de mensen lief te hebben!"

Ik heb gemerkt, dat als wij onszelf tegenover de mensen vernederen, dat zij ijveriger worden. Als wij als priesters onszelf nederig en beslist beneden de mensen plaatsen, dan komen zij tot een zeker eergevoel en dit vermeerdert hun ijver, zoals wij eerder hebben genoemd toen wij spraken over de Samaritaanse vrouw.

Ik herinner mij dat vader Sophrony ooit tegen mij zei in zijn studeerkamer: "Om de mensen te helpen die tot mij kwamen, heb ik mij onder allen geplaatst die deze kamer betraden. Om hen een woord over te brengen, plaats ik mijzelf onder iedereen." Wij priesters moeten niet op autoritaire wijze handelen, maar wij moeten handelen met eergevoel jegens andere mensen, en met nederigheid. Dat zal de mensen ertoe inspireren om zich nog meer aan ons te onderwerpen, om zelfs nog gunstiger gestemd te zijn jegens ons.

V: Ik heb veel mensen die tot de Kerk komen vanuit de achtergrond van de Pinkstergemeente. Zij stellen altijd vragen over het spreken in tongen, en uw opmerking enkele ogenblikken terug raakt aan een gebied dat ik geprobeerd heb te bespreken. Ik heb geprobeerd hen te helpen te begrijpen dat 'glossolalia' (het spreken in tongen) iets anders is, dat er in de Kerk een dieper gebed bestaat. De meeste mensen maken zich zorgen dat de Kerk hen zal vertellen op te houden iets te doen, en hen zal dwingen iets anders te doen. En ik heb gezegd, dat er een dieper leven is dat zij nog niet ontdekt hebben. Dus moeten zij bereid zijn al die oppervlakkige verschijnselen waar zij naar gezocht hebben te laten varen, en dieper te gaan. Kunt u daar iets meer over zeggen?

A: In mijn boek "De verborgen mens des harten" heb ik bijna alles gezegd wat ik weet over dit onderwerp, maar ik zal proberen het hier samen te vatten.

Ik zou niet tegen hen zeggen dat het spreken in tongen oppervlakkig is; ik zou het zo positief mogelijk zien. De komst van de Geest met Pinksteren leerde de mensen te aanbidden met hun hart, over te gaan van de uiterlijke wijze van bidden van het Oude Testament naar de innerlijke wijze van het Nieuwe Testament, zich bewust te zijn dat God werkzaam is in het hart. Maar langzaamaan vond de Kerk een andere manier om het hart te cultiveren, niet door de gave van het spreken in tongen, maar door het aanroepen van de Naam van Christus, met het Jezusgebed. Het Jezusgebed, het gebed des harten, verving de gave van het spreken in tongen. Het is bescheidener en daarom zekerder, omdat het verborgen is. Gij kunt deze activiteit overal in uw hart hebben, zonder dat iemand het weet, en dus kan uw hart voor Gods aanschijn aan het werk gehouden worden.

Maar zelfs vandaag de dag zijn er parallellen met het spreken in tongen; wanneer wij alleen zijn, kunnen wij tot God spreken met welke woorden wij maar willen, op een zeer persoonlijke manier, die wij niet kunnen gebruiken in tegenwoordigheid van anderen. Wij kunnen alleen op die manier spreken wanneer wij alleen zijn. Wij kunnen God vertellen: "Ik dank U dat Gij zijt zoals Gij zijt, en niemand is zoals Gij!" en dergelijke dingen, maar dat kan ik niet zeggen als ik met anderen samen ben. Ik weet dat er ziekelijke en nogal krankzinnige situaties voorkomen, maar ik probeer 'glossolalia' op de meest positieve en gezonde manier te bezien: Als heden ten dage de mensen de gave ontvangen van het spreken in tongen, zeer goed! Maar het zou slechts een voorbijgaand stadium voor hen moeten zijn, om hun hart te vinden en teruggeleid te worden tot de Kerk, en dan te leren hoe de Kerk sindsdien zelfs nog betere wegen heeft gevonden.

Dankzeggen onder alles
(hfst.17, p.246-249)

V: Hoe kunnen wij vertroost worden in onze herderlijke bediening, als wij onszelf aan onze mensen geven en hen dienen zoveel wij kunnen, en onszelf nog steeds ontoereikend voelen om alles te doen en hen alles te leren waarvan wij weten dat het nodig is? Hoe kunnen wij er zeker van zijn dat wij genoeg doen?

A: Vergeef mij, wij zijn daar nimmer zeker van! Maar wij vertrouwen op God, en wij doen wat wij kunnen en wij laten de rest aan Hem over. Boven alles moeten wij bidden dat God tot hun hart moge spreken.

Ik heb een priester gekend die drie zonen had, die als engelen waren. En ik vroeg hem: "Vader, hoe heeft u het voor elkaar gekregen hen zo te onderrichten dat zij als engelen zijn?" – één heeft zelfs de Priesterwijding ontvangen, en de andere twee zijn zangers in zijn parochie. "Hoe heeft u het voor elkaar gekregen dat zij zo vroom zijn geworden, en zo wonderschoon in hun manier van doen, in hun zeden?" En hij antwoordde mij: "Vader, ik heb hen nooit iets geleerd. Maar vanaf hun kinderjaren was ik gewoon 's nachts een half uur lang bij hun bed te knielen en te bidden. En ik vertelde God alle dingen die ik hen wilde vertellen, en Hij heeft ze in hun hart gelegd.

Ik denk dat hetzelfde principe zou kunnen gelden voor onze parochianen. Laten wij God alle dingen vertellen die wij willen dat de parochianen zouden horen, en als wij hen benaderen met dat gebed in ons hart, dan zal hun hart voorzeker worden geraakt en verzekerd, zoals de heilige Paulus zegt.[i] Wij kunnen eerst aan God vertellen wat wij hen willen vertellen; wij bidden en laten de zaak aan Hem over.

V: Vader, ik vraag me af of u het concept van de 'nous' (νοῦς) wat nader zou kunnen uitleggen. Ik ben meer dan vijftien jaar Orthodox en ik ben nimmer in staat geweest het te vatten! Wat is de relatie van de 'nous' tot het hart?

---

[i] Zie Ef.4:29, [d.w.z. innerlijk verzekerd door de genade, die het genadevolle woord meedeelt aan het hart van de toehoorders. *Noot vert.*]

A: De 'nous' is het geestelijk vermogen waarmee God de mens begenadigd heeft om Zijn Aangezicht te kunnen aanschouwen. Het is een functie van het hart, het oog van het hart. Soms zijn 'nous' en hart verwisselbaar. Maar het is werkelijk deze noëtische faculteit, dit vermogen dat God de mens gegeven heeft om Zijn Aangezicht te kunnen aanschouwen. (Ik gebruik hiervoor het Engelse woord 'mind'...) Het schouwen van het Ongeschapen Licht kan alleen plaatsvinden wanneer het intellect op harmonische wijze verenigd is met het hart, omdat de mens dan bekleed wordt met kracht uit den hoge, en er geen gevaar is in dwaling te vervallen. Bovendien wordt het intellect gekruisigd door Gods geboden, en het daalt slechts neder in het hart wanneer het hart vol verbrokenheid is, vol van de pijn van de berouwvolle bekering. Zodra het intellect nederdaalt, wordt het gedoopt in de pijn van het hart. En door die energie – die geschonken wordt door Gods genade, die deze vereniging van intellect en hart vergezelt – komt het intellect gelouterd te voorschijn en is het in staat zijn werk te doen voor Gods aanschijn. Dat is waarom het intellect, wanneer het met het hart wordt verenigd, als een bliksemstraal wordt. Het wordt gesterkt door de energie van het hart en het wordt zeer vlug in het gebed, of in het grijpen van het woord van God, of in het verstaan van het mysterie van God.

Vader Sophrony zei ooit, dat het intellect van de geestelijke mens als een bliksemstraal is, die zich in één ogenblik beweegt van het Oosten tot het Westen.[i] Dus het intellect van God in Zijn heiligen meet in één beweging alle dingen van hemel en aarde.

Wij hebben bij andere gelegenheden gesproken over de eenheid van het intellect en het hart, en wij hebben gezegd dat dit alleen kan geschieden door Gods genade. Dit kan niet plaatsvinden door middel van technieken of via de menselijke intelligentie. Het krachtigste middel dat God ons gegeven heeft is Zijn eigen Naam. Wanneer wij Zijn Naam met aandacht uitspreken, eerbiedig en nederig, dan opent deze Naam ons de deur tot alle dingen. En het is deze Naam die de eenheid van het intellect en het hart bewerkstelligt, omdat deze de energie van het heil draagt, de energie van Gods aanwezigheid.

Wanneer het intellect en het hart op harmonische wijze functioneren, dan is het niet alleen onmogelijk voor de vreemde gedachten

---

[i] "We Shall See Him", GK p.157, EN p.100.

om binnen te dringen in het hart, maar het intellect dat verenigd is met het hart wordt zo verfijnd, dat het zelfs in staat is Gods woord aan te grijpen, de gedachten van God. En dit vermeerdert onze inspiratie en ons leven wordt verrijkt. Wij leren de vijand en zijn gedachten te herkennen en uit te drijven; zoals de apostel Paulus zegt: "Wij zijn niet onwetend aangaande zijn denkbeelden."[i] Maar dit is niet genoeg; wij moeten ook in staat raken het woord van God aan te grijpen. En dit kan alleen worden gedaan door een intellect dat herboren is door deze nederdaling in het hart, een intellect dat de energie van het heil bezit en de vurigheid van de liefde voor Christus.

V: Dus de 'nous' is datgene wat het Aangezicht van Christus schouwt. U spreekt ook over een tweede fase, die de reiniging is van onze geest. Dan lijkt het mij, dat wanneer u zegt dat God Zijn genade terugtrekt tijdens de tweede fase van reiniging, dat Hij feitelijk zijn Aangezicht verbergt, en de 'nous' dit niet langer kan aanschouwen. Is dat wat u zegt?

A: Ja. Het is waar, Hij verbergt Zijn Aangezicht om onze dorst naar Hem te vermeerderen.

V: Ik stel deze vraag met enige aarzeling, omdat dit misschien een weerspiegeling is van mijn eigen onrijpheid als priester. Maar om dit te omlijsten zal ik een verhaal vertellen, dat ik hoorde van een andere priester. Het is iets dat ik zelf ervaren heb, en ik ben er zeker van dat dit ook geldt voor veel van de broeders. Hij vertelde mij, dat toen hij in zijn eerste parochie kwam, hij de parochiezaal binnenliep en een vrouw, die daar zat, tegen hem zei: "Ik mag u niet!" En hij zei: "Pardon, wat zei u?" Zij zei: "Ik mag u niet! Ik mag de bisschop niet, en u bent de man van de bisschop! Daarom mag ik u niet!" Dit was hoe zijn relatie met deze vrouw verliep voor de gehele tijd dat hij in die parochie diende. Zij had reeds besloten dat hij in zekere zin de vijand was, dat hij een gezag vertegenwoordigde waaraan zij niet gehoorzaam wilde zijn.

Ik denk dat velen van ons enkele parochianen hebben ontmoet die deze houding hebben, en het kan zeer moeilijk zijn uit te vinden hoe wij met hen verzoend kunnen worden, en hoe wij hen met goed gevolg kunnen dienen. Het lijkt dat er sommigen zijn die ons niet

---

[i] 2Kor.2:11.

mogen, simpelweg vanwege het Priesterschap en vanwege datgene wat wij vertegenwoordigen. Hoe bereiken wij deze mensen?

A: Op elk ogenblik van ons leven moeten wij ons wenden tot de Persoon van de Heer om onderricht te worden, want Hij heeft gezegd: "Eén is uw Leermeester, namelijk Christus".[i] En wij moeten Zijn voorbeeld gedenken; Hij heeft ons behouden door Zijn zwakheid, niet door Zijn almachtige kracht, omdat Hij onze vrijheid, onze persoonlijkheid, niet teniet wilde doen. Hij gaf er de voorkeur aan zwak en kwetsbaar in deze wereld te komen, en Hij heeft ons behouden door Zijn kwetsbaarheid, door Zijn nederigheid, door Zich te vernederen tot het einde, door omlaag te gaan, lager dan allen, om allen te verheffen.

In zulke gevallen hebben wij een gelegenheid onszelf te vernederen voor onze broeder, niet opgewonden te raken, niet in enige strijd te gaan met die persoon. Luister slechts nederig met een glimlach, maar dan een echte glimlach, en zeg eenvoudig: "Heer, spreek goede dingen tot haar hart!" Enkel dat. En ik ben er zeker van dat dit de beste weg zal zijn. Soms kunnen wij er niet aan beginnen mensen door woorden te overtuigen.

Ik herinner mij dat, toen ik geestelijke vader werd, vader Sophrony tot mij zeide: "Nu gij een geestelijke vader geworden zijt, moet gij niet rondgaan en opmerkingen maken tegen de broeders! Gij zult geen enkele opmerking maken, zelfs wanneer gij hen ziet lopen met hun hoofd naar beneden en hun voeten in de lucht! Maar wanneer gij hen hebt opgeheven uit hun val, uit hun moeilijkheid – honderdmaal weer – en gij hebt hen hondermaal geholpen op hun voeten te staan, dan zullen zij zich vrijwillig aan u onderwerpen, en zij zullen doen wat gij hen zegt."

Ik heb een hegoumen gekend die nimmer een opmerking maakte tegen iemand. Zijn broeders corrigeerden zichzelf enkel door naar hem te kijken. Dit is de meest authentieke weg om de liefde van iedereen te verwerven. Vergeef mij! Wij moeten gedenken dat God ons behouden heeft met Zijn kwetsbaarheid en Zijn zwakheid, en de heilige Paulus zegt: "De zwakheid van God is sterker dan de mensen".[ii]

---

[i] Cf. Mt.23:8,10.
[ii] 1Kor.1:25.

V: Een tijdje terug sprak u over energieën. Misschien kunt u enig commentaar geven op de "New Age", waar alles relatief is, waar ik enkel afga op mijn hart, waar mijn hart bij God in orde is.

A: Zij zeggen dat alles relatief is omdat het Kruis en de Opstanding van Christus geen plaats hebben in hun leven. Voor ons is het absolute leven het Kruis en de Opstanding van Christus, die ons behouden. En dat is precies wat hun ontbreekt, en daarom is alles voor hen relatief. Aldus het is juist wat zij zeggen!

V: In de eerste voordrachten die u gegeven hebt, sprak u over de psychologie. Ik interesseer mij voor genezing, en vooral de genezing van het lichaam. Maar ik besef dat de genezing van het lichaam van oppervlakkig belang is, terwijl de werkelijke genezing plaatsvindt op een dieper vlak. En ik heb de psychologie altijd gezien als verbonden met het lichaam, met andere woorden, het werkt op een meer oppervlakkig niveau, maar met een zeker nut voor de psychologische genezing – zoals bij verdedigings-mechanismen, pogen door te dringen tot de onderliggende kwesties die de mensen beroeren, zelfs zuiver op het psychologische vlak. En in dit opzicht kan dat een zekere waarde hebben. Maar u stelde dat de psychologie niet geneest; corrigeert u mij als ik het verkeerd heb.

A: Deze biedt geen volledige geestelijke genezing. Maar wij schaffen de instituties van deze wereld niet af. Ik denk dat de psychologie een zekere waarde heeft, maar dit is relatief, en het zou nuttig kunnen zijn voor mensen die niets anders hebben waartoe zij zich kunnen wenden. Maar voor ons is de psychologie niet het einde van de zaak, het is niet het laatste woord in het volledige genezings-proces. Wat ons betreft, wordt de genezing pas gevonden wanneer wij verzoend zijn met God. Ik ben niet tegen enige institutie van deze wereld. De psychologie en de psychiatrie zijn gebaseerd op obser-vatie en onderzoek enzovoort, en kunnen mensen helpen die niets anders hebben. Maar wat ons betreft, die weten dat wij voor Gods aanschijn kunnen staan en zeggen: "Gezegend is het Koninkrijk van de Vader, en van de Zoon, en van de Heilige Geest", wij hebben de psychologie achter ons gelaten. Voor ons zijn er andere regels. Wij moeten alles doen om staande te blijven in die genade die wij hebben ontvangen.

V: Ik stel deze vraag, omdat ik denk dat wij als priesters ons vaak zeer vlug tot de psychologie wenden. Hoe vinden wij het juiste evenwicht?

A: In Griekenland bijvoorbeeld, zijn er geestelijke vaders die samenwerken met Christelijke psychologen, en soms hebben zij goede resultaten. Maar het laatste woord wordt gegeven aan de Kerk. Als wij wijze schriftgeleerden zijn, ingewijd in het Koninkrijk, dan zullen wij uit onze schatten oude en nieuwe dingen te voorschijn halen.[i] De oude dingen zijn de gaven van de psychologische mens, van de gewone mens; de nieuwe dingen zijn de genadegaven van de Heilige Geest die God ons heeft toegevoegd. Alles moet op harmonische wijze samenwerken tot opbouw van de tempel Gods in onze harten.

V: U hebt eerder genoemd dat u oudvader Porfyrios gekend hebt, en ik vroeg me af of u ons enkele verhalen zou kunnen vertellen.

A: Ik kan u mijn persoonlijke verhaal vertellen waarin hij zijn gave openbaarde. Ik heb hem verschillende malen bezocht. Eens was ik twee maanden op de Heilige Berg geweest. Ik had grote pijn in mijn hart over een bepaalde zaak. Ik had mijn zuster gezien in Athene, en zij had mij verteld dat zij geen kinderen kon krijgen. Ik had nimmer contact gehouden met mijn familie, en over het algemeen had ik weinig interesse voor hen getoond. Maar dat nieuws deed mij pijn, en ik begon met al mijn kracht voor haar te bidden. Toen ik de Heilige Berg verliet, vroeg ik een vriend van mij om met mij mee te gaan om oudvader Porfyrios te bezoeken. Toen wij daar aankwamen lag de oudvader ziek te bed. Wij kwamen binnen en ontvingen zijn zegen, en onmiddellijk vroeg hij mij: "Hebt u mij iets te vertellen?" Ik zei tot hem: "Ja, Geronda, ik ben zeer bedroefd vanwege mijn zuster hier in Athene." Maar ik vertelde hem niet wat het probleem was, of wat voor werk zij deed. Hij zeide tot mij: "Ja, zij kan geen kinderen krijgen. Maar zeg haar dat het psychologisch is. Als zij tot rust komt, zal zij er een hebben." Ik had hem niet verteld dat zij gehuwd was, of wat dan ook. Ik was sprakeloos.

Ik ging terug naar Athene en zei tot mijn zuster: "Als deze man Gods dat zeide, zonder dat ik hem zelfs maar iets vertelde, en de dingen waren zo helder voor hem dat hij zelfs beloofde dat gij een

---

[i] Zie Mt.13:52.

kind zult krijgen, dan betekent dit dat God wil dat u er een hebt. Ga er heen om zijn zegen te vragen!" Een andere vriend van mij nam haar mee om de Oudvader te zien. Hij zegende haar, en na twaalf jaar huwelijk kreeg zij een kind. U kunt hier alles uit zien: zijn helderziendheid, zijn profetische gave, en het wonder van God. Ik heb hem verschillende malen bezocht, maar dat was de enige keer dat hij mij zo duidelijk zijn gave van helderziendheid toonde, en de enige keer dat hij een gebeurtenis voorzegde. Maar ik heb veel meer over hem gehoord; heel Griekenland kan dergelijke wonderbare verhalen over hem vertellen.

Eens ging een hegoumena uit het noorden van Griekenland naar hem toe om te vragen waar zij naar water zouden graven op het kloosterterrein. En hij zeide haar: "Graaf in die en die hoek, achter het klooster, bij de weg." Hij beschreef de plaats alsof hij deze op de televisie zag; hij was er nooit geweest. En de hegoumena dacht hem te beproeven en zeide: "Maar Geronda, er is daar geen weg!" "Een ogenblikje," zei hij tot haar. En hij begon een plattegrond te tekenen van het klooster, waarop hij haar de exacte plaats liet zien. En zij viel aan zijn voeten en vroeg om vergeving.

Er zijn veel van dergelijke gevallen. Ik herinner mij bijvoorbeeld de hegoumena van een groot klooster in Griekenland met veel zusters. Zij is een goed zanger, maar haar gezondheid is enigszins fragiel. Eens hielden zij een nachtvigilie in hun klooster, en zij zong. Bij de Doxologie namen de zusters de noot erg hoog. En zij werd beangst en dacht bij zichzelf: "Hoe zal ik zo'n hoge noot halen? Wanneer ik *"Agios Athánatos"* zing ("Heilige Onsterfelijke"), dan zal ik bezwijken, ik zal moeten ophouden; het is mij onmogelijk zo hoog te zingen." Maar zij maakte het teken van het Kruis en zong voort. En het lukte haar. Zodra zij op haar kamer kwam, ging de telefoon. Het was vader Porfyrios. Hij zeide tot haar: "De Onsterfelijke is gekomen en heeft uw dood weggenomen, uw sterfelijkheid. Ere zij Hem!" Hij kende de gedachten van de mensen, en in dit geval nam hij de gedachte waar, die de Moeder-overste kwelde, en hij belde haar op om haar na de Vigilie te bevestigen en te vertroosten.

En ik heb zoveel andere verhalen gehoord van mensen, gemeenschappelijke vrienden die vanuit Griekenland naar ons klooster kwamen en oudvader Porfyrios kenden. Hij was werkelijk een groot heilige, een groot profeet.

V: Ik vraag me af of oudvader Sophrony ooit gesproken heeft over de Orthodoxe Kerk in de wereld van vandaag.

A: Hij was een man die werkelijk door alle stadia was gegaan: Eerst was hij een coenobitische monnik in een klooster, toen leefde hij acht jaar lang in een grot als heremiet, daarna werd hij geestelijke vader voor vele monniken op de Heilige Berg, toen werd hij teruggeleid naar Europa waar hij zijn eigen klooster stichtte en vele jaren funtioneerde als hegoumen, en tenslotte leefde hij als kluizenaar, gedurende de laatste negentien jaar van de zevenennegentig jaar van zijn leven. Deze laatste negentien jaar leefde hij in afzondering binnen het klooster, hoewel sommigen van ons de sleutel hadden van zijn huis, en wanneer wij maar wilden, konden wij erheen gaan om hem te zien.

Hij heeft vele malen gezegd, dat de omstandigheden van het moderne leven zodanig zijn, dat het hesychastische leven, zoals hijzelf dat gekend had in de woestijn, niet langer mogelijk is.[i] Maar het enige wat ons nu overblijft is de Liturgie. Als wij de Liturgie vieren met eerbied en aandacht, dan vinden wij evenveel genade en zelfs nog meer, dan gevonden kan worden in het hesychastische leven. Om deze reden, als wij de Liturgie naar behoren bewaren, is er hoop voor hernieuwing, misschien zelfs voor een renaissance van de gehele wereld. Deze algemene crisis waar wij tegenwoordig voor staan – en deze zou nog intenser kunnen worden – zal veel mensen ertoe dwingen te zoeken naar een geestelijke oplossing, en dit zou hen terug kunnen leiden naar de Kerk. En als dit nu reeds gebeurt met een klein aantal mensen, dan is God in staat dit algemeen te maken.[ii] Hij was zeer optimistisch – "Zolang wij de Liturgie maar bewaren," placht hij te zeggen.

Hij was zulk een man, met zulk een leven van voorbereiding gedurende zoveel jaren – en nog, wanneer hij de Liturgie zou vieren dan was hij vanaf de voorafgaande dag in vervoerde verwachting, in gedachtenis van het feit dat hij zich de volgende morgen voor Gods altaar zou stellen. Hij werd vervoerd door de Liturgie. Voor hem was het vieren van de Liturgie een gebeurtenis, en elke keer dat hij deze vierde was dit als was het zijn eerste keer.

---

[i] Zie de uitgave van zijn "Brieven aan Rusland" (in het Russisch), hfst.6, noot 7.
[ii] Zie "His Life is Mine", EN p.105.

Ik werd tot Priester gewijd door de Aartsbisschop van Cyprus, Chrysostomos, die onlangs overleden is. Hij was een groot hiërarch. Toen ik uit Cyprus terugkwam naar het klooster was vader Sophrony zeer gelukkig. Drie van ons waren terzelfder tijd gewijd: twee tot het Priesterschap en één tot het Diaconaat. Ik was eerst gewijd, in Cyprus, en de andere twee in Constantinopel, maar omdat ik niet vóór hen in het klooster wilde aankomen, wachtte ik een weeklang in Cyprus en regelde het zo dat ik op dezelfde dag terug zou zijn als zij, op hetzelfde uur, zodat wij drieën gezamenlijk in het klooster zouden terugkeren. Dit was zo'n grote vreugde voor vader Sophrony, dat hij zeide: "Hun eerste Liturgie wil ik samen dienen met de nieuwgewijde priesters en diaken." Hij zeide tot ons: "Wees voorzichtig, raak nimmer gewend aan deze plaats!" – hij bedoelde het heiligdom. Dat herinner ik me altijd.

Omdat ik een weeklang in Cyprus had gewacht, had ik enkele Liturgieën kunnen vieren voordat ik terugkeerde in het klooster, en dus had ik daar reeds enig gemak in. Wat de andere nieuwe priester betreft, vader Rafaël, hij was reeds eenentwintig jaar diaken geweest. Hij was diaken gewijd op de leeftijd van tweeëntwintig jaar, omdat vader Sophrony een diaken nodig had. Dus hadden wij de eerste Liturgie met vader Sophrony, en de tweede werd gecelebreerd door vader Rafaël. En hoewel hij eenentwintig jaar diaken was geweest, raakte hij een beetje verdwaald in zijn eerste Liturgie. En vader Sophrony was daar zeer blij mee, het beviel hem nog meer dan als hij had gecelebreerd met een zeker zelfvertrouwen, en alles had geweten. Hij was er blij mee, omdat dit toonde dat hij als diaken zeer nederig was geweest, en enkel zijn dienst had vervuld, zonder verdere gedachten.

Wat mij betreft, ik was naar het klooster gegaan met het idee om priester te worden. Toen ik nog in de wereld was, als student in Londen, was ik gewoon 's nachts de Anaphora te lezen van de Liturgie van de heilige Basilius in plaats van te bidden, en ik voelde zulk een vertroosting en hulp. Toen kwam de gedachte tot mij, als een wig in mijn geest, en bleef daar: "Als ik, een armzalige student in Londen, deze Anaphora lees en zodanig in vervoering raak door de genade daarvan, wat zal er dan wel geschieden met diegenen die voor Gods altaar staan en deze gebeden reciteren? O, ik moet priester worden!" Dat is de wijze waarop deze idee tot mij kwam. Dus toen ik naar het klooster ging, vertelde ik mijn gedachte aan vader Sophrony, en hij zei tot mij: "Denk er nu niet aan" – ik was pas twintig jaar oud – "zodat uw geest vrij blijft voor het gebed. Het zal komen wanneer het komt, als een gave van God. Maar maak geen plannen, en denk er niet aan! Laat het gewoon aan God over!"

Eén- of tweemaal kwam de gedachte bij mij terug, en ik ging dit aan vader Sophrony biechten, omdat ik wist dat het een hindernis was voor het gebed. Ik wist niet, dat hij erover dacht om mij te wijden maar dit niet kon doen, vanwege enkele praktische omstandigheden – daar kwam ik later pas achter. Tenslotte raakte ik eraan gewend te leven als een eenvoudige monnik, en dat beviel mij heel goed. Mijn Liturgie was de tijd van mijn persoonlijke gebed in mijn cel. Ik vergat zelfs de kwestie van de Priesterwijding. En toen vader Sophrony na een aantal jaar tegen mij zei: "Gij zult gewijd worden!" dacht ik: "Ah! Zij gaan mij diaken wijden." Maar vader Sophrony zeide, "Nee, gij zult diaken worden en priester en geestelijke vader, alles tegelijkertijd." En ik gaf mij eenvoudig over. Met deze gaven is het werkelijk beter dat wij ze niet plannen of zoeken, maar dat ze komen als gaven van God, van boven. Niemand zou het moeten wagen zich zulk een eer aan te matigen, tenzij hij door God geroepen is.[i]

Vader Sophrony had een passie voor de Liturgie. Hij zeide, dat als het ons lukt bepaalde dingen in onze Traditie te bewaren, haar unieke aard temidden van alle andere religieuze of filosofische tradities duidelijk zou worden. Hij zei, dat twee dingen deze unieke aard kunnen overbrengen: het ene is de Liturgie, het andere is de theologie van de Persoon. Als het ons lukt te definiëren en uit te drukken wat het persoon-zijn in onze antropologie werkelijk betekent, dan zal de unieke aard van de Orthodoxe Traditie duidelijk blijken.

V: Hoe kan de priester zich het beste voorbereiden om de Goddelijke Liturgie te vieren?

A: Wel, toen ik monnik was, probeerde ik mij altijd voor te bereiden door mijn persoonlijke bekering, alvorens deel te nemen aan de Heilige Communie. Vanaf het ogenblik dat ik priester werd veranderde mijn gebed. Ik besefte dat niet, maar het gebeurde. Nu

---

[i] Cf. Hebr.5:4.

bid ik minder om te worden ontvangen als deelgenoot, en meer dat mij de genade moge worden geschonken mijzelf voor Gods aanschijn te stellen. Ik bid, dat ik verwaardigd moge worden vóór Hem te staan op een wijze die Hem welgevallig is. En uiteraard is er voorbereiding nodig om ons voor God te stellen.

Vader Sophrony wees er vaak op, welk een grote cultuur de oude volkeren hadden, de kinderen van de profeten en de rechtvaardigen uit het Oude Testament. Hoewel zij nomaden waren, bezaten zij een grote cultuur. Hij wees er bijvoorbeeld op, dat toen Job in lijden verkeerde en zijn vrienden – de theologen van die tijd – hem kwamen troosten, dat zij tegenover Job zaten en Job tegenover hen, en dat zij zeven dagen lang de stilte bewaarden.[i] Volgens vader Sophrony maten zij elkanders harten gedurende zeven dagen, alvorens iets te uiten. En op de zevende dag, toen zij tenslotte spraken, wat dit als een geweldig onweer. Op dat ogenblik was het alsof de God der heerlijkheid het liet donderen.

Een juiste voorbereiding voor grote gebeurtenissen is zeer krachtdadig. Vader Sophrony wees er ook op, dat de Heer zeven dagen voorafgaand aan de Transfiguratie geen wonder deed en geen woord sprak, maar in stilte met Zijn leerlingen door Samaria trok, totdat zij de berg Thabor bereikten. In zekere zin was Hij zijn apostelen aan het voorbereiden – in het bijzonder de drie eerste apostelen, Petrus, Jakobus en Johannes – op de grote openbaring aan hen van de heerlijkheid van Zijn gelaat.

Met dit in gedachten, is het goed ons best te doen een tijd van stilte te houden, zo mogelijk vanaf de voorgaande avond. Ik weet dat wij het allemaal druk hebben, zelfs in de kloosters, maar wij zouden tenminste een weinig de tijd moeten nemen om Gods woord te lezen, om Zijn Naam aan te roepen met de verwachting van de deelname aan Zijn Lichaam en Bloed. Dit zijn de twee middelen die de Heer ons gegeven heeft om ons hart op te bouwen tot tempel van de Heilige Geest, van Zijn Godheid. Als wij een weinig tijd eraan besteden te verblijven in Zijn woord en in het aanroepen van Zijn Naam, dan zal onze deelname vruchtbaarder zijn. De Heer zeide tot Zijn leerlingen: "Gijlieden zijt rein, door het woord dat Ik

---

[i] Job.2:13.

tot u gesproken heb".[i] Hetzelfde zeide Hij tot Petrus, nadat deze weigerde dat de Heer zijn voeten zou wassen, zeggende: "Hij die gebaad heeft, heeft niet van node gewassen te worden, dan alleen de voeten, maar hij is geheel rein".[ii]

Wij moeten daarom enige tijd besteden aan Zijn woord en aan het aanroepen van Zijn Naam, om enige reiniging te ontvangen. Het woord des Heren en het aanroepen van Zijn Naam zullen sporen nalaten van Zijn aanwezigheid en van Zijn vrede in ons. En aan deze sporen zal Hij de volheid toevoegen van Zijn heiliging, wanneer wij de volgende dag deelnemen aan Zijn Lichaam en Bloed. De Liturgie, net als elk feest in de liturgische cyclus, begint aan het eind van de voorgaande dag. Het is inderdaad goed de dag tevoren te beginnen ons voor te bereiden, en onze geest te richten op de Liturgie. Wij zouden manieren moeten bedenken: "Hoe kan ik morgen op de best mogelijke wijze voor het altaar staan, zodat het de Heer welgevallig zal zijn mij te aanvaarden?" En als wij Zijn woord lezen met deze spanning, dan zal mogelijk een vers in ons hart ontvlammen, en dat vers zal genoeg zijn om ons de volgende dag voor Zijn aangezicht te stellen in de Liturgie.

Wij hebben allemaal tenminste enige voorbereiding nodig. Ik schaam me dit te zeggen; soms faal ik hier zelf in, omdat ik veel mensen moet zien en tot laat in de avond met hen bezig ben, en wanneer ik naar mijn kamer ga ben ik zeer vermoeid. Maar dan probeer ik 's morgens vroeger op te staan om dit dan te compenseren, voordat ik naar de kerk ga.

V: Kunt u ons iets vertellen over uw eerste stappen en misschien enkele mijlpalen op de weg van uw eigen bediening als geestelijke vader?

A: De heilige Simeon de Nieuwe Theoloog zegt ergens dat God geen meesters en dienstknechten heeft geschapen, maar vaders en zonen, en dat waarachtige zonen op hun beurt vader worden. Dus voordat wij vaders worden en anderen geboren doen worden, moeten wij eerst zonen worden. Dat wil zeggen, wij moeten door een leertijd heengaan, wij moeten nederigheid leren door onszelf te onder-

---

[i] Joh.15:3.
[ii] Joh.13:10.

werpen aan een geestelijke vader, en bereid te zijn van tijd tot tijd een weinig schaamte te dragen, en ons te vernederen om zijn onderricht te ontvangen. En zonder dat wij dit beseffen, zullen wij elke keer wanneer wij onze geestelijke vader ontmoeten iets ontvangen. En na een aantal jaar – afhankelijk van de intensiteit waarmee wij deze jaren leven – zullen al die stukjes bij elkaar komen, en een prachtig mozaïek scheppen. Dat wil zeggen, zij zullen ons de mogelijkheid geven een visie te hebben waarnaar wij kunnen leven.

Er zijn geen bijzondere 'recepten'. Er is leren, leerlingschap. Wij worden eenvoudig in een oceaan geworpen en wij moeten zwemmen om de oever te bereiken. Er zijn geen recepten. Boven alles moeten wij de nederigheid leren in onze relatie met onze geestelijke vader. Wij moeten leren onze beperkingen te zien en onze zwakheden, zodat wij medelijden kunnen hebben met degenen die tot ons komen. Wij moeten niet denken, dat enkel omdat wij geestelijke vaders zijn geworden, wij alles weten of alles kunnen doen. En zelfs wanneer wij geestelijke vaders zijn geworden, moeten wij niet ophouden leerlingen te zijn, want wij zijn allen leerling – "één is onze Leermeester, namelijk Christus."[i] En wij kunnen niet overleven als geestelijke vaders zonder een referentiepunt in de Kerk, vooral tegenwoordig in de staat van de hedendaagse wereld waarin wij leven. Wij moeten onbederfelijk zijn, zoals de engelen, maar dat zijn wij niet. Maar als wij een referentiepunt hebben, zullen wij meer vreesachtig zijn en die vreze zal ons wijs maken, omdat wij zullen leren hoe de voorkeur te geven aan de eeuwige dingen boven tijdelijke dingen.

Een andere manier is ernaar te streven de Schriften te leren zo goed als wij kunnen. Soms veronachtzamen wij de lezing van de Schriften. "Laat het woord Gods rijkelijk in ons wonen",[ii] zegt de heilige Paulus. Wij zouden steeds aan het woord Gods moeten refereren. Niets is beter, en in moeilijke ogenblikken is dit onze leidende kracht. Het woord Gods zou altijd rijkelijk in ons moeten wonen, en dan – telkens wanneer wij hulp nodig hebben – geven wij God de gelegenheid datgene tot leven te wekken wat wij in onszelf

---

[i] Cf. Mt.23:8,10.
[ii] Kol.3:16.

hebben 'opgeslagen'. En dan kunnen wij deze kennis aanbieden aan onze medemensen voor hun eigen opbouw en inspiratie.

Toen ik een geestelijke vader werd, zei vader Sophrony tegen mij: "Vertrouw niet op hetgeen gij van anderen hebt gehoord, noch op welke prachtige onderrichtingen dan ook die gij gehoord of gelezen hebt, en die indruk op u gemaakt hebben. Maar wanneer gij met de mensen bent, breng dan uw intellect in uw hart en bid in het verborgene dat God u op dat specifieke ogenblik een woord geve. Als gij dit doet, als gij het gebed doet voorafgaan aan het woord dat gij uit, dan zal God daar altijd deel aan hebben." Soms wordt het woord duidelijk door Hem gegeven, en als het niet volledig door Hem gegeven is, dan betekent het feit dat wij van tevoren Zijn Naam hebben aangeroepen, dat er toch zegen in ligt. Omdat wij bekleed zijn met de bediening van het Priesterschap, als wij God in geloof vragen ons een woord te geven, elke keer wanneer wij spreken – "Ik geloof, daarom heb ik gesproken"[i] – dan zullen wij onszelf verbazen met wat wij tot de mensen kunnen zeggen. Wij zullen verbaasd staan, want op dat ogenblik zal Hij ons "een mond en wijsheid"[ii] geven, zoals Hij beloofd heeft in het Evangelie bij monde van de heilige Lukas. Hij zeide, dat wanneer wij voor het gerecht worden gebracht, wij niet van tevoren zouden moeten overwegen wat wij zullen zeggen, maar ons zal een woord worden gegeven dat onze vijand niet zal kunnen weerleggen. Dus als wij om een woord vragen, dan zal ons een woord gegeven worden dat in de eerste plaats onszelf zal helpen, en dan degene die zich tot ons heeft gewend.

Ik herinner mij een dame die ik zeer bewonderde, omdat zij in staat was mij te helpen wanneer ik mensen had die in moeilijkheden verkeerden; zij stond altijd klaar ongelofelijke dingen te doen. Eens stond ik voor een moeilijkheid met een jongeman die verslaafd was aan drugs; zij nam hem zes maanden bij haar in huis, totdat hij deze moeilijkheid overwonnen had, en in staat was te herintegreren in het leven en te trouwen. God zij dank gaat het hem tot nu toe zeer goed. Dus ik had grote bewondering voor haar, daar zij mij vele malen geholpen had. Op een dag kwam zij naar mij toe, en zei tot mij: "Ik weet niet wat het is, maar ik bid en mijn ziel heeft

---

[i] Cf. LXX Ps.115:1 (116:10).
[ii] Lk.21:15.

geen vrede. Ik onderzoek mijn geweten, en ik kan niet zien waar ik het verkeerd heb gedaan. Vertel mij alstublieft wat ik moet doen." Ik wist niet wat ik moest zeggen; ik had alleen maar bewondering voor die dame. Op dat ogenblik hielp God mij, en ik zeide tot haar: "Kijk, het is niet genoeg onszelf te onderzoeken, en te steunen op onze eigen krachten, en onze gesteldheid als onschuldig te zien. Wij moeten proberen onze eigen staat te zien in de ogen van God, zoals God ons ziet. Bid dus tot Hem: "Heer, verlos mij van mijn verborgen zonde."[i] Bid aldus, en Hij zal het u openbaren." "Goed," zei ze. Zij Zij ging weg en na drie dagen kwam zij terug, en zeide: "Nu weet ik het. God heeft mij getoond waar ik het verkeerd heb gedaan." En zij vertelde mij wat het was. Natuurlijk had ik dit vers in de Psalmen gelezen, maar ik had het nimmer gebruikt, ik had er nimmer over nagedacht. Maar precies op dat moment gaf God mij dit vers, om het haar te vertellen.

Ik heb vergelijkbare dingen gehoord van mede-priesters, en ik ben er zeker van dat gijzelf ontelbare gevallen kent waarin het woord Gods tot ons komt in dergelijke omstandigheden – vanwege de bovennatuurlijke genade van het Priesterschap die de Heer ons gegeven heeft – niet omwille van ons, maar omwille van degenen die ons advies vragen in Zijn naam. Dus moeten wij het erop wagen niet ons vertrouwen te stellen op wat wij gelezen hebben of wat wij anderen hebben horen zeggen. Vader Sophrony vertelde mij zelfs, dat ik nict moest vertrouwen op een woord dat ik eerder aan mensen gegeven had, zelfs wanneer dit hen had geholpen, maar dat ik op elk specifiek ogenblik God om een specifiek woord zou moeten vragen. In het begin lukt het ons misschien niet dit naar behoren te doen, maar als wij het niet proberen dan leren wij het nooit. Onze bediening wordt werkelijk profetisch als het gebed voorafgaat aan alles wat wij zeggen en doen. Hoe wij beginnen? Ik stelde deze vraag ooit aan vader Sophrony, en hij antwoordde: "In alles beginnen wij hier!" waarbij hij zijn vingers naar zijn voorhoofd bracht om het teken van het Kruis te maken. Zijn antwoord was zeer praktisch, zonder veel theorie: "In alles beginnen wij hier!"

---

[i] Cf. LXX Ps.18:13 (19:12/13).

V: U hebt gezegd dat wij door de Liturgie op te dragen binnen treden in het hogepriesterlijk gebed van Christus. Mag ik een verhaal gebruiken om tot mijn vraag te komen?

Ongeveer zes maanden geleden was ik in het ziekenhuis om iemand van de parochie te bezoeken. Terwijl ik de deur van de kamer uitliep, kwam een jonge vrouw mij tegemoet, zomaar, toevallig, en zij zei: "O, een priester! Vader, zou u mijn baby willen zegenen?" "Natuurlijk, wijs mij maar waar ik heen moet," zei ik. En zij leidde mij naar de kraamafdeling. Ik zag uit naar deze gelegenheid. Maar terwijl ik met haar sprak, besefte ik dat dit voor haar zowel een tijd van vreugde was als van grote tragiek. Haar leven was een volkomen chaos – drugs; de baby had zij gekregen bij haar vriend, niet bij haar echtgenoot; zij was gearresteerd omdat de politie drugs had gevonden in haar huis. Deze behoorden aan haar vriend, maar zij had de schuld op zichzelf genomen, anders had hij voorgoed naar de gevangenis gemoeten. Zij had in het verleden zelf drugs gebruikt. Ze zei: "Deze baby is het enige wat ik heb in mijn leven, dat iets waard is." Zij was volstrekt gebroken. Zij zei: "Ik denk, dat zij mijn baby van mij weg zullen nemen, vanwege datgene wat ik gedaan heb." En ik zegende haar baby, bad voor haar, en ik zei: "Ik zal morgen terugkomen om te zien hoe het met u gaat." Maar toen ik terugging, vertelden zij mij dat zij haar hadden meegenomen. Zij was weg, en ze konden mij niet eens haar naam vertellen. Ze was gewoon verdwenen.

Dat alles om tot mijn vraag te komen. Als wij in de kerk in een Goddelijke Liturgie bidden, niet alleen voor onszelf maar voor de gehele wereld, is het dan werkelijk waar dat onze gebeden op één of andere manier krachtdadig zijn, werkzaam zijn voor de mensen van die gebroken wereld daar buiten, die gewoon zodanig gebroken is dat geen herstel meer mogelijk is? Reikt ons gebed ook tot hen?

A: Ik denk dat u een grote waarheid hebt gezegd, Vader! Ik besef, dat wanneer gij priester zijt en voor uzelf bid, God even doof kan zijn als ik! Maar wanneer gij voor andere mensen bid, dan geeft Hij daaraan gehoor – Hij is er, en het is Hem zeer welgevallig wanneer wij voor andere mensen bidden, omdat dat de aard is van onze bediening. En wanneer een gebed voor iemand op natuurlijke wijze komt, dan zouden wij dit moeten najagen, want dit is een teken dat

God de persoon voor wie wij bidden wil helpen.[i] God wil slechts een bijdrage van onze kant, om te compenseren voor de menselijke factor, zonder welke Hij niets zal doen. Dus als het gebed vleugels krijgt, wanneer wij voor iemand bidden, dan moeten wij tot het einde toe voor die persoon bidden, en dan zal God grote barmhartigheid tonen.

V: De heilige Johannes Chrysostomos zegt, dat één uit de duizend belijders behouden zal worden. Wat is slecht advies aan iemand die naar de heilige Biecht komt, advies dat de Heer niet welgevallig is?

A: Ik weet dat het Priesterschap een zeer gevaarlijk iets is, en ik ken het woord van de heilige Johannes Chrysostomos, dat zegt: "Ik denk niet dat veel van de priesters behouden zullen worden."

En toch, wij weten dat de Heer gezegd heeft dat hetgeen onmogelijk is bij de mensen, mogelijk is voor Hem. En wij geloven in dit woord; wij geloven dat Hij het onmogelijke zal doen, dat is, zelfs mensen zoals wij te behouden. Maar wij moeten ons ook Zijn woorden herinneren in het Evangelie bij monde van Johannes, dat tenzij het graan in de aarde valt en sterft, het geen vrucht zal voortbrengen.[ii] Dus moeten wij onszelf niet sparen, en wij moeten zaaien in hoop. Onze bediening is bij uitstek een bediening van het woord. Wij moeten zaaien in hoop, en alwie zaait met zegeningen zal oogsten met zegeningen. En wie spaarzaam zaait, zal spaarzaam oogsten.

Wij zouden elke gelegenheid moeten aangrijpen om het woord Gods te zaaien, en niet slechts wachten tot het zondag is, om dan gedurende vijf of tien minuten de zondagse preek te geven. Maar wij zouden moeten doen zoals vader (N) deed, toen hij enkele woorden sprak tot die vrouw, toen zij wenste dat hij haar kind zou zegenen. Bijvoorbeeld, wanneer mensen komen voor de Eerste Kerkgang van hun kind, veertig dagen na de geboorte, dan zouden wij enkele woorden moeten spreken. Wij moeten hen vertellen: "Nu draagt gij uw kind op aan God, en God geeft dit kind aan u terug. Gij offert het aan God, en God doet het tot u terugkeren, en van nu af aan zult gij rentmeesters zijn voor de opvoeding van dit kind, en gij zult een

---

[i] Zie "Saint Silouan", GK p.610, EN p.493-494, NL p.515.
[ii] Joh.12:24.

beloning ontvangen. Voedt het kind dus op in de vreze Gods en volgens Zijn onderricht, en gij zult uw beloning ontvangen." En wij kunnen andere woorden vinden; er zijn oneindig veel manieren om hen te bemoedigen. Maar wat wij ook doen, wij moeten hen een woord geven, of zij nu komen voor het Huwelijk, of voor de Doop. De gelegenheid van de Doop is een uitermate geschikt moment om enkele woorden te spreken. Maar wij moeten het ook niet overdrijven. Een beknopt, helder woord zal meer uitwerking hebben dan teveel woorden. Maar wij zouden altijd iets moeten zeggen. En hedendaagse mensen in het bijzonder, zijn mensen die een woord zoeken.

Ik ben gaan beseffen dat de kloosters die bloeien, kloosters zijn waarvan de hegoumen de monniken of monialen rijkelijk voedt met het woord Gods. Moderne mensen, of zij nu in een klooster wonen of in de wereld, verlangen het woord Gods te horen; zij verlangen gewoon naar onderricht. Ik weet vaak niet wat ik moet doen, wanneer ik dit zie in de jongere leden van ons klooster. Zij komen en zeggen: "Vader, morgen is het feest van de Moeder Gods. Geef mij een woord voor de wake in deze nacht! Of: "De Heilige Week komt eraan – geef mij een woord voor de Heilige Week!" "Geef mij een woord voor dit, geef mij een woord voor dat!" De hele tijd vragen zij om een woord! Soms komt het woord op natuurlijke wijze, maar wanneer het niet komt, geef ik hen het woord waarmee ik in mijn kamer gebeden heb, en ook dit kan een hulp zijn. Wanneer het woord niet komt, voel ik me beschaamd dat ik geen woord heb; maar zij vragen om een woord, omdat zij inspiratie zoeken.

Het onfeilbare criterium
(hfst.21, p.266-270)

V: Zou u wat meer kunnen uitweiden over de kruisiging van het intellect, zodat het hart vervuld kan worden van Christus?

A: In onze gevallen staat is ons intellect versnipperd over allerlei dingen, verspreid over de geschapen wereld, in onze ver-langens, onze verbeelding, enzovoort. Het is afgesneden van ons hart. Heel onze inspanning is erop gericht het intellect terug te brengen tot het hart, en het met het hart te verenigen, zodat de mens zichzelf voor God kan stellen met zijn gehele wezen, en door Hem kan worden herkend. Wij worden alleen door God herkend, wanneer wij ons tot Hem wenden met ons gehele hart, met ons gehele intellect – met heel ons wezen.

Maar hoe verzamelen wij onze gedachten binnenin onszelf, wanneer zij zo versnipperd zijn in deze wereld? Eén van de manieren is ze te kruisigen door de geboden van het Evangelie. Zoals ik zei, wanneer wij onszelf onderzoeken in het licht van de geboden van het Evangelie, dan zien wij hoe ver wij daarvan af zijn, en in ons verlangen daaraan te gehoorzamen wordt het intellect vernederd en gekruisigd. Deze nederigheid helpt het intellect omlaag te gaan, naar het hart. Als wij ons intellect kruisigen, dat wil zeggen, als wij onszelf streng onderzoeken in het licht van de geboden van het Evangelie, dan zullen wij onze armoede zien; en de nederigheid die hiermee gepaard gaat trekt de goddelijke genade aan, en God zal ons intellect verenigen met ons hart. Dit is de besnijdenis van het intellect, de kruisiging van het intellect waar de hesychasten van de veertiende eeuw naar streefden, om de hesychia ten volle te kunnen benutten. Tenzij het intellect het hart vindt, is ons staan voor God niet sterk, en kan dit niet de volle kracht hebben.

V: Dus om de Heer onze God te kunnen liefhebben met geheel ons hart, kracht, sterkte en ziel, is het nodig dat het intellect en het hart verenigd worden door de nederigheid?

A: Ja. Net zoals de Heer is nedergedaald en omlaag ging tot de nederste delen der aarde, en toen opsteeg tot in den hoge en de krijgsgevangenschap gevangen heeft genomen, en de mensen gaven heeft gegeven,[i] zo moeten ook wij dit pad navolgen. Wij moeten omlaag gaan tot in de afgrond van het hart, en wij hebben groot geloof en grote moed nodig om te zien wat wij in ons hart hebben. Dit is een kruisiging die ons vernedert, en die ons door de genade in staat stelt onszelf voor God te stellen op een wijze die passend is jegens Hem.

V: Er is een zeer gebruikelijk gezegde in onze cultuur, en wij hebben dit zelfs in een TV-reclame gezien: "Volg uw hart." Wij horen dit voortdurend, en diegenen die geloven in de objectieve waarheid krijgen er genoeg van. Misschien zou u kunnen spreken over deze hele idee van "uw hart volgen", omdat het afgrijselijk kwaadaardig is.

---

[i] Zie Ef.4:8-10.

A: Wanneer zij zeggen "Volg uw hart", dan is het niet hun hart dat zij volgen, het is het verlangen van hun zintuigen. Het hart is een geestelijke plaats, een geestelijk vermogen.

V: Wat is het verband tussen het gebed van de monniken en het openen van het hart door het Jezusgebed? Betreft dit openen van het hart alleen de monniken?

A: Voor mij, in mijn klooster, wordt het Lichaam van Christus gevormd door de veertig mensen die daar leven. In uw parochie wordt het Lichaam van Christus gevormd door uzelf en uw parochianen. En in hun midden is Christus volledig tegenwoordig. En het is Hem welgevallig Zijn priester te zien staan tussen de mensen en Hemzelf, terwijl hij in zijn hart al zijn parochianen draagt. Uw bediening is werkelijk een oefening in de universaliteit van de liefde van Christus. En alle goede dingen die gij doet – elke keer wanneer gij een goed woord zegt tot een parochiaan, elke keer dat gij hem troost in zijn ellende, elke keer dat gij hem onderricht en hem ertoe inspireert zijn leven te vernieuwen – dit alles zijn dingen die bijdragen aan de uitbreiding van uw hart. En daarenboven zullen alle goede dingen die gij doet als priester in uw parochie aan uw rechterhand staan op de Dag des Oordeels, en zij zullen u rechtvaardigen voor het aanschijn des Heren.

Ooit hoorde ik een verhaal over een kluizenaar die samen met twee discipelen leefde – de één was priester en de ander was monnik. Vlakbij de kluizenarij was een dorp, waarvan de priester gestorven was, zodat het dorp geen Liturgie meer had. Uit liefde gaf de kluizenaar er de voorkeur aan te worden beroofd van zijn discipelen, om de mensen te helpen, en hij zond hen naar het dorp om de Heilige Liturgie te vieren totdat zij een andere priester kregen. Voordat zij vertrokken gaf hij aan elk van hen een woord. Tot de monnik zeide hij: "Laat de Naam van Christus voortdurend op uw lippen zijn, en in uw intellect en in uw hart." En tot zijn priester zeide hij: "Laat de namen van uw parochianen voortdurend in uw mond zijn, en in uw intellect en in uw hart." Dit toont het verschil tussen de bediening van de monnik en dat van de priester. Dezelfde oefening die wij in het klooster hebben, heeft de priester ook in zijn parochie. Telkens wanneer de priester zich voor Gods aanschijn stelt, en zegt: "Het Uwe uit het Uwe bieden wij U aan, in alles en voor allen", dan zou de

gehele gemeenschap omvat moeten liggen in de gaven die hij opdraagt – zijn gebed zou elk van zijn parochianen moeten betreffen, zo
mogelijk bij name. Soms is dit niet mogelijk, maar laat hem tenminste
een flink aantal van hen gedenken of hen in het algemeen noemen.
Aldus zijn de Liturgie en het dienstwerk van de priester goede
oefeningen om de universaliteit te verwerven van Christus' liefde.

Ook in het klooster oefenen de monniken zich erin al hun broeders in hun hart te dragen, en langzamerhand raken zij in staat in
zichzelf de gehele wereld te dragen, en zij doen voorbede voor haar
bij God. Ooit was ik in een klooster en ik zag een monnik wenen.
En ik zeide: "Wat is er aan de hand, broeder?" Hij kon het mij niet
vertellen, hij was zo aan het snikken. Toen zei ik: "Laten wij naar
de kapel gaan, en daar kunt ge het mij vertellen." Wij gingen naar
de kapel; hij weende nog wat, en toen zeide hij tot mij: "Ik kijk in
mijn hart, en één van de broeders is afwezig! En ik kan dit niet verdragen!" Het was een zeer eenvoudige monnik, maar hij leefde deze
waarheid van de universaliteit van Christus' liefde. Hij kon alleen
in vrede zijn wanneer hij al zijn broeders in zijn hart zag. Blijkbaar
was hij enigszins verkoeld jegens één van hen, en hij voelde zich
geamputeerd.

Onze taak in het klooster behoort tot een ander gebied, een
andere bediening; wij hebben een andere zending, een nederige
zending. De taak van een priester in een parochie is groter, want hij
gaat voorop en hij doet het werk van een advocaat die probeert zijn
clienten te verdedigen voor het gerecht. De priester is steeds bezig
zijn mensen te verzoenen met God, en dit is een groot dienstwerk.
Wij hebben een grote "dienst der verzoening" ontvangen, zegt de
heilige Paulus.[i] En door dit dienstwerk uit te oefenen, en de mensen
te verdedigen en voor hen te bidden tot God, vinden wij genade in
Gods ogen. En op de Dag des Oordeels zullen al de goede werken,
die wij doen voor de mensen in de parochie, ons rechtvaardigen. Het
uwe is een waarachtig priesterschap. De monnik heeft een ander
soort priesterschap, het koninklijk priesterschap. Dat wil zeggen, hij
moet zijn eigen heil dienen zowel als het heil van de wereld, door zijn
gebeden, door zijn eigen verborgen bekering voor Gods aanschijn. Gij hebt een meer concreet, een verhevener priesterschap,

---

[i] 2Kor.5:18.

het liturgisch priesterschap waarmee gij door de Kerk zijt bekleed. Gij hebt de hele Kerk aan uw zijde, die u steunt.

Ik zal u nog een ander verhaal vertellen. Enkele jaren voordat ik priester werd, begon ik voordrachten te geven aan de mensen, elke zondag een uur lang, in de middag. En een jaar voordat ik priester werd, adviseerde vader Sophrony zelfs mensen om met mij te spreken. Eens kwam er een meisje, een studente, naar mij toe om mij te spreken, en door de kracht van wat ik tot haar zei, stortte zij in verbrokenheid haar hart uit en vertelde mij heel haar levensverhaal. Zij was in haar leven door alles heengegaan, en nadat ik haar verhaal gehoord had, was ik verontrust, ik was van streek. Ik rende naar vader Sophrony en ik zeide tot hem: "Zie, zij heeft heel haar leven voor mij uitgestort, inclusief absoluut alles, en ik kan het niet verdragen, en ik ben verontrust." En vader Sophrony zeide tot mij: "Ik heb u gezegd tot de mensen te spreken, ik heb u niet gezegd hun biecht te horen, en te leren over hun privé-leven." En ik zeide tot hem: "Zij was onder invloed van het woord, en zij opende zich gewoon, ik kon er niets aan doen." Dus zei hij mij voorzichtig te zijn. Ongeveer acht maanden later werd ik tegelijkertijd priester en geestelijke vader gemaakt. En ik heb veel ergere biechten gehoord dan dat, en toch was ik nimmer geschokt, ik was nimmer verontrust. Toen besefte ik, dat ik onder gehoorzaamheid stond aan de Kerk. Ik had heel de Kerk van God achter mij – de Kerk in de hemel en de Kerk op aarde. Ons is een verheven dienstwerk toevertrouwd. En in dit dienstwerk kunnen wij meer doen dan wij denken, omdat wij gesteund worden door alle heiligen op de aarde en in de hemel.

Dus er zijn deze twee soorten priesterschap: het functionele priesterschap en het koninklijk priesterschap. Maar een priester zal een meer succesvolle en meer vruchtbare dienst hebben, wanneer ook het koninklijk priesterschap levend is in hem. In feite hebben wij beide nodig. Toen ik priester werd, was ik werkelijk van geestdrift vervuld, toen ik bemerkte dat wanneer ik de namen begon te noemen in de Proskomidie, ik mij voelde alsof ik het Jezusgebed zei. Bij elke naam die ik uitsprak, voelde ik stromen van vertroosting in mijzelf, en toen besefte ik dat het noemen van de namen in de Prokomidie overeenkomt met het zeggen van het Jezusgebed. In feite *is* dit het Jezusgebed, want wij noemen de 'christussen' (de gezalfden) van onze Heer. Wij allemaal zijn Christus' christussen.

Ik was zeer gelukkig; dit was nieuw voor mij. Ik werd vrij laat in mijn leven tot priester gewijd, en ik moet zeggen dat diegenen, die laat gewijd worden, de gelukkigen zijn. Het priesterschap heeft zulk een stabiliteit en zulk een rijpheid nodig, dat wij er nimmer genoeg klaar voor zijn.

V: In de pastorale theologie lezen wij dat de priester geacht wordt de Tien Geboden te vervullen en daar zelfs bovenuit te gaan. En onze Bisschop zegt dat wij in ons dienstwerk boven de engelen staan, dankzij dit heilige sacrament. Wij proberen zoveel mogelijk te biechten, wanneer wij een Orthodoxe mede-priester vinden. Maar tussen de biecht aan de priester en de dienst aan het altaar zijn er onbeleden zonden die wij met ons meedragen – gedachten die een week of twee weken lang doorgaan zonder dat zij worden bloot-gelegd. Het is moeilijk naar het altaar te gaan, wanneer dit zo heilig is, om uzelf voor de Koning des Hemels te stellen met al deze kleine zonden, gedachten, woede... Wat zou u adviseren? Dragen wij ze met ons mee in het altaar, of proberen wij zo mogelijk vaker te biechten?

A: Er was een geestelijke vader, jonger dan ik, die vanuit Cyprus ons klooster kwam bezoeken, en hij zeide tot mij: "Vader, geef mij enige instructie, enige leidraad, hoe een geestelijke vader te zijn." Ik zeide tot hem: "Vader, er zijn geen recepten voor deze dienst. Gij kunt niet anders doen dan voortdurend tot God roepen. Gij zijt in een oceaan geworpen, en gij zult moeten zwemmen om aan de oever te komen."

Als wij gewetensvol gaan biechten wanneer wij kunnen, en er gebeurt iets dat ons geweten verontrust, dan bekeren wij ons voor Gods aanschijn, en wij storten ons hart voor Hem uit. Wij betreden het altaar met een verbroken hart, als zijnde Zijn heiligheid en liefde volstrekt onwaardig – en ik ben er zeker van dat God dit niet ver-smaadt, wanneer Hij weet dat wij doen wat wij kunnen. Maar wij moeten een verbroken hart hebben voordat wij het heiligdom be-treden. En zodra wij het altaar zijn binnengegaan, vergeet dan het gebed! Wij moeten ons concentreren op hetgeen wij moeten doen, en dat op zich is ons gebed. Als wij willen bidden en ons willen voor-bereiden in verbrokenheid, dan moeten wij dit van tevoren doen.

Dat is waarom het niet passend is voor de priester, vooral voor een jonge priester, om te wenen in de Liturgie. Het is misschien zeer gemakkelijk om te wenen in de Liturgie, wanneer het gebed van de gemeenschap ons steunt. Maar zoals wij eerder hebben gezegd, moet een priester geen duidelijke tekenen van vroomheid tonen. Dat is alleen aanvaardbaar in een oude priester of een bisschop, die werkelijk een vader is omdat hij in zichzelf heel het leven van die plaats draagt. Maar vooral voor jonge priesters is het niet goed voor hun nederigheid, en het is zeker niet goed voor anderen hen te zien wenen. Als wij willen wenen, moeten wij dit doen voordat wij het heiligdom betreden, in onze eigen kamer.

V: Zou u alstublieft commentaar willen geven op de frequente Communie. Sommige parochianen komen niet ter Communie, behalve eenmaal per jaar, alhoewel zij steeds de Goddelijke Liturgie bijwonen, en andere komen regelmatig ter Communie.

A: Wel, als priesters moeten wij hen allereerst leren niet om zich heen te kijken en niet te oordelen. Degene die veelvuldig ter Communie gaat, zal er misschien voor werken en zich erop voorbereiden. En een ander zal misschien niet veelvuldig daaraan deelnemen uit nederigheid, en ook dat kan aanvaardbaar zijn. Men zou nederig moeten zijn, en niet de anderen bezien of bekritiseren. Het is niet de frequentie die ons rechtvaardigt voor Gods aanschijn, maar het vervullen van zijn geboden. Zoals de heilige Paulus de Korinthiërs vertelt, is het niet het celibaat of het huwelijk dat ons voor God doet staan en onze liefde waardig maakt, maar het vervullen van zijn geboden.[i]

Wanneer de mensen Christus naderen, dan willen zij uiteraard vaker deelnemen, omdat dit ons leven is. Dat is waarom de Liturgie wordt opgedragen – om ons geestelijk te voeden en te steunen. Wij kunnen misschien drie weken overleven zonder de Liturgie, maar daarna beginnen wij de verwoestende aanwezigheid van de dood in ons te ervaren. Wij hebben de Liturgie nodig om te kunnen leven.

En wederom, als er een bepaald natuurlijk obstakel is, en wij de Communie niet kunnen ontvangen, dan betekent dat niet dat wij de genade van de Liturgie niet kunnen ontvangen. Als wij daar aanwezig zijn, en wij staan daar op de juiste wijze, nederig en vol gebed, dan onvangen wij misschien zelfs dezelfde genade als diegenen die

---

[i] Zie 1Kor.7.

communiceren. De Liturgie als zodanig is een goddelijke aanwezigheid, en draagt genade over.

Maar het is normaal dat mensen die geestelijk wedergeboren zijn aan het Sacrament zouden willen deelnemen, het woord van Christus lezen, en Zijn naam aanroepen, zo vaak als maar mogelijk is – want dit zijn de drie middelen waardoor wij tempels worden van Zijn Godheid.

Om nu terug te keren tot deze vraag van de frequente of infrequente Communie... Wat mij betreft, ik ben een voorstander van de frequente Communie. Wanneer mensen mij vragen of zij de Heilige Communie kunnen ontvangen, vertel ik hen: "Ja, neem elke keer deel, als gij het getuigenis hebt van een goed geweten, en als gij u daarop voorbereidt." Zolang mensen leren zich voor te bereiden, zullen zij er de weldaad van ontvangen. Frequente Communie kan alleen maar helpen, en inspireren, en ons leven verrijken, zolang wij maar niet deelnemen uit gewoonte en zonder voorbereiding.

V: Ik heb moeite met het woord 'overtuigen'. Wij moeten God ervan 'overtuigen' dat wij de Zijne zijn. En vergeef mij, ik begrijp niet wat u bedoeld met Christus' christussen.

A: Ja, al onze woorden schieten te kort, Vader. In feite is het niet God Die wij overtuigen, maar wij moeten veeleer onszelf ervan overtuigen dat ons leven het waard is de genade te bewaren. Als wij bijvoorbeeld onder tranen hebben gebeden en met heel ons hart, dan is dat een teken dat ons gebed de oren van de Heer Sabaoth heeft bereikt. Als het gebed de bodem van ons hart heeft geraakt, dan is dat een teken dat dit de oren van de Heer Sabaoth heeft bereikt.

Soms is het niet gemakkelijk de goede woorden te vinden. De heilige Paulus zegt bijvoorbeeld, dat de gehele schepping zucht met de mens, vanwege de Val.[i] [Het is niet mogelijk dat heel de redeloze schepping de Val zou begrijpen, en toch zegt de apostel Paulus dit op deze wijze.] Wat bedoelt hij? Hij bedoelt dat de mens zich in zulk een staat van pijn bevindt, dat hij heel de schepping mét zich ziet kreunen. En diezelfde mens, wanneer hij waarlijk wordt wedergeboren, wanneer hij God overtuigd heeft en de genade heeft ontvangen, ziet heel de schepping als één orkest in de verheerlijking van God.

---

[i] Cf. Rom..8:22.

Soms is onze manier van spreken antropomorf, omdat wij geen andere manier hebben.

V: En wat bedoelde u met Christus' christussen?

A: Wat betekent 'Christus'? Christus is Degene Die gezalfd is door de Heilige Geest. In Zijn Hypostase als de Zoon van God heeft Christus de menselijke natuur gezalfd door Zijn goddelijke natuur. Deze eenheid van de goddelijke natuur met de menselijke natuur is een zalving. In die zin zou het woord 'Christus' kunnen betekenen: één hypostase in twee naturen. Dus ook wij zijn christussen, omdat wij één menselijke hypostase hebben, maar ook twee naturen: onze menselijke natuur en Gods natuur, die wij ontvangen in de doop, wanneer wij Gods natuur aandoen door de genade, in de vorm van de energie. Dus wij allemaal zijn christussen van Christus.

V: Eén dezer dagen hebt u gesproken over zondige gedachten die wij zouden kunnen hebben. In "The Mountain of Silence"[i] worden de zondige gedachten beschreven als een proces: Wij zouden de verzoekende gedachte kunnen hebben, en ons dan met deze gedachte gaan bezighouden, enzovoort, totdat wij eraan toegeven. Op welk punt kunnen wij werkelijk herkennen dat het een zondige gedachte is? Wij hebben allemaal verzoekende gedachten, en als wij ze verjagen met het Jezusgebed, dan – afgaande op wat de auteur zegt – is dat nog geen zonde.

A: In welk stadium begint een gedachte een zonde te zijn? Wel, de heilige Vaders raden aan dat wij de gedachte meteen vanaf het begin verwerpen, zodat wij de strijd ermee vermijden. Maar het begint een zonde te worden wanneer het hart verontrust begint te raken en wij voelen dat er een wolk over het hart komt. Als wij een hartstochtelijke gedachte of een slechte gedachte over iemand aannemen, dan komt er onmiddellijk een zware wolk over het hart en wij hebben tranen nodig om die wolk op te lossen – de biecht en tranen. Dus wij hebben enige tijd om onszelf te corrigeren. De zonde is er niet onmiddellijk, maar het is nuttiger en minder werk als wij de gedachte vanaf het begin meteen verwerpen. Wij moeten de zuigelingen van Babylon verpletteren op de rots van Christus,

---

[i] Een boek over de Orthodoxe spiritualiteit, door Kyriacos Markides (ed. Image, New York, 2002).

zegt de Psalm[i] – de "zuigelingen" zijn de gedachten van de vijand. Zodra deze verschijnen, wanneer zij nog slechts zuigelingen zijn, verpletteren wij ze op de rots van Christus, en dat is de Naam van Christus.

Ik heb bijvoorbeeld een slechte gedachte – de gedachte komt tot mij om één van mijn broeders te doden. Het is duidelijk dat dit niet mijn eigen gedachte is. Hoe zou ik mijn medemens kunnen doden? Dit kan alleen van de vijand komen. Ik wil er niets mee te maken hebben. Ik zal er niet bang voor zijn; ik zal dit gewoon terzijde schuiven. Maar als de gedachte volhoudt en terug blijft komen, dan is dit een waarschuwing dat ik aandachtiger moet zijn. En als ik in mijn geest begin te plannen hoe ik dit zou kunnen doen, dan begint de zonde. Maar er is nog steeds ruimte om de dingen om te keren. In elk stadium van de ontwikkeling van de gedachte kunnen wij daar een eind aan maken, en wij kunnen zelfs een beloning ontvangen. En God heeft ons de kracht gegeven te stoppen voordat de zonde begaan wordt. Maar wij proberen altijd om dit meteen vanaf het begin te stoppen om de moeite te vermijden ermee in gesprek te zijn. En bovendien moeten wij proberen goede gedachten te hebben, een positieve ascese, zoals wij hebben gezegd, waardoor wij genoeg geestelijke grond veroveren zodat wij de slechte gedachten niet eens behoeven te zien. Dat is, wij verrijken onszelf met goede gedachten, zodat wij de slechte niet eens zien. En dit gebeurt elke dag op natuurlijke wijze wanneer wij de Schriften bestuderen. Dan worden ons intellect en al onze gedachten krijgsgevangen gemaakt door de gehoorzaamheid aan Christus, zegt de heilige Paulus.[ii] Dat wil zeggen, heel ons intellect is in beslag genomen door het woord van Christus. Dit is een positieve vorm van waakzaamheid die nog weldadiger is.

V: Hoe kan ik mijn zonde vergeten, zelfs na mijn biecht? Het komt steeds terug in mijn geest. Ik kan het niet vergeten.

A: Ja, u hebt gelijk. Wij hebben altijd dit probleem. Als wij het nederig beleden hebben en het komt terug, dan storten wij ons hart uit voor God, wij bekeren ons tot Hem en wij doen dit teniet voor Zijn aanschijn voor alle eeuwigheid. En dan is het volbracht, het is

---

[i] Cf. LXX Ps.136(137):8-9.
[ii] Cf. 2Kor.10:5.

niet langer van ons. Bepaalde ongelukkige dingen kunnen ons overkomen, en er bestaat geen weg terug, maar wij kunnen ze voor Gods aanschijn teniet doen door onze berouwvolle bekering, zodat wij ze niet meer vóór ons vinden in de eeuwigheid. En het teken dat de zonden niet langer de onze zijn, is dat wij niet meer verontrust worden wanneer wij ze ons herinneren; het is alsof iemand anders het heeft gedaan.

V: Is het proces van die hartstochtelijke gedachte teniet doen – wanneer het niet langer is alsof u het gedaan hebt – een kwestie van erover blijven spreken in de biecht, of dit persoonlijk voor God houden tot het uit uw geest, uit uw gedachten verdwenen is?

A: Nee, het is een kwestie van het getuigenis van een goed geweten. Als wij een goed geweten hebben, dat wij het hebben gebiecht en ons daarvan hebben bekeerd, dan is dat genoeg. Dat is het getuigenis van een goed geweten.

V: Vader, hoe zit dat met de voortdurende treurnis en de tranen? Vergeten wij onze zonden of treuren wij om onze zonden, of vanwege de zonden van de wereld?

A: Wij treuren vanwege onze zonden, maar als wij alleen maar zouden treuren om onze zonden, dan zouden wij niet lang treuren. Doch als wij treuren omdat wij Christus betere dingen zouden willen brengen, die Hij zeker verdient vanwege hetgeen Hij voor ons heeft gedaan, dan zal onze bekering nimmer ophouden.

De heilige Johannes Kolovos streed moedig tegen de hartstochten, en hij werd daarvan bevrijd. Daarna voelde hij, dat hij die spanning van de berouwvolle bekering verloren had, die hij bezeten had tijdens de strijd tegen de hartstochten. En hij bad God, dat zijn hartstochten zouden mogen terugkeren, om in dezelfde spanning van bekering en gebed te kunnen blijven, want dit had hem veel nut gebracht. Toen de heilige Silouan gevraagd werd over deze kwestie, zeide hij, dat de heilige Johannes hiervoor gebeden had omdat hij nog niet de gave had ontvangen van het gebed voor de wereld. Als hij de gave van het gebed voor de wereld had ontvangen – dat gebed dat nimmer volledig kan worden bereikt in deze wereld – dan zou hij nimmer zijn opgehouden tot God te schreeuwen en te wenen voor de gehele wereld. En de heilige Silouan bevestigt ook, dat het vurige gebed voor de wereld – of het reine schouwen van God – niet kunnen samengaan met de strijd tegen de hartstochten.[i]

Dus als wij alleen maar wenen om onze eigen zonden, dan zullen wij spoedig ophouden te wenen, want God is zo menslievend dat Hij vlug vergeeft. Maar als wij wenen uit dankbaarheid, en omdat wij Hem "al wat eerbaar is, al wat rechtvaardig is, al wat zuiver is, al wat lieflijk is, al wat welluidend is" zouden willen opdragen, zoals de Brief aan de Filippenzen zegt,[ii] dan zullen wij leven in een bekering zonder einde. En waarlijk, op aarde kent de bekering geen einde. Het Evangelie begint en eindigt met de verkondiging van de bekering. Gij herinnert u, dat voordat de Heer ten hemel steeg, Hij Zijn leerlingen gebood onder al de natiën de bekering te verkondigen in Zijn naam, en hen te dopen in de naam van de Heilige Drieëenheid. De bekering heeft geen einde op aarde, omdat Christus ons enige referentiepunt is; wij moeten onszelf gelijkvormig maken aan het beeld en aan het voorbeeld dat Hij ons gegeven heeft, en wij slagen er nimmer ten volle in dit te doen. Dat is waarom het soort bekering dat geboren wordt uit dankbaarheid en liefde geen einde kent.

V: Wat is de relatie van uw bisschop met het leven in het klooster? Wat zijn de overeenkomsten en de verschillen tussen de relatie van een bisschop met een parochie en met een klooster?

A: Ik denk dat dit precies hetzelfde is. De bisschop is het centrum van de eenheid van de Kerk; hij is verantwoordelijk voor het leven van de Kerk en in het bijzonder voor de eenheid van de Kerk, voor de zuiverheid van het geloof. De bisschoppen zijn als schaapherders, die aan de grenzen van de Kerk staan, en iedere vijand ervan weerhouden binnen te komen. En dat is waarom wij onze bisschoppen moeten gehoorzamen, niet omdat zij meesters zijn, maar omdat zij vaders zijn, en omdat zij voor ons deze eenheid van het geloof bewaren en de volheid van de gaven van de Heilige Geest die ons door de Kerk geschonken worden. En dat is hetzelfde voor ons allemaal, in kloosters zowel als in parochies.

Jammer genoeg kan de bisschop van ons klooster niet vaak naar ons toe komen, want hij is de oecumenische patriarch, Bartholoméüs.

---

[i] "Saint Silouan", GK p.83-84, EN p.67-68, NL p.79-80.
[ii] Cf. Fil.4:8.

Maar wij hebben regelmatig contact met hem en hij bemint en steunt ons klooster ten zeerste. Sommigen van zijn nauwste medewerkers, zelf bisschoppen, komen vaak naar het klooster; hun bezoeken zijn voor ons als het ware een teken van zijn zorg, en voor ons zijn zij als vertegenwoordigers van onze Patriarch. Maar ook in het algemeen, wanneer welke bisschop dan ook ons klooster bezoekt, beschouwen wij dit als een grote zegen!

V: Ik heb een vraag over het geweten. Naar mijn gevoel is deze vraag fundamenteel voor mijn herderlijke dienst. Wanneer de mensen naar de heilige Biecht komen, dan richt ik mij altijd op dit vermogen van de ziel, dat zij zouden luisteren naar hun geweten. Ik probeer hen te leren de tijd te nemen in hun leven om tot rust te komen, zodat zij gewaar beginnen te worden wat er binnenin henzelf omgaat, in het bijzonder ter voorbereiding op de biecht – want vaak komen mensen naar de biecht met een lijst 'zakelijke kwesties', al de kleine dingen die zij hebben gedaan, zonder dieper te gaan. Maar mijn bevinding in de loop van mijn herderlijke dienst is, dat deze benadering – via het geweten – een persoon kan bevestigen. Met Gods genade werkzaam in ons door de heilige Doop is dus, naar mijn gevoel, de enige manier waarop God tot ons spreekt door ons geweten. Is dit idee juist, of kan daar nog iets aan verbeterd worden?

A: De heilige Doop is een groot iets, maar dit is niet het einde. Wij moeten onszelf voeden met het Lichaam en Bloed van Christus, en Zijn geboden vervullen, om de genade te bestendigen die wij bij de heilige Doop hebben ontvangen. Ook bestaat er de moeilijkheid, dat niet iedereen in dezelfde mate op zijn geweten kan vertrouwen. Diegenen die verlicht zijn door de genade hebben hogere criteria, hun geweten is ontwikkeld en zij staan zelfs niet de minste beweging toe van hun hart, die tegengesteld zou zijn aan de geboden. Maar anderen, die niet op dergelijke wijze verlicht zijn, zetten hun standaard veel lager. Dat is waarom de priesters er zijn: om te preken, tot hen te spreken, hun geweten op te wekken, en hen aan te moedigen het woord Gods te lezen, in het bijzonder het Evangelie. En als wij het woord Gods lezen en wij bidden, dan zal ons geweten meer en meer verfijnd worden, en dan zal onze standaard op natuurlijke wijze hoger worden. En dan zal uw benadering werken. Maar sommige mensen moeten daartoe worden voorbereid.

Bibliografie van geciteerde werken

De geciteerde werken zijn vermeld in Engelse vertaling, tenzij anders aangegeven. M.b.t. de werken van Archim. Sophrony wordt ook verwezen naar anderstalige uitgaven: GK = Griekse editie (in de oorspronkelijke vertaling van Archim. Zacharias), EN = Engelse editie, NL = Nederlandse editie.

WERKEN VAN HET KLOOSTER ST. JOHN THE BAPTIST

Archim. Sophrony (Sacharov)

"Saint Silouan the Athonite" (afgekort: "Saint Silouan")
vert. Rosemary Edmonds;
Stavropegic Monastery of St. John the Baptist
Tolleshunt Knights, Essex, U.K., 1991;
herdruk: St. Vladimir's Seminary Press, Crestwood NY (U.S.A.) 1999.

> Nederlandse vertaling: *"De heilige Silouan de Athoniet"*
> vert. Zr. Elisabeth (Koning); uitg. Axios, 1998;
> (heruitgave: Orthodox Logos, Tilburg).

"We Shall See Him As He Is" (afgekort: "We Shall See Him")
vert. Rosemary Edmonds;
Stavropegic Monastery of St. John the Baptist,
Tolleshunt Knights, Essex, U.K.,1988.

"On Prayer"
vert. Rosemary Edmonds;
Stavropegic Monastery of St. John the Baptist,
Tolleshunt Knights, Essex, U.K., 1996.

"His Life is Mine"
vert. Rosemary Edmonds;
St. Vladimir's Seminary Press, Crestwood NY (U.S.A.), 1977 / 2001

"Principles of Orthodox Asceticism"
vert. Rosemary Edmonds;
uitgegeven in: "The Orthodox Ethos: Studies in Orthodoxy" (vol.1),
ed. A.J. Philippou, Oxford: Holywell Press, 1964

«Подвиг Богопознания» *(= De strijd om de Godskennis)*
Stavropegic Monastery of St. John the Baptist,
Tolleshunt Knights, Essex, U.K.; «Паломник», Москва 2002.
(Dit betreft de brieven aan D.Balfour; Griekse editie: «Ἀγώνας θεογνωσίας»)

«Письма е Россию» *(= Brieven aan Rusland)*
Stavropegic Monastery of St. John the Baptist,
Tolleshunt Knights, Essex, U.K.; «Паломник», Москва 2003.
(Ook verschenen in Griekse vertaling: «Γράμματα στη Ρωσία»)

Archim. Zacharias (Zacharou)

« ΑΝΑΦΟΡΑ ΣΤΗ ΘΕΟΛΟΓΙΑ ΤΟΥ ΓΕΡΟΝΤΟΣ ΣΩΡΦΟΝΙΟΥ »
(Anaphora aan de theologie van oudvader Sophrony)
Stavropegic Monastery of St. John the Baptist,
Tolleshunt Knights, Essex, U.K., 2000.

> Engels-talige bewerking: *"Christ, Our Way and Our Life:*
> *A Presentation of the Theology of Archimandrite Sophrony"*
> vert. Sr. Magdalen;
> Saint Tikhon's Seminary Press, South Canaan PA (U.S.A.), 2003.

> Nederlandse vertaling: *"Christus, onze Weg en ons Leven*
> *– Anaphora aan de theologie van oudvader Sophrony"*
> vert. A. Arnold-Lyklema;
> Maranatha House, 2014.

"The Enlargement of the Heart: 'Be ye also enlarged' (2 Corinthians 6:13)
in the Theology of Saint Silouan the Athonite and Elder Sophrony of Essex"
redactie Christopher Veniamin;
Mount Thabor Publishing, South Canaan PA (U.S.A.), 2006.

> Nederlandse vertaling: *"Weest ook gij uitgebreid (2Kor.6:13) – de*
> *uitbreiding van het hart in de theologie van de heilige Silouan en*
> *oudvader Sophrony van Essex" (afgekort: "Weest ook gij uitgebreid")*
> vert. A. Arnold-Lyklema;
> Uitgeverij Orthodox Logos, Tilburg, NL, 2014.

LEVEN & WERKEN VAN DE HEILIGE VADERS
(min of meer chronologisch geordend)

Woestijnvaders

"The Sayings of the Desert Fathers: The Alphabetical Collection"
vert. B.Ward SLG;
Cistercian Publications, Kalamanzoo MI (U.S.A.), 1975; heruitgave 1984.

"The Evergetinos", Book I, Vol.II
Center for Traditionalist Orthodox Studies, Etna CA (U.S.A.), 1991.

"The Paradise of the Fathers", Vol.II
Burt Franklin, New York, 1972.

Abba Ammonas

"The Letters of Ammonas"
vert. Derwas J. Chitty, revised and introduced by Sebastian Brock;
SLG Press, Oxford, 1995.

H. Makarius de Grote (van Egypte)

"The Fifty Homilies and the Great Letter"
vert. & ed. George A. Maloney;
Paulist Press, New York, 1992.

H. Basilius de Grote

Homilie XVIII: "Over de martelaar Gordius"
Griekse tekst: Patrologia Graeca (PG 31)

H. Barsanuphius de Grote

"Guidance towards the Spiritual Life",
Sts. Barsanuphius and John;
St. Herman of Alaska Brotherhood, 1990.

Abba Dorothéüs van Gaza

"Practical Teaching on the Christian Life"
vert. Constantine Scouteris;
Athene, 2000.

H. Johannes Klimakos (= van de Ladder)

"The Ladder of Divine Ascent" (afgekort: "The Ladder")
Holy Transfiguration Monastery Press, Boston MA (U.S.A.), 1991.

H. Maximos de Belijder

"The Philokalia", vol.II,
(verschillende teksten, waaronder: *"On the Lord's Prayer"*)
ed. G.E.H. Palmer, Philip Sherrard & Kallistos Ware;
Faber & Faber, Londen, 1981.

Brief LXI "Aan Thalassius",
Engelse vertaling in: *"On the Cosmic Mystery of Jesus Christ, Selected Writings from St Maximus the Confessor"*
vert. Paul M. Blowers & Robert Louis Wilken;
Saint Vladimir's Seminary Press, New York, 2003.

H. Gregorius van de Sinaï

"The Philokalia", vol.VI,
(verschillende teksten, waaronder: *"On Commandments and Doctrines..."*)
ed. G.E.H. Palmer, Philip Sherrard & Kallistos Ware;
Faber & Faber, Londen, 1981.

H. Gregorius Palamas

"The Triads: Gregory Palamas"
ed. J. Meyendorff, vert. N. Gendle;
in de serie "Classics of Western Spirituality",
Paulist Press, New York, 1983.

"Saint Gregory Palamas, The Homilies"
ed. & vert. C.Veniamin, in samenwerking met het Patriarchal
Stavropegic Monastery of St. John the Baptist,
Tolleshunt Knights, Essex, U.K.;
Mount Thabor Publishing, Waymart PA (U.S.A.), 2009.

"To the Most Reverend Nun Xenia",
in: *"The Philokalia"*, vol.IV,
ed. G.E.H. Palmer, Philip Sherrard & Kallistos Ware;
Faber & Faber, Londen, 1995.

H. Niphon, patriarch van Constantinopel

"Stories, Sermons and Prayers of St Nephon: an Ascetic Bishop"
vert. Jeannie E. Gentithes & Archim. Ignatios Apostolopoulos;
Light and Life Publishing, Minneapolis MN (U.S.A.), 1989.

H. Philaret van Moskou

"Choix de Sermons et Discours de S.Em. Mgr. Philarète", vol.1
Franse vertaling van A. Serpinet;
E.Dentu, Parijs, 1866.

OVERIGE WERKEN

"The Orthodox Liturgy"
vert. Stavropegic Monastery of St. John the Baptist;
Oxford University Press, 1982.
[Deze uitgave bevat de Liturgieën van de H. Johannes Chrysostomos en
van de H. Basilius de Grote; de Liturgie van de Voorafgewijde Gaven, en
de Voorbereidings- en Dankgebeden m.b.t. de Heilige Communie.]

"Service Book of the Holy Orthodox-Catholic Apostolic Church"
vert. Isabel Florence Hapgood;
Association Press, New York, 1922.

NB: Een Nederlandse vertaling van genoemde teksten en hymnen uit de
Orthodoxe Diensten is te vinden in de uitgaven van het Orthodox Klooster
te Den Haag, van de hand van archimandriet Adriaan. (Van sommige
teksten zijn ook andere vertalingen beschikbaar, afhankelijk van het
gebruik ter plaatse.)

Index Bijbelcitaten

OUDE TESTAMENT

HÁBAKUK

2:	4	26,

ZACHARIAS

3:	10	67,

LXX: WIJSHEID VAN JEZUS SIRACH

2:	1	94cf,

NIEUWE TESTAMENT

MATTHÉÜS

3:	9	24cf,
	17	184,
4:	4	129, 135,
5:	3	153,
	4	187,
	8	23, 93, 216cf,
	23-24	248cf,
	48	184,
6:	12	18,
	14	18,
	26	264cf,
7:	6	144, 260,
	14	296,
	21	45,
	22	25,
10:	8	41zie,
	28	258cf,
	32-33	18,
	39	207zie,
11:	11	309cf,
	28-29	275,
	29	273,
	29-30	241,
	30	119cf, 134zie,
12:	24-27	52,
	31	52cf,
	48	170,
13:	52	329zie,
15:	28	277,
17:	1-2	315zie,
18:	35	239cf,

19:	26	25,
20:	22	187,
	25	183zie,
	28	195,
22:	37-39	102cf,
23:	8	327cf, 336cf,
	10	278cf, 327cf, 336cf,
	12	194,
25:	21	14, 205, 298cf,
	27-39	115zie,
	37-40	205zie,
26:	26-28	182, 215,
	28	179,
	38	187,
	39	187,
	45	172zie,
	75	302cf,
27:	42	147cf, 300cf,

MARKUS

2:	17	221cf,
4:	8	20zie,
	20	20zie,
9:	48	132zie,
10:	42	183zie,
14:	41	172zie,

LUKAS

1:	33	179zie,
	49	199,
	52	151cf,
3:	7	43,
	18	43,

Inhoud

HET DERDE STADIUM
Heden heb ik u verwekt

APPENDIX
Vragen & Antwoorden

EINDE

Aan de Ene God in Drieëenheid,
de God onzer Vaderen, zij alle heerlijkheid
in de eeuwen der eeuwen.
Amen

WERKEN van Archim. Zacharias in Nederlandse vertaling
voor nadere details zie o.a. de website van Maranatha House (.info)

- **Christus, onze Weg en ons Leven** – *Anaphora aan de theologie van oudvader Sophrony*
  Over de levende theologie als het relaas van de ontmoeting met God. Ter inspiratie, zowel als voor serieuze studie. Compleet met alle oorspronkelijke verwijzingen en patristieke citaten in Nederlandse vertaling.

- **Weest ook gij uitgebreid (2Kor.6:13)** – *De uitbreiding van het hart in de theologie van de heilige Silouan de Athoniet en archimandriet Sophrony van Essex*
  Inspirerend onderricht m.b.t. het doel van de geestelijke weg.

- **De verborgen mens des harten (1Petr.3:4)**
  Over het mysterie van het menselijk hart, en over het leven in bekering als een tocht om het 'diepe hart' te vinden.

- **Gedenk uw eerste liefde (cf. Openb.2:4-5)** – *De drie stadia van het geestelijk leven in de theologie van oudvader Sophrony*
  Nader onderricht omtrent het verloop van de geestelijke weg.

- **De mens, God's doelwit** – *"Wat is de mens, dat Gij hem hebt grootgemaakt ..." (Job 7:17-18)*
  Een theologische verdieping in het Mysterie van de Persoon.

- **Van de dood tot het leven** – *De weg van het Kruis des Heren in ons dagelijks bestaan*
  Een reeks voordrachten naar aanleiding van een woord van oudvader Sophrony over de aard van de Christelijke weg.

- **Het zegelbeeld van Christus in het hart van de mens**
  De geestelijke visie van de weg van Christus, toegepast op het dagelijks leven, eredienst en verkondiging, priesterschap, monnikschap, en de paradoxale weg van kruis tot overwinning.

☦

Printed by Libri Plureos GmbH in Hamburg, Germany